"十三五"职业教育系列教材

DIANGONG JICHU

电工基础

（第二版）

主　编　贺　芳
副主编　杜瑞红　乔　琳
编　写　王灵芝　王玉芳　吴选龙
主　审　王　玫

中国电力出版社
CHINA ELECTRIC POWER PRESS

内 容 提 要

本书共分九章，内容包括电路的基本概念与基本定律、电阻电路的分析方法、单相正弦交流电路、三相正弦交流电路、磁路及磁路定律、二端口网络、非正弦交流电路、动态电路的时域分析和实验项目。书中每节后均有思考与练习题，以巩固该节应掌握的要点，各章均有小结和习题，最后附有习题参考答案，以帮助读者加深对书中知识的理解。

本书可作为高职高专、成人大专等高等学校电气类专业的教学用书，也可作为电力行业员工的培训教材，还可供自考人员参考。

图书在版编目（CIP）数据

电工基础/贺芳主编．—2版．—北京：中国电力出版社，2016.8（2023.8重印）
"十三五"职业教育规划教材
ISBN 978-7-5123-9488-9

Ⅰ.①电… Ⅱ.①贺… Ⅲ.①电工—职业教育—教材
Ⅳ.①TM1

中国版本图书馆CIP数据核字（2016）第145528号

中国电力出版社出版、发行
（北京市东城区北京站西街19号　100005　http：//www.cepp.sgcc.com.cn）
北京天宇星印刷厂印刷
各地新华书店经售
*
2010年8月第一版
2016年8月第二版　2023年8月北京第九次印刷
787毫米×1092毫米　16开本　16印张　386千字
定价 **32.00** 元

前言

本书是根据教育部审定的电力技术类专业主干课程的教学大纲编写而成的。

本书体现了职业教育的性质、任务及培养目标，符合职业教育的课程教学要求。

本书严格按照高职高专类院校的教学需要及发展趋势编写。“电工基础”作为一门经典课程，它具有自身严谨的知识结构与教学体系，但作为高职高专类教学用书，首先要考虑的是必需与够用，不能为了教学体系的完整而忽视学生的接受能力与职业定位。因此本书基本没有繁杂的数学推导，理论知识也尽可能地与实际内容相结合。在满足大纲要求的前提下，精选传统内容，严格把握深度与广度，尽量将本书打造成一本教师爱用、学生好学的基础教材。

本书的主要特点有：

（1）理论与实际相结合。“电工基础”课程理论性很强，为了培养学生分析问题与解决问题的能力，在例题与习题的选取上，尽量列举日常生活和生产实践中接触到的一些实际电路问题，力求生动、具体，以激发学生的学习兴趣。

（2）教学内容模块化。本书包括电路的基本概念与基本定律、电阻电路的分析方法、单相正弦交流电路、三相正弦交流电路、磁路及磁路定律、二端口网络、非正弦交流电路、动态电路的时域分析、实验项目共九章（模块）。各模块教学内容完整，目标明确，除了教学内容有依存关系的章节外，其他章节，如三相正弦交流电路、磁路及磁路定律、二端口网络、非正弦交流电路、动态电路的时域分析等，可以根据专业特点调整教学顺序，具有较强的针对性与可组织性。

（3）教学内容的兼容性。由于高职高专类及成人教育类生源的复杂多样性，本书在编写中遵循了“理论知识必需、够用，实践技能求新、求活”的原则。根据不同生源、不同岗位的需求，力求做到基本概念清楚、理论联系实际、注重新技术的应用，并留有一定的再学习空间。不同专业可根据专业教学的需要选择教学内容。

（4）习题配置充分。考虑到“电工基础”课程的特点及学习规律，强化概念的掌握及定理、定律的应用，适量增加例题与思考题，每章配置大量习题，方便学生巩固基本知识，并为进一步提升能力提供足够的可选择范围。

本书第一版第一、二、五章由贺芳编写，第四、六章由王玉芳编写，第七、八章由杜瑞红编写，第三章由吴选龙编写。全书由贺芳任主编并统稿，王玉芳、杜瑞红任副主编。本书由南京工程学院王玫主审，提出了宝贵的修改意见，同时还承蒙张弘、王浩参与审阅，在此一并表示衷心的感谢！

本书自 2010 年第一版出版以来，得到广大师生与读者的认可，同时提出了一些宝贵意见。为了进一步完善本书，本次修订主要做了以下工作：

（1）增加了必要的实验项目（共八个实验）。

（2）习题进行了修改、删补。

（3）对内容描述不准确或繁缛处做了纠正。

（4）习题答案做了进一步校对。

本书第二版第一、二、七、八章由保定电力职业技术学院贺芳修订，第四、五章由云南经管学院乔琳修订，实验项目由保定电力职业技术学院王灵芝编写，第六章由江西电力职业技术学院王玉芳修订，第三章由保定电力工程技工学校吴选龙修订。本书由贺芳任主编并统稿，杜瑞红、乔琳任副主编。

限于编者水平，不足之处难免，恳请读者批评指正。

编　者

2016 年 6 月

目　录

第一章　电路的基本概念与基本定律

本章讲述电路的基本概念和基本定律。先建立电路模型的概念，然后认识电路的基本物理量，如电流、电压、电位、功率等，之后学习电路的基本元件，最后分析电路的基本定律——基尔霍夫定律。本章是电路的基础理论。

第一节　电　　路

一、电路的组成及作用

电路就是为了实现某种目的而将有关的电气设备或元件按一定方式连接而成的电流的通路。

电路的类型很多，实现的功能也各不相同，但总体上可以分为两大类：一类是电能的产生、传输与转换电路，俗称强电电路；另一类是电信号的产生、传递与处理电路，俗称弱电电路。

电力系统是强电电路的典型例子。它的基本构成是发电厂、升压变电站、输电线路、降压变电站、用户，如图 1-1 所示。

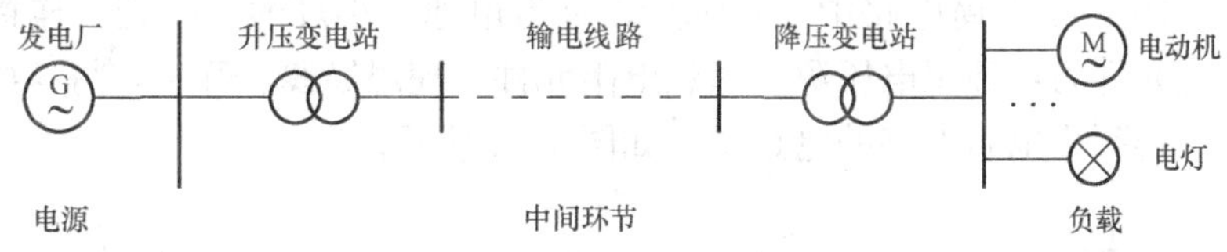

图 1-1　电力系统示意图

图 1-2 所示为扩音机结构框图，它说明了电信号产生、传递和处理的过程。

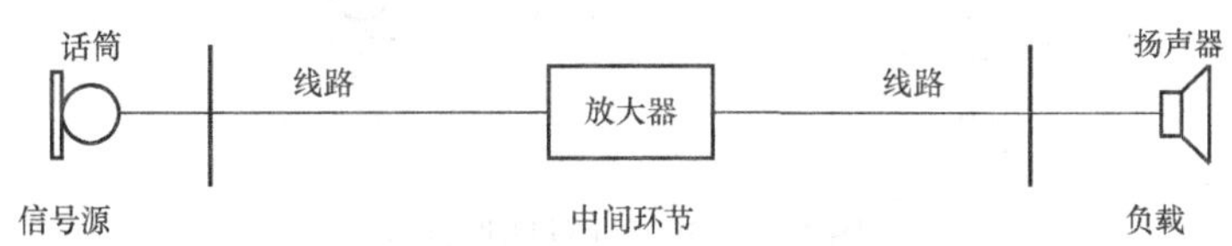

图 1-2　扩音机结构框图

无论是哪种电路，其组成都可以分为电源（信号源）、负载和中间环节三部分。

电源（信号源）是产生电能的设备，它的作用是将其他形式的能转变成电能。例如，发电厂中的发电机是将机械能转换为电能，蓄电池是将化学能转换为电能，话筒是将语音信号转换为电信号。

负载是消耗电能的装置，它的作用是将电能转换为其他形式的能。例如，用户使用的各种用电器、工厂用的电动机，都是将电能转换为其他形式的能；扬声器是将电信号转换为语音信号，也是负载。

中间环节是用来传输、分配、控制电能或传递、控制、处理电信号的设备。电路除电源和负载之外的部分统称为中间环节。

二、理想电路元件与电路模型

1. 理想电路元件

实际电路中每一个元器件的电磁性能一般都不是单一的。如白炽灯，电路分析中常常看作一个纯电阻元件，但实际上除了耗能的物理性质之外，它还具有将电能转化为磁场能的特点，因为有电流就会有磁场，只不过因为这部分能量非常小，在实际分析中可以忽略。再如电感线圈，其主要电磁性能是将电能转变成磁场能量储存，但由于线圈是由导线绕制而成，因此必定存在电阻，为了分析计算的简便，有时也可将其视为单一的电感元件。所谓理想电路元件，就是忽略电器元件的次要电磁性能，由其主要电磁性能抽象而成的实际设备的理想化模型。例如，将白炽灯、电炉等实际主要为耗能的用电器，抽象为理想电阻元件；将电感线圈、镇流器等主要作用是将电能转换为磁场能量的设备，抽象为理想电感元件；将电容器等主要电磁性能为将电能转变为电场能的器件，抽象为理想电容元件；将导线的耗能忽略，抽象为理想导线等。

电路分析中，最基本的理想元件为理想电阻元件、理想电感元件、理想电容元件，称为电路的三个基本元件。实际电源忽略内部损耗时，可以抽象成理想电压源、理想电流源。这些元件都具有两个端钮，称为二端元件。

2. 电路模型与电路图

将实际电路中的每一个元件都用理想元件来模拟，就建立了实际电路的电路模型。将电路模型用统一规定的电路图形符号表示而作出的电路模型图称为电路图，各元件图形符号如图 1-3 所示。例如，手电筒电路中，实际元器件有电池、小灯泡、外壳、连接部分、开关等，抽象成理想元件为：理想电压源、理想电阻元件、理想导线、开关，将这些元件的图形符号画出，就可得到手电筒电路的电路图，如图 1-4 所示。

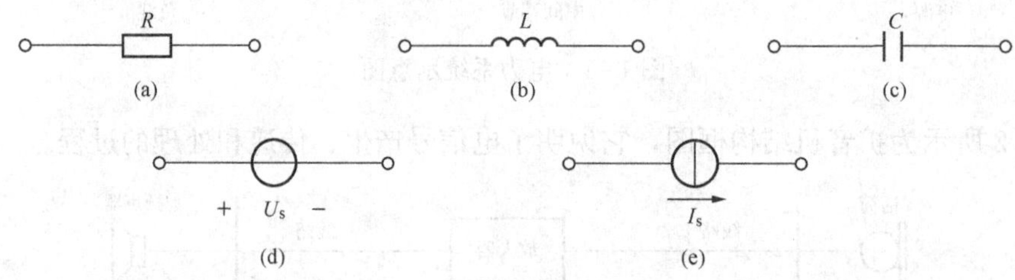

图 1-3　理想元件图形符号

(a) 电阻元件；(b) 电感元件；(c) 电容元件；(d) 电压源；(e) 电流源

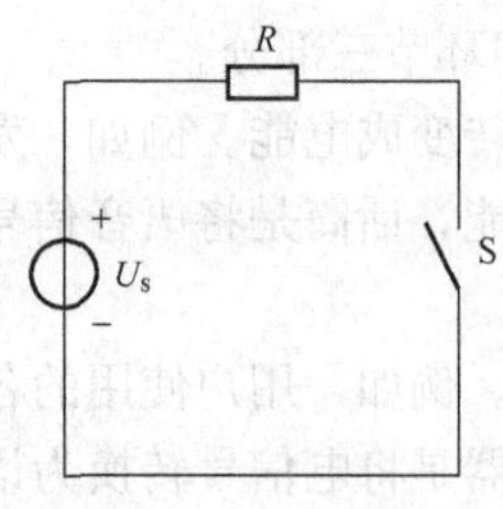

图 1-4　手电筒电路图

这种将实际设备抽象成理想元件的模拟方法只适用于集总参数电路，即几何尺寸远小于工作时电磁波波长的电路。我国电力系统频率为 50Hz，对应波长为 6000km，一般情况下都可以视为集总参数电路。当电路几何尺寸不满足远小于电磁波的波长这个条件时，电路应按分布参数电路来处理，以上建模方法不适用。

本书仅讨论集总参数电路。

思考与练习

1-1-1　什么是电路？它由哪几部分组成？

1-1-2　什么是理想电路元件？电路的三个基本元件是什么？

1-1-3　试画出荧光灯电路的电路图。

第二节　电路的基本物理量

电路的基本物理量有电流、电压、功率等。

一、电流

通常所说的某条线路有电流，是指线路中有电荷的定向移动，即电荷的定向移动形成电流。电流是表示单位时间内通过导体横截面的电荷量，物理学上叫做电流强度，用字母 i 表示，也可以说电流的大小就是电荷量对时间的变化率，即

$$i=\frac{\mathrm{d}q}{\mathrm{d}t} \tag{1-1}$$

当 i 为常数时，表明电荷是匀速通过导体截面的，这样的电流称为恒定电流，也称直流电流，用字母 I 表示，此时式（1-1）可以写成

$$I=\frac{q}{t} \tag{1-2}$$

小写字母 i 是电流的一般符号，既可表示直流又可表示交流；大写字母 I 则表示直流电流。

国际单位制中，电流的单位是安培（A），1A=1C/s。此外，电流的常用单位还有千安（kA）、毫安（mA）、微安（μA）。

电荷移动是有方向的，因此电流也有方向。习惯上将正电荷移动的方向规定为电流的方向，称为电流的实际方向。

当电路较复杂时，电流的实际方向很难判定，因而引入了参考方向的概念。所谓参考方向，就是为了方便分析、计算电路而假定的电流的方向，也叫正方向。该方向可能和实际方向一致，也可能和实际方向相反。当参考方向与实际方向一致时，电流的数值为正，即 $i>0$；当参考方向与实际方向相反时，电流的数值为负，即 $i<0$。

在电路图中，实际方向用带箭头的虚线表示，参考方向用带箭头的实线表示，也可用下标表示，如 i_{ab}，即指电流参考方向为由 a 点指向 b 点。

应当指出，没有参考方向的电流数值，意义是不完整的，只能说明大小，不能说明方向。因此分析电路时，必须先标明参考方向，且参考方向一旦选定，在分析过程中不容许再改变。

【例 1-1】 已知图 1-5 所示两个电路中 $I=-2$A，试确定电流的实际方向。

解　因为 $I=-2\text{A}<0$，所以电流实际方向与参考方向相反。

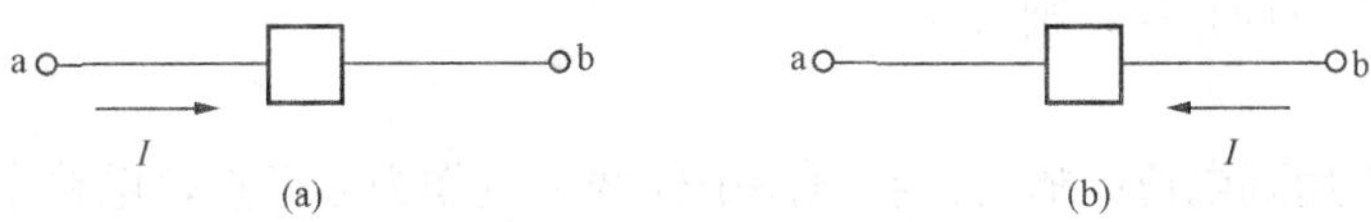

图 1-5 ［例 1-1］图

（a）电流参考方向向右；（b）电流参考方向向左

图 1 - 5 (a) 中，电流实际由 b 点流向 a 点；图 1 - 5 (b) 中，电流实际由 a 点流向 b 点。

二、电压、电动势、电位

1. 电压

电压是用来衡量电场力移动电荷做功能力的物理量，其定义为：若正电荷 dq 在电场力的作用下由 a 点移到 b 点所做的功为 dW，则 a、b 两点间的电压的大小为

$$u=\frac{dW}{dq} \tag{1-3}$$

并规定：如正电荷从 a 点移到 b 点时其电位能减少，则电压的方向为从 a 点到 b 点。大小和方向都随时间变化的电压称为交流电压；大小和方向都不随时间变化的电压称为恒定电压或直流电压，用大写字母 U 表示。

国际单位制中，电压的单位是伏［特］(V)，1V＝1J/C。此外，电压的常用单位还有千伏 (kV)、毫伏 (mV) 等。

在电路的分析、计算中，也需要选定电压的参考方向。参考方向可用带箭头的实线表示，也可用下标表示，还可以用“＋”、“－”极性表示。用极性表示时，电压的参考方向由“＋”极性指向“－”极性。同电流一样，当参考方向与实际方向一致时，电压值为正；当参考方向与实际方向相反时，电压值为负。

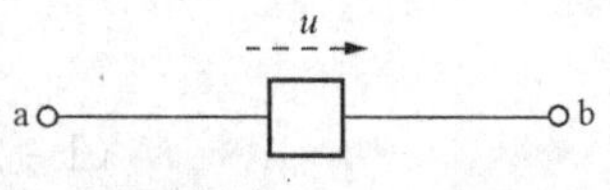

图 1 - 6 ［例 1 - 2］图

【例 1 - 2】 图 1 - 6 所示电路中，已知电压的实际方向为从 a 点到 b 点，数值为 10V。写出 u_{ab} 与 u_{ba} 的值，并由此说明参考方向选择相反时，结果有什么差异。

解 $u_{ab}=10V$，$u_{ba}=-10V$，由此可得，$u_{ab}=-u_{ba}$。

参考方向选择相反时，计算结果为相反数。

2. 电动势

以图 1 - 7 为例进行分析。电源的外部，在电场力的作用下，电荷由电源的正极经负载移到负极。先不考虑电源内部的情况，则正电荷由正极移到负极后就会和负极上的负电荷中和，那么电路中就不会形成持续的电流。事实上，电流在电路中是持续存在的，说明正电荷并没有和负电荷中和。这是由于电源内部存在着一种特殊的力，它可以将正电荷由电源的负极移到正极，这种力称为电源力。

电动势用来衡量电源力移动电荷做功的能力。它在数值上等于电源力将单位正电荷由电源的负极移动到正极所做的功；实际方向规定为由电源的负极指向正极，用字母 e 表示，单位为伏［特］(V)。

电动势也可以指定参考方向，由其数值的正负来确定实际方向与参考方向的关系。

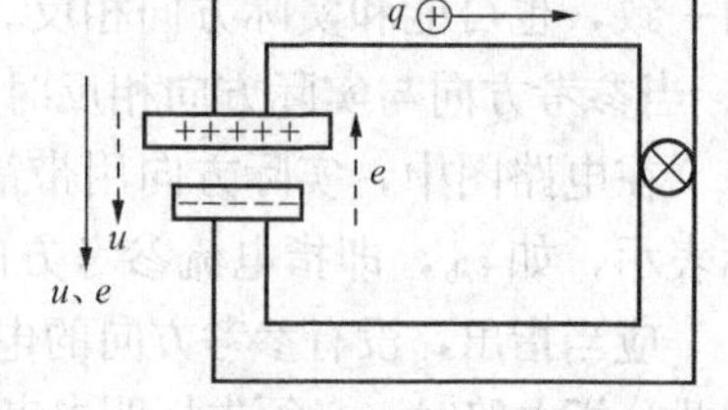

图 1 - 7 电动势及其与电压的关系

电压与电动势的关系为：大小相等，方向相反。若选择的 u、e 参考方向相同，则 $u=-e$；若选择的 u、e 参考方向相反，则 $u=e$。

3. 电位

电路中，经常用到电位的概念。在电路中任选一点作为参考点，电路中各点对参考点的电压称为该点的电位，用字母 V 表示。参考点在电路中以符号“⊥”表示。

参考点的电位为零，称为零电位点。图 1 - 8 中，方框代表电路元件，以 c 为参考点，

则 $V_c=0$，$V_a=u_{ac}$，$V_b=u_{bc}$。

两点间的电压等于两点的电位之差，这是由于

$$u_{ab}=u_{ac}+u_{cb}=u_{ac}-u_{bc}=V_a-V_b \tag{1-4}$$

若 $u_{ab}>0$，则 $V_a>V_b$，a 点电位高，电压实际方向为由 a 点指向 b 点，即由高电位点指向低电位点；若 $u_{ab}<0$，则 $V_a<V_b$，b 点电位高，电压实际方向为由 b 点指向 a 点，仍由高电位点指向低电位点。因此，电压的实际方向也可以描述为由高电位点指向低电位点。

【例 1-3】 电路如图 1-9 所示，试完成：（1）以 b 点为参考点，求各点电位及 u_{ac}；（2）以 d 点为参考点，求各点电位及 u_{ac}。

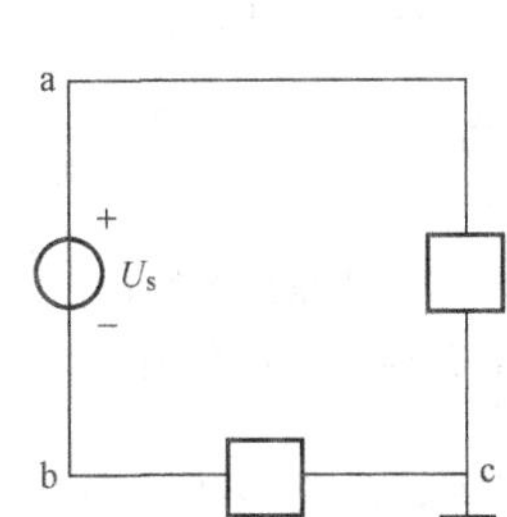

图 1-8　电位及其与电压的关系

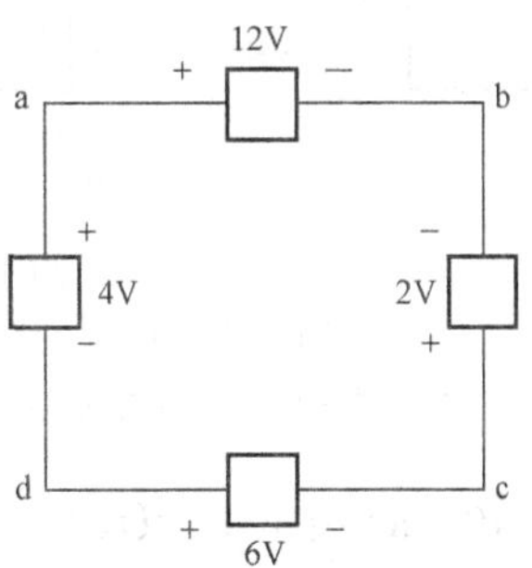

图 1-9　[例 1-3] 图

解　（1）以 b 点为参考点，则 $V_b=0$，有

$$V_a=u_{ab}=12\text{V},V_c=u_{cb}=2\text{V},V_d=u_{db}=u_{dc}+u_{cb}=8\text{V}$$

$$u_{ac}=V_a-V_c=12-2=10(\text{V})$$

（2）以 d 点为参考点，则 $V_d=0$，有

$$V_a=u_{ad}=4\text{V},V_c=u_{cd}=-6\text{V},V_b=u_{bd}=u_{ba}+u_{ad}=-12+4=-8(\text{V})$$

$$u_{ac}=V_a-V_c=4-(-6)=10(\text{V})$$

由此可以看出，当参考点改变时，电路中各点的电位改变，但两点间的电压不变。

三、电功率与电能

单位时间内电路吸收或发出的电能量称为电功率，简称功率，用 p 表示。即

$$p=\frac{\text{d}W}{\text{d}t} \tag{1-5}$$

国际单位制中，功率的单位是瓦［特］（W），1W=1J/s。此外，功率的常用单位还有兆瓦（MW）、千瓦（kW）、毫瓦（mW）。

电路可以吸收功率，也可以发出功率。当电压、电流的实际方向相同时，电路吸收功率；当电压、电流的实际方向相反时，电路发出功率。

将电压、电流的定义式代入式（1-5），得到电路功率的计算式为

$$p=\frac{\text{d}W}{\text{d}t}=\frac{\text{d}W}{\text{d}q}\times\frac{\text{d}q}{\text{d}t}=ui \tag{1-6}$$

直流电路中

$$P=\frac{W}{t}=UI \tag{1-7}$$

为了将功率的大小与性质用一个数学表达式来表示，可设电路中电压、电流为关联参考方向。若 $p>0$，则电压、电流实际方向一致，功率性质为吸收功率；若 $p<0$，则电压、电

流实际方向相反，功率性质为发出功率。若电压、电流为非关联参考方向，则可将计算公式修正为

$$p = -ui \tag{1-8}$$

此时仍有 $p>0$，为吸收功率；$p<0$，为发出功率。

【例 1-4】 求图 1-10 所示电路中各元件的功率，并说明其性质。

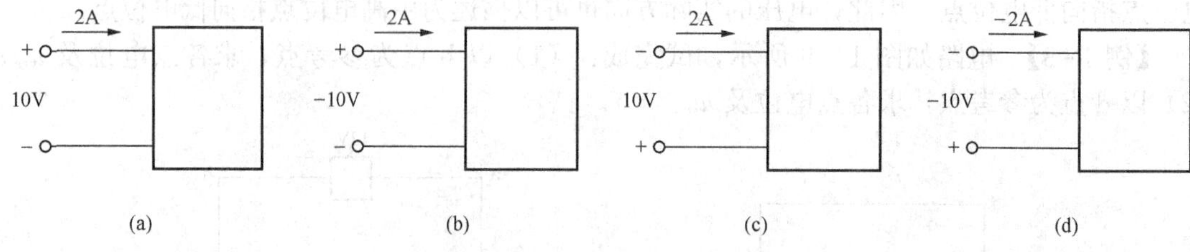

图 1-10 ［例 1-4］图

（a）关联参考方向（电压为正值）；（b）关联参考方向（电压为负值）；
（c）非关联参考方向（电压为正值）；（d）非关联参考方向（电压为负值）

解 图 1-10（a）中，$P=UI=10\times2=20$（W）（吸收）。

图 1-10（b）中，$P=UI=(-10)\times2=-20$（W）（发出）。

图 1-10（c）中，$P=-UI=(-10)\times2=-20$（W）（发出）。

图 1-10（d）中，$P=-UI=-(-10)\times(-2)=-20$（W）（发出）。

一段时间内电路吸收或发出的功率称为电能量，简称电能，用字母 W 表示。其具体表达式为

$$W = \int_0^t p(t)\mathrm{d}t \tag{1-9}$$

直流电路中

$$W = Pt = UIt \tag{1-10}$$

电能的单位是焦［耳］（J），1J=1W · s。实用中，电能用千瓦时（kW · h）作单位，具体换算关系为

$$1\text{kW} \cdot \text{h} = 3.6\times10^6\text{J}$$

1-2-1 什么是参考方向？若参考方向选择不同，计算结果有何差异？

1-2-2 求图 1-11 所示电路中二端元件的功率，并说明其性质。

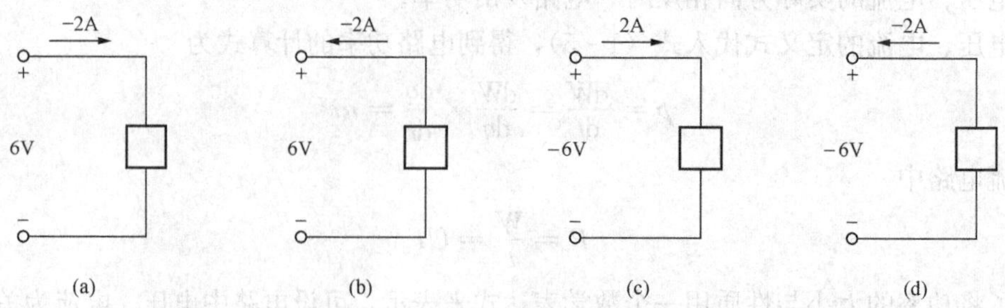

图 1-11 思考与练习 1-2-2 图

1-2-3　有两个电源，一个电源发出的电能是1500kW·h，另一个电源发出的电能是500kW·h。是否可以判定前一个电源的功率大，后一个电源的功率小？

第三节　电阻元件

一、电阻元件

电阻元件是电路的基本元件之一。它是由实际消耗电能的设备抽象而来，如电阻器、白炽灯、电炉等都可以抽象为电阻元件。

电阻元件是一个二端元件，任意时刻，其电压、电流的实际方向总是一致的，大小呈代数关系。电压、电流的关系曲线称为伏安特性曲线。当电阻元件上电压、电流的大小成正比时，其伏安特性曲线是过原点的一条直线，称为线性电阻元件；若电阻元件的伏安特性曲线是非线性的，则称为非线性电阻元件，如图1-12所示。本书如果不作特别说明，提到的电阻元件均指线性电阻元件。

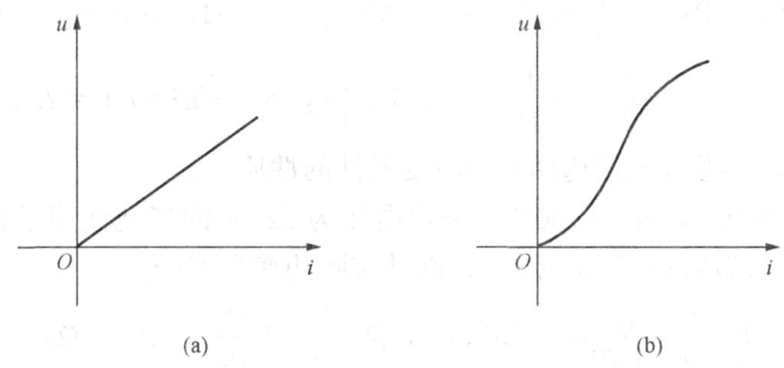

图1-12　电阻元件的伏安特性曲线

(a) 线性电阻元件；(b) 非线性电阻元件

线性电阻元件上电压、电流的比值

$$R=\frac{u}{i} \tag{1-11}$$

是一个与电压、电流大小无关的常数，称为电阻元件的电阻，反映元件对电路的阻碍作用，单位为欧［姆］(Ω)；其倒数 $G=\frac{1}{R}$ 称为电导，反映元件对电路的导通能力，单位为西［门子］(S)。

二、电阻元件的电压、电流关系

由式(1-11)可知，电阻元件上电压、电流的关系为 $u=Ri$，直流电路中，$U=RI$。这就是所谓的欧姆定律。

在电路分析中，要求用一个数学表达式来表示电压、电流的大小关系与方向关系，此时必须设定电压、电流的参考方向，如图1-13所示。

设电压、电流为关联参考方向，则有

$$u=Ri \tag{1-12}$$

若设电压、电流为非关联参考方向，则有

$$u=-Ri \tag{1-13}$$

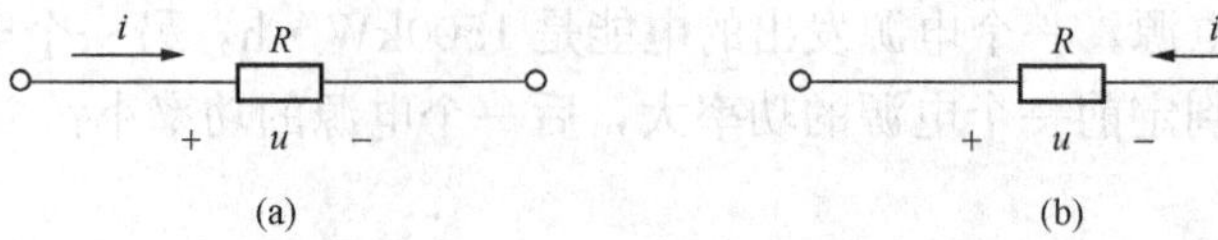

图 1 - 13　电压、电流的参考方向

（a）关联参考方向；（b）非关联参考方向

三、电阻元件的功率

电阻元件的功率

$$p = ui = Ri^2 = \frac{u^2}{R} = Gu^2 \qquad (1-14)$$

直流电路中

$$P = UI = RI^2 = GU^2$$

【例 1 - 5】 图 1 - 13 中，已知 $R=20\Omega$，$u=12\text{V}$，求电流与功率。

解　图1 - 13（a）中，$i=\frac{u}{R}=\frac{12}{20}=0.6$（A），$p=ui=12\times0.6=7.2$（W）。

图 1 - 13（b）中，$i=-\frac{u}{R}=-\frac{12}{20}=-0.6$（A），$p=-ui=i^2R=7.2$（W）。

由此可以看出，参考方向的选择不会改变元件的性质。

【例 1 - 6】 一个额定功率为 100W、额定电压为 220V 的灯泡使用于直流电路中，求其额定电流与电阻值。若所加电压为 200V，则其实际功率为多少瓦？

解　$I=\frac{P}{U}=\frac{100}{220}=0.45$（A），$R=\frac{U^2}{P}=\frac{220^2}{100}=484$（Ω）

若所加电压为 200V，则实际功率

$$P'=\frac{U^2}{R}=\frac{200^2}{484}=82.64\ (\text{W})$$

1 - 3 - 1　电阻元件上电压、电流的参考方向选择不同时，欧姆定律的形式是否相同？

1 - 3 - 2　一个阻值为 100Ω、额定功率为 10W 的电阻使用于直流电路中，求其工作于额定工作状态时的电压、电流值。

1 - 3 - 3　一个额定功率为 60W、额定电压为 220V 的灯泡使用于直流电路中，试完成：（1）已知所加电压为 180V，求其电流与功率；（2）测得其实际功率为 48W，求所加电压 U 及电流 I。

第四节　电　感　元　件

一、电感元件

电感元件是电路的基本元件之一，是由主要电磁性能为将电能转变成磁场能量的设备抽象而成。如通电的螺线管，又称电感线圈。

若线圈的匝数为 N，穿过第一匝、第二匝、…、第 N 匝的磁通分别为 Φ_1、Φ_2、…、

Φ_N，则穿过线圈的磁通的代数和

$$\psi = \Phi_1 + \Phi_2 + \cdots + \Phi_N$$

叫做该线圈的全磁通或磁链。当线圈紧密绕制时，认为各匝线圈中的磁通相等，则磁链为

$$\psi = N\Phi$$

电感元件是一个二端元件，任意时刻，它的磁链 ψ 与引起该磁链的电流 i 的方向满足右手螺旋定则，磁链 ψ 与电流 i 的大小呈代数关系。

当电感元件上磁链与电流的大小成正比时，其 ψ-i 曲线是过原点的一条直线，称为线性电感元件；否则称为非线性电感元件，如图 1 - 14 所示。本书如果不作特别说明，提到的电感元件均指线性电感元件。

线性电感元件磁链与电流的比值

$$L = \frac{\psi}{i} \tag{1 - 15}$$

是一个常数，称为电感元件的电感，反映线圈通入电流后产生磁场能力的大小，单位为亨[利]（H），实用中常用毫亨（mH）作单位。

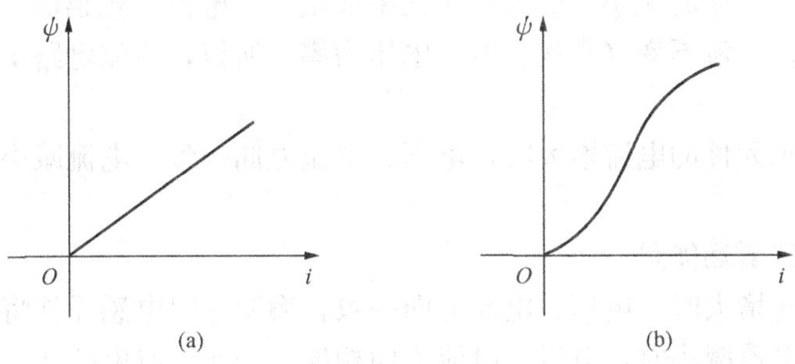

图 1 - 14　电感元件的 ψ-i 曲线

(a) 线性电感元件；(b) 非线性电感元件

二、电感元件的电压、电流关系

当线圈中的电流变化时，会产生感应电动势。根据法拉第电磁感应定律，感应电动势的大小为

$$|e_L| = \left|\frac{d\psi}{dt}\right|$$

将式（1 - 15）代入上式，得

$$|e_L| = \left|\frac{d\psi}{dt}\right| = \left|\frac{d(Li)}{dt}\right| = L\left|\frac{di}{dt}\right|$$

根据楞次定律，感应电动势的方向总是企图阻碍磁通的变化。若感应电动势的参考方向与电流的参考方向一致，则当 $i>0$ 且增加 $\left(\frac{di}{dt}>0\right)$ 时，感应电动势的实际方向与参考方向相反，即 $e_L<0$；当 $i>0$ 且减小 $\left(\frac{di}{dt}<0\right)$ 时，感应电动势的实际方向与参考方向相同，即 $e_L>0$，如图 1 - 15 所示。

由此可见，在感应电动势的参考方向与电流的参考方向一致的前提下，e_L 与 $\frac{di}{dt}$ 总是异号的，从而得

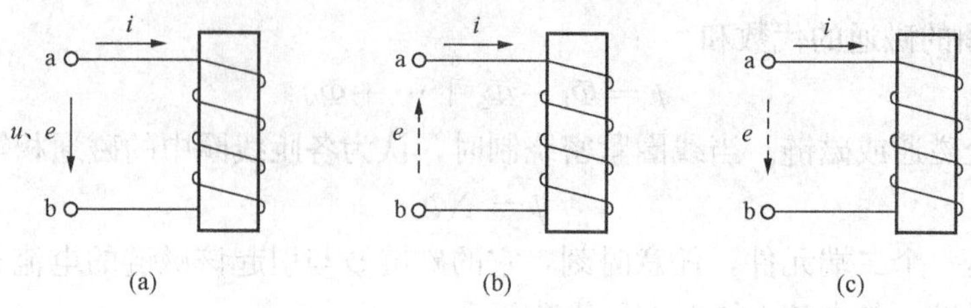

图 1-15　电感元件上 u、e、i 的关系

(a) u、e、i 的参考方向；(b) $i>0$ 且增加 ($e<0$)；(c) $i>0$ 且减小 ($e>0$)

$$e_L = -L\frac{\mathrm{d}i}{\mathrm{d}t}$$

设电感元件上电压、电流、感应电动势为关联参考方向，则有

$$u_L = -e_L = L\frac{\mathrm{d}i}{\mathrm{d}t} \tag{1-16}$$

式（1-16）表明：

（1）电感元件上电压的大小与电流的变化率成正比。电流变化越快，电压越大；电流变化越慢，电压越小；电流不变（直流）时，电压为零。所以，直流电路中的电感元件可视为短路。

（2）当通入电感元件的电流增大时，电压、电流方向一致；电流减小时，电压、电流方向相反。

三、电感元件的磁场能量

电感元件中电流增大时，电压、电流方向一致，表明这时电感元件将电能转变成磁场能储存于电感之中；电流减小时，电压、电流方向相反，表明这时电感元件在释放能量，即将磁场能转变成电能。可见，电感元件是一种储能元件。

选取电压、电流为关联参考方向，电感元件的瞬时功率为

$$p = ui = Li\frac{\mathrm{d}i}{\mathrm{d}t}$$

在时间 $\mathrm{d}t$ 内，电感元件吸收的电能为

$$\mathrm{d}w = p\mathrm{d}t = Li\mathrm{d}i$$

电感电流从零开始增加到 i 时，电感元件吸收的总的电能为

$$W_L = \int_0^i Li\mathrm{d}i = \frac{1}{2}Li^2 \tag{1-17}$$

式（1-17）表明，有电流就有磁场能量，且磁场能量的大小与最终电流的平方成正比，而与是否存在电压无关。

【例 1-7】 如图 1-16（a）所示，已知 $L=10\text{mH}$，电流波形如图 1-16（b）所示。求：（1）电压 $u(t)$，并画出其波形；（2）磁场的最大储能。

解　(1)

$$u_L = L\frac{\mathrm{d}i}{\mathrm{d}t} = L\frac{\Delta i}{\Delta t} = \begin{cases} 0.01\times\dfrac{5}{0.5} = 0.1(\text{V}) & (0<t\leqslant 0.5\text{s}) \\ 0.01\times\dfrac{-5-5}{1.5-0.5} = -0.1(\text{V}) & (0.5\text{s}<t\leqslant 1.5\text{s}) \\ 0.01\times\dfrac{0-(-5)}{2-1.5} = 0.1(\text{V}) & (1.5\text{s}<t\leqslant 2\text{s}) \end{cases}$$

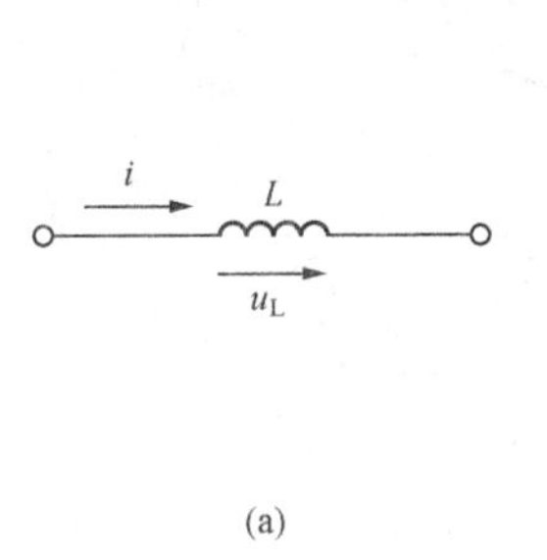

(a)

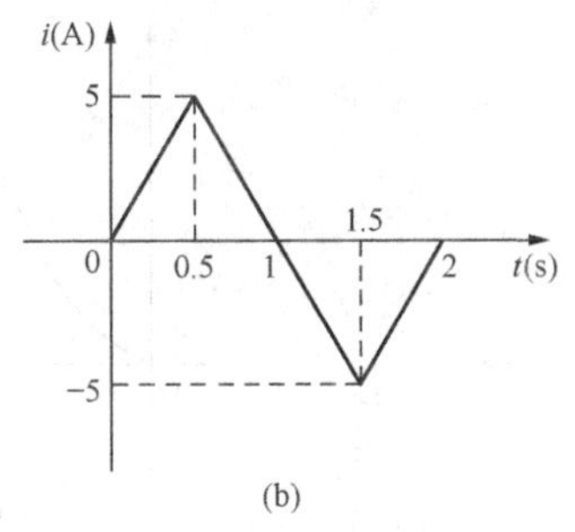

(b)

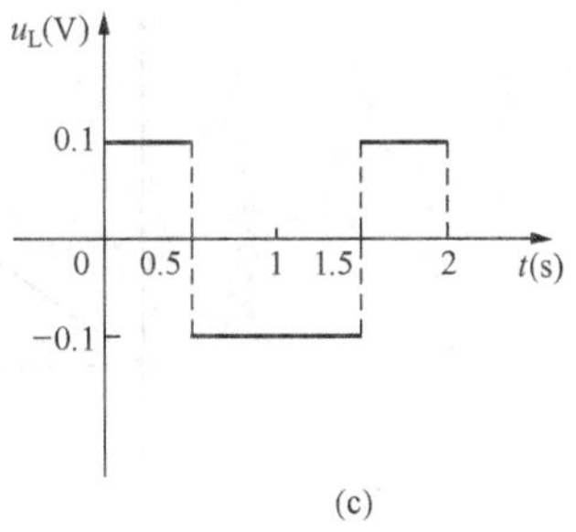

(c)

图 1 - 16 ［例 1 - 7］图

(a) 电压、电流参考方向；(b) 电流变化规律；(c) 电压变化规律

波形如图 1 - 16 (c) 所示。

(2) 磁场最大储能为

$$W_{L,max}=\frac{1}{2}Li_{max}^2=\frac{1}{2}\times 0.01\times 5^2=0.125(J)$$

思考与练习

1 - 4 - 1　如果电感元件上电压、电流的参考方向相反，试写出其关系式。

1 - 4 - 2　电感元件上电压的大小和什么有关？是不是电流越大，电压就越大？

1 - 4 - 3　已知 $L=0.1H$，电流波形如图 1 - 17 所示。试求：(1) 电压 $u(t)$，并画出其波形；(2) 磁场的最大储能。

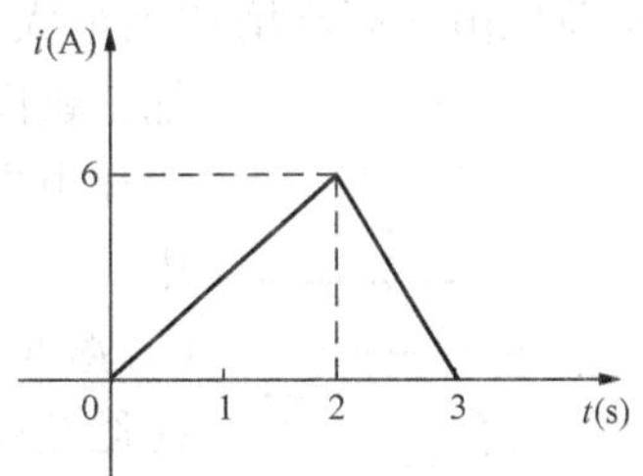

图 1 - 17　思考与练习 1 - 4 - 3 图

1 - 4 - 4　已知 $L=127mH$，通入电流 $i(t)=10\sqrt{2}\sin 314t$ A，求 $u(t)$ 并画出其波形。

第五节　电　容　元　件

一、电容元件

电容元件是电路的基本元件之一，是由主要电磁性能为将电能转变成电场能量的设备抽象而成，如平板电容器。

电容元件是一个二端元件，任意时刻，沿电压 u 的方向聚集等量的正负电荷 q，电荷量 q 与电压 u 呈代数关系。

当电容元件上电荷量与电压的大小成正比时，其 q-u 曲线是过原点的一条直线，称为线性电容元件；否则称为非线性电容元件，如图 1 - 18 所示。本书如果不作特别说明，提到的电容元件均指线性电容元件。

线性电容元件的电荷量与电压的比值

$$C=\frac{q}{u} \tag{1 - 18}$$

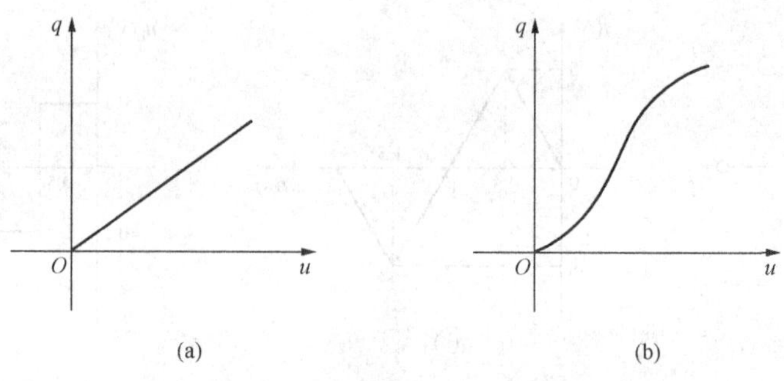

图 1 - 18 电容元件的 q-u 曲线

（a）线性电容元件；（b）非线性电容元件

是一个常数，称为电容元件的电容量，反映电容器储存电荷能力的大小，单位为法［拉］（F）。该单位较大，实用中常用微法（μF）和皮法（pF）作单位。

二、电容元件的电压、电流关系

1. 电容的充放电

图 1 - 19 所示为平板电容器，所加电压 u 为交变电压。当电压由零增加到 U_{m} 时，极板上的电荷也由零逐步增加到最大，上极板为正电荷，下极板为负电荷。极板上电荷逐渐增加、极间电压逐步升高的过程，称为电容的充电。充电时的电流称为充电电流，方向由 a 经极板到 b，与电压方向相同，故充电过程中，电容元件在吸收电能并转化为电场能量储存起来。当电压由 U_{m} 减小到零时，极板上的电荷也由最大逐步减小到零。极板上电荷逐渐减小、极间电压逐步降低的过程，称为电容的放电。放电时的电流称为放电电流，方向由 b 经极板到 a，与电压方向相反，故放电过程中，电容元件在释放能量并将其转化为电能。

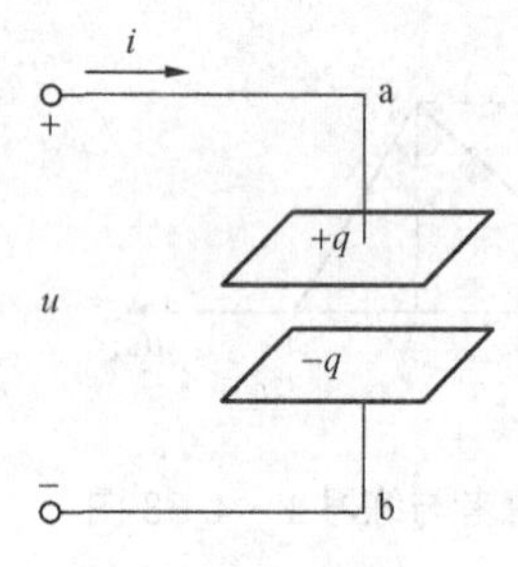

图 1 - 19 电容的充放电

充电电流与放电电流合成电容电流，其大小、方向都在变化。

2. 电容元件的电压、电流关系

设电容元件上电压、电流为关联参考方向，则电容电流为

$$i = \frac{\mathrm{d}q}{\mathrm{d}t} = \frac{\mathrm{d}(Cu)}{\mathrm{d}t} = C\frac{\mathrm{d}u}{\mathrm{d}t} \tag{1 - 19}$$

式（1 - 19）表明：

（1）电容元件上电流的大小与电压的变化率成正比。电压变化越快，电流越大；电压变化越慢，电流越小；电压不变（直流）时，电流为零。所以，直流电路中电容元件可视为断路。

（2）当电容上所加的电压增大时，电压、电流方向一致；电压减小时，电压、电流方向相反。

三、电容元件的电场能量

电容元件中电压增加时，电压、电流方向一致，表明这时电容元件将电能转变成电场能量储存于电容之中；电压降低时，电压、电流方向相反，表明这时电容元件在释放能量，即将电场能量转变成电能。可见，电容元件也是一种储能元件。

选取电压、电流为关联参考方向，电容元件的瞬时功率为

$$p = ui = Cu\frac{\mathrm{d}u}{\mathrm{d}t}$$

在时间 dt 内，电容元件吸收的电能为

$$\mathrm{d}w = p\mathrm{d}t = Cu\mathrm{d}u$$

电容电压从零开始增加到 u 时，电容元件吸收的总的电能为

$$W_C = \int_0^u Cu\mathrm{d}u = \frac{1}{2}Cu^2 \tag{1-20}$$

式（1-20）表明，电容元件储存的电场能量只取决于其电压的大小，且与最终电压的平方成正比，而与是否有电流或电流的大小无关。

【例 1-8】 如图 1-20（a）所示，已知 $C=100\mu F$，电压波形如图 1-20（b）所示。试求：（1）电流 $i(t)$，并画出其波形；（2）电场的最大储能。

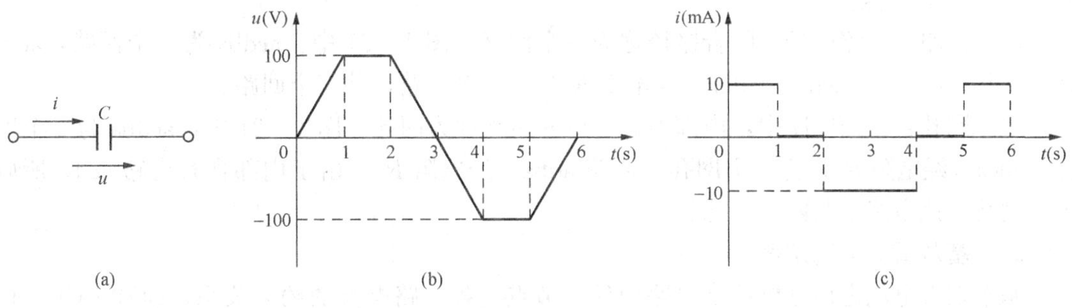

图 1-20 ［例 1-8］图

（a）电压、电流参考方向；（b）电压波形；（c）电流波形

解 （1）

$$i = C\frac{\mathrm{d}u}{\mathrm{d}t} = C\frac{\Delta u}{\Delta t} = \begin{cases} 100\times10^{-6}\times\dfrac{100-0}{1-0} = 0.01(\mathrm{A}) = 10(\mathrm{mA}) & (0<t\leqslant 1\mathrm{s}) \\ 100\times10^{-6}\times\dfrac{100-100}{2-1} = 0 & (1\mathrm{s}<t\leqslant 2\mathrm{s}) \\ 100\times10^{-6}\times\dfrac{-100-100}{4-2} = -10(\mathrm{mA}) & (2\mathrm{s}<t\leqslant 4\mathrm{s}) \\ 100\times10^{-6}\times\dfrac{100-100}{5-4} = 0 & (4\mathrm{s}<t\leqslant 5\mathrm{s}) \\ 100\times10^{-6}\times\dfrac{0-(-100)}{6-5} = 0.01(\mathrm{A}) = 10(\mathrm{mA}) & (5\mathrm{s}<t\leqslant 6\mathrm{s}) \end{cases}$$

电流波形如图 1-20（c）所示。

（2）电场最大储能为

$$W_{C,\max} = \frac{1}{2}Cu_{\max}^2 = \frac{1}{2}\times0.0001\times100^2 = 0.5(\mathrm{J})$$

思考与练习

1-5-1　如果电容元件上电压、电流的参考方向相反，试写出其关系式。

1-5-2　已知 $C=0.01\mathrm{F}$，电压 $u(t)=220\sqrt{2}\sin314t$ V。试求：（1）电流 $i(t)$，并画出其波形；（2）电场的最大储能。

第六节　基尔霍夫定律

前面介绍的是基本元件上电压、电流的约束关系，本节要分析的是电路结构上电压、电流遵循的约束关系，即基尔霍夫定律，包括基尔霍夫电流定律和基尔霍夫电压定律。

一、有关电路的几个名词

分析电路时会用到一些电路名词，常用的电路名词有支路、节点、回路、网孔等。

（1）支路：一个或几个二端元件首尾依次相连中间没有分支，称为一条支路，如图1-21所示，abd为一条支路，acd为一条支路，ad（经电阻R_3）为一条支路，共三条支路。

（2）节点：三条或三条以上支路交汇的点，称为节点。图1-21中，a、d点为节点，b、c点则不是节点。

（3）回路：电路中任一闭合路径称为一个回路。图1-21中，acdba为一个回路，adca（经电阻R_3）为一个回路，adba（经电阻R_3）为一个回路，共三个回路。

（4）网孔：平面电路中，内部不含支路的回路称为网孔。图1-21中，acdba为一个网孔，adca（经电阻R_3）为一个网孔，回路adba（经电阻R_3）由于内部含有支路acd，所以不是网孔。该电路中共两个网孔。

二、基尔霍夫电流定律

基尔霍夫电流定律分析的是电路中任一节点上各支路电流的约束关系，简称KCL，也叫做基尔霍夫第一定律。其内容为：任一瞬间，电路中任一节点上所连各支路电流的代数和恒等于零，数学表达式为$\sum i=0$。该定律的依据是电流的连续性原理，如图1-22所示。

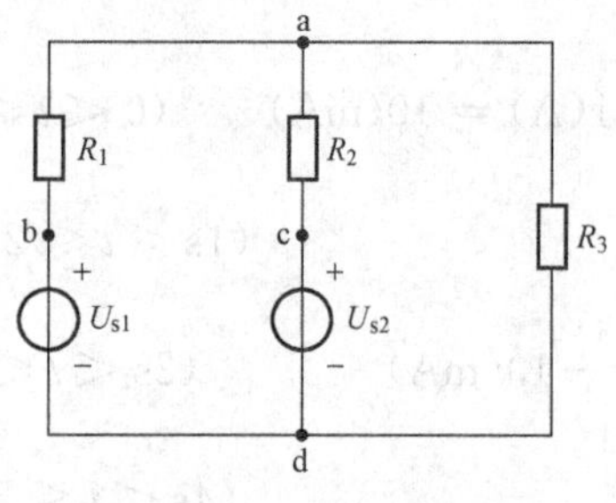

图1-21　电路图

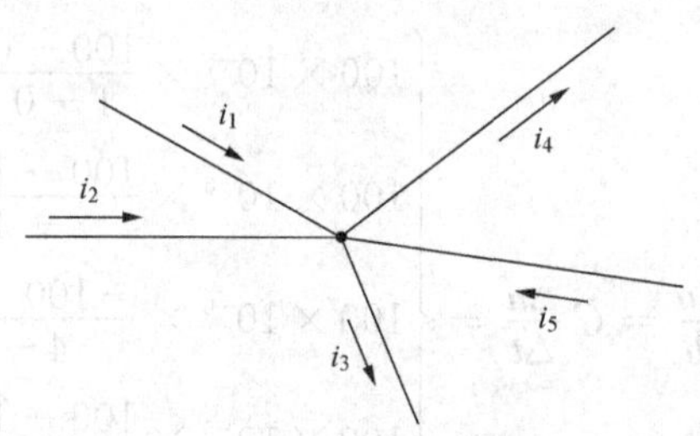

图1-22　基尔霍夫电流定律

为了分析方便，设电流均为正值。流入节点的电流有i_1、i_2、i_5，流出节点的电流有i_3、i_4，根据电流的连续性原理，有$i_1+i_2+i_5=i_3+i_4$，移项后得

$$i_1+i_2-i_3-i_4+i_5=0$$

一般形式为

$$\sum i=0 \tag{1-21}$$

若规定流入节点的电流取正号，则流出节点的电流取负号。电流方向指其参考方向。

基尔霍夫电流定律决定了串联的元件电流总是相等的。

【例1-9】 如图1-23所示电路，求电流i。

解　根据KCL，在节点a上列方程，有$2+(-3)-i'=0$，则$i'=-1A$；在节点b上列方程，有$i'+3-5-i=0$，将$i'=-1A$代入，得$i=-3A$。

基尔霍夫电流定律不仅适用于电路中每一个真实的节点，还可以应用于广义节点。所谓广义节点，是指电路中的一个假想封闭面，如图 1-24 所示。图中虚线所围电路部分可视为一个广义节点，在此节点上 KCL 仍然成立。此结论不作证明，仅验证如下。

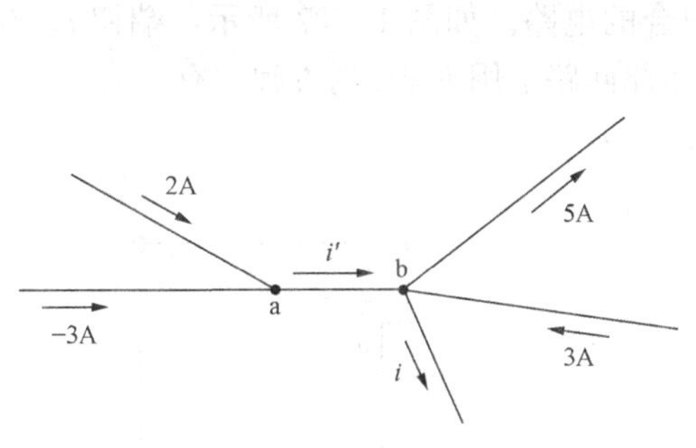

图 1-23 ［例 1-9］图

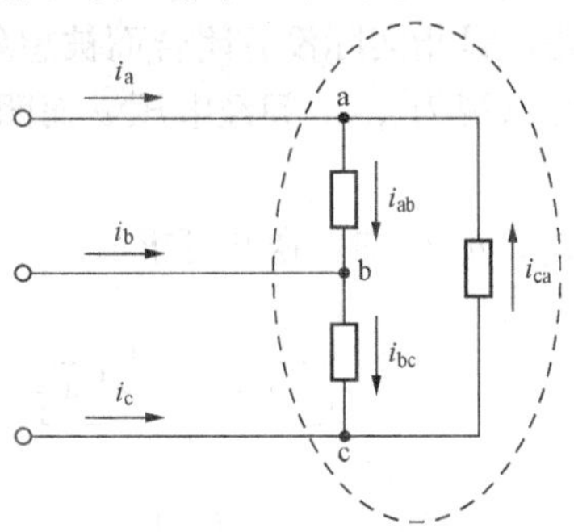

图 1-24　广义节点示意图

图 1-24 中，分别在节点 a、b、c 上用 KCL 列方程，有

$$i_a + i_{ca} - i_{ab} = 0$$
$$i_b + i_{ab} - i_{bc} = 0$$
$$i_c + i_{bc} - i_{ca} = 0$$

将以上三式相加，得 $i_a + i_b + i_c = 0$。

若将图中虚线部分视为广义节点，则在此节点上列方程，可得 $i_a + i_b + i_c = 0$。［例 1-9］也可用此方法计算。

三、基尔霍夫电压定律

基尔霍夫电压定律分析的是电路中任一回路内各支路电压的约束关系，简称 KVL，也叫做基尔霍夫第二定律。其内容为：任一瞬间，电路中任一回路内各支路电压的代数和恒等于零，数学表达式为 $\sum u = 0$。该定律的依据是能量转换与守恒定律。图 1-25 所示为电路中的某一回路。

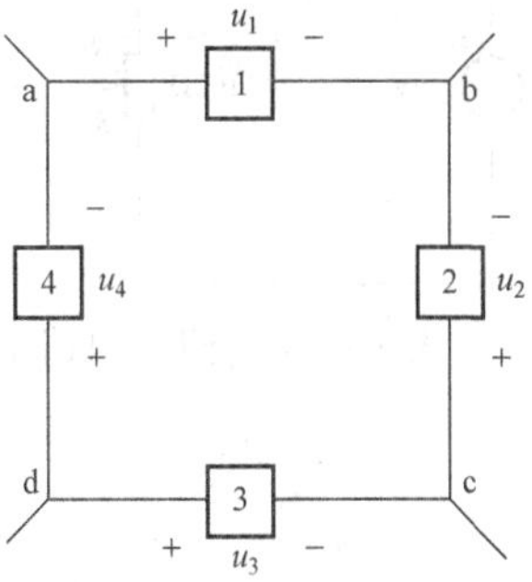

为了分析方便，设电压均为正值。在回路 abcda 中，电压 u_1、u_4 电位是降低的，而 u_2、u_3 电位是升高的，依据能量转换与守恒定律，从 a 点经任意路径回到 a 点，能量不变，即电位升高之和必等于电位降低之和，即 $u_1 + u_4 = u_2 + u_3$，移项后得

$$u_1 - u_2 - u_3 + u_4 = 0$$

图 1-25　基尔霍夫电压定律

一般式为

$$\sum u = 0 \tag{1-22}$$

式（1-22）中电压的符号规定为：任选一个回路的绕行方向，当电压的参考方向与绕行方向一致时，该电压取正号；当电压的参考方向与绕行方向相反时，该电压取负号。

基尔霍夫电压定律决定了并联的元件电压总是相等的。

【例 1-10】 图 1-26 所示电路中，已知：$u_1 = 10V$，$u_2 = 2V$，$u_4 = -5V$，求各元件的电压。

解 在左侧网孔中选绕行方向为顺时针，用 KVL 列方程，有 $-u_1 + u_2 + u_3 = 0$，则

$$u_3 = u_1 - u_2 = 10 - 2 = 8(V)$$

在右侧网孔中选绕行方向为顺时针，用 KVL 列方程，有 $-u_3 + u_4 + u_5 = 0$，从而得

$$u_5 = u_3 - u_4 = 8 - (-5) = 13(\text{V})$$

此外，也可选最外侧的回路列方程求 u_5。

基尔霍夫电压定律不仅适用于电路中每个真正的回路，也适用于任一假想的回路。所谓假想回路，是指实际没有闭合而被想象成闭合的电路。如图 1-27 所示，端钮 a、b 处是断开的，可以视为 a、b 间经电压 u 而闭合。在此回路上用 KVL 列方程，有

$$u - u_2 - u_1 = 0$$

若 u_1、u_2 已知，据此可求 u。

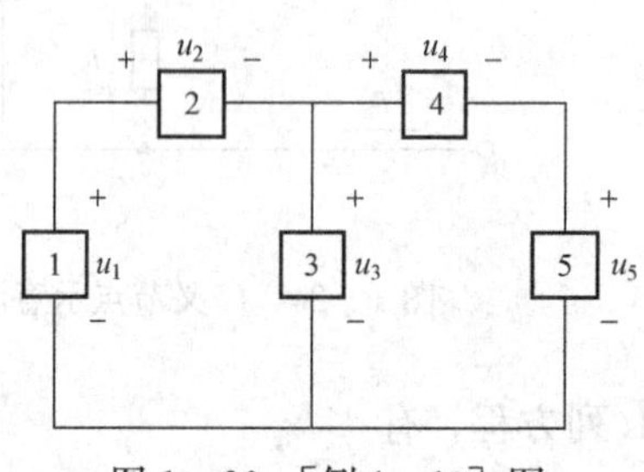

图 1-26 ［例 1-10］图

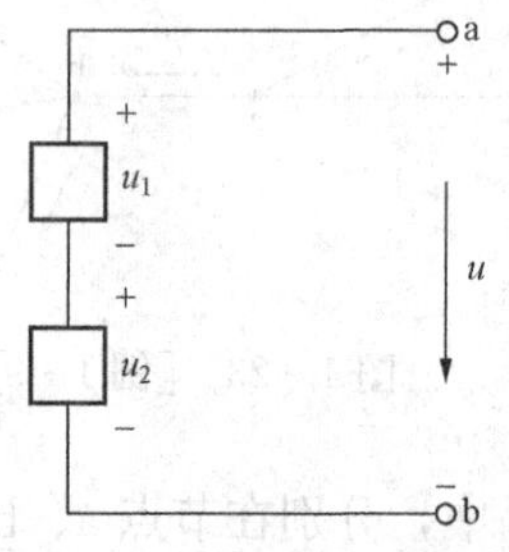

图1-27 KVL 应用推广

在电阻电路中，常用到基尔霍夫电压定律的另一种形式，即

$$\sum U_s = \sum IR \tag{1-23}$$

这种形式可由式（1-22）推导而得。等式左侧为回路中所含电源电压的代数和，右侧为回路中所含电阻的电压降的代数和。符号确定：先设定回路绕行方向，电源电压的方向与绕行方向相反的取正，相同的取负；电阻上电流的方向与绕行方向相同的取正，相反的取负。

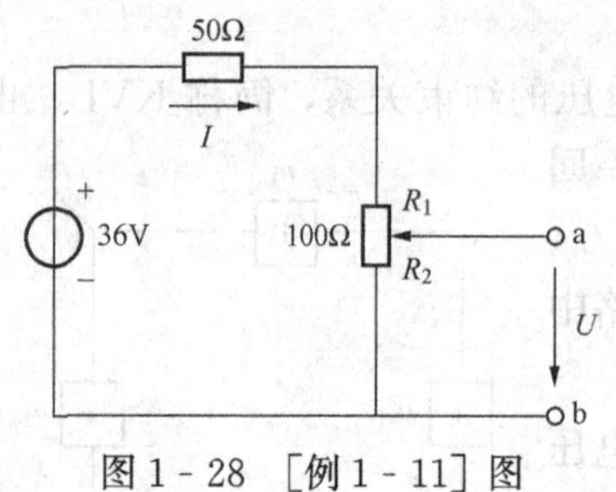

图 1-28 ［例 1-11］图

【例 1-11】 图 1-28 所示电路中，端钮 a、b 处开路，$R_1 = R_2$，求电流 I 与电压 U。

解 在左侧回路内用 KVL 列方程，得

$$50I + 100I - 36 = 0$$

$$I = 0.24\text{A}$$

在右侧假想回路内列方程，有

$$U - R_2 I = 0$$

$$U = R_2 I = 50 \times 0.24 = 12(\text{V})$$

思考与练习

1-6-1 图1-29 所示电路中，已知 $i_1 = 2\text{A}$，$i_2 = -3\text{A}$，$i_4 = 2\text{A}$。试完成：（1）求 i_3；（2）若 $i_6 = 0$，求图中各支路电流。

1-6-2 求图 1-30 所示电路中的电流 i。

1-6-3 求图 1-31 所示电路中的电压 u_1、u_2。

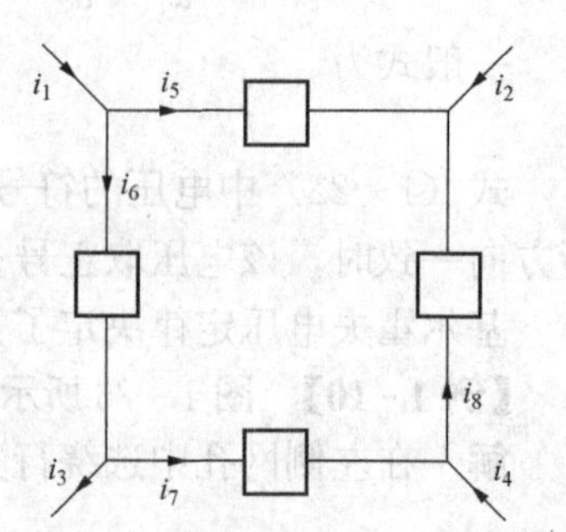

图 1-29 思考与练习 1-6-1 图

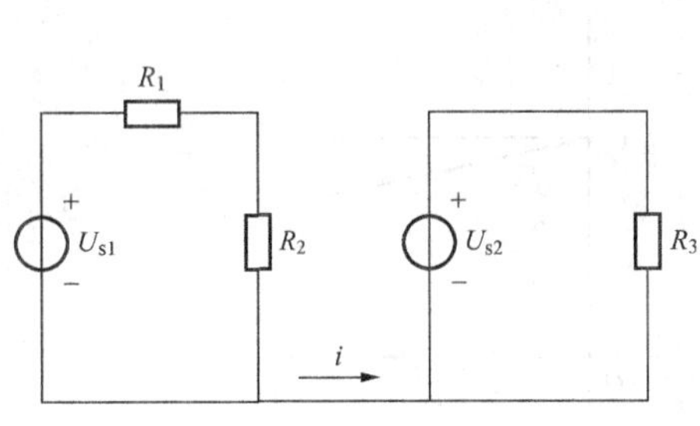

图 1-30　思考与练习 1-6-2 图

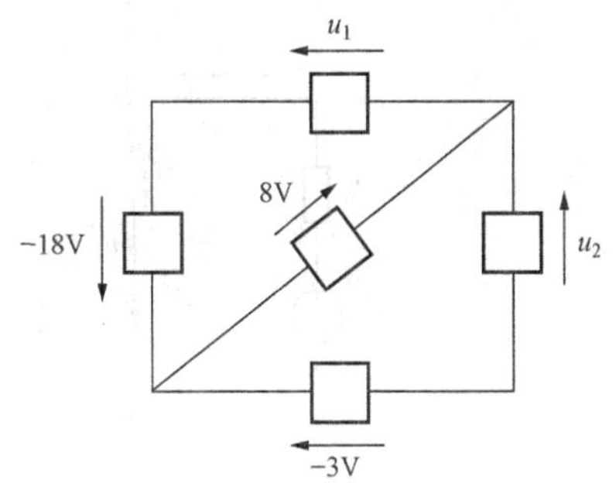

图 1-31　思考与练习 1-6-3 图

第七节　两种电源及其等效变换

能将其他形式的能转变为电能的设备称为电源。电源分为电压源和电流源两种，下面分别作详细介绍。

一、电压源

像电池、发电机那样，额定物理量为电压并向外电路提供电能的电源称为电压源。

1. 理想电压源

理想电压源是一个二端元件，其端电压是恒定的（或是按一定规律变化的时间的函数），输出电流随外电路的变化而变化。这种电源是由实际电源忽略内部能量损耗抽象而成，故称为理想电压源，其模型图及伏安特性曲线如图 1-32 所示。

$$u = U_s \tag{1-24}$$

与理想电压源并联的元件，对外不起作用。

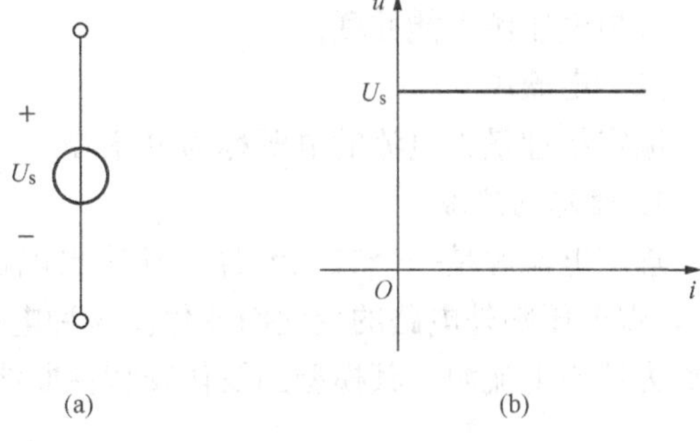

图 1-32　理想电压源及其伏安特性曲线

(a) 理想电压源模型图；(b) 理想电压源伏安特性曲线

2. 实际电压源

实际电压源内部是有能量损耗的，一般用电阻来等效能量损耗，因此，一个实际电压源的模型为一个理想电压源 U_s 与一个电阻 R_0 的串联，如图 1-33（a）所示，其伏安特性曲线如图 1-33（b）所示。

端电压与输出电流的关系为

$$u = U_s - R_0 i \tag{1-25}$$

3. 电压源的串联

几个电压源串联后，其等效电压源可以根据 KVL 写出，如图 1-34 所示。

等效电压源

$$U_s = U_{s1} - U_{s2} + U_{s3}$$

$$R = R_1 + R_3$$

如有 N 个电压源串联，则等效电压源为

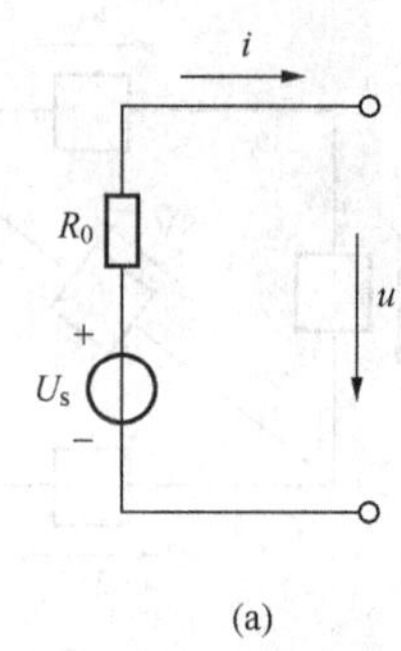

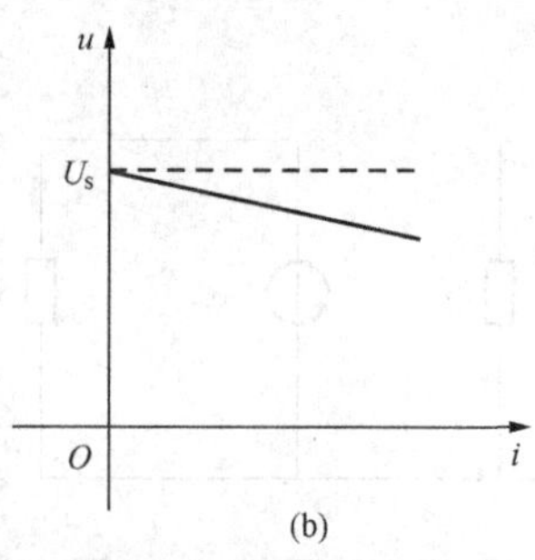

图 1 - 33　实际电压源及其伏安特性曲线

(a) 实际电压源模型图；(b) 实际电压源伏安特性曲线

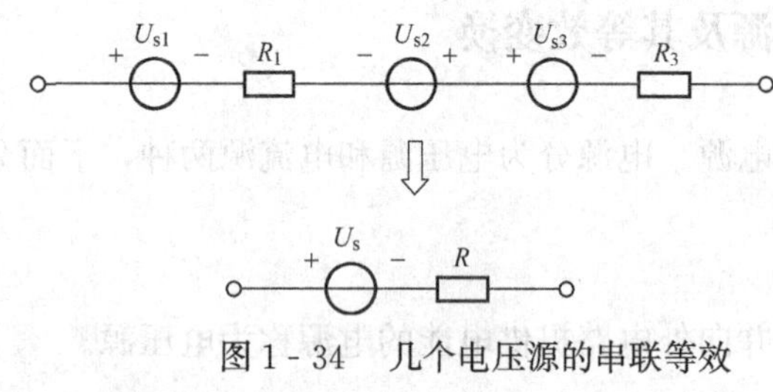

图 1 - 34　几个电压源的串联等效

$$u_s = \sum_{K=1}^{N} u_K \qquad (1-26a)$$

$$R = \sum_{K=1}^{N} R_K \qquad (1-26b)$$

符号的确定：当电压源的参考方向与等效电压源的参考方向一致时，该电压取正，相反时，该电压取负；电阻都为正值。

理想电压源不能并联。

二、电流源

额定物理量为电流的电源称为电流源。

1. 理想电流源

理想电流源是一个二端元件，其输出电流是恒定的（或是按一定规律变化的时间的函数），端电压随外电路的变化而变化。这种电源也是由实际电源忽略内部能量损耗抽象而成，故称为理想电流源，其模型图及伏安特性曲线如图 1 - 35 所示。

$$i = I_s \qquad (1-27)$$

与理想电流源串联的元件，对外不起作用。

2. 实际电流源

实际电流源内部是有能量损耗的，一般用电阻来模拟能量损耗，因此，一个实际电流源的模型为一个理想电流源 i_s 与一个电阻 R_s 的并联，如图 1 - 36（a）所示，其伏安特性曲线如图 1 - 36（b）所示。

输出电流与端电压的关系为

$$i = I_s - Gu \qquad (1-28)$$

3. 电流源的并联

几个电流源并联后，其等效电流源可以根据 KCL 写出，如图 1 - 37 所示。

等效电流源

$$I_s = I_{s1} - I_{s2} + I_{s3}$$

$$R_s = R_1 \mathbin{/\!/} R_2 = \frac{R_1 R_2}{R_1 + R_2}$$

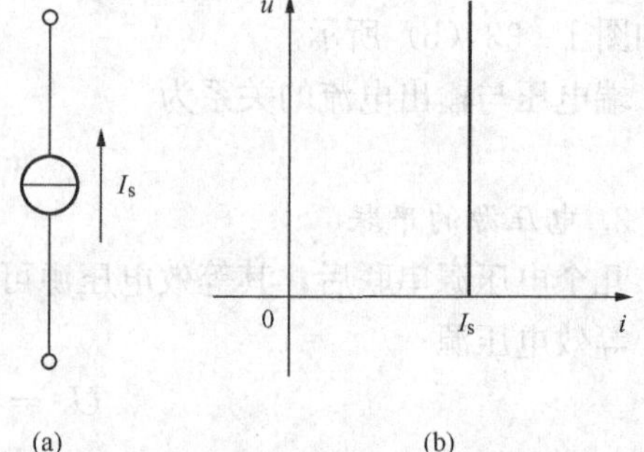

图 1 - 35　理想电流源及其伏安特性曲线

(a) 理想电流源模型图；(b) 理想电流源伏安特性曲线

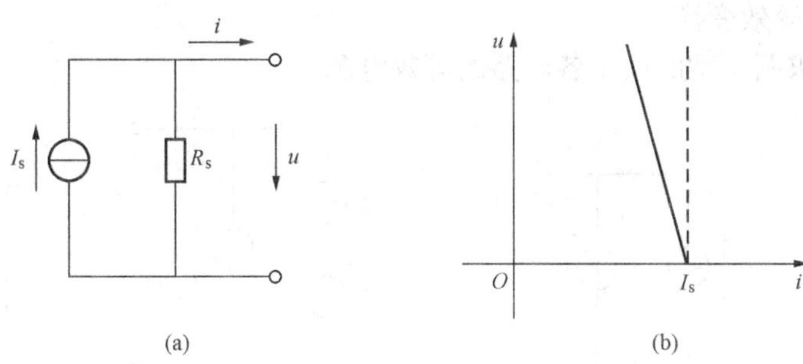

图 1-36　实际电流源及其伏安特性曲线

(a) 实际电流源模型图；(b) 实际电流源伏安特性曲线

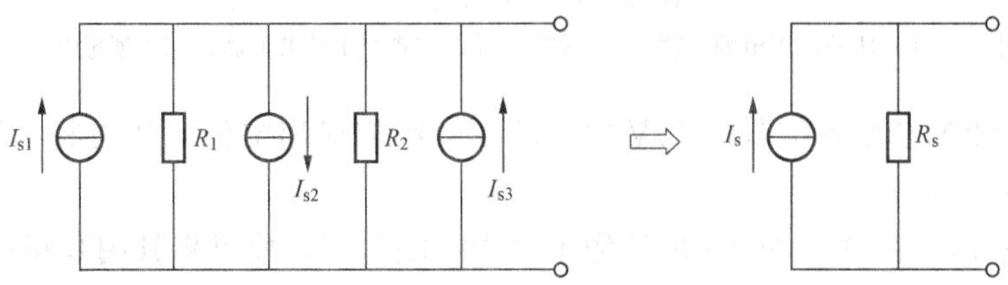

图 1-37　几个电流源的并联等效

如有 N 个电流源并联，则等效电流源为

$$i_s = \sum_{K=1}^{N} i_K \tag{1-29a}$$

$$G = \sum_{K=1}^{N} G_K \tag{1-29b}$$

符号的确定：当电流源的参考方向与等效电流源的参考方向一致时，该电流取正，相反时取负；电导都为正值。

理想电流源不能串联。

三、两种电源的等效变换

若两个二端网络接任意相同外电路时，二者端口的电压、端钮上的电流总相等，则称这两个二端网络等效。由此可知，若二端网络等效，则其端口电压、电流必相等。

为了分析电路方便，可将两种电源进行等效变换，如图 1-38 所示。

将式 (1-25) 变形为

$$i = \frac{U_s}{R_0} - \frac{u}{R_0}$$

将式 (1-28) 变形为

$$i = I_s - \frac{u}{R_s}$$

等效时，以上两式恒等，比较得

$$R_s = R_0 \tag{1-30a}$$

$$I_s = \frac{U_s}{R_0} \tag{1-30b}$$

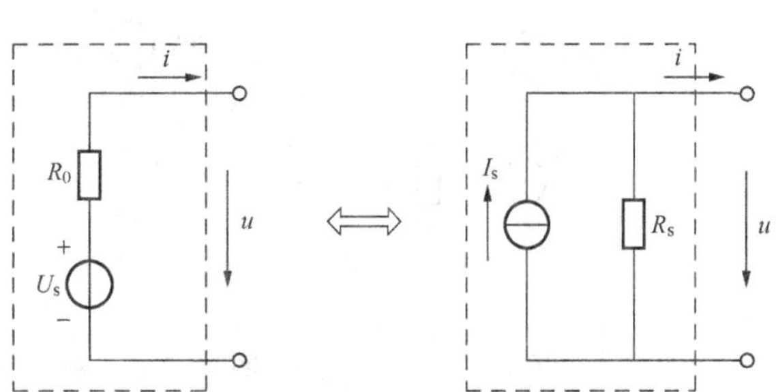

图 1-38　两种电源的等效变换

注意：等效变换时，电流源的方向由电压源的负极指向正极。理想电压源

与理想电流源不能等效变换。

【例 1 - 12】 求图 1 - 39 所示各电路的等效电源。

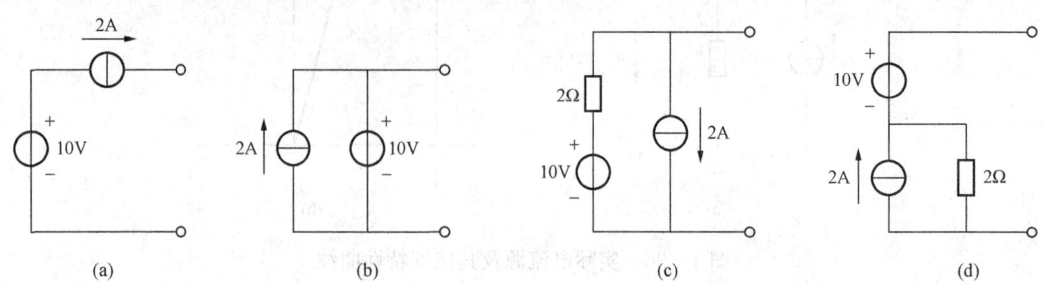

图 1 - 39 ［例 1 - 12］图

(a) 两种理想电源串联；(b) 两种理想电源并联；(c) 实际电压源与理想电流源并联；(d) 理想电压源与实际电流源串联

解 （1）与 2A 电流源串联的 10V 电压源不会影响输出电流，故可将其用短路线代替，等效电源如图 1 - 40（a）所示。

（2）与 10V 电压源并联的 2A 电流源不会影响端电压，故可将其用开路代替，等效电源如图 1 - 40（b）所示。

（3）等效过程如图 1 - 40（c）所示。

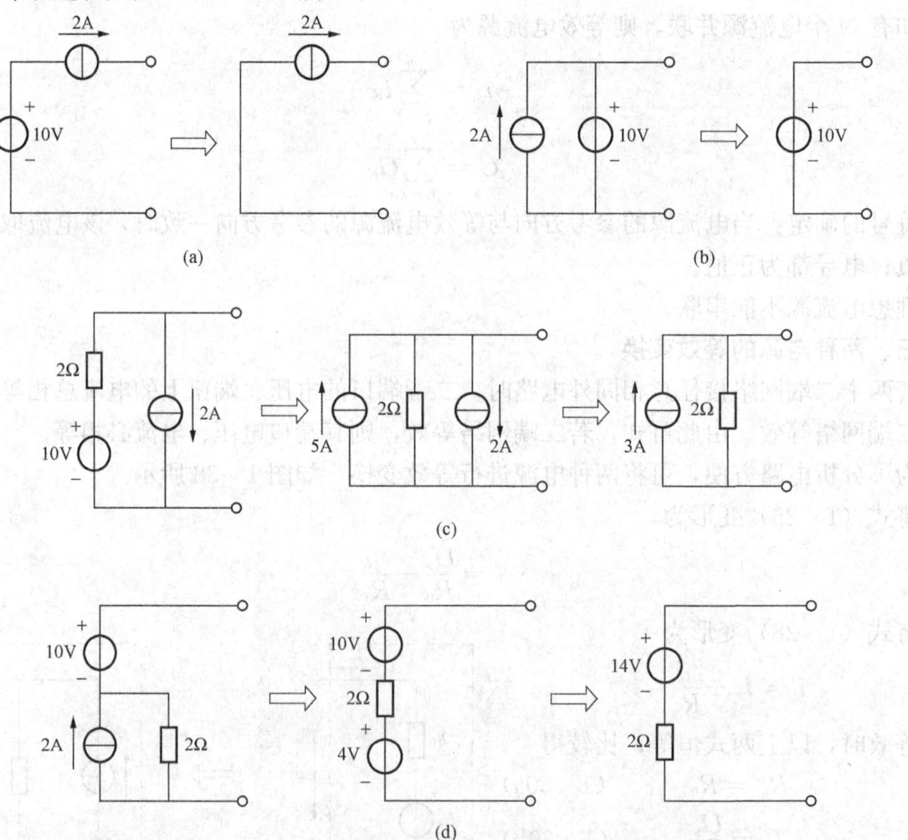

图 1 - 40 ［例 1 - 12］图解

(2) 图 1 - 39（a）等效过程；(b) 图 1 - 39（b）等效过程；(c) 图 1 - 39（c）等效过程；(d) 图 1 - 39（d）等效过程

(4) 等效过程如图 1 - 40 (d) 所示。

作等效变换时，可将电压源换成电流源，也可将电流源换成电压源。一般情况下，当两种电源是串联时，化成电压源；并联时，化成电流源。

【例 1 - 13】 将图 1 - 41 (a) 所示电路化成电流源模型。

解　变换过程如图 1 - 41 所示。

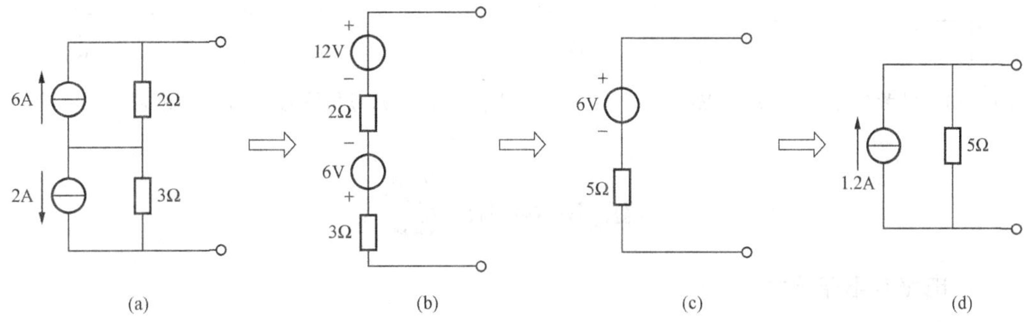

图 1 - 41　[例 1 - 13] 图

(a) 原电路；(b)、(c)、(d) 电路变换过程

1 - 7 - 1　求图 1 - 42 所示各电路的等效电源。

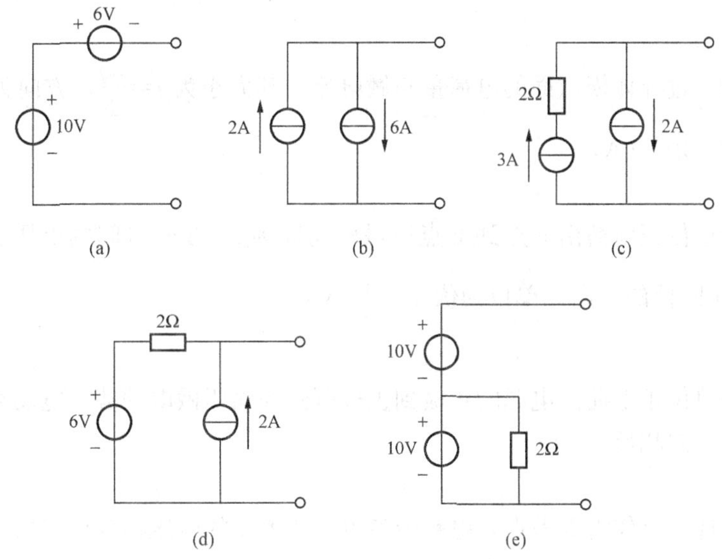

图 1 - 42　思考与练习 1 - 7 - 1 图

1 - 7 - 2　某实际电源的伏安特性如图 1 - 43 所示，求其电压源模型。

1 - 7 - 3　求图 1 - 44 所示各电路的等效电源。

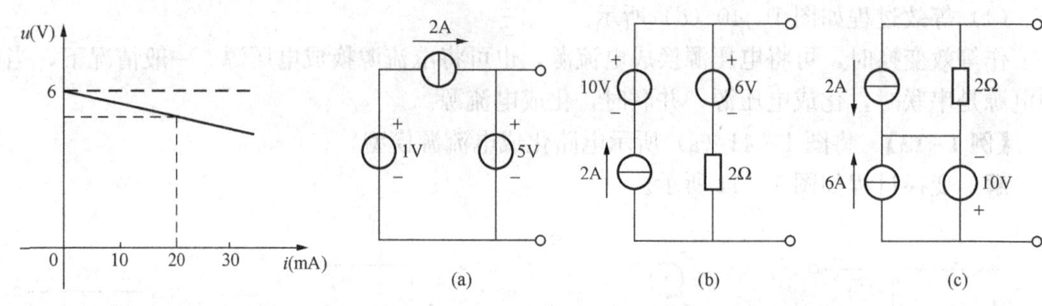

图 1-43 思考与练习 1-7-2 图　　图 1-44 思考与练习 1-7-3 图

本章小结

一、电路及电路模型

1. 电路

电路就是为了实现某种目的而将有关的电气设备或元件按一定方式连接而成的电流的通路。

2. 电路模型

将实际电路中的每一个元件都用理想元件来模拟而建立的实际电路的模型，称为电路模型。将电路模型用统一规定的电路图形符号表示而作出的电路模型图，称为电路图。

二、电路基本物理量

1. 电流

单位时间内通过导体横截面的电荷量叫做电流，其大小为 $i=\frac{dq}{dt}$，方向为正电荷移动的方向，单位为安［培］(A)。

2. 电压

电场力移动单位正电荷由 a 点到 b 点所做的功即为 a、b 两点间的电压，其大小为 $u=\frac{dW}{dq}$，方向为电位降低的方向，单位为伏［特］(V)。

3. 电动势

电源力移动单位正电荷由电源的负极到正极所做的功叫做电动势。电动势与电压的关系为：大小相等，方向相反。

4. 电位

在电路中任选一点作为参考点，电路中各点对参考点的电压称为该点的电位。参考点称为零电位点。两点间的电压等于两点的电位之差。

5. 电功率

单位时间内电路吸收或发出的电能量叫做电功率，其值为 $p=\frac{dW}{dt}=ui$，单位为瓦［特］(W)。设电路中电压、电流为关联参考方向，若 $p>0$，功率性质为吸收功率；若 $p<0$，功率性质为发出功率。

6. 电能

一段时间内电路吸收或发出的功叫做电能，其值为 $W=\int_0^t p(t)\mathrm{d}t$，单位为焦［耳］(J)。直流电路中，$W=Pt=UIt$。

三、电路的基本元件

1. 电阻元件

电阻元件是一个二端元件，任意时刻，其电压、电流的实际方向总是一致的，大小呈代数关系。其伏安特性曲线是过原点的一条直线时，称为线性电阻元件。电压、电流为关联参考方向时，有 $u=Ri$。电阻元件的功率 $p=ui=Ri^2=Gu^2$，为耗能元件。

2. 电感元件

电感元件是一个二端元件，任意时刻，它的磁链 ψ 与引起磁链的电流 i 的方向满足右手螺旋定则，磁链 ψ 与电流 i 的大小呈代数关系。其 ψ-i 曲线是过原点的一条直线时，称为线性电感元件。电感元件上电压、电流为关联参考方向时，有 $u_L=L\frac{\mathrm{d}i}{\mathrm{d}t}$。电感元件是储能元件，所储存的能量为 $W_L=\frac{1}{2}Li^2$。

3. 电容元件

电容元件是一个二端元件，任意时刻，沿电压 u 的方向聚集等量的正、负电荷 q，电荷量 q 与电压 u 呈代数关系。其 q-u 曲线是过原点的一条直线时，称为线性电容元件。电容元件上电压、电流为关联参考方向时，有 $i=C\frac{\mathrm{d}u}{\mathrm{d}t}$。电容元件是储能元件，所储存的能量为 $W_C=\frac{1}{2}Cu^2$。

四、基尔霍夫定律

1. 基尔霍夫电流定律

任一瞬间，电路中任一节点上所连各支路电流的代数和恒等于零，数学表达式为 $\sum i=0$。电流的符号规定为：流入节点的电流取正号，流出节点的电流取负号。

2. 基尔霍夫电压定律

任一瞬间，电路中任一回路内各支路电压的代数和恒等于零，数学表达式为 $\sum u=0$。电压的符号规定为：任选一个回路的绕行方向，当电压的参考方向与绕行方向一致时，该电压取正号；当电压的参考方向与绕行方向相反时，该电压取负号。

五、电源

1. 电压源

理想电压源是一个二端元件，其端电压是恒定的（或是按一定规律变化的时间的函数），输出电流随外电路的变化而变化。一个实际电压源的模型为一个理想电压源 u_s 与一个电阻 R_0 的串联。

2. 电流源

理想电流源是一个二端元件，其输出电流是恒定的（或是按一定规律变化的时间的函数），端电压随外电路的变化而变化。一个实际电流源的模型为一个理想电流源 i_s 与一个电阻 R_s 的并联。

3. 两种电源等效变换

实际电源的等效变换公式为 $R_s=R_0$，$i_s=\dfrac{u_s}{R_0}$。电流源的方向由电压源的负极指向正极。

习　题　一

1-1　每秒有 10C 的正电荷沿着导线由 a 流向 b，试完成：(1) 如果假设的电流参考方向是由 a 指向 b，求电流；(2) 如果假设的电流参考方向是由 b 指向 a，求电流；(3) 如果运动的电荷是负电荷，重求前两问。

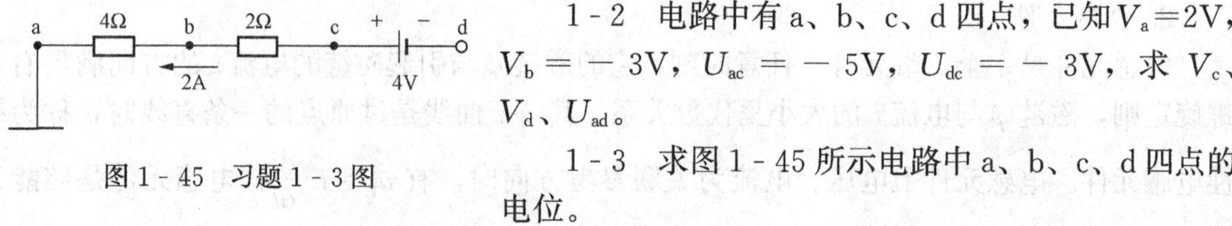

图 1-45　习题 1-3 图

1-2　电路中有 a、b、c、d 四点，已知 $V_a=2\text{V}$，$V_b=-3\text{V}$，$U_{ac}=-5\text{V}$，$U_{dc}=-3\text{V}$，求 V_c、V_d、U_{ad}。

1-3　求图 1-45 所示电路中 a、b、c、d 四点的电位。

1-4　求图 1-46 所示各元件吸收或发出的功率，并说明元件是电源还是负载。

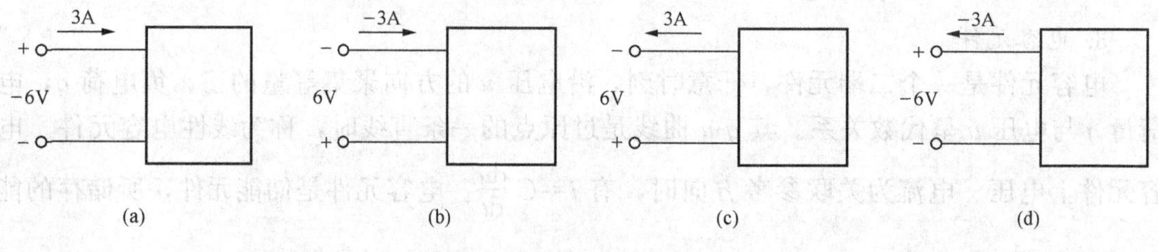

图 1-46　习题 1-4 图

1-5　已知图 1-47 (a) 中元件 A 发出的功率为 30W，图 1-47 (b) 中元件 B 吸收的功率为 30W，求图 1-47 所示两电路中端电压的大小和极性。

1-6　求图 1-48 所示电路中的电流 I_1、I_2、I_3。

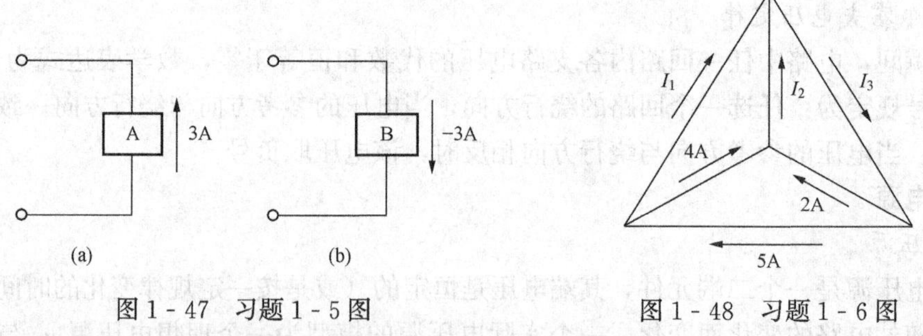

图 1-47　习题 1-5 图　　图 1-48　习题 1-6 图

1-7　求图 1-49 所示电路中的电压 U_{AB}、U_{BC}、U_{AC}。

1-8　分别求图 1-50 所示电路中的电压 u 和电流 i。

1-9　一个二端元件的电压、电流的波形如图 1-51 所示，试问：(1) 该二端元件是什么元件？(2) 求出此元件参数的值。

1-10　图 1-52 所示电路中，试求：(1) 开关 S 打开时的 i_1、i_2、i_{ab} 和 u_{ab}；(2) 开关 S

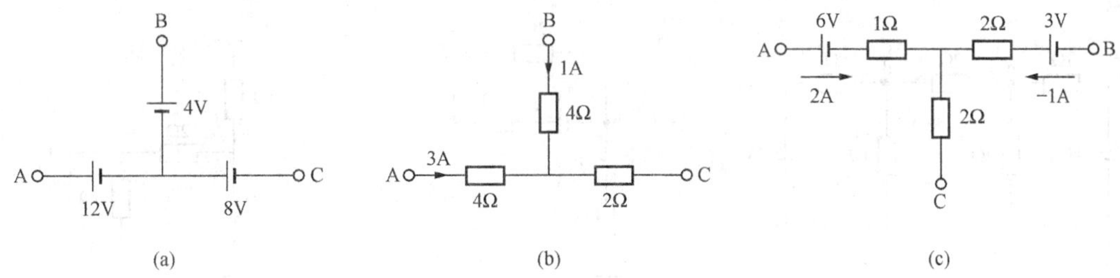

图 1 - 49　习题 1 - 7 图

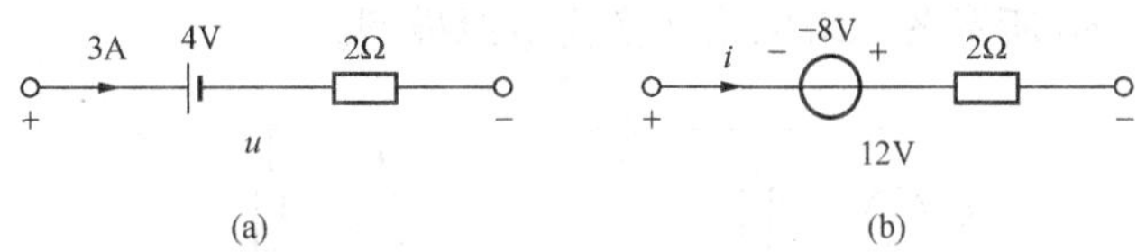

图 1 - 50　习题 1 - 8 图

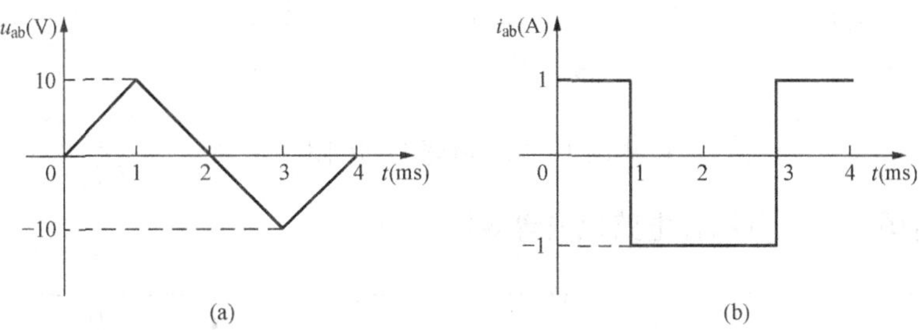

图 1 - 51　习题 1 - 9 图

闭合时的 i_1、i_2、i_{ab}和 u_{ab}。

1 - 11　在图 1 - 53 所示电路中，试求：(1) 开关 S 打开时的 i_1、i_2、i_{ab}和 u_{ab}；(2) 开关 S 闭合时的 i_1、i_2、i_{ab}和 u_{ab}。

1 - 12　图 1 - 54 所示电路中，元件 A 发出的功率为 40W。试问元件 B 是吸收功率还是发出功率？功率为多少？

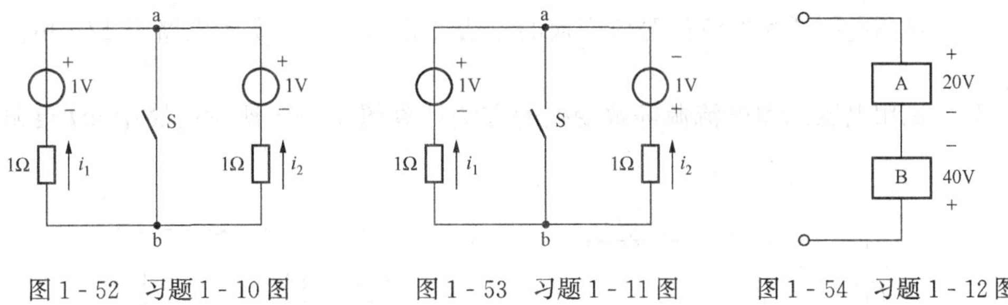

图 1 - 52　习题 1 - 10 图　　图 1 - 53　习题 1 - 11 图　　图 1 - 54　习题 1 - 12 图

1 - 13　求图 1 - 55 所示电路中各点的电位。

1 - 14　求图 1 - 56 所示电路中 a、b 两点的电位。

1 - 15　图 1 - 57 所示电路中，在开关 S 打开和合上两种情况下，求 a 点的电位。

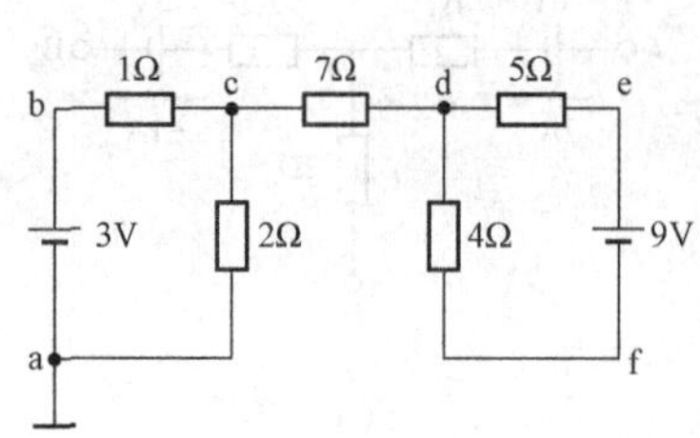

图 1 - 55　习题 1 - 13 图

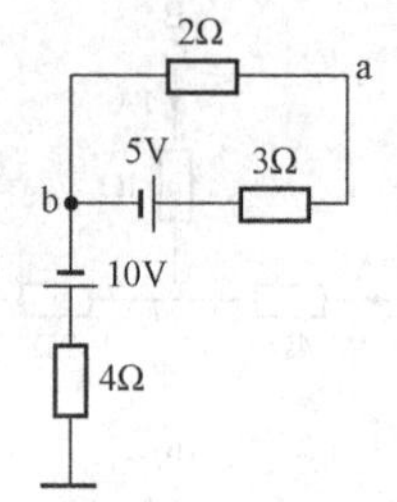

图 1 - 56　习题 1 - 14 图

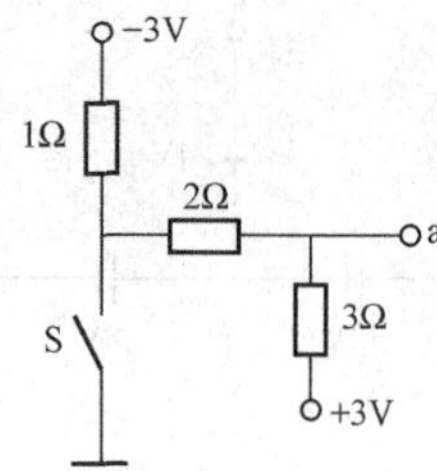

图 1 - 57　习题 1 - 15 图

1 - 16　将图 1 - 58 所示各二端网络变换为电源模型。

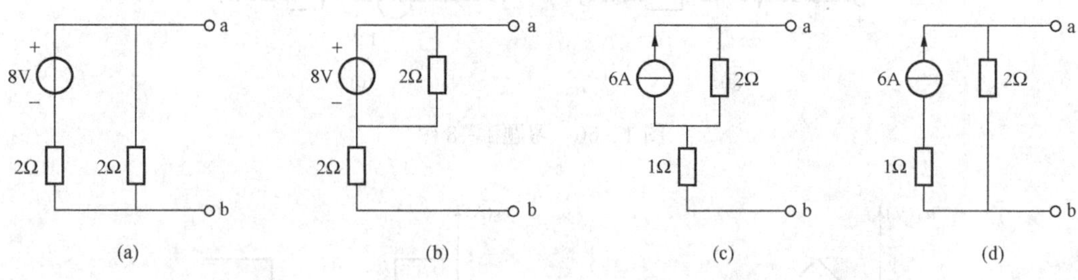

图 1 - 58　习题 1 - 16 图

1 - 17　将图 1 - 59 所示各电路化成等效电压源。

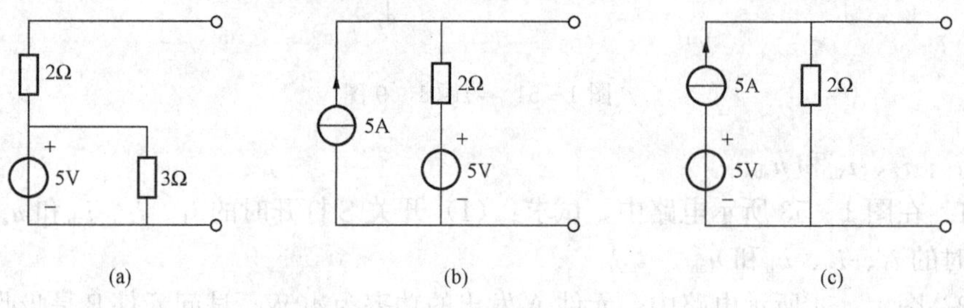

图 1 - 59　习题 1 - 17 图

1 - 18　试用电压源和电流源等效变换的方法计算图 1 - 60 所示电路中 12Ω 电阻的电流 I。

1 - 19　试用电压源和电流源等效变换的方法计算图 1 - 61 所示电路中 6Ω 电阻的电流 I。

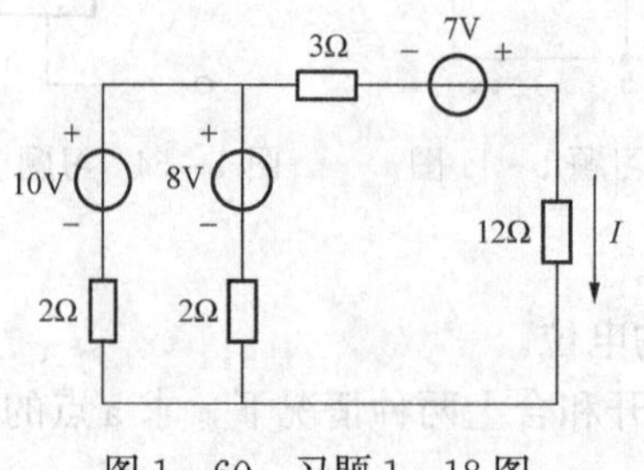

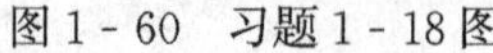

图 1 - 60　习题 1 - 18 图

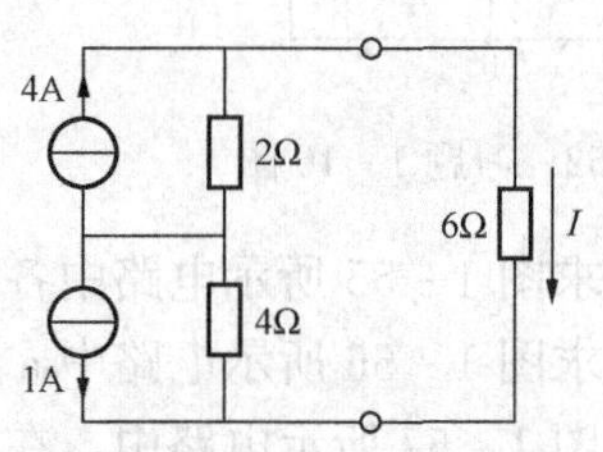

图 1 - 61　习题 1 - 19 图

1－20　求图 1－62 所示电路的等效电流源模型。

1－21　图 1－63 所示电路中，求 I、U_s、R。

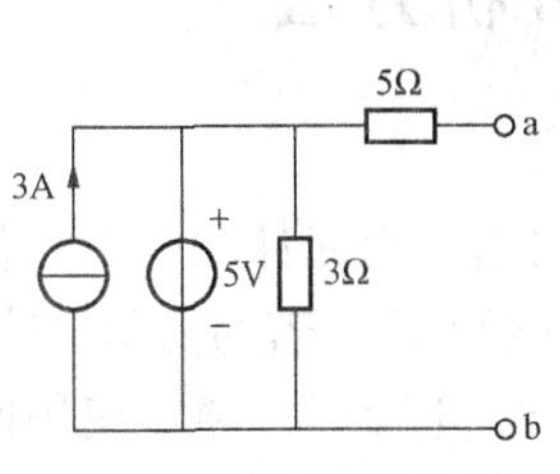

图 1－62　习题 1－20 图

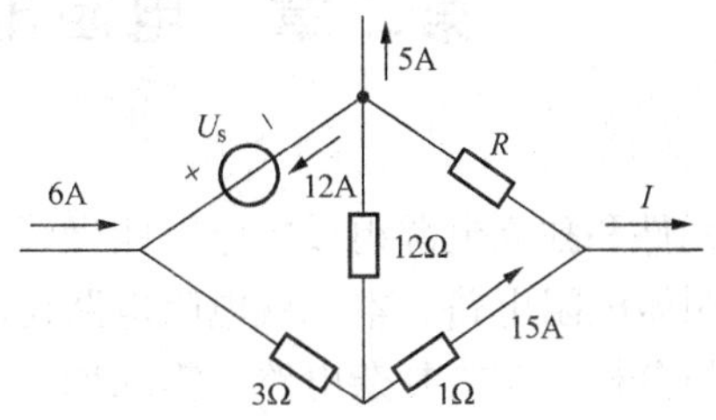

图 1－63　习题 1－21 图

第二章　电阻电路的分析方法

由线性元件和独立电源组成的电路叫做线性电路。仅由电阻元件和电源（包括受控源）组成的电路叫做电阻电路。本章就电阻电路说明电路的分析方法。若为简单电路，可用电阻的串并联等效分析；若为复杂电路，需求网络各处的电压、电流时，通常使用网络方程法，包括支路电流法、网孔电流法、节点电压法；若只求某几条支路的电压、电流，也可使用网络定理，包括叠加定理、戴维南定理等。

第一节　电阻的串并联

电阻的连接方法有串联、并联与混联。

一、电阻的串联

几个电阻首尾依次相连，中间没有分支，称为电阻的串联，如图 2 - 1（a）所示。串联的基本特点是几个电阻中流过同一电流。

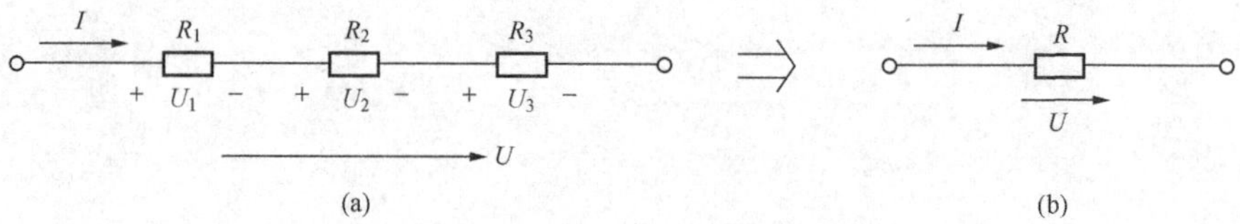

图 2 - 1　电阻的串联及等效电路

（a）电阻的串联；（b）等效电路

1. 等效电阻

几个电阻串联后可等效为一个电阻，如图 2 - 1（b）所示。根据 KVL 与欧姆定律，得

$$U = U_1 + U_2 + U_3 = R_1 I + R_2 I + R_3 I = (R_1 + R_2 + R_3) I$$

由于两个二端网络等效，有

$$R = \frac{U}{I} = R_1 + R_2 + R_3$$

若有 N 个电阻串联，则其等效电阻为

$$R = R_1 + R_2 + \cdots + R_N = \sum_{K=1}^{N} R_K \qquad (2-1)$$

2. 分压公式

几个电阻串联后每个电阻上都承担总电压的一部分，称为分压。电阻 R_1 上分得的电压为

$$U_1 = R_1 I = \frac{R_1}{R} U$$

同理，$U_2 = \frac{R_2}{R} U$，$U_3 = \frac{R_3}{R} U$，即每个电阻上分得的电压与电阻成正比。若有 N 个电阻串联，

则第 K 个电阻上分得的电压为

$$U_K = \frac{R_K}{R}U \tag{2-2}$$

3. 功率关系

每个电阻的功率为 $P_1 = I^2R_1$，$P_2 = I^2R_2$，$P_3 = I^2R_3$。每个电阻上的功率与电阻成正比。若有 N 个电阻串联，则第 K 个电阻上的功率为

$$P_K = I^2R_K \tag{2-3}$$

电路的总功率为

$$P = P_1 + P_2 + P_3 = I^2R_1 + I^2R_2 + I^2R_3 = I^2R \tag{2-4}$$

【例 2-1】 有一只满偏电流为 50μA、内阻为 500Ω 的磁电系表头，想将其改制成量程为 50V 的电压表，问应串联多大的附加电阻？

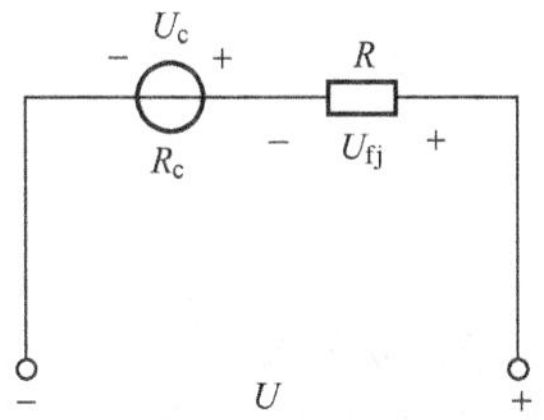

图 2-2 ［例 2-1］图

解 扩大量程的原理图如图 2-2 所示。

表头的电压为

$$U_c = I_cR_c = 50 \times 10^{-6} \times 500 = 0.025(\text{V})$$

串联电阻分得的电压为

$$U_{fj} = 50 - 0.025 = 49.975(\text{V})$$

串联电阻值为

$$R = \frac{U_{fj}}{I_c} = \frac{49.975}{50 \times 10^{-6}} = 999.5(\text{k}\Omega)$$

二、电阻的并联

几个电阻接在同一对节点之间，称为电阻的并联，如图 2-3（a）所示。并联的基本特点是几个电阻承受同一电压。

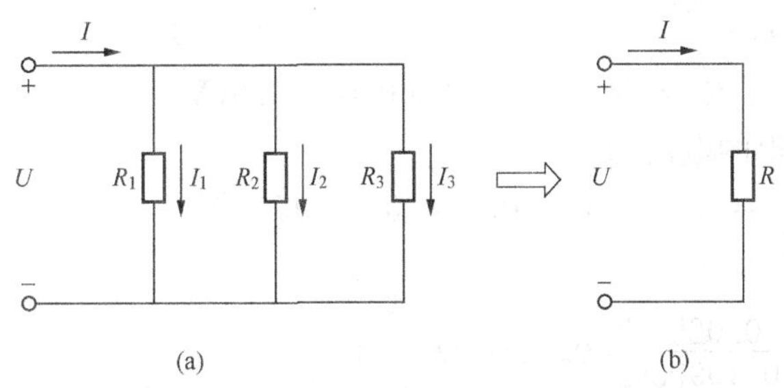

图 2-3 电阻的并联及等效电路

（a）电阻的并联；（b）等效电路

1. 等效电导

几个电阻并联后可等效为一个电阻，如图 2-3（b）所示。根据 KCL 与欧姆定律，得

$$I = I_1 + I_2 + I_3 = \frac{U}{R_1} + \frac{U}{R_2} + \frac{U}{R_3} = (G_1 + G_2 + G_3)U$$

由于两个二端网络等效，因此有

$$G = \frac{I}{U} = G_1 + G_2 + G_3$$

若有 N 个电阻并联，则其等效电导为

$$G = G_1 + G_2 + \cdots + G_N = \sum_{K=1}^{N} G_K \tag{2-5}$$

若两个电阻并联，则等效电阻为

$$R = \frac{1}{G} = \frac{1}{G_1 + G_2} = \frac{1}{\dfrac{1}{R_1} + \dfrac{1}{R_2}} = \frac{R_1R_2}{R_1 + R_2}$$

2. 分流公式

几个电阻并联后每个电阻都分得总电流的一部分，称为分流。电阻 R_1 上分得的电流为

$$I_1 = G_1U = \frac{G_1}{G}I = \frac{R}{R_1}I$$

同理，$I_2=\frac{R}{R_2}I$，$I_3=\frac{R}{R_3}I$，即每个电阻上分得的电流与电阻成反比。若有 N 个电阻并联，则第 K 个电阻上分得的电流为

$$I_K = \frac{G_K}{G}I = \frac{R}{R_K}I \tag{2-6}$$

若两个电阻并联，则每个电阻分得的电流为

$$I_1 = \frac{R}{R_1}I = \frac{R_2}{R_1+R_2}I$$

$$I_2 = \frac{R}{R_2}I = \frac{R_1}{R_1+R_2}I$$

3. 功率关系

每个电阻的功率为 $P_1=U^2/R_1$，$P_2=U^2/R_2$，$P_3=U^2/R_3$。每个电阻上的功率与电阻成反比。若有 N 个电阻并联，则第 K 个电阻上的功率为

$$P_K = U^2/R_K \tag{2-7}$$

电路的总功率为

$$P = P_1+P_2+P_3 = U^2/R_1+U^2/R_2+U^2/R_3 = U^2/R = U^2G \tag{2-8}$$

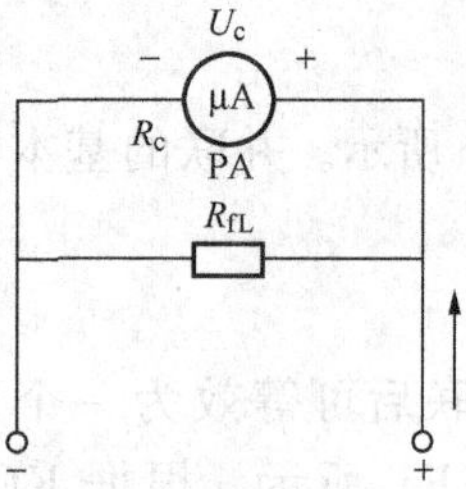

【例 2-2】 有一只满偏电流为 50μA、内阻为 500Ω 的磁电系表头，想将其改制成量程为 200mA 的电流表，问应并联多大的分流电阻？

U_c − + μA R_c PA R_{fL} I − +

图 2-4 ［例 2-2］图

解 扩大量程的原理图如图 2-4 所示。

表头的电压为

$$U_c = I_cR_c = 50\times10^{-6}\times500 = 0.025(\text{V})$$

并联电阻分得的电流为

$$I_{fL} = 0.2-50\times10^{-6} = 0.19995(\text{A})$$

分流电阻值为

$$R_{fL} = \frac{U_c}{I_{fL}} = \frac{0.025}{0.19995} = 0.125(\Omega)$$

三、电阻的混联

既有电阻串联又有电阻并联的电路称为混联电路。混联电路可用串并联的等效方法逐步化简为一个电阻，分析电路时，串联分压、并联分流的公式都适用。

图 2-5 所示电路中，其等效电阻为

$$R_{ab} = R_1 + R_2 /\!/ (R_3 + R_5 /\!/ R_6 + R_4)$$

$$R_{cd} = (R_2 + R_4 + R_5 /\!/ R_6) /\!/ R_3$$

式中：“+”表示串联；“//”表示并联。同一电路，从不同的端口看，等效电阻是不同的。

【例 2-3】 图 2-6 所示为电阻分压器，通过调整滑线变阻器的滑动头的位置可以改变输出电压。已知滑线变阻器的额定值为 100Ω，3A，$U_1=150$V。问：(1) 滑动头在中间位

置，$R_L=50\Omega$ 时，输出电压 U_2 是多少？（2）当滑动头从 0 变到最大时，输出电压如何变化？

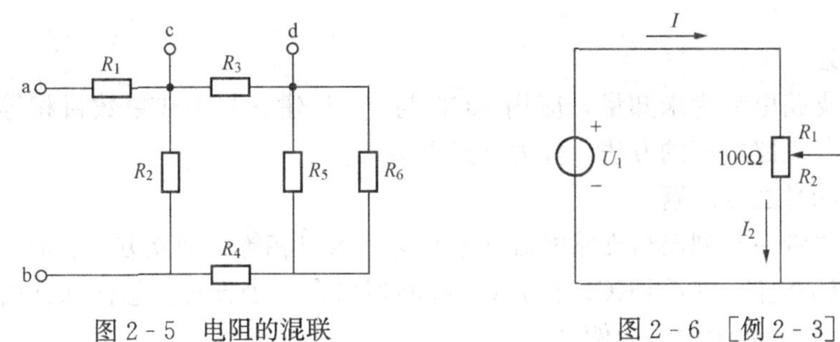

图 2-5　电阻的混联　　　　图 2-6［例 2-3］图

解　(1) 滑动头在中间位置时，$R_1=R_2=50\Omega$，总电阻为

$$R = R_1 + R_2 \mathbin{/\!/} R_L = 50 + 50 \mathbin{/\!/} 50 = 75(\Omega)$$

总电流为

$$I = \frac{U_1}{R} = \frac{150}{75} = 2(\mathrm{A})$$

输出电压为

$$U_2 = I(R_2 \mathbin{/\!/} R_L) = 2 \times 25 = 50(\mathrm{V})$$

(2) 滑动头在最上端时，$R_1=0$，$R_2=100\Omega$，电源电压直接加在负载两端，此时

$$U_2 = U_1 = 150\mathrm{V}$$

滑动头在最下端时，$R_1=100\Omega$，$R_2=0$，负载电阻两端被短接，此时

$$U_2 = 0$$

当滑线变阻器的滑动头在变化时，输出电压 U_2 在 0～150V 变化。

思考与练习

2-1-1　额定电压相同、功率不同的电阻串联时，哪个电阻吸收的功率大？并联时哪个电阻吸收的功率大？

2-1-2　求图 2-7 所示电路中的电压 U_{ab}。

2-1-3　求图 2-8 所示各电路的等效电阻。

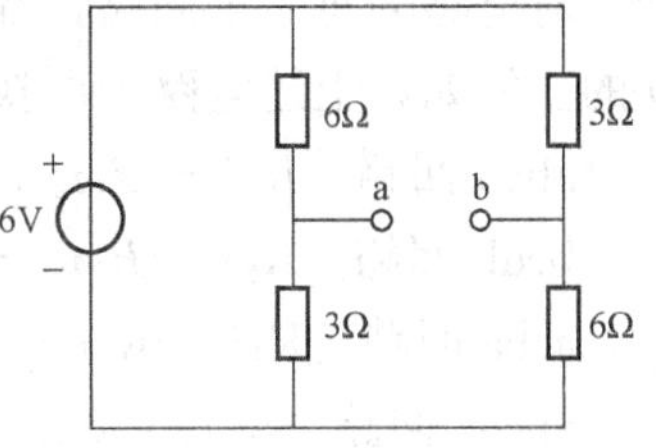

图 2-7　思考与练习 2-1-2 图

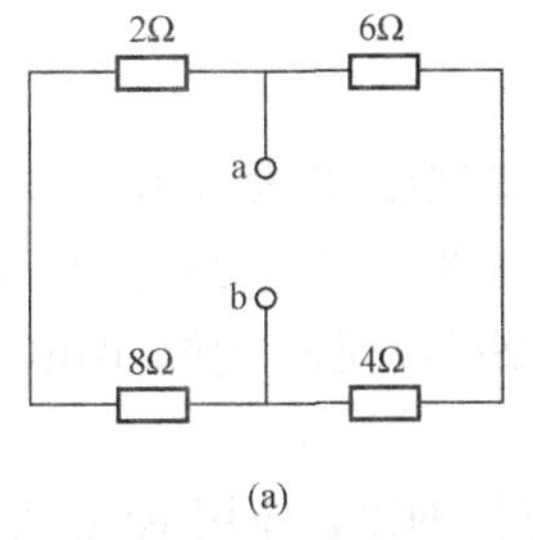

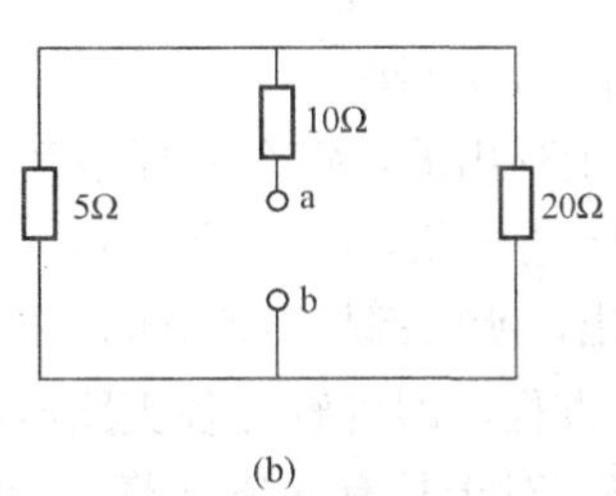

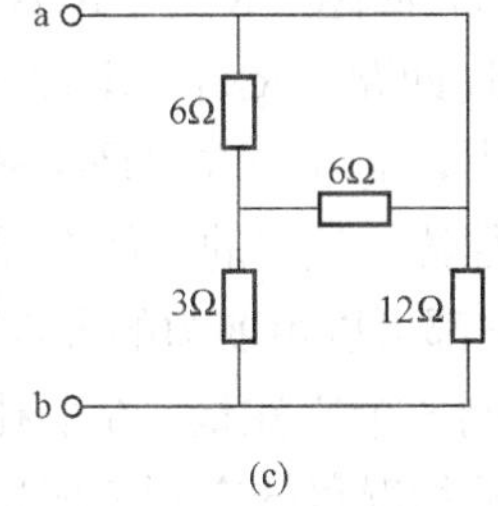

图 2-8　思考与练习 2-1-3 图

第二节 支路电流法

一、支路电流法

以电路中的各支路电流为未知量，应用 KCL 与 KVL 建立与未知量数目相等的独立方程，解方程组求解各支路电流的方法，称为支路电流法。

二、关于方程的独立性问题

支路电流法的关键在于列出与支路电流（未知量）数目相等的独立方程。对于一个具有 b 条支路、n 个节点的电路，应用 KCL 和 KVL 各能列出多少个方程？怎样保证所列出的方程独立？下面以图 2 - 9 所示电路为例进行讨论。

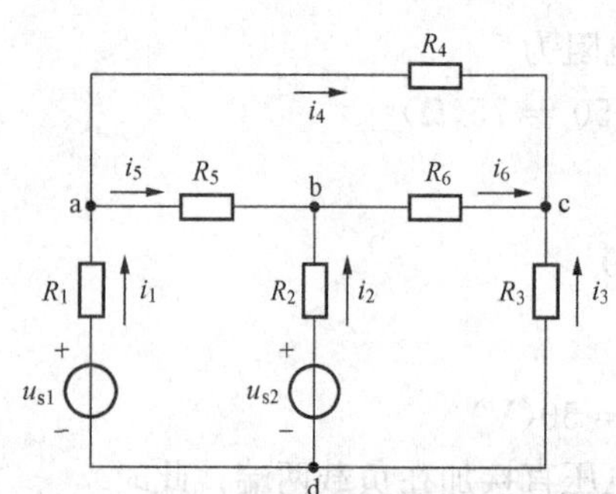

图 2 - 9 支路电流法示例

图 2 - 9 所示为具有 6 条支路、4 个节点、3 个网孔的电路。支路电流 i_1、i_2、i_3、i_4、i_5、i_6 为未知量，参考方向如图所示，需列 6 个独立方程。

应用 KCL 可列 4 个节点电流方程为

对节点 a $-i_1+i_4+i_5=0$

对节点 b $-i_2-i_5+i_6=0$

对节点 c $-i_3-i_4-i_6=0$

对节点 d $i_1+i_2+i_3=0$

将以上 4 个方程相加，结果得到 0=0。这表明，4 个方程中的任一个都可以由其他 3 个推出，这是因为每个支路都与两个节点相连，每个支路电流必然指向其中一个节点，背离另一个节点，而且该电流与其他节点不发生联系。在上述 4 个方程中，每个支路电流都出现两次，一次为正，一次为负，所以 4 个方程相加必然得到 0=0 的结果，即 4 个方程中只有 3 个是独立的。

为了求出图 2 - 9 所示电路中的 6 个支路电流，还需 3 个独立方程，它们可由 KVL 得到。对电路的每一个回路，都能应用 KVL 列出一个回路电压方程，但这些方程并不都是独立的。例如，上述电路中可找出 7 个回路，即可列出 7 个回路电压方程：

abda 回路 $R_5i_5-R_2i_2+u_{s2}-u_{s1}+R_1i_1=0$ ①

bcdb 回路 $R_6i_6-R_3i_3-u_{s2}+R_2i_2=0$ ②

acba 回路 $R_4i_4-R_6i_6-R_5i_5=0$ ③

abcda 回路 $R_5i_5+R_6i_6-R_3i_3-u_{s1}+R_1i_1=0$ ④

acbda 回路 $R_4i_4-R_6i_6-R_2i_2+u_{s2}-u_{s1}+R_1i_1=0$ ⑤

acdba 回路 $R_4i_4-R_3i_3-u_{s2}+R_2i_2-R_5i_5=0$ ⑥

acda 回路 $R_4i_4-R_3i_3-u_{s1}+R_1i_1=0$ ⑦

其中，前 3 个方程是在网孔上列出的，每个方程中都包含有其他回路没有用过的新支路，所以方程就是独立的。而方程④=①+②，⑤=①+③，⑥=②+③，⑦=①+②+③，即后 4 个方程都可以由前边的方程推出，所以都是不独立的，即该电路可以列 3 个独立的电压方程。

本例 6 个未知量、6 个独立方程，即可解出各支路电流。

上述情况可推广到一般网络：对于具有 b 条支路、n 个节点的网络，应用 KCL 可以列出 $n-1$ 个独立的节点电流方程；应用 KVL 可以列出 $b-(n-1)$ 个独立的回路电压方程，则独立方程数等于未知电流数，方程组有唯一解。可以任选其中 $n-1$ 个节点，由此列出的电流方程即是独立电流方程；选取电路中的网孔列出的电压方程即是独立电压方程。

三、支路法解题步骤

（1）任意选定各支路电流的参考方向，并标示于图中。

（2）应用 KCL 列出 $n-1$ 个独立的节点电流方程。

（3）应用 KVL 列出 $b-(n-1)$ 个独立的回路电压方程。

（4）解方程组求出各支路电流，若有需要再进一步求其他量。

【例 2-4】 图 2-10 所示电路中，已知：$u_{s1}=130V$、$u_{s2}=117V$、$R_1=1\Omega$、$R_2=0.6\Omega$、$R_3=24\Omega$，应用支路法求各支路电流。

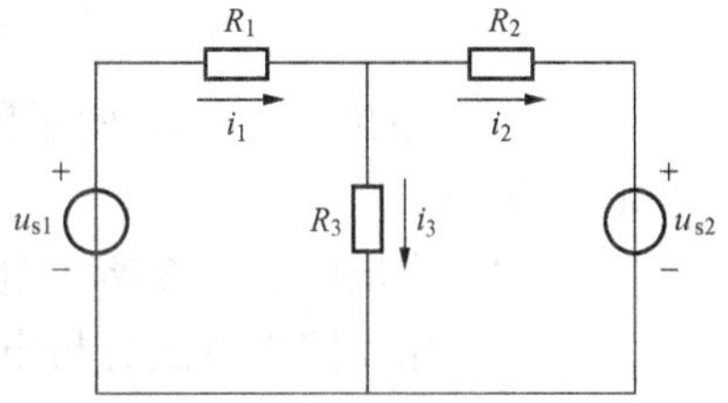

图 2-10 ［例 2-4］图

解 各支路电流的参考方向如图 2-10 所示，电路只有两个节点，应用 KCL 可得一个独立方程，即

$$i_1-i_2-i_3=0$$

还需两个方程。选取网孔为独立回路，回路绕行方向为顺时针，应用 KVL 可得

$$R_1i_1+R_3i_3-u_{s1}=0$$

$$R_2i_2-R_3i_3+u_{s2}=0$$

对上列联立方程组代入数值，求解得

$$i_1=10A$$

$$i_2=5A$$

$$i_3=5A$$

上面讨论的图 2-9 和图 2-10 所示电路中只含有电压源。当电路中含有理想电流源时，由于理想电流源的电压 u 为未知量，理想电流源所在支路的电流 $i=i_s$ 为已知，因此电路的未知量数没有改变。应用支路法计算含理想电流源的电路时，按下列原则列写方程：在节点电流方程中，令理想电流源所在支路的电流为 i_s；在回路电压方程中，以理想电流源的电压 u 为未知量。

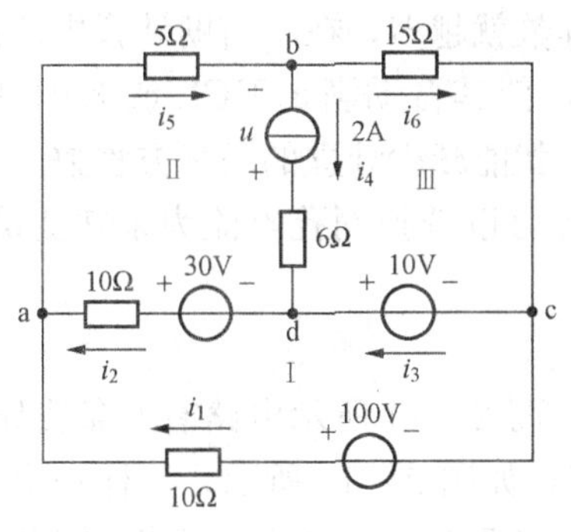

图 2-11 ［例 2-5］图

【例 2-5】 求图 2-11 所示电路中的各支路电流及理想电流源的电压 u。

解 该电路共有 6 条支路、4 个节点、3 个网孔（独立回路）。其中，$i_4=2A$，设理想电流源的电压 u 为未知量，如图 2-11 所示。任选各支路电流的参考方向及各回路绕行方向，如图 2-11 所示。根据 KCL、KVL 列方程得：

节点 a　$i_1+i_2-i_5=0$

节点 b　$i_5-2-i_6=0$

节点 c　$i_1+i_3-i_6=0$

回路Ⅰ　$10i_1-10i_2+30+10-100=0$

回路Ⅱ　$5i_5-u+6\times2-30+10i_2=0$

回路Ⅲ　$15i_6-10-6\times2+u=0$

解上列联立方程组，得

$$i_1 = 5\text{A}$$
$$i_2 = -1\text{A}$$
$$i_3 = -3\text{A}$$
$$i_5 = 4\text{A}$$
$$i_6 = 2\text{A}$$
$$u = -8\text{V}$$

思考与练习

2-2-1　指出图 2-12 所示网络（元件图中未画出）中有几条支路、几个独立节点、几个独立回路？

2-2-2　列出图 2-13 所示电路所需要的独立方程组。

2-2-3　用支路电流法分析电路时，如果电路中含有电流源，该如何处理？

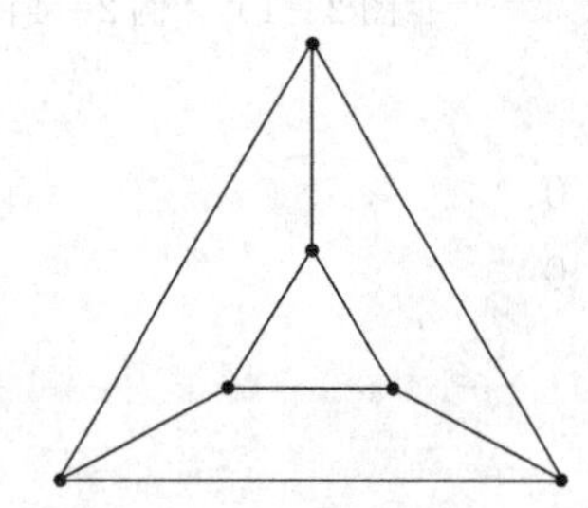

图 2-12　思考与练习 2-2-1 图

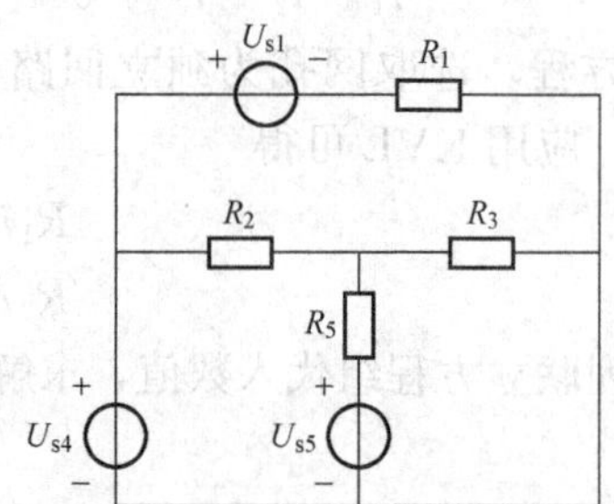

图 2-13　思考与练习 2-2-2 图

第三节　网 孔 电 流 法

用支路法分析电路时，只需用 KCL、KVL 建立网络方程，所用原理清楚，掌握容易，但此方法存在一个弊端，即电路的支路数越多，所需的方程数就越多，在不借助计算机的情况下，求解起来就越烦琐。若能适当选择网络的未知变量，使其自动满足 KCL 或 KVL 中的任一个，则只要根据另一个定律建立网络方程即可，这样就能减少独立的网络方程数。

对于一个平面电路，其网孔数总是少于支路数的，因此可以选择网孔电流为未知变量，这就是下面要分析的网孔电流法。

一、网孔电流及网孔电流法

网孔电流法是以网孔电流为未知量来建立网络方程的。图 2-14 所示电路有 6 条支路、3 个网孔。设想在每个网孔中都有一个电流沿网孔边界环流，如图 2-14 所示，这样一个在网孔内环行的假想电流即称为网孔电流。由于每一网孔电流都沿着各自的网孔环流，因此各网孔电流之间彼此无关，是一组独立的电流变量。从图中可以看出，各网孔电流与各支路电流之间的关系为

$$i_1 = i_{\mathrm{I}}\,,\ i_2 = i_{\mathrm{II}} - i_{\mathrm{I}}\,,\ i_3 = -i_{\mathrm{II}}\,,\ i_4 = i_{\mathrm{III}}\,,\ i_5 = i_{\mathrm{I}} - i_{\mathrm{III}}\,,\ i_6 = i_{\mathrm{II}} - i_{\mathrm{III}}$$

即所有支路电流都可以用网孔电流表示。

由于每一个网孔电流在流经电路的某一节点时，既流入该节点，又同时从该点流出，因

此，各网孔电流都能自动满足 KCL。可见，以网孔电流为未知变量建立起来的网络方程中不存在节点电流方程，而只有根据 KVL 列出的网孔电压方程。

网孔电流法是指：以网孔电流为未知量，用 KVL 列出与未知量数目相等的独立方程，并根据各网孔电流与各支路电流之间的关系求解电路的分析方法。

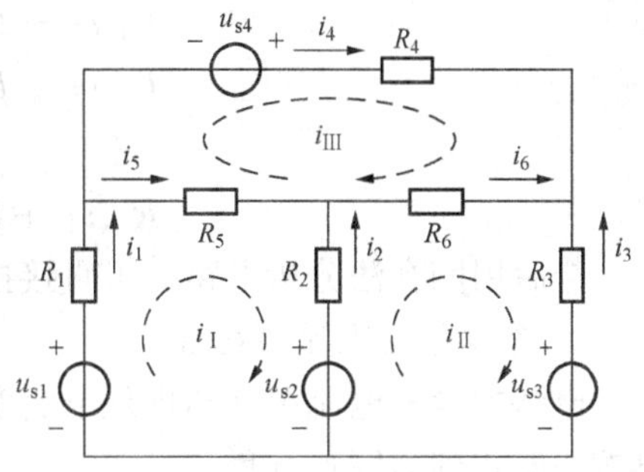

图 2 - 14　网孔电流法示例

设电路有 m 个网孔，就有 m 个网孔电流，以此为变量就可以列出 m 个网孔方程，而且这些方程都是独立的。因此，网孔电流是一组完备的电流变量。网孔法比支路法减少了 $n-1$ 个方程，求解方程比较简便，但网孔法仅适用于平面电路。

二、网孔方程

1. 只含电压源的电路

图 2 - 14 电路中只含电压源，设各电源的电压及各支路电阻均为已知，各网孔电流的参考方向如图所示，并选取各回路的绕行方向与其网孔电流的参考方向一致。用 KVL 列得网孔电压方程为：

网孔Ⅰ　$R_5(i_{\mathrm{I}}-i_{\mathrm{III}})-R_2(i_{\mathrm{II}}-i_{\mathrm{I}})+u_{s2}-u_{s1}+R_1i_{\mathrm{I}}=0$

网孔Ⅱ　$R_6(i_{\mathrm{II}}-i_{\mathrm{III}})+R_3i_{\mathrm{II}}+u_{s3}-u_{s2}+R_2(i_{\mathrm{II}}-i_{\mathrm{I}})=0$

网孔Ⅲ　$R_4i_{\mathrm{III}}-R_6(i_{\mathrm{II}}-i_{\mathrm{III}})-R_5(i_{\mathrm{I}}-i_{\mathrm{III}})-u_{s4}=0$

整理后，得：

网孔Ⅰ　$(R_5+R_2+R_1)i_{\mathrm{I}}-R_2i_{\mathrm{II}}-R_5i_{\mathrm{III}}=-u_{s2}+u_{s1}$

网孔Ⅱ　$-R_2i_{\mathrm{I}}+(R_6+R_3+R_2)i_{\mathrm{II}}-R_6i_{\mathrm{III}}=-u_{s3}+u_{s2}$

网孔Ⅲ　$-R_5i_{\mathrm{I}}-R_6i_{\mathrm{II}}+(R_5+R_6+R_4)i_{\mathrm{III}}=u_{s4}$

以上三式简称为网孔方程，写成一般形式为

$$\begin{cases}R_{11}i_{\mathrm{I}}+R_{12}i_{\mathrm{II}}+R_{13}i_{\mathrm{III}}=u_{s11}\\R_{21}i_{\mathrm{I}}+R_{22}i_{\mathrm{II}}+R_{23}i_{\mathrm{III}}=u_{s22}\\R_{31}i_{\mathrm{I}}+R_{32}i_{\mathrm{II}}+R_{33}i_{\mathrm{III}}=u_{s33}\end{cases}$$

其中，$R_{11}=R_1+R_2+R_5$、$R_{22}=R_2+R_3+R_6$、$R_{33}=R_4+R_5+R_6$ 分别是 3 个网孔的电阻之和，称为各网孔的自电阻。因为选取自电阻的电压、电流都是关联参考方向，所以自电阻都是正值；$R_{12}=R_{21}=-R_2$、$R_{13}=R_{31}=-R_5$、$R_{23}=R_{32}=-R_6$ 分别是网孔Ⅰ与网孔Ⅱ、网孔Ⅰ与网孔Ⅲ、网孔Ⅱ与网孔Ⅲ之间的公共支路的电阻，称为互电阻，其值可正可负：当流过互电阻的两个相邻网孔电流的参考方向一致时为正；反之为负。本例中，由于各网孔电流的参考方向都选取为顺时针方向，即流过各互电阻的两个相邻网孔电流的参考方向总是相反的，因此都取负号。$u_{s11}=u_{s1}-u_{s2}$、$u_{s22}=u_{s2}-u_{s3}$、$u_{s33}=u_{s4}$ 分别是各网孔中电压源电压的代数和，称为网孔电源电压。凡参考方向与网孔绕行方向一致的电源电压均为负号；反之均为正号。

上述关系可推广到一般电路，对具有 m 个网孔的平面电路，其网孔方程的一般形式为

$$\begin{cases} R_{11}i_{\mathrm{I}} + R_{12}i_{\mathrm{II}} + \cdots + R_{1m}i_m = u_{s11} \\ R_{21}i_{\mathrm{I}} + R_{22}i_{\mathrm{II}} + \cdots + R_{2m}i_m = u_{s22} \\ \quad\vdots \qquad\quad \vdots \qquad\qquad\quad \vdots \qquad \vdots \\ R_{m1}i_{\mathrm{I}} + R_{m2}i_{\mathrm{II}} + \cdots + R_{mm}i_m = u_{smm} \end{cases} \tag{2-9}$$

今后用网孔法分析电路，可直接按照式（2-9）列写网孔方程并求解。

2. 含理想电流源的电路

电路中含有电流源（即理想电流源与电阻并联）时，可先将电流源变换成等效电压源，再按一般式列写网孔方程。

当电路中含理想电流源且没有与其并联的电阻时，无法将其变换成等效电压源。这时可根据电路的结构形式采用下面两种方法进行处理：①当理想电流源支路仅属于一个网孔时，选择该网孔电流等于理想电流源的电流，这样可减少一个网孔方程，其余网孔方程仍按一般方法列写；②在建立网孔方程时，将理想电流源的电压作为一个未知量，每引入这样一个未知量，同时补充一个网孔电流与该理想电流源电流之间约束关系的方程，从而使独立方程数与未知量数仍然相等，以便求解。

三、网孔法解题步骤

（1）任选各网孔电流的参考方向及网孔绕行方向。

（2）计算各网孔的自电阻、相关网孔的互电阻及每一网孔的电源电压。

（3）据网孔方程的一般形式，代入数值并求解出各网孔电流。

（4）由各网孔电流与各支路电流之间的关系求出各支路电流。

【例2-6】 用网孔法求图2-15所示电路的各支路电流。

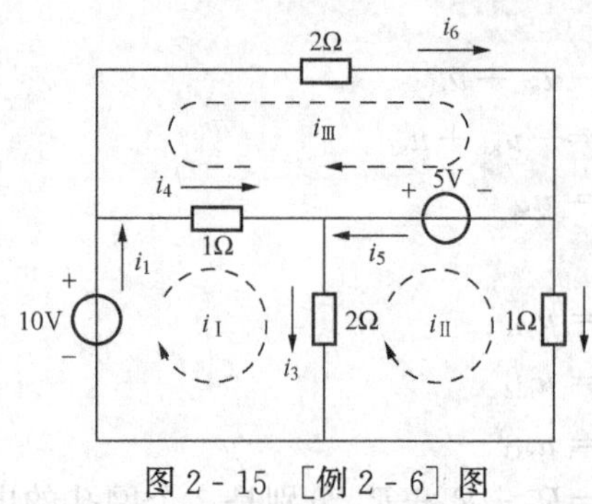

图2-15 ［例2-6］图

解 各网孔电流的参考方向及网孔绕行方向如图2-15所示。

自电阻 $R_{11}=1+2=3$（Ω），$R_{22}=2+1=3$（Ω），$R_{33}=2+1=3$（Ω）

互电阻 $R_{12}=R_{21}=-2\Omega$，$R_{13}=R_{31}=-1\Omega$，$R_{23}=R_{32}=0$

网孔电源电压 $u_{s11}=10\text{V}$，$u_{s22}=-5\text{V}$，$u_{s33}=5\text{V}$

根据一般形式得方程组

$$\begin{cases} 3i_{\mathrm{I}} - 2i_{\mathrm{II}} - i_{\mathrm{III}} = 10 \\ -2i_{\mathrm{I}} + 3i_{\mathrm{II}} = -5 \\ -i_{\mathrm{I}} + 3i_{\mathrm{III}} = 5 \end{cases}$$

解得

$$\begin{cases} i_{\mathrm{I}} = 6.25\text{A} \\ i_{\mathrm{II}} = 2.5\text{A} \\ i_{\mathrm{III}} = 3.75\text{A} \end{cases}$$

设各支路电流的参考方向如图2-15所示，由网孔电流求出支路电流得

$$i_1 = i_{\mathrm{I}} = 6.25\text{A},\ i_2 = i_{\mathrm{II}} = 2.5\text{A},\ i_3 = i_{\mathrm{I}} - i_{\mathrm{II}} = 3.75\text{A}$$

$$i_4 = i_{\mathrm{I}} - i_{\mathrm{III}} = 2.5\text{A},\ i_5 = i_{\mathrm{III}} - i_{\mathrm{II}} = 1.25\text{A},\ i_6 = i_{\mathrm{III}} = 3.75\text{A}$$

【例 2-7】 用网孔法重新求解［例 2-5］。

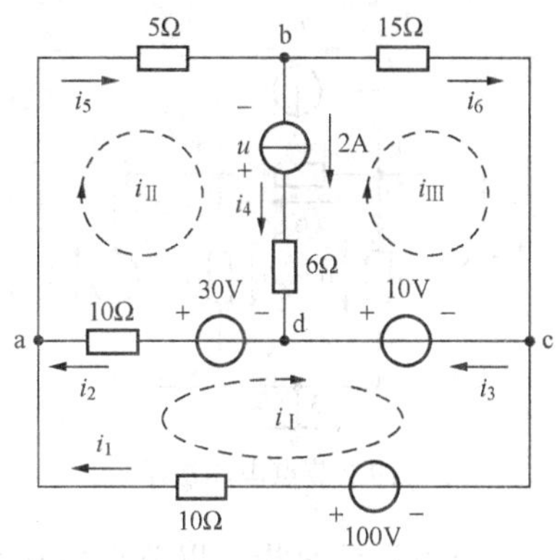

图 2-16 ［例 2-7］图

解 选取各网孔电流的参考方向及网孔绕行方向如图 2-16 所示，设理想电流源的电压 u 为未知量。

列网孔方程

$$\begin{cases}(10+10)i_{\text{I}}-10i_{\text{II}}=100-30-10\\-10i_{\text{I}}+(10+5+6)i_{\text{II}}-6i_{\text{III}}=30+u\\-6i_{\text{I}}+(6+15)i_{\text{III}}=10-u\\i_{\text{II}}-i_{\text{III}}=2\end{cases}$$

解得

$$i_{\text{I}}=5\text{A},\ i_{\text{II}}=4\text{A},\ i_{\text{III}}=2\text{A},\ u=-8\text{V}$$

选取各支路电流的参考方向如图所示，各支路电流为

$$i_1=i_{\text{I}}=5\text{A},\ i_2=i_{\text{II}}-i_{\text{I}}=-1\text{A},\ i_3=i_{\text{III}}-i_{\text{I}}=-3\text{A}$$
$$i_4=2\text{A},\ i_5=i_{\text{II}}=4\text{A},\ i_6=i_{\text{III}}=2\text{A}$$

思考与练习

2-3-1　试列出用网孔法计算图 2-17 所示电路所需要的网孔方程。

2-3-2　用网孔法求图 2-18 所示电路的各支路电流。

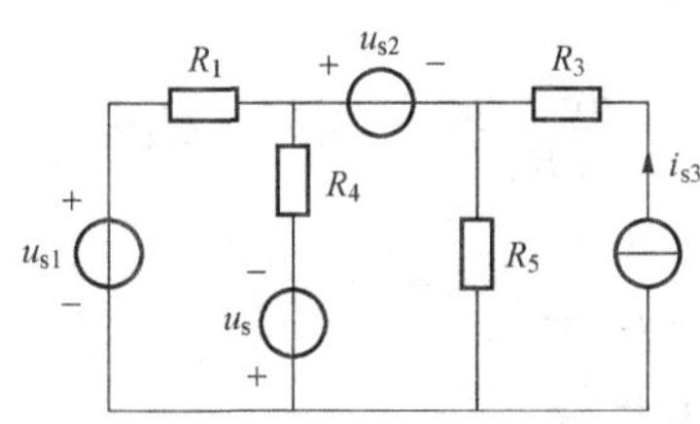

图 2-17　思考与练习 2-3-1 图

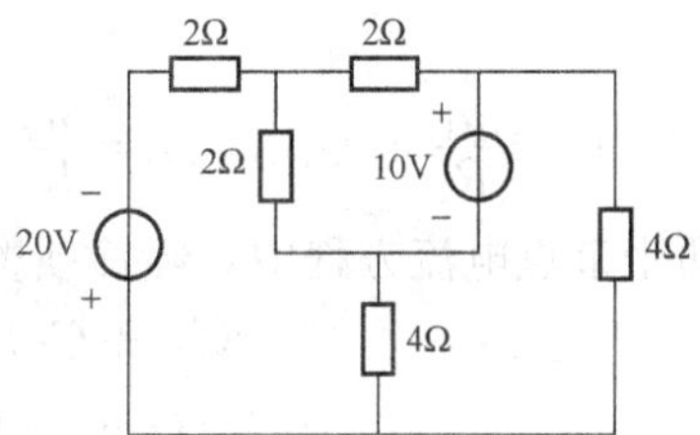

图 2-18　思考与练习 2-3-2 图

第四节　节 点 电 压 法

网孔电流法自动满足 KCL，因此计算电路时比支路电流法减少了 $n-1$ 个方程，但它只适用于平面电路。本节介绍的节点电压法，以节点电压为电路的未知变量，自动满足 KVL，只需用 KCL 列方程，因此也可以减少方程数目，而且不受电路是否平面的限制。同时，这种方法也比较适宜计算机辅助分析，因而得到普遍应用。

一、节点电压及节点电压法

一个具有 n 个节点的电路，若选择其中一个节点为参考节点（非独立节点），则其余的 $n-1$ 个节点为独立节点。独立节点对参考节点之间的电压叫做节点电压，则有 $n-1$ 个节点电压，记为 u_1，u_2，…，u_{n-1}。

节点电压法是以节点电压为未知变量来建立网络方程的，由于各节点电压对 KVL 独立无关，因此只需要根据 KCL 列出节点电流方程即可，从而可以减少联立方程的数目。

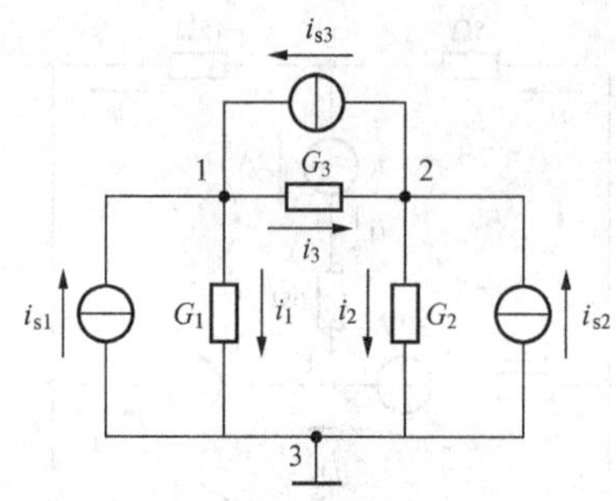

图 2-19　节点电压法示例

图 2-19 所示的电路有 6 条支路、3 个节点。若选择节点 3 为参考节点，则有两个独立的节点电压 u_1、u_2。对于具有 n 个节点的电路，则有 $n-1$ 个独立的节点电压。它们是独立无关的，不能相互推出，所以节点电压是一组独立变量。又因为每一条支路都接在两个节点之间，所以各支路电压（或电流）都可以用节点电压线性表示，即

$$u_{13}=u_1,\ u_{23}=u_2,\ u_{12}=u_1-u_2$$

因此，节点电压又是一组完备的电路变量。

节点电压法是指：以节点电压为未知量，用 KCL 列出与未知量数目相等的独立方程，并根据各节点电压与各支路电压之间的关系求解电路。

二、节点方程

下面分三种情况介绍怎样建立节点方程。

1. 只含有电流源的电路

图 2-19 所示电路只含有电流源，独立节点数为 $n-1=2$。选取各支路电流的参考方向如图中所示，对节点 1、2 分别由 KCL 列出节点电流方程得

$$\begin{cases}i_1+i_3-i_{s1}-i_{s3}=0\\ i_2-i_3-i_{s2}+i_{s3}=0\end{cases}$$

设节点 3 为参考节点，则节点 1、2 的节点电压分别为 u_1、u_2。将支路电流用节点电压表示为

$$i_1=\frac{u_1}{R_1}=G_1u_1,\ i_2=\frac{u_2}{R_2}=G_2u_2,\ i_3=\frac{u_1-u_2}{R_3}=G_3u_1-G_3u_2$$

代入两个节点电流方程中，经移项整理后得

$$\begin{cases}(G_1+G_3)u_1-G_3u_2=i_{s1}+i_{s3}\\ -G_3u_1+(G_2+G_3)u_2=i_{s2}-i_{s3}\end{cases}$$

写成一般形式为

$$\begin{cases}G_{11}u_1+G_{12}u_2=i_{s11}\\ G_{21}u_1+G_{22}u_2=i_{s22}\end{cases}$$

其中，$G_{11}=G_1+G_3$、$G_{22}=G_2+G_3$ 分别为两个节点所连的电导之和，称为各节点的自电导，其值为正；$G_{12}=G_{21}=-G_3$，是节点 1 与节点 2 之间的公共支路的电导（之和），称为互电导，其值为负。$i_{s11}=i_{s1}+i_{s3}$、$i_{s22}=i_{s2}-i_{s3}$ 分别为汇集于各节点的电流源的电流的代数和，称为节点电源电流。凡参考方向为流入节点的电源电流，其值为正；反之为负。

应当注意的是：若理想电流源支路有串联电阻，则在列写节点方程时，该串联电阻应用短路线代替。

上述关系可推广到一般电路。对于具有 n 个节点的电路，它有 $N=n-1$ 个独立节点，其节点方程的一般形式为

$$\begin{cases}G_{11}u_1+G_{12}u_2+\cdots+G_{1N}u_N=i_{s11}\\ G_{21}u_1+G_{22}u_2+\cdots+G_{2N}u_N=i_{s22}\\ \quad\vdots\qquad\ \vdots\qquad\qquad\ \vdots\qquad\ \vdots\\ G_{N1}u_1+G_{N2}u_2+\cdots+G_{NN}u_N=i_{sNN}\end{cases}\tag{2-10}$$

今后可直接按照式（2－10）列写节点方程并求解。

【例 2－8】 用节点电压法求图 2－20 所示电路的各支路电流。

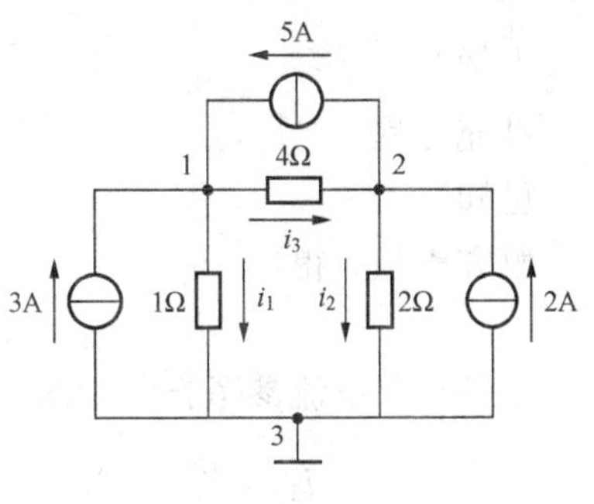

图 2－20 ［例 2－8］图

解 这是一个只含有电流源的电路，应用节点方程的一般形式即可求解。选节点 3 为参考节点，其余节点为独立节点，节点电压为 u_1、u_2，则有

$$G_{11}=1+\frac{1}{4},\ G_{22}=\frac{1}{2}+\frac{1}{4}$$

$$G_{12}=G_{21}=-\frac{1}{4},\ i_{s11}=3+5,\ i_{s22}=2-5$$

代入一般形式，有

$$\begin{cases}\dfrac{5}{4}u_1-\dfrac{1}{4}u_2=8\\ -\dfrac{1}{4}u_1+\dfrac{3}{4}u_2=-3\end{cases}$$

解方程，得

$$u_1=6\text{V},\ u_2=-2\text{V}$$

据各支路的参考方向，求各支路电流得

$$i_1=\frac{u_1}{R_1}=\frac{6}{1}=6(\text{A}),\ i_2=\frac{u_2}{R_2}=\frac{-2}{2}=-1(\text{A}),\ i_3=\frac{u_1-u_2}{R_3}=\frac{6-(-2)}{4}=2(\text{A})$$

2. 含有理想电压源的电路

当电路中含有电压源（即理想电压源与电阻串联）时，可先将电压源变换成等效电流源，再按节点方程的一般形式列写方程，或者根据 $i_s=u_s/R_s$ 的等效关系直接列写节点方程。

若电路中含有理想电压源，则无法将其变成电流源，此时，可采用下面两种方法进行处理：①当只有某一条支路含有理想电压源，或者虽有几条支路含有理想电压源，但它们的一端接在一起时，可以选择连在一起的端点（节点）为参考节点，则另一端的节点电压为已知，该节点方程可以省去，其余方程按一般形式列写；②可以设理想电压源支路的电流为未知量，每引入这样一个未知量，就需要补充一个节点电压与该理想电压源电压的关系方程。这样，独立方程数仍等于未知量数，可解出各未知量。

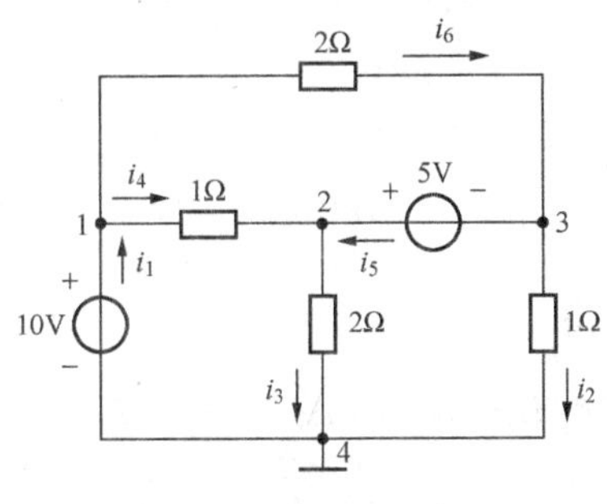

图 2－21 ［例 2－9］图

【例 2－9】 用节点电压法求图 2－21 所示电路的各支路电流。

解 此电路含有两个理想电压源，可将 10V 电压源的负极端设为参考节点，则其正极端（节点 1）节点电压为已知，故该点的节点方程不需要列写；节点 2、3 之间的理想电压源的电流可设为 i_5，增加了一个未知量，补充该理想电压源与节点电压 u_2、u_3 之间的约束关系方程，其余方程直接列写为：

节点 2　　$-u_1+\left(1+\frac{1}{2}\right)u_2=i_5$

节点 3　　$-\frac{1}{2}u_1+\left(\frac{1}{2}+1\right)u_3=-i_5$

补充方程　　$u_2-u_3=5\text{V}$

已知　　$u_1=10\text{V}$

解方程组，得

$$u_2=7.5\text{V},\ u_3=2.5\text{V},\ i_5=1.25\text{A}$$

设各支路电流参考方向如图 2 - 21 所示，则有

$$i_2=\frac{u_3}{1}=2.5\text{A},\ i_3=\frac{u_2}{2}=3.75\text{A},\ i_4=\frac{u_1-u_2}{1}=2.5\text{A}$$

$$i_6=\frac{u_1-u_3}{2}=3.75\text{A},\ i_1=i_2+i_3=6.25\text{A},\ i_5=1.25\text{A}$$

3. 具有两个节点的电路

实际工程中常常遇到具有两个节点、多条支路的电路，如图 2 - 22 所示。这种电路用节点电压法求解时，一个节点（节点 2）为参考点，另一个节点（节点 1）的节点电压（u_1）为未知量，只需要列写一个方程，即

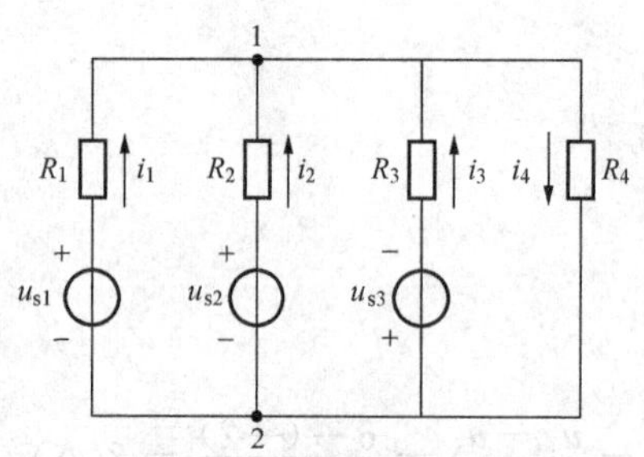

图 2 - 22　具有两个节点的电路

$$\left(\frac{1}{R_1}+\frac{1}{R_2}+\frac{1}{R_3}+\frac{1}{R_4}\right)u_1=\frac{u_{s1}}{R_1}+\frac{u_{s2}}{R_2}-\frac{u_{s3}}{R_3}$$

$$u_1=\frac{u_{s1}G_1+u_{s2}G_2-u_{s3}G_3}{G_1+G_2+G_3+G_4}$$

推广到一般形式为

$$u_1=u_{12}=\frac{\sum(Gu_s)}{\sum G}\tag{2-11a}$$

其中，电压源的参考方向与 u_{12} 一致的取正，相反的取负；分母上为所有支路电导之和，恒为正。

若电路中含有电流源，则式（2 - 11a）也可写成

$$u_1=u_{12}=\frac{\sum i_s+\sum(Gu_s)}{\sum G}\tag{2-11b}$$

其中，电流源的电流参考方向流入节点 1 的取正；反之取负。式（2 - 11）称为弥尔曼定理。

【例 2 - 10】　应用弥尔曼定理重新求解［例 2 - 4］中各支路电流。

解　根据弥尔曼定理，有

$$u_{12}=\frac{130+\frac{117}{0.6}}{1+\frac{1}{0.6}+\frac{1}{24}}=120(\text{V})$$

设各支路电流的参考方向如图 2 - 10 所示，根据 KVL 得

$$i_1=\frac{u_{s1}-u_{12}}{1}=10\text{A},\ i_3=\frac{u_{12}}{24}=5\text{A},\ i_2=i_1-i_3=5\text{A}$$

2 - 4 - 1　用节点电压法求图 2 - 23 所示电路中的各支路电流。

2-4-2　应用弥尔曼定理求解图 2-24 所示电路中的各支路电流。

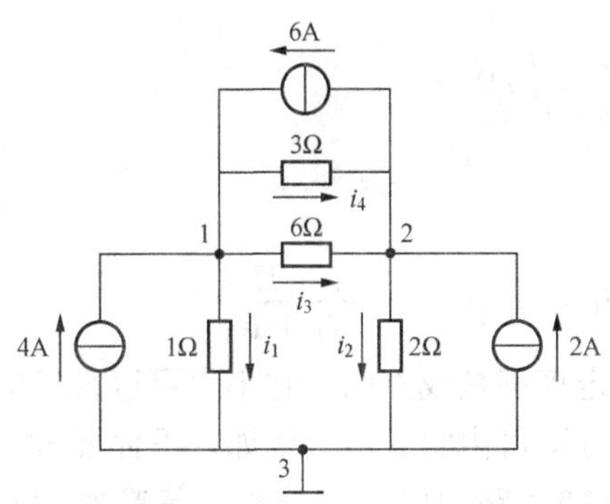

图 2-23　思考与练习 2-4-1 图

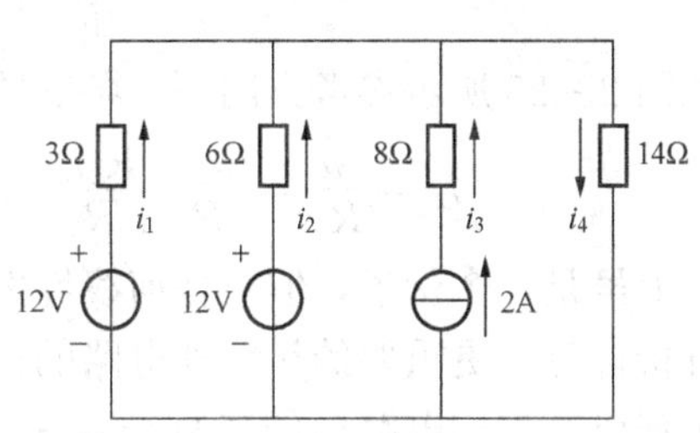

图 2-24　思考与练习 2-4-2 图

第五节　叠　加　定　理

叠加定理是分析线性电路的一个具有普遍意义的重要原理。在线性电路中，当只有一个独立源作用时，任一支路的响应与激励源的激励成正比，这一关系称为齐性原理。当线性电路中有多个独立电源共同作用时，任一支路的响应等于各独立源单独作用时分别在该支路所产生的响应的代数和，这一关系称为叠加定理。

下面通过例子说明叠加定理的内容，并间接验证其正确性。

图 2-25 所示为含有电流源与电压源的线性电路，要求用叠加定理求各支路电流。根据叠加定理，图 2-25（a）可以分解为图 2-25（b）和图 2-25（c）。图 2-25（b）中只有电压源作用，电流源不作用，即 $i_s=0$，故以开路代之；图 2-25（c）中只有电流源作用，电压源不作用，即 $u_s=0$，故以短路代之。

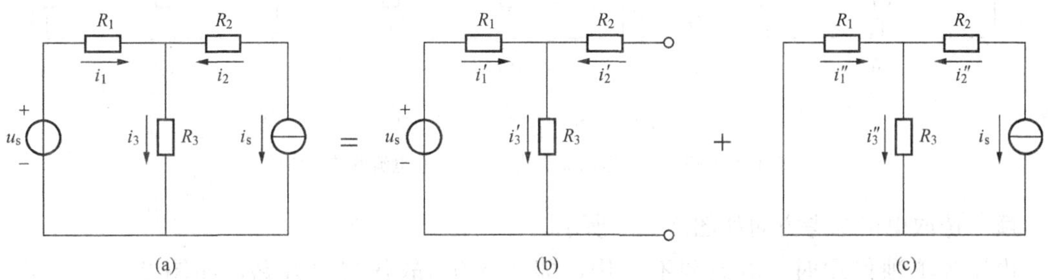

图 2-25　叠加定理示例

（a）原电路；（b）电压源单独作用；（c）电流源单独作用

图 2-25（b）中，$i_1'=i_3'=\dfrac{u_s}{R_1+R_3}$，$i_2'=0$。

图 2-25（c）中，$i_2''=-i_s$，$i_1''=\dfrac{R_3 i_s}{R_1+R_3}$，$i_3''=-\dfrac{R_1 i_s}{R_1+R_3}$。

因此，图 2-25（a）中各支路的电流为

$$i_1=i_1'+i_1''=\frac{u_s+R_3 i_s}{R_1+R_3},\quad i_2=i_2'+i_2''=-i_s,\quad i_3=i_3'+i_3''=\frac{u_s-R_1 i_s}{R_1+R_3}$$

再用弥尔曼定理求解上题。设下端节点为参考节点，则上端节点电压为

$$u=\frac{\frac{u_s}{R_1}-i_s}{\frac{1}{R_1}+\frac{1}{R_3}}=\frac{R_3u_s-R_1R_3i_s}{R_1+R_3}$$

在图 2 - 25 所示参考方向下，各支路电流为

$$i_3=\frac{u}{R_3}=\frac{u_s-R_1i_s}{R_1+R_3},\ i_2=-i_s,\ i_1=i_3-i_2=\frac{u_s+R_3i_s}{R_1+R_3}$$

以上虽是一个例子，但对任何线性电路，叠加定理都是成立的。它不仅可以直接对电路进行分析计算，更重要的是线性电路的很多定理和方法可由它导出。例如，下面要学习的戴维南定理以及三相电路中的对称分量法、非正弦周期电路中的谐波分析法等都要用到叠加定理。

应用叠加定理时应注意以下几方面问题：

（1）叠加定理只适用于线性电路电压、电流的计算，不适用于非线性电路或功率的计算。

（2）当某一独立电源单独作用时，其他独立电源应为零。即将其余的电压源以短路代之，其余的电流源以开路代之，其他元件及连接都不变。

（3）用叠加定理计算电路时，原电路和各独立电源单独作用的电路中的电压、电流的参考方向都可以任选。叠加时，分量参考方向与原量参考方向一致的取正；相反的取负。

【例 2 - 11】 用叠加定理计算图 2 - 26（a）所示电路中各电阻上的电流。

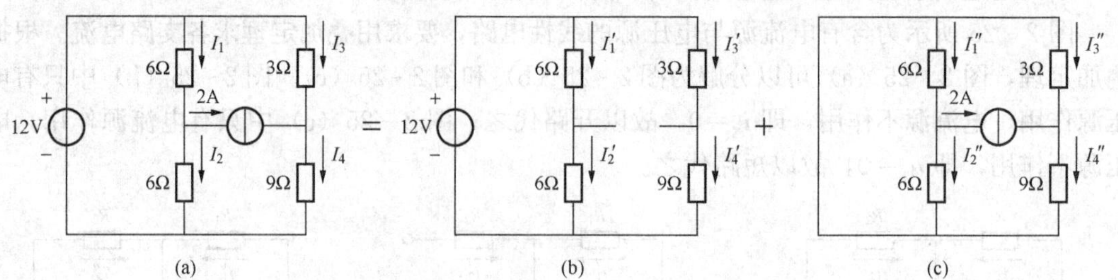

图 2 - 26 ［例 2 - 11］图

（a）原电路；（b）电压源单独作用；（c）电流源单独作用

解 选取电流参考方向如图 2 - 26 所示。

电压源单独作用时，电流源不作用，即 $I_s=0$，故代之以开路，如图 2 - 26（b）所示，则

$$I_1'=I_2'=\frac{12}{6+6}=1(\text{A})$$

$$I_3'=I_4'=\frac{12}{3+9}=1(\text{A})$$

电流源单独作用时，电压源不作用，即 $U_s=0$，故代之以短路，如图 2 - 26（c）所示，则

$$I_1''=\frac{6}{6+6}\times 2=1(\text{A})$$

$$I''_2=-\frac{6}{6+6}\times 2=-1(\mathrm{A})$$

$$I''_3=-\frac{9}{3+9}\times 2=-1.5(\mathrm{A})$$

$$I''_4=\frac{3}{3+9}\times 2=0.5(\mathrm{A})$$

根据叠加定理，各电阻中的电流分别为

$$I_1=I'_1+I''_1=1+1=2(\mathrm{A})$$

$$I_2=I'_2+I''_2=1-1=0(\mathrm{A})$$

$$I_3=I'_3+I''_3=1-1.5=-0.5(\mathrm{A})$$

$$I_4=I'_4+I''_4=1+0.5=1.5(\mathrm{A})$$

思考与练习

2－5－1　用叠加定理求图 2－27 所示电路中的各支路电流（将两个电压源看成一组独立源）。

2－5－2　简述应用叠加定理时的注意事项。

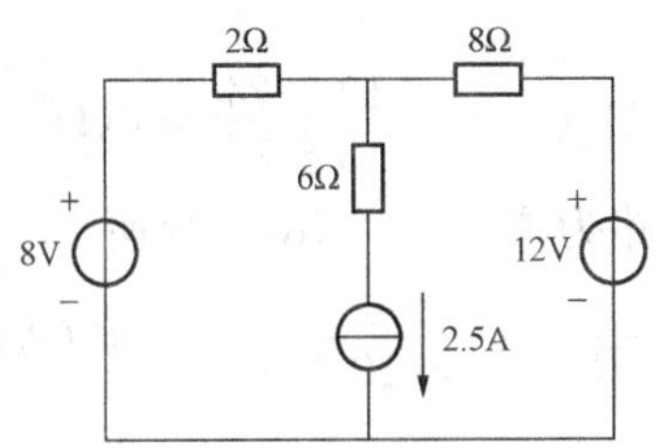

图2－27　思考与练习 2－5－1 图

第六节　戴维南定理

戴维南定理是分析线性有源二端网络外部性能的一个重要定理。在只需要分析电路中的某一条支路的响应时，常采用该定理进行分析计算。

图 2－28 所示电阻电路，若沿 a-b 将电路分成两部分，则右边虚线框内是一个无源二端网络，用 N_P 表示，它可用一个等效电阻替代；而左边虚线框内是一个含有独立源的二端网络，用 N_A 表示，叫做有源二端网络。

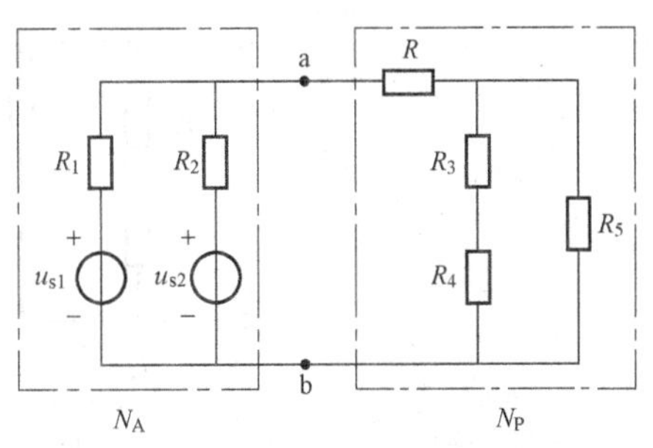

图 2－28　戴维南定理示例

戴维南定理指出：任何一个线性有源二端网络，对其外部电路而言，都可用一个理想电压源与一个电阻的串联组合等效替代，该理想电压源的电压等于有源二端网络的开路电压 u_{oc}，其串联电阻等于有源二端网络中所有独立源均为零（即将理想电压源用短路替代，理想电流源用开路替代）时的入端电阻 R_i，如图 2－29 所示。

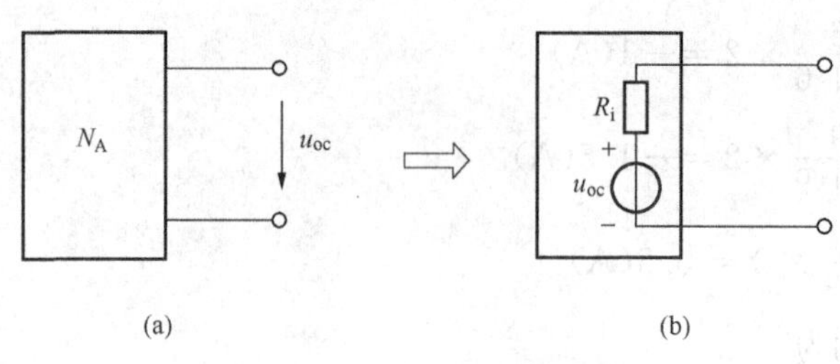

图 2 - 29　戴维南定理内容图示
（a）有源二端网络；（b）等效电路

所谓开路电压，就是指将外电路断开后端口处的电压。

下面通过实例来说明戴维南定理，并验证其正确性。

用戴维南定理求图 2 - 30（a）所示电路中 10Ω 支路的电流。

将图 2 - 30 所示电路以待求支路为中心分为左右两个部分：左侧是有源二端网络，如图 2 - 30（b）所示，可用戴维南定理求其等效电路；右侧为无源二端网络，如图 2 - 30（c）所示，根据所给数值，可求其等效电阻。

图 2 - 30（b）中，开路电压

$$u_{oc}=\frac{12-3}{6+3}\times 6+3=9(\mathrm{V})$$

入端电阻

$$R_i=6\ /\!/\ 3=\frac{6\times 3}{6+3}=2(\Omega)$$

图 2 - 30（c）中，等效电阻

$$R'=(8+4)\ /\!/\ 24=\frac{12\times 24}{12+24}=8(\Omega)$$

依此组成图 2 - 30（a）的等效电路为图 2 - 30（d），故而

$$i=\frac{u_{oc}}{R_i+R+R'}=\frac{9}{2+10+8}=0.45(\mathrm{A})$$

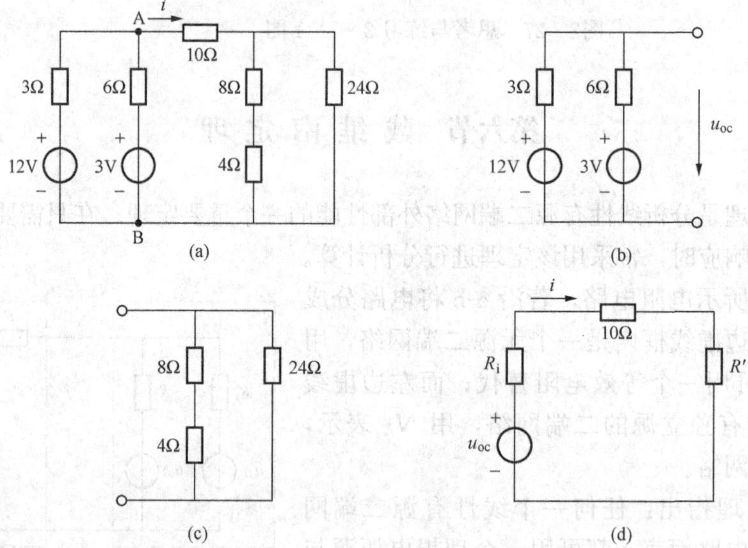

图 2 - 30　戴维南定理实例
（a）原电路；（b）有源二端网络；（c）无源二端网络；（d）等效电路

用节点电压法重解上题，得

$$u_{AB}=\frac{\frac{12}{3}+\frac{3}{6}}{\frac{1}{3}+\frac{1}{6}+\frac{1}{10+8}}=8.1(\text{V})$$

因此，10Ω 支路的电流 $i=\frac{u_{AB}}{10+8}=\frac{8.1}{18}=0.45$（A）（无源二端网络部分的等效电阻为8Ω）。

应用戴维南定理分析电路的关键是要求出开路电压 u_{oc} 和入端电阻 R_i。开路电压的计算需要灵活运用已学电工知识，根据不同电路结构，采用不同的方法进行。最常用的是欧姆定律、基尔霍夫定律、弥尔曼定理及电源本身的特点与互换。入端电阻的求法和前面介绍的混联电路等效电阻的求法相同，只要弄清连接关系、找对端口，就不难计算。

【例 2-12】 用戴维南定理求图 2-31（a）所示电路中的支路电流 i。

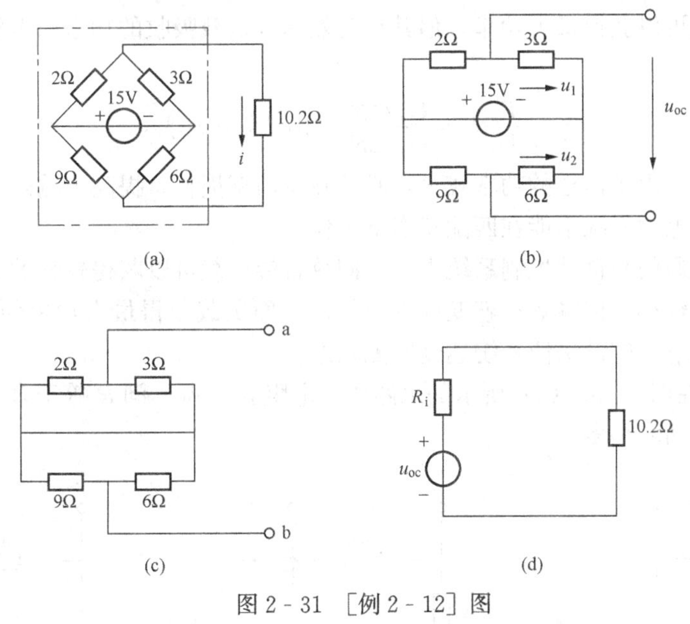

图 2-31 ［例 2-12］图

（a）原电路；（b）开路电压；（c）入端电阻；（d）等效电路

解 将待求支路断开，其余部分为一有源二端网络，如图 2-31（b）所示。根据分压公式求开路电压得

$$u_{oc}=u_1-u_2=\frac{15}{3+2}\times3-\frac{15}{9+6}\times6=3(\text{V})$$

将理想电压源代以短路，如图 2-31（c）所示，求入端电阻得

$$R_i=R_{ab}=\frac{2\times3}{2+3}+\frac{9\times6}{9+6}=4.8(\Omega)$$

由 u_{oc}、R_i 及待求支路组成等效电路，如图 2-31（d）所示，得

$$i=\frac{u_{oc}}{R_i+10.2}=\frac{3}{4.8+10.2}=0.2(\text{A})$$

根据戴维南定理，任何电能传输系统都可以用图 2-32 所示电路等效。电压源的电压 U_s 及内阻 R_i 一般是不变的，而负载 R 是可以变动的。什么情况下负载可以获得最大功率？该最大功率是多少呢？

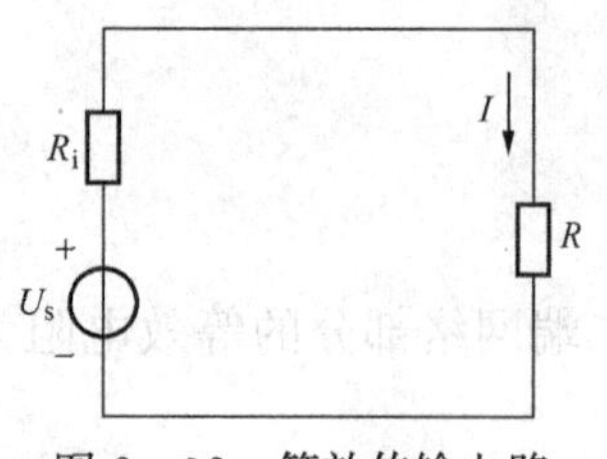

图 2 - 32　等效传输电路

由图 2 - 32 可知，流经负载的电流为

$$I=\frac{U_s}{R_i+R}$$

负载获得的功率为

$$P=I^2R=\frac{U_s^2R}{(R_i+R)^2}$$

根据数学知识可知，欲使 P 取得最大值，应使$\frac{dP}{dR}=0$。由此解出，当$R=R_i$ 时，负载可获得最大功率，该最大功率值为

$$P_{max}=\frac{U_s^2}{4R} \tag{2 - 12}$$

一般把这种工作状态称为负载与电源匹配。

匹配时，负载可以获得最大功率，但其传输效率（负载吸收的功率与电源产生的功率之比）为

$$\eta=\frac{P_{max}}{U_sI}=\frac{U_s^2/4R}{U_s^2/2R}\times100\%=50\%$$

在电力系统中，由于输送的功率较大，必须减少功率损耗，提高传输效率才能提高电能的利用率。因此，电力系统不能在匹配状态下工作。

在电子技术、通信和自动控制系统中，人们总希望负载可以获得较强的信号，由于这时电信号本身的功率较小，传输效率就变成次要问题，而负载获得最大功率便成为主要问题。因此，在这种情况下，应设法使系统达到匹配状态。

【例 2 - 13】　在图 2 - 33（a）所示的电路中，电阻 R 可调。问 R 等于多大时，它能获得最大功率？该最大功率是多少？

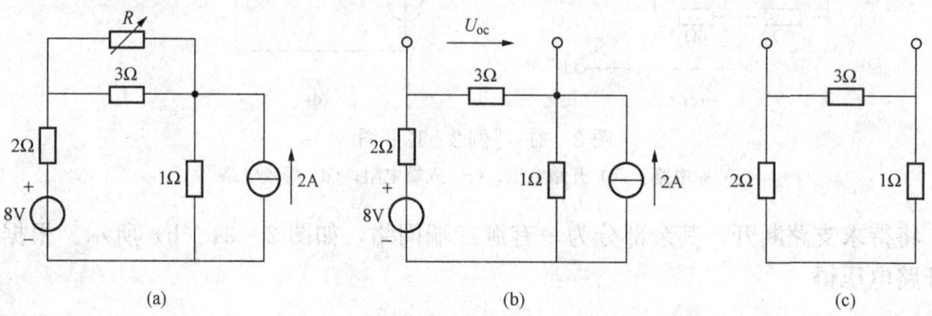

图 2 - 33 ［例 2 - 13］图
（a）原电路；（b）有源二端网络；（c）入端电阻

解　除去 R 之外，其余部分为一有源二端网络，如图 2 - 33（b）所示，应用戴维南定理求其等效电源，得

$$U_{oc}=\frac{8-2}{2+3+1}\times3=3(\text{V})\quad（将电流源化为电压源）$$

将理想电压源代以短路，将理想电流源代以开路，如图 2 - 33（c）所示，入端电阻为

$$R_i=(2+1)\ /\!/\ 3=\frac{(2+1)\times3}{(2+1)+3}=1.5(\Omega)$$

当 $R=R_i=1.5\Omega$ 时，负载获得最大功率，该最大功率为

$$P_{max}=\frac{U_{oc}^2}{4R}=\frac{3^2}{4\times1.5}=1.5(\mathrm{W})$$

应用戴维南定理时，要注意以下两点：①等效电压源的电压的极性应与开路电压的极性一致；②有源二端网络必须是线性的，但外部电路可以是任意二端网络，包括非线性的。

2-6-1　计算图2-34所示电路中的支路电流。

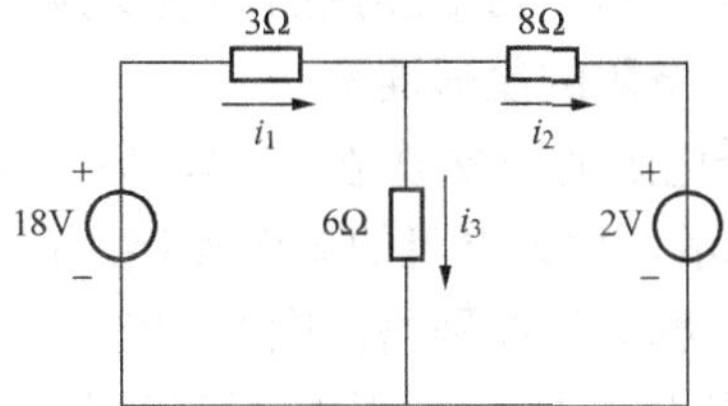

图2-34　思考与练习2-6-1图

2-6-2　求图2-35所示各电路的戴维南等效电路。

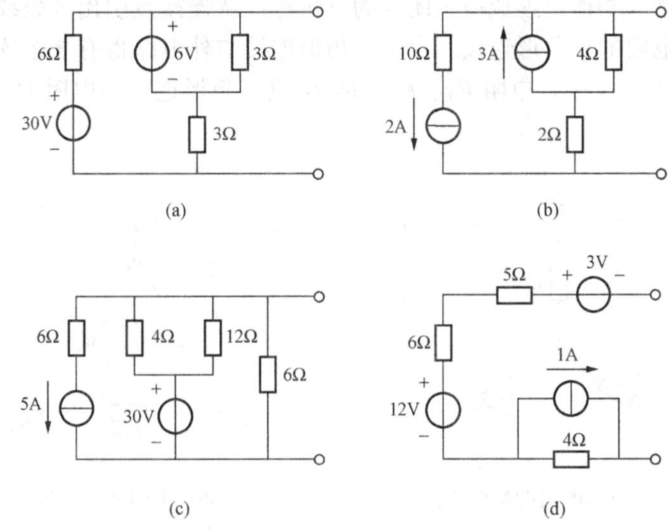

图2-35　思考与练习2-6-2图

2-6-3　电路如图2-36所示。问 R 等于多大时能获得最大功率？该最大功率是多少？

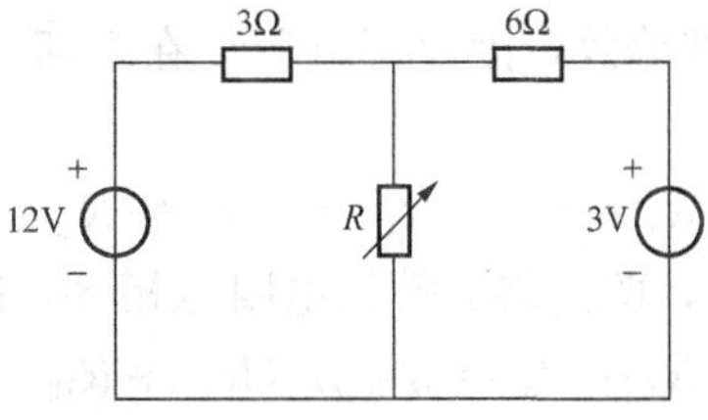

图2-36　思考与练习2-6-3图

第七节　电阻的星形连接、三角形连接及其等效变换

求图 2 - 37 所示电路中的电流 I。

分析电路中各电阻连接方式后发现，各电阻间既不是串联也不是并联，因此此电路中虽然只有一个电源，但却属于复杂电路。可以用网络方程法，如支路电流法、节点电压法等来分析，不过由于只需计算一条支路的电流，用这些方法显得有些烦琐。对于这样的电路，较适合的分析方法是电阻的星形连接与三角形连接的等效变换。

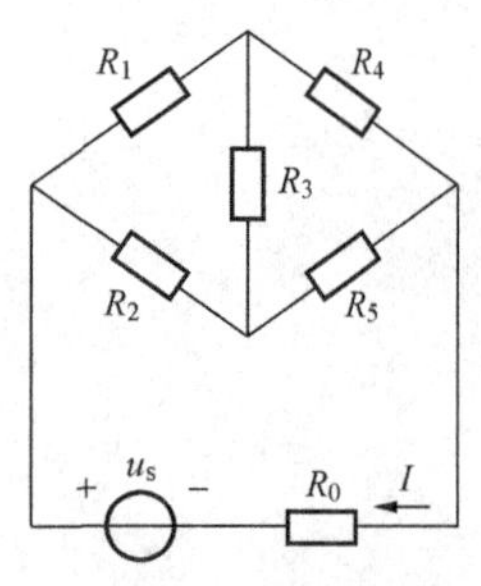

图 2 - 37　电阻 Y-△变换示例

一、电阻的星形连接

3 个电阻的一端连在一起，另一端引出 3 条线接外电路，如图 2 - 38所示，称为电阻的星形连接。由于星形连接与外电路有 3 个连接端子，称为三端网络。图 2 - 37 中，电阻 R_1、R_3、R_4 构成星形连接，电阻 R_2、R_3、R_5 构成星形连接，电阻 R_4、R_5、R_0 也构成星形连接。

二、电阻的三角形连接

3 个电阻首尾依次相连，连成一个闭合的三角形，从连接点引出 3 条线接外电路，如图 2 - 39 所示，称为电阻的三角形连接。由于三角形连接与外电路也有 3 个连接端子，因此也称为三端网络。图 2 - 37 中，电阻 R_1、R_2、R_3 构成三角形连接，电阻 R_3、R_4、R_5 构成三角形连接。

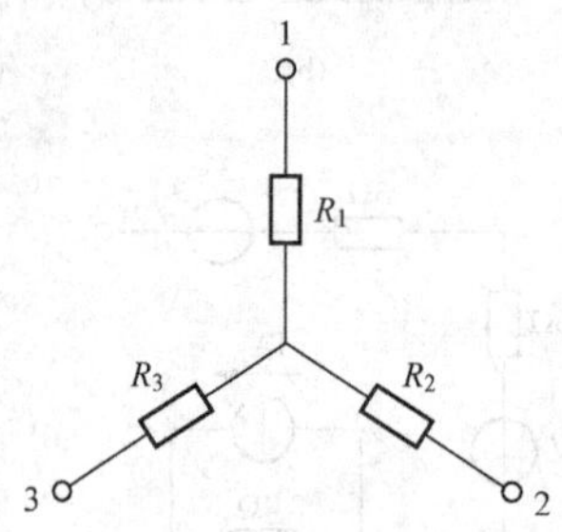

图 2 - 38　电阻的星形连接

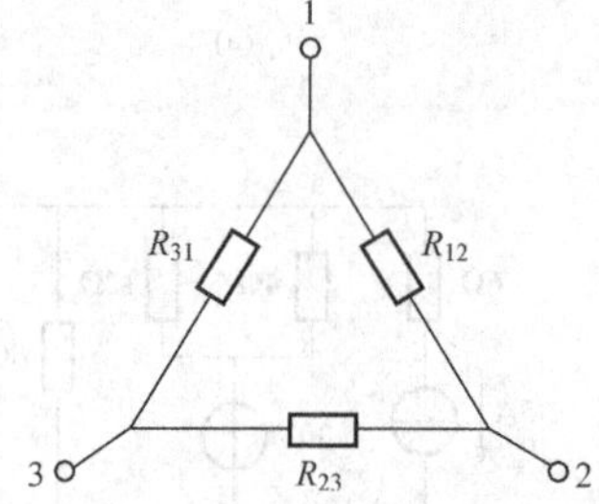

图 2 - 39　电阻的三角形连接

三、电阻的星形连接与三角形连接的等效变换

由于电阻的星形连接与三角形连接都是三端网络，如果接任意外电路时能满足：端钮上的电流对应相等，两两端钮间电压对应相等，则两个网络等效，如图 2 - 40 所示。

由于接任意外电路两网络都等效，因此可以假设在端钮 1、2 间接外电路。两网络的等效电阻应相等，即

$$R_1 + R_2 = R_{12} \mathbin{/\!/} (R_{31} + R_{23})$$

若在端钮 2、3 间接外电路，两网络的等效电阻也相等，即

$$R_2 + R_3 = R_{23} \mathbin{/\!/} (R_{31} + R_{12})$$

若在端钮 3、1 间接外电路，两网络的等效电阻也相等，即

$$R_3 + R_1 = R_{31} \mathbin{/\!/} (R_{12} + R_{23})$$

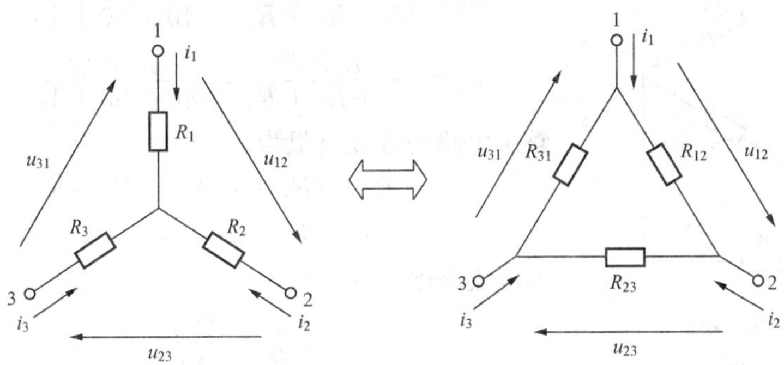

图 2-40　电阻 Y-△等效变换条件

据此可推导出电阻星形连接与三角形连接等效变换的公式。已知星形连接电阻，求三角形连接电阻时，有

$$\begin{cases} R_{12} = R_1 + R_2 + \dfrac{R_1R_2}{R_3} \\ R_{23} = R_2 + R_3 + \dfrac{R_2R_3}{R_1} \\ R_{31} = R_3 + R_1 + \dfrac{R_3R_1}{R_2} \end{cases} \tag{2-13}$$

已知三角形连接电阻，求星形连接电阻时，有

$$\begin{cases} R_1 = \dfrac{R_{12}R_{31}}{R_{12}+R_{23}+R_{31}} \\ R_2 = \dfrac{R_{12}R_{23}}{R_{12}+R_{23}+R_{31}} \\ R_3 = \dfrac{R_{23}R_{31}}{R_{12}+R_{23}+R_{31}} \end{cases} \tag{2-14}$$

若星形连接的 3 个电阻相等，则等效变换为三角形连接时，有

$$R_{\triangle} = 3R_{\mathrm{Y}}$$

若三角形连接的 3 个电阻相等，则等效变换为星形连接时，有

$$R_{\mathrm{Y}} = \frac{1}{3}R_{\triangle}$$

现将图 2-37 中三角形连接的电阻 R_1、R_2、R_3 化成星形连接，如图 2-41 所示。

变换后，电路中电阻的连接方式为：R_b 与 R_4 串联，R_c 与 R_5 串联，这两支路并联后再与 R_a 串联。整个电路的等效电阻为

$$R = R_a + (R_b + R_4) // (R_c + R_5) + R_0$$

即通过等效变换，复杂电路变为简单电路，可用串、并联化简的方法来分析。

【例 2-14】 图 2-37 中，已知 $R_1=40\Omega$，$R_2=50\Omega$，$R_3=10\Omega$，$R_4=36\Omega$，$R_5=55\Omega$，$u_s=225\mathrm{V}$，$R_0=1\Omega$，求电流 I。

解　将电阻 R_1、R_2、R_3 化成星形连接 R_a、R_b、R_c，如图 2-41 所示，有

$$R_a = \frac{R_1R_2}{R_1+R_2+R_3} = \frac{40\times50}{40+50+10} = 20(\Omega)$$

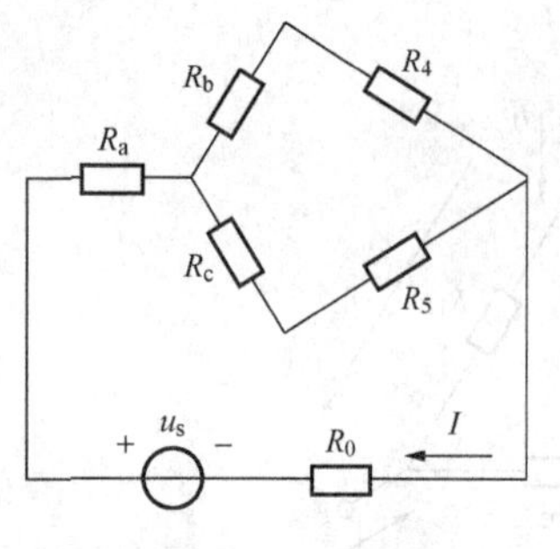

图 2 - 41 电阻 Y-△变换示例分析

$$R_b = \frac{R_1 R_3}{R_1 + R_2 + R_3} = \frac{40 \times 10}{40 + 50 + 10} = 4(\Omega)$$

$$R_c = \frac{R_2 R_3}{R_1 + R_2 + R_3} = \frac{50 \times 10}{40 + 50 + 10} = 5(\Omega)$$

整个电路的等效电阻为

$$R = R_a + (R_b + R_4) /\!/ (R_c + R_5) + R_0$$
$$= 20 + (4 + 36) /\!/ (5 + 55) + 1 = 45(\Omega)$$

电源支路电流为

$$I = \frac{u_s}{R} = \frac{225}{45} = 5(\mathrm{A})$$

同理，也可将星形连接电阻 R_1、R_3、R_4 换成三角形连接来分析电路。

四、电桥电路

实际工作中常常用到电桥电路。电桥电路原理图与图 2 - 37 相似，只是电阻 R_3 处代以检流计，如图 2 - 42 所示。电阻 R_2 可调，调节 R_2 的大小使检流计读数为零，称为电桥平衡。此时

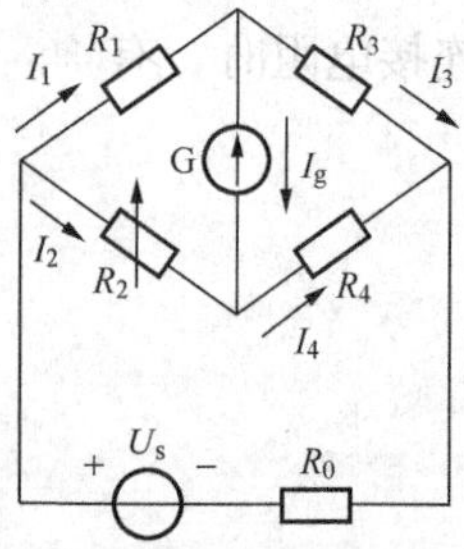

$$I_g = 0, I_1 = I_3, I_2 = I_4$$

$$U_g = 0, U_{R1} = U_{R2}, U_{R3} = U_{R4}$$

$$\frac{U_{R1}}{U_{R3}} = \frac{U_{R2}}{U_{R4}}$$

$$\frac{R_1}{R_3} = \frac{R_2}{R_4} \tag{2 - 15}$$

图 2 - 42 电桥电路

反之，当电桥桥臂上的电阻满足$\frac{R_1}{R_3} = \frac{R_2}{R_4}$时，电桥就会平衡。此时，检流计两端无电压，可视为短路；检流计中无电流，可视为开路。检流计的上下连接点为等电位点。此结论可以用在电路计算中。

【例 2 - 15】 求图 2 - 43 所示电路中的等效电阻（图中各电阻单位均为 Ω）。

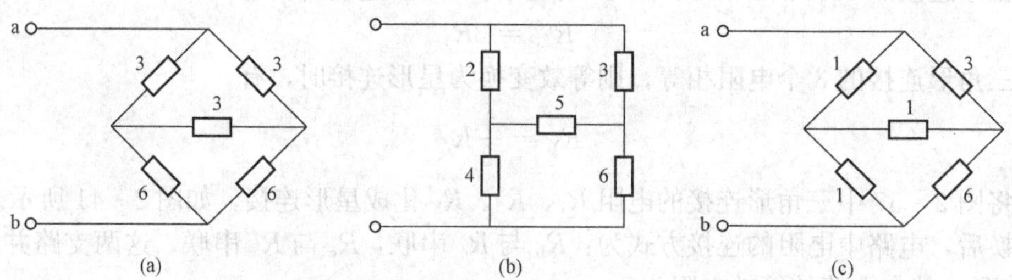

图 2 - 43 ［例 2 - 15］图

(a) Y-△连接电路一；(b) Y-△连接电路二；(c) Y-△连接电路三

解 图 2 - 43（a）中，由于桥臂上电阻成比例，中间 3Ω 电阻不起作用，可视为短接，则等效电阻为

$$R = 3 /\!/ 3 + 6 /\!/ 6 = 4.5(\Omega)$$

图 2 - 43（b）中，由于桥臂上电阻成比例，中间 5Ω 电阻不起作用，可视为开路，则等

效电阻为

$$R=(2+4)\ /\!/\ (3+6)=3.6(\Omega)$$

图 2 - 43（c）中，由于桥臂上电阻不成比例，需要进行电阻的星形、三角形变换。将星形连接的 3 个 1Ω 电阻化成三角形连接，如图 2 - 44 所示，此时等效电阻为

$$R=(3\ /\!/\ 3+3\ /\!/\ 6)\ /\!/\ 3\approx 1.6(\Omega)$$

当电路中电阻呈星形或三角形连接时，先看桥臂上电阻是否成比例，如果成比例，可以将连接"桥"的电阻视为开路或短路，这样就可以避开烦琐的变换计算；如果不成比例，再找是不是有 3 个阻值相同的星形连接或三角形连接的电阻，如果有，可将其变换为另一种形式，计算也比较简单；如果以上两种情况都没有，再用星形、三角形变换的一般公式去代入计算。

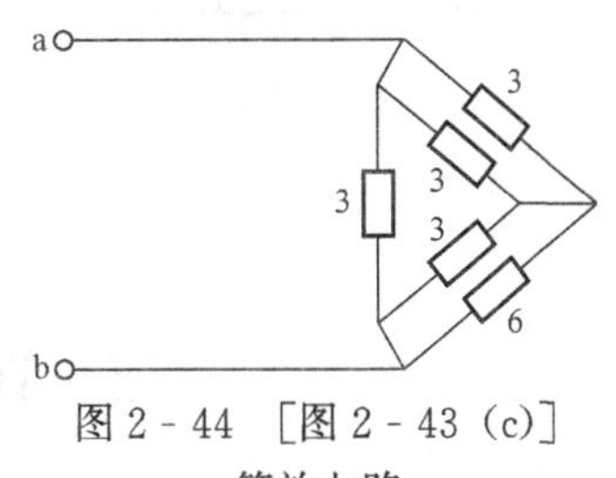

图 2 - 44 ［图 2 - 43（c）］等效电路

思考与练习

2 - 7 - 1　分析图 2 - 45 所示电路中电阻哪些是星形连接？哪些是三角形连接？

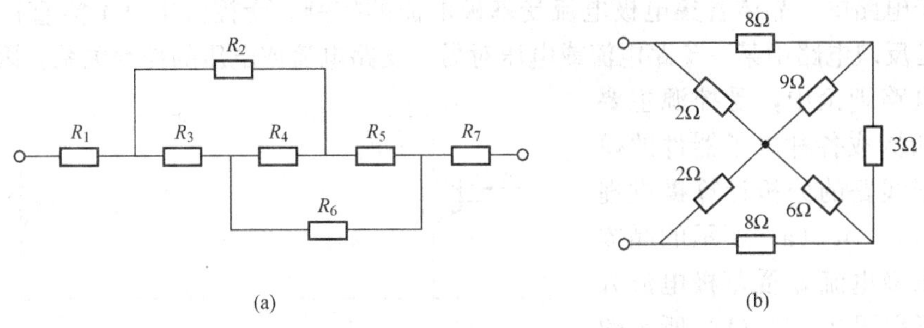

图 2 - 45　思考与练习 2 - 7 - 1 图

2 - 7 - 2　试将图 2 - 46 所示 a、b、c 三点间的三角形网络化成星形网络（图中所有电阻均为 9Ω）。

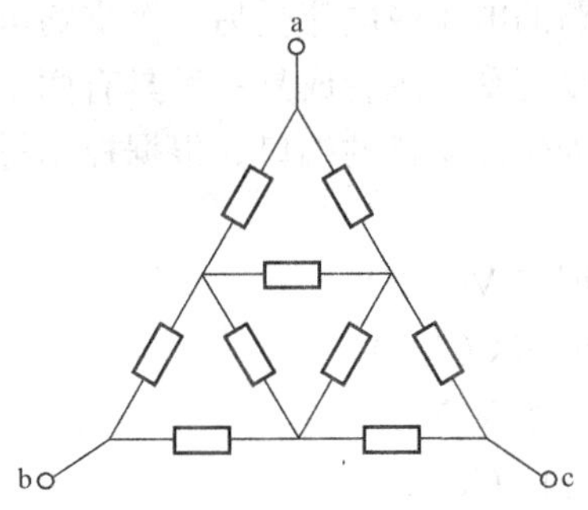

图 2 - 46　思考与练习 2 - 7 - 2 图

2 - 7 - 3　求图 2 - 47 所示电路的等效电阻。

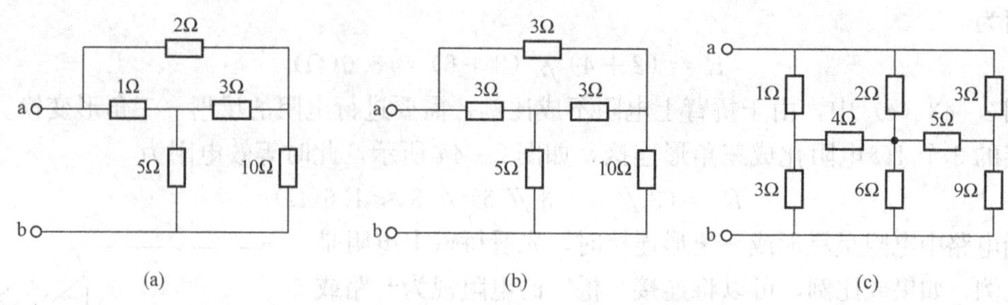

图 2-47　思考与练习 2-7-3 图

第八节　受控源及含受控源电路分析简介

一、受控源

第一章第七节介绍的电源都是能独立地向电路提供电能或电信号的电源，其电压或电流是恒定值或者是一定规律的时间的函数，它们对电路起激励作用，称为独立源。在实际电路中，还存在这样一种电源，其电压或电流受另一条支路的电压或电流的控制，称为受控源。例如，电子电路中，晶体管集电极电流受基极电流的控制。受控源本身不能直接起激励作用，而只是反映电路中某一支路电流或电压对另一支路电流或电压的控制关系，因而是非独立的。在电路理论中，受控源主要用来描述和构成各种电子器件的模型，为电子线路的分析计算提供理论基础。图 2-48（a）所示的晶体管，其集电极电流 i_c 受基极电流 i_b 的控制，可用图 2-48（b）所示的等效电路表示。其中，β 为晶体管的电流放大倍数，R_i 为晶体管的输入电阻。

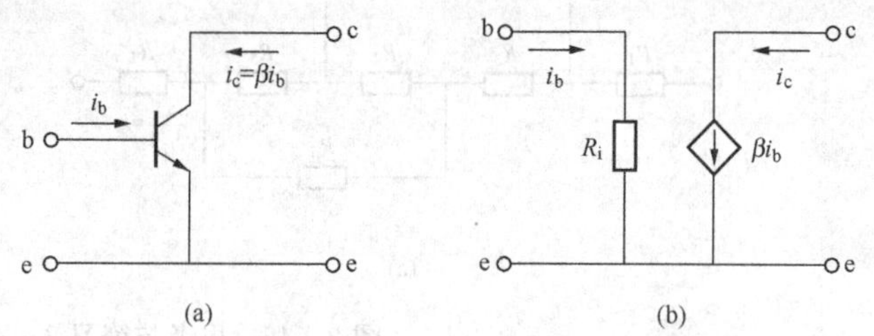

图 2-48　晶体三极管及其等效电路

（a）三极管电路；（b）等效电路

在电路中，只要有一个支路的电压或电流受另一个支路电压或电流的控制，这两个支路就构成一个受控源。因此，可以把受控源看成是一种具有两个支路的双口元件，其输入端口为控制支路的端口，输出端口为受控支路的端口。根据控制量与受控量的不同，受控源可分为以下四种类型：

（1）电压控制的电压源（记作 VCVS）。

（2）电流控制的电压源（记作 CCVS）。

（3）电压控制的电流源（记作 VCCS）。

（4）电流控制的电流源（记作 CCCS）。

图 2-49 所示为四种理想受控源的模型。为了与独立源区别，受控源用菱形符号表示。

理想受控源的输入端口与输出端口的特性可用数学表达式表述，具体表述如下：

VCVS　　$i_1=0,\ u_2=\mu u_1$　　(2-16a)

式中：μ 无量纲，叫做电压控制电压源的转移电压比或电压放大系数。

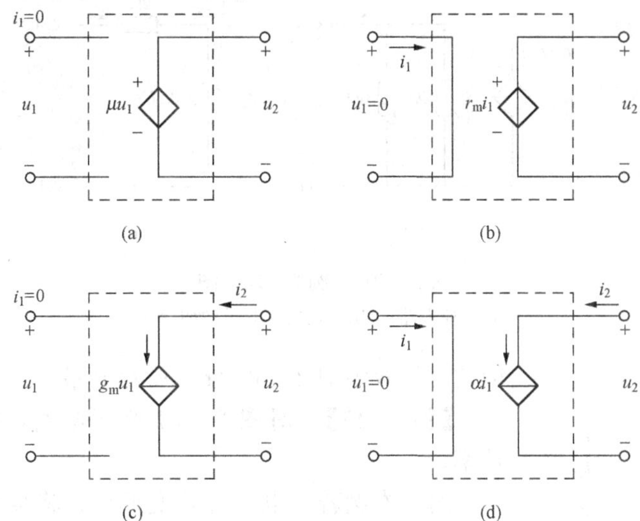

图 2 - 49　四种理想受控源模型

(a) VCVS；(b) CCVS；(c) VCCS；(d) CCCS

CCVS　　$u_1=0，u_2=r_m i_1$　　(2 - 16b)

式中：r_m 具有电阻的量纲，叫做电流控制电压源的转移电阻。

VCCS　　$i_1=0，i_2=g_m u_1$　　(2 - 16c)

式中：g_m 具有电导的量纲，叫做电压控制电流源的转移电导。

CCCS　　$u_1=0，i_2=\alpha i_1$　　(2 - 16d)

式中：α 无量纲，叫做电流控制电流源的转移电流比或电流放大系数。

当系数 μ、r_m、g_m、α 为常数时，受控量与控制量之间成正比关系，这样的受控源称为线性受控源。本书只讨论线性受控源，简称受控源。

以上所述为理想受控源的情况，非理想情况下，控制支路与受控支路中都存在电阻。

二、含受控源电路分析简介

电路连接方式的约束和元件性质的约束，是分析计算电路的基本依据。对含有受控源的电路，前面介绍的定理、定律都是适用的，但使用中要注意受控源的性质对电路带来的约束关系。下面简要介绍受控源电路的分析特点。

应用等效变换法化简电路时，必须保留控制量所在支路、其他支路都可以变换；用网络分析法计算电路时，要用电路变量来表示受控源的控制量；应用戴维南定理时，由于受控源不独立，因此求入端电阻时，不能像独立源那样开路或短路，而必须保留在电路中。总的原则是受控源与独立源一样看待与处理，同时又要掌握受控源是非独立源这一特点。下面举例说明含受控源电路的分析方法。

【例 2 - 16】 图 2 - 50 (a) 所示为一含有 VCVS 的二端网络，求端口 ab 的等效电路。

解　对图 2 - 50 (a) 进行等效变换后，据图 2 - 50 (c) 写出端口电压、电流的关系为

$$U = 2I + 0.2U$$

整理得

$$\frac{U}{I} = 2.5\Omega$$

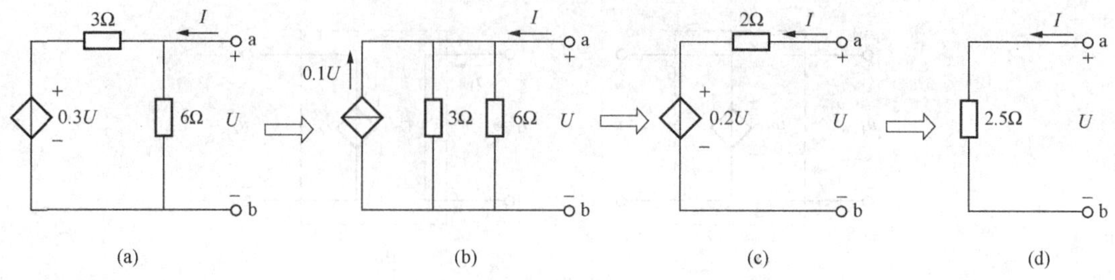

图 2 - 50 ［例 2 - 16］图

（a）原电路；（b）、（c）、（d）等效电路

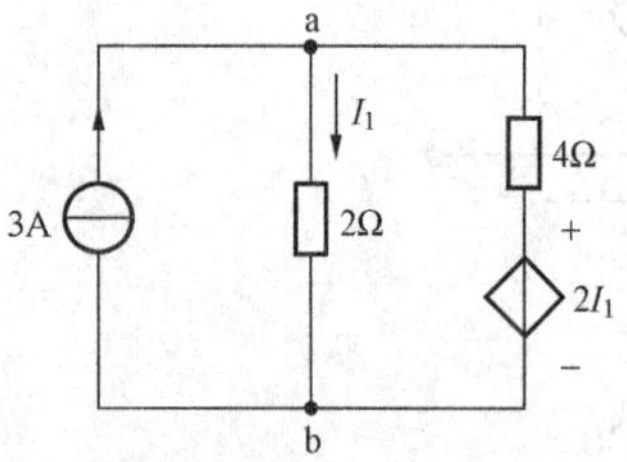

因此可等效为图 2 - 50（d）所示电路。

【例 2 - 17】 对图 2 - 51 所示电路，求 2Ω 电阻吸收的功率。

图 2 - 51 ［例 2 - 17］图

解 本例若用电源等效变换后，将会失去控制支路，因此不能用等效变换的方法，可用弥尔曼定律进行分析，从而有

$$u_{ab}=\frac{3+\dfrac{2I_1}{4}}{\dfrac{1}{2}+\dfrac{1}{4}}=2I_1$$

解得

$$I_1=3\text{A}$$

故 2Ω 电阻吸收的功率为

$$P=I_1^2R=3^2\times2=18(\text{W})$$

【例 2 - 18】 用戴维南定理求图 2 - 52（a）所示电路中的电流 i_L。

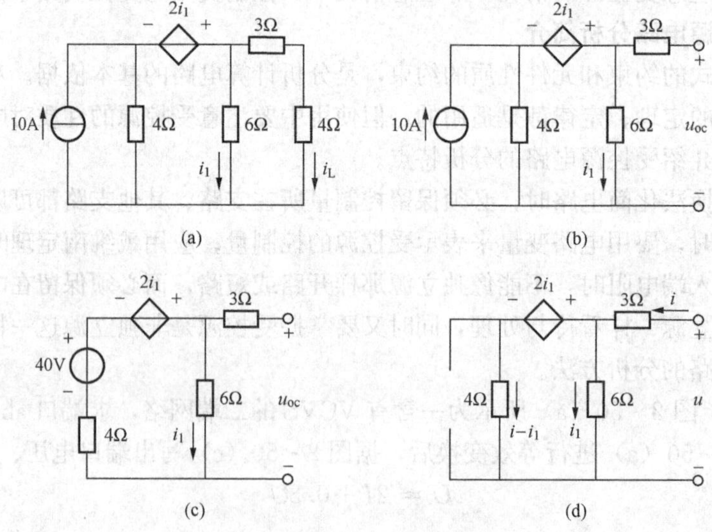

图 2 - 52 ［例 2 - 18］图

（a）原电路；（b）、（c）、（d）等效变换电路

解　将待求支路从电路中断开，如图 2 - 52（b）所示，求开路电压 u_{oc} 得

$$u_{oc} = 6i_1$$

作等效变换后得图 2 - 52（c）所示电路，左侧回路可用 KVL 列写如下方程

$$6i_1 - 40 + 4i_1 - 2i_1 = 0$$

解得

$$i_1 = 5\text{A}$$

则

$$u_{oc} = 6i_1 = 30(\text{V})$$

将图 2 - 52（b）中的独立电源置零，即断开 10A 电流源，受控源保留在电路中，如图 2 - 52（d）所示，求入端电阻。设端口电压为 u，电流为 i，等效电阻 $R=\frac{u}{i}$，则由图 2 - 52（d）可列方程

$$\begin{cases} u = 3i + 6i_1 \\ 6i_1 - 4(i - i_1) - 2i_1 = 0 \end{cases}$$

解得

$$i_1 = 0.5i$$

因而入端等效电阻为

$$R = \frac{u}{i} = \frac{3i + 6i_1}{i} = 6(\Omega)$$

由开路电压 u_{oc}、入端电阻 R 和待求支路电阻组成等效电路，求得

$$i_L = \frac{u_{oc}}{R + 4} = \frac{30}{6 + 4} = 3(\text{A})$$

思考与练习

2 - 8 - 1　受控源与独立源在电路中的作用与性质有何异同？

2 - 8 - 2　求图 2 - 53 所示二端网络的输入电阻。

2 - 8 - 3　求图 2 - 54 所示电路中 2Ω 电阻吸收的功率。

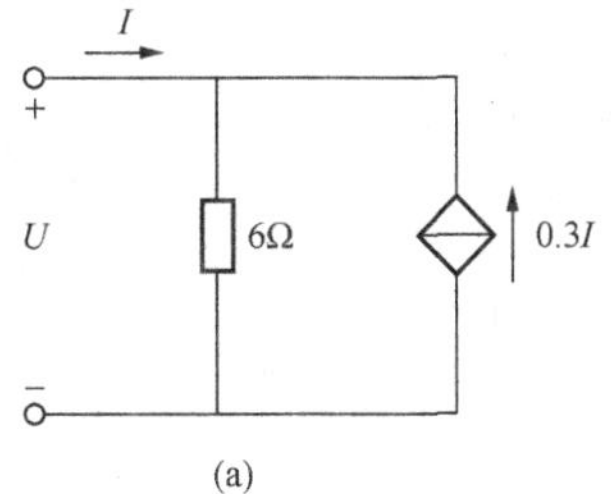

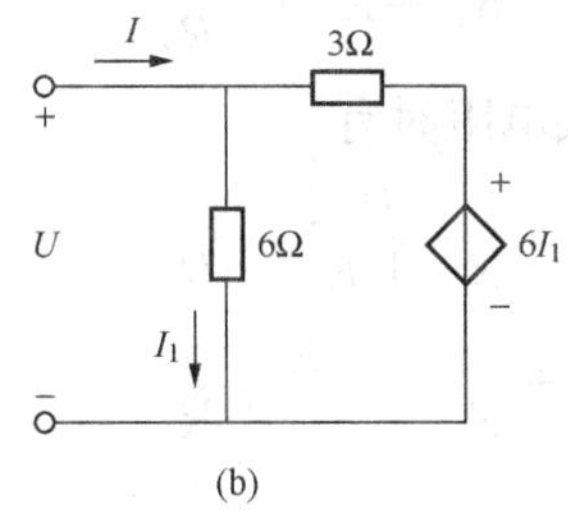

图 2 - 53　思考与练习 2 - 8 - 2 图

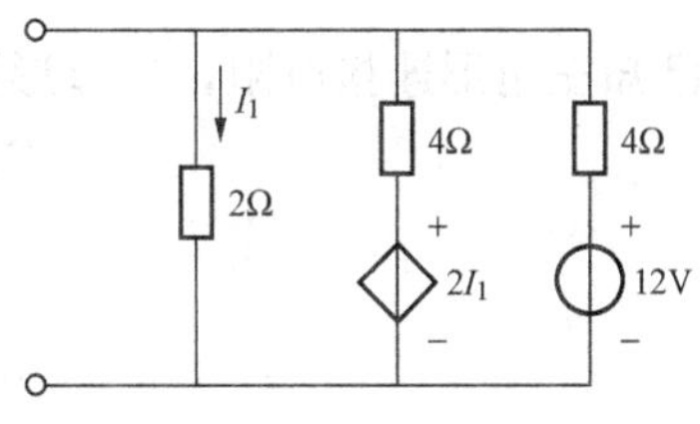

图 2 - 54　思考与练习 2 - 8 - 3 图

本章小结

一、无源网络的分析方法

1. 电阻的串联

N 个电阻串联，其等效电阻为

$$R=R_1+R_2+\cdots+R_N=\sum_{K=1}^{N}R_K$$

分压公式 $U_K=\frac{R_K}{R}U$

功率关系 $P=P_1+P_2+P_3=I^2R_1+I^2R_2+I^2R_3=I^2R$

2. 电阻的并联

N 个电阻并联，其等效电导为

$$G=G_1+G_2+\cdots+G_N=\sum_{K=1}^{N}G_K$$

分流公式 $I_K=\frac{G_K}{G}I=\frac{R}{R_K}I$

功率关系 $P=P_1+P_2+P_3=U^2/R_1+U^2/R_2+U^2/R_3=U^2/R=U^2G$

3. 电阻的混联

等效电阻的计算根据电路结构与连接方式用串并联逐步化简。分析方法和串并联电路分析方法相同。

4. 电阻的△-Y 等效变换

已知星形连接电阻，求三角形连接电阻时有

$$R_{12}=R_1+R_2+\frac{R_1R_2}{R_3}$$

$$R_{23}=R_2+R_3+\frac{R_2R_3}{R_1}$$

$$R_{31}=R_3+R_1+\frac{R_3R_1}{R_2}$$

已知三角形连接电阻，求星形连接电阻时有

$$R_1=\frac{R_{12}R_{31}}{R_{12}+R_{23}+R_{31}}$$

$$R_2=\frac{R_{12}R_{23}}{R_{12}+R_{23}+R_{31}}$$

$$R_3=\frac{R_{23}R_{31}}{R_{12}+R_{23}+R_{31}}$$

若 3 个电阻相等，则 $R_{\triangle}=3R_{Y}$，$R_{Y}=\frac{1}{3}R_{\triangle}$。

二、网络方程法

1. 支路法

以电路中的各支路电流为未知量，应用 KCL 列出 $n-1$ 个独立节点电流方程；应用

KVL 列出 $b-(n-1)$ 个独立回路电压方程，解方程组，求出各支路电流及其他物理量。

2. 网孔法

以网孔电流为未知量，用 KVL 列出与未知量数目相等的独立方程，其标准形式为

$$\begin{cases} R_{11}i_{\mathrm{I}}+R_{12}i_{\mathrm{II}}+\cdots+R_{1\mathrm{m}}i_{\mathrm{m}}=u_{\mathrm{s11}} \\ R_{21}i_{\mathrm{I}}+R_{22}i_{\mathrm{II}}+\cdots+R_{2\mathrm{m}}i_{\mathrm{m}}=u_{\mathrm{s22}} \\ \quad\vdots \qquad\quad \vdots \qquad\qquad\quad \vdots \qquad\quad \vdots \\ R_{\mathrm{m1}}i_{\mathrm{I}}+R_{\mathrm{m2}}i_{\mathrm{II}}+\cdots+R_{\mathrm{mm}}i_{\mathrm{m}}=u_{\mathrm{smm}} \end{cases}$$

解方程组得各网孔电流，并根据各网孔电流与各支路电流之间的关系求解电路。

3. 节点法

以节点电压为未知量，用 KCL 列出与未知量数目相等的独立方程，其标准形式为

$$\begin{cases} G_{11}u_1+G_{12}u_2+\cdots+G_{1\mathrm{N}}u_{\mathrm{N}}=i_{\mathrm{s11}} \\ G_{21}u_1+G_{22}u_2+\cdots+G_{2\mathrm{N}}u_{\mathrm{N}}=i_{\mathrm{s22}} \\ \quad\vdots \qquad\quad \vdots \qquad\qquad\quad \vdots \qquad\quad \vdots \\ G_{\mathrm{N1}}u_1+G_{\mathrm{N2}}u_2+\cdots+G_{\mathrm{NN}}u_{\mathrm{N}}=i_{\mathrm{sNN}} \end{cases}$$

解方程组得各节点电压，并根据各节点电压与各支路电压之间的关系求解电路。其中，两个节点的电路用弥尔曼定理进行分析和计算。

三、网络定理

1. 叠加定理

在有多个独立电源共同作用的线性电路中，任一支路的响应等于各独立源单独作用时分别在该支路所产生的响应的代数和。

2. 戴维南定理

戴维南定理指出：任何一个线性有源二端网络，对其外部电路而言，都可用一个理想电压源与一个电阻的串联组合等效替代，该理想电压源的电压等于有源二端网络的开路电压 u_{oc}，其串联电阻等于有源二端网络中所有独立源均为零时的入端电阻 R_{i}。

在只需要分析电路中某一条支路的响应时，戴维南定理具有其他方法无可比拟的优越性。

四、受控源

受控源是一种具有两个支路的双口元件，一支路的电流或电压受另一支路电流或电压的控制，本身不能直接起激励作用。受控源兼具电源性质与电阻性质。分析含受控源的电路时，总的原则是：受控源与独立源一样看待与处理，同时又要掌握受控源是非独立源这一特点。

习　题　二

2 - 1　求图 2 - 55 所示各电路的等效电阻 R_{ab}。

2 - 2　求图 2 - 56 所示电路中开关 S 断开和闭合两种情况下的等效电阻 R_{ab}。

2 - 3　对图 2 - 57 所示电路，试完成：(1) 求 a、b 间的电压 U_{ab}；(2) 若 a、b 间用短路线连接，求通过短路线上的电流 I_{ab}。

2 - 4　用支路法求解图 2 - 58 所示电路中的各支路电流及理想电压源的功率。

2 - 5　用支路法求解图 2 - 59 所示电路的各支路电流。

2 - 6　用网孔法求解图 2 - 60 所示电路中的各支路电流（只列方程）。

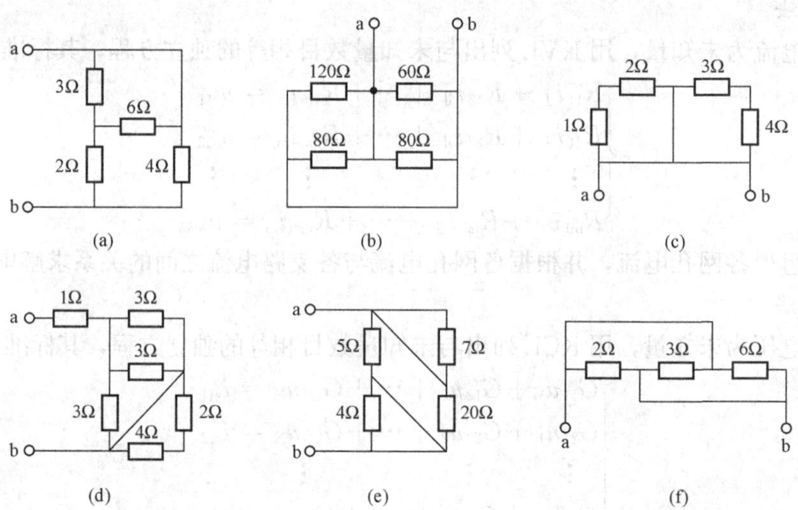

图 2 - 55　习题 2 - 1 图

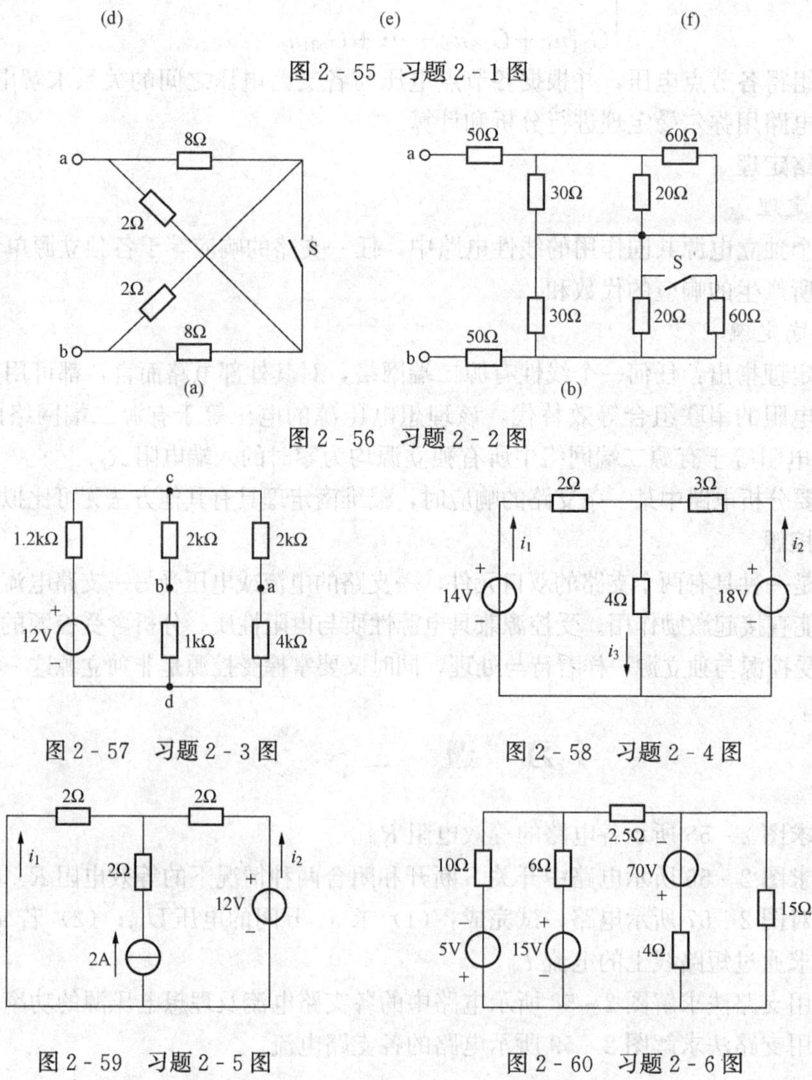

图 2 - 56　习题 2 - 2 图

图 2 - 57　习题 2 - 3 图　　　　图 2 - 58　习题 2 - 4 图

图 2 - 59　习题 2 - 5 图　　　　图 2 - 60　习题 2 - 6 图

2-7　用节点法求解图 2-61 所示电路中的各支路电流。

2-8　用支路法求解图 2-62 所示电路中的各支路电流及电源的功率。

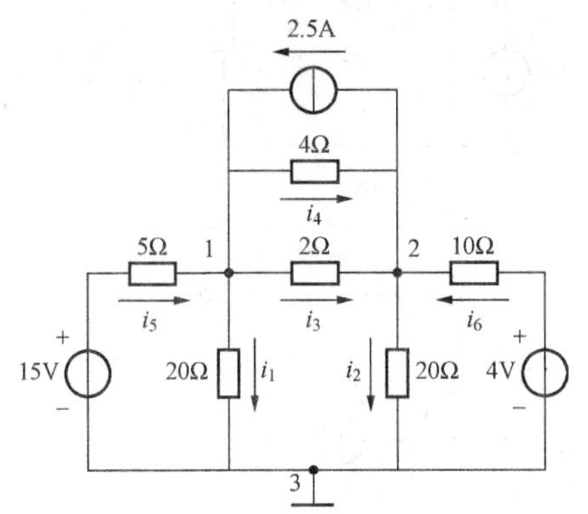

图 2-61　习题 2-7 图

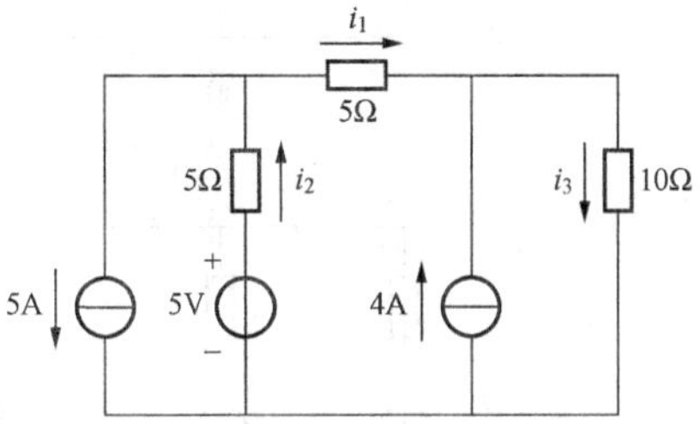

图 2-62　习题 2-8 图

2-9　用网孔法和节点法求解图 2-63 所示电路中的各支路电流。

2-10　用弥尔曼定理求解图 2-64 所示电路中的各支路电流。

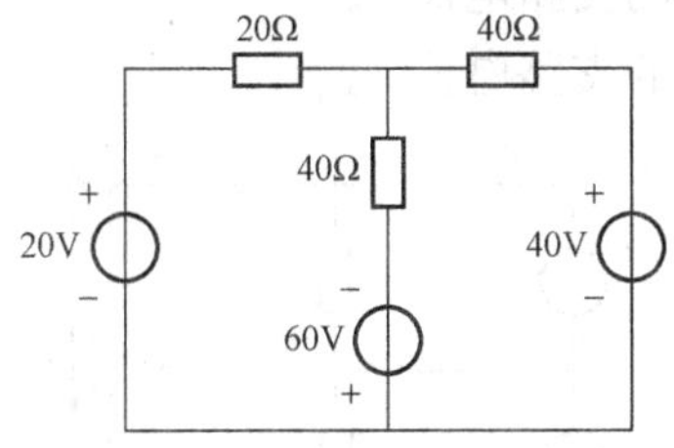

图 2-63　习题 2-9 图

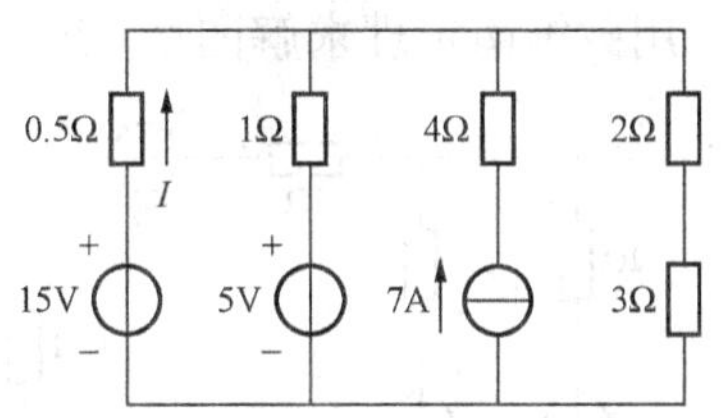

图 2-64　习题 2-10 图

2-11　试求图 2-65 所示电路在开关 S 打开和闭合两种情况下的各支路电流。

2-12　用叠加定理求解图 2-66 所示电路中电压源的输出电流。

2-13　应用叠加定理求解图 2-67 所示电路中的电流 I。

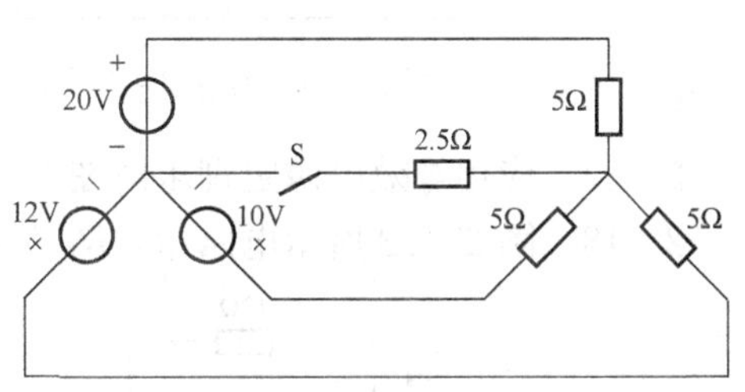

图 2-65　习题 2-11 图

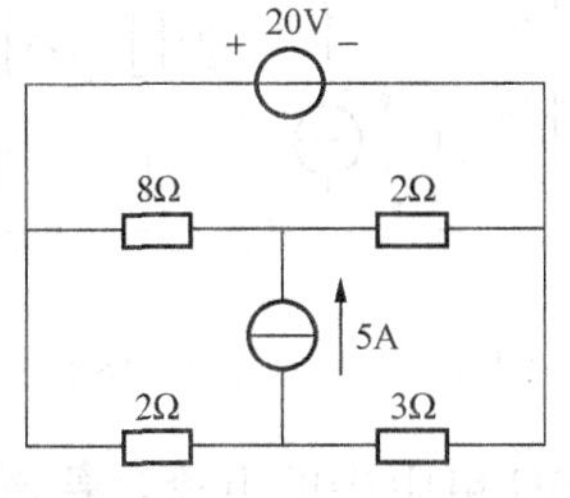

图 2-66　习题 2-12 图

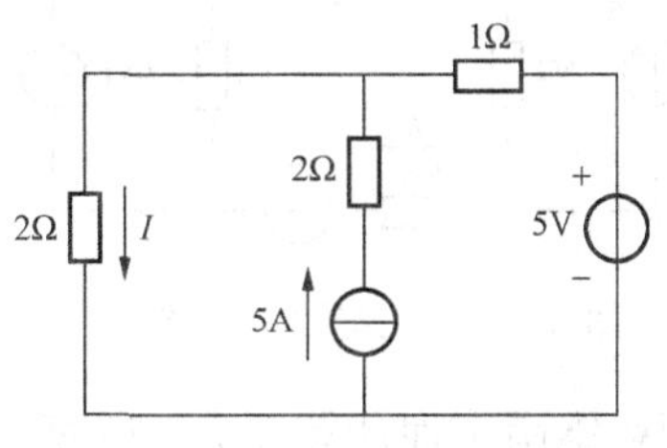

图 2-67　习题 2-13 图

2-14　求图 2-68 所示各有源二端网络的等效电路。

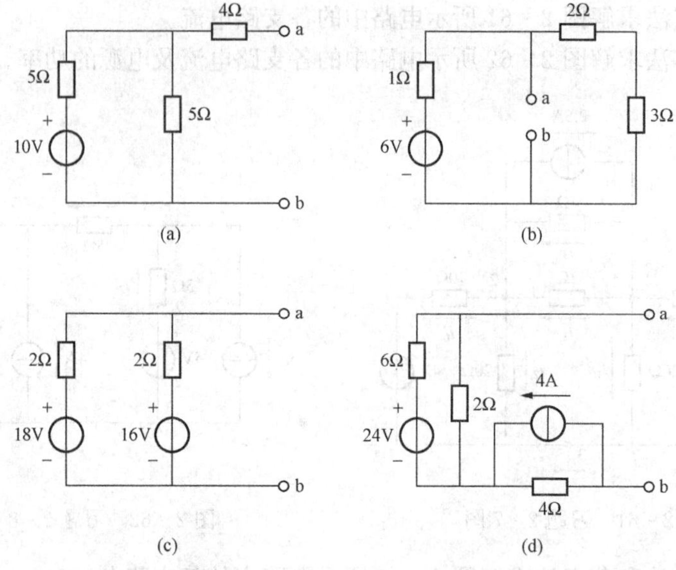

图 2-68 习题 2-14 图

2-15 用戴维南定理求解图 2-69 所示电路中的支路电流 I。

2-16 用戴维南定理求解图 2-70 所示电路中的支路电流 I。

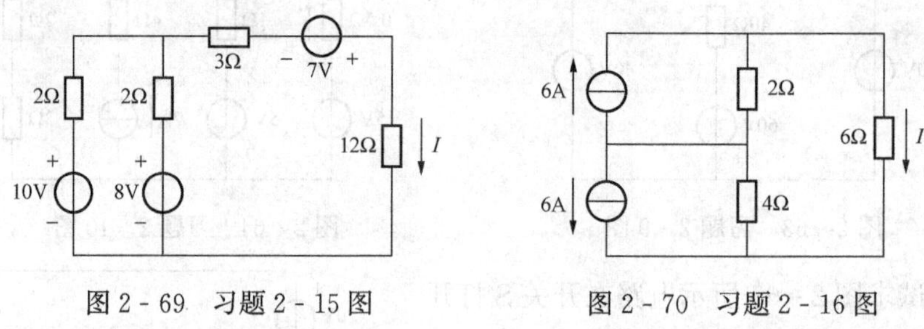

图 2-69 习题 2-15 图　　图 2-70 习题 2-16 图

2-17 应用等效电源定理求解图 2-71 所示电路中的支路电流 i。

2-18 图 2-72 所示电路中，R_L 为多大时能获得最大功率？计算此时的电流 i_L。

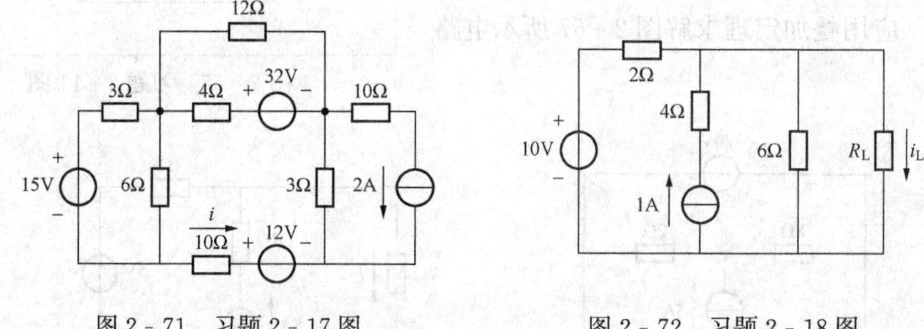

图 2-71 习题 2-17 图　　图 2-72 习题 2-18 图

2-19 用戴维南定理计算图 2-73 所示电路中 10Ω 电阻中的电流；若该电阻可变，则当它等于多大时，其消耗的功率最大？并计算该最大功率。

2-20 求图 2-74 所示电路的戴维南等效电路。

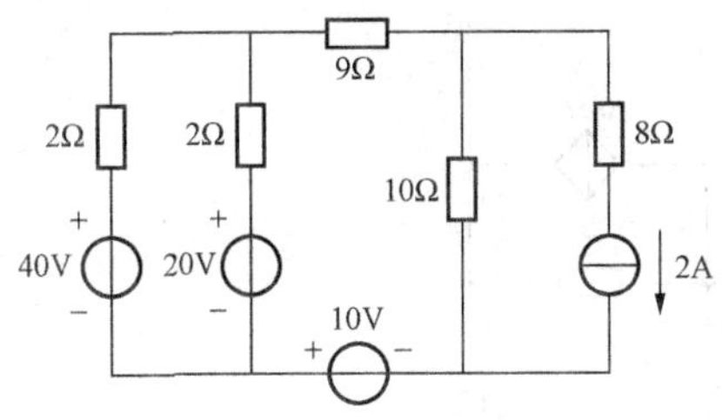

图 2-73　习题 2-19 图

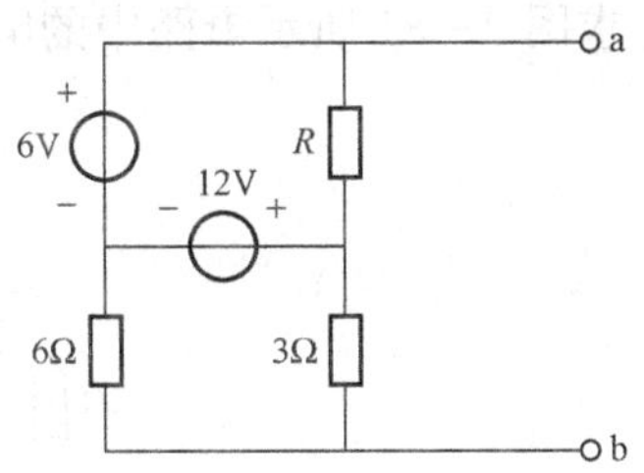

图 2-74　习题 2-20 图

2-21　求图 2-75 所示电路中的电流。

2-22　求图 2-76 所示电路中的电流。

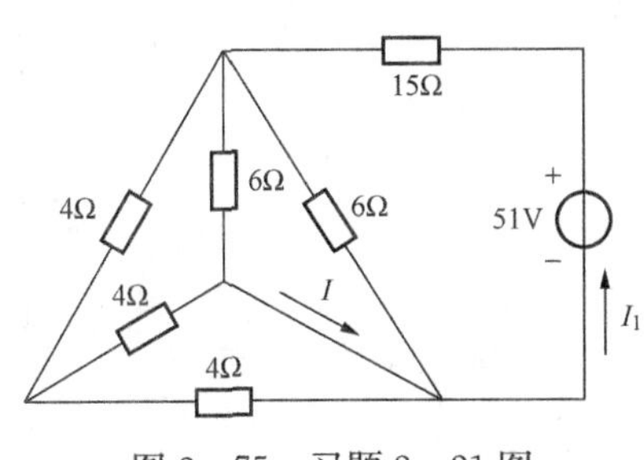

图 2-75　习题 2-21 图

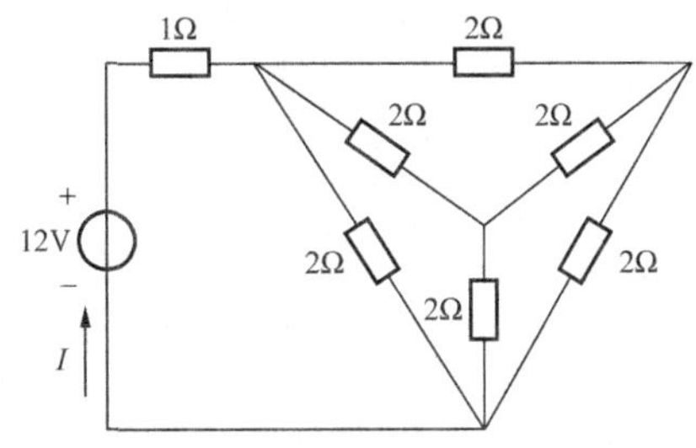

图 2-76　习题 2-22 图

2-23　求图 2-77 所示电路中的电流。

2-24　试用戴维南定理求解图 2-78 所示电路中的支路电流 i_L。

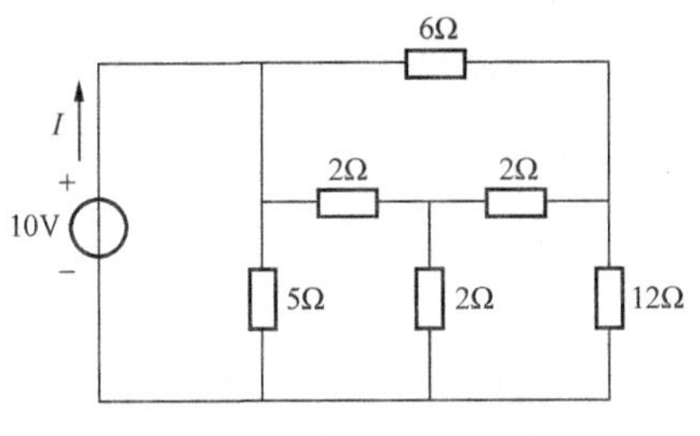

图 2-77　习题 2-23 图

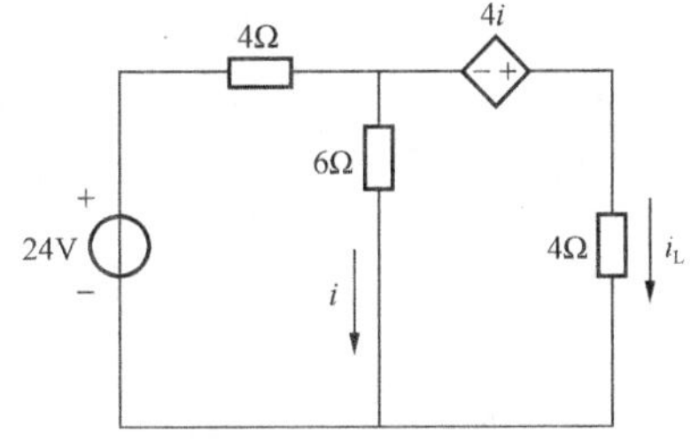

图 2-78　习题 2-24 图

2-25　化简图 2-79 所示二端电路，使其具有最简单的形式。

2-26　求图 2-80 所示电路中的电流 I_1 与电压 U_1。

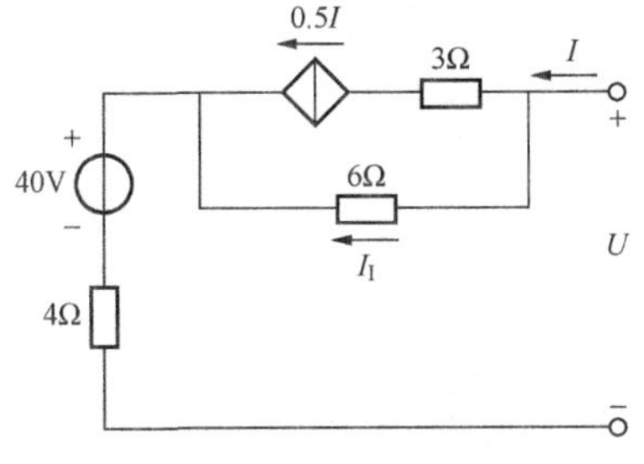

图 2-79　习题 2-25 图

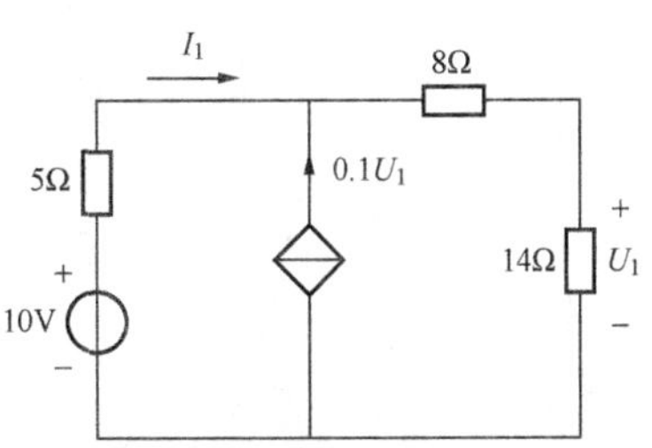

图 2-80　习题 2-26 图

2 - 27　求图 2 - 81 所示电路中的电流 I。

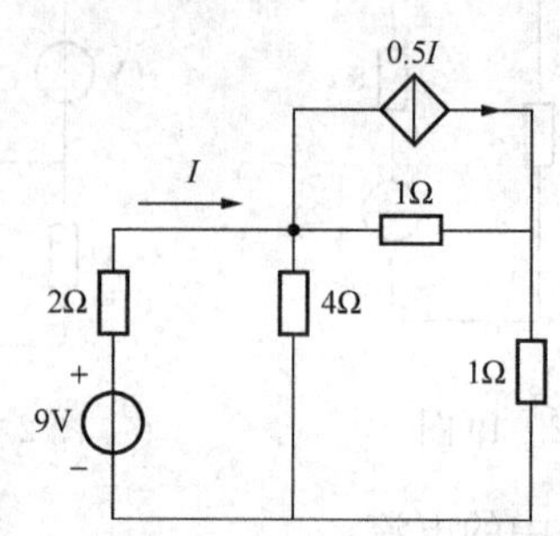

图 2 - 81　习题 2 - 27 图

第三章 单相正弦交流电路

前面两章介绍了电路的基本概念、基本定律及电阻电路的分析方法。分析计算中涉及的电路，其电压、电流都是恒定的，这样的电路属于直流电路。如果电路中电压、电流随时间作周期性的变化，这样的电路则属于交流电路。若电压、电流随时间按正弦规律变化，则称为正弦交流电。如果电路中电源都是同频率的正弦函数，负载由线性电阻、电感、电容构成，则在稳定状态下的响应也是与电源同频率的正弦函数，这样的电路称为正弦稳态电路，简称正弦电路。

正弦交流电具有如下特点：交流电机与直流电机相比，其结构简单、造价较低、运行可靠、维护方便；交流电可直接利用变压器变压，以满足高压输电与低压用电的需求；正弦函数还有便于运算的特点，其和、差、导数、积分都是正弦函数。因此，实际生产、生活中几乎都采用正弦交流电，即使某些应用直流的场合，如电解、电车、各种电子仪器设备，也多是通过整流设备把正弦交流电变换为直流电。

第一节 正弦交流电的基本概念

大小、方向随时间按正弦规律变化的电压、电流、电动势，统称为正弦交流电，简称正弦量。设定电路中电流的参考方向如图 3-1（a）所示，则电流的一般形式为

$$i = I_m \sin(\omega t + \psi_i) \tag{3-1}$$

其波形如图 3-1（b）所示。

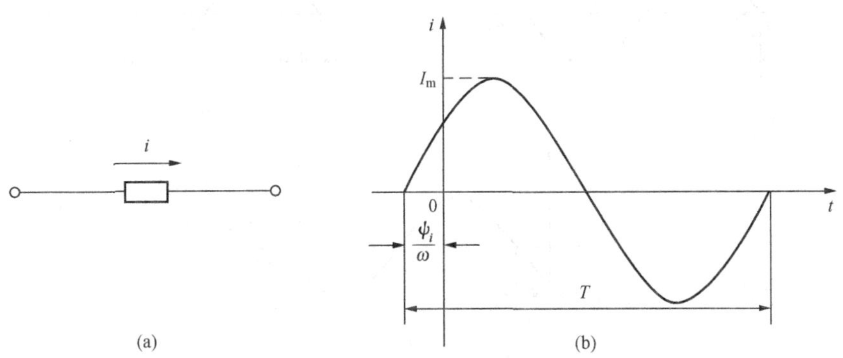

图 3-1 正弦电流及其波形

（a）参考方向；（b）波形

若为正弦电压，则其一般形式为

$$u = U_m \sin(\omega t + \psi_u) \tag{3-2}$$

下面以正弦电流为例，说明正弦量的基本概念。

一、正弦量的三要素

1. 最大值

正弦量在变化过程中所能达到的最大数值，称为正弦量的最大值或振幅。式（3-1）中 I_m 即为正弦电流 i 的最大值。最大值用大写字母右下角加注“m”表示，如电压的最大值可表示为 U_m。

2. 角频率

正弦函数是周期性函数，完成一次循环所需要的时间称为周期（T），周期的单位为秒（s）；单位时间内完成的循环次数称为频率（f），频率的单位为赫［兹］（Hz）。正弦函数在单位时间内变化的角度（弧度数）称为角频率（ω），角频率的单位为弧度/秒（rad/s）。三者都是反映正弦量变化快慢的量，关系为

$$\omega = 2\pi f = \frac{2\pi}{T} \tag{3-3}$$

我国电力系统采用的频率是50Hz，称为工频。

3. 初相

式（3-1）中 $\omega t+\psi$ 是确定正弦量每一瞬间的值的角度，叫做正弦量的相位（角）。$t=0$（计时起点）时的相位角 ψ，叫做正弦量的初相（角）。相位与初相的单位，用弧度或度表示。初相可以根据三角函数的知识确定。如图3-2所示，当计时起点恰好是“零值点”时，初相为零；当计时起点时，正弦函数的曲线与纵坐标的正半轴相交，初相为正；当计时起点时，正弦函数的曲线与纵坐标的负半轴相交，初相为负。初相的数值等于原点到“零值点”之间的角度。“零值点”是指函数由负而正所经过的零点。考虑到正弦函数的周期性，规定初相的取值范围为 $|\psi| \leqslant \pi$。

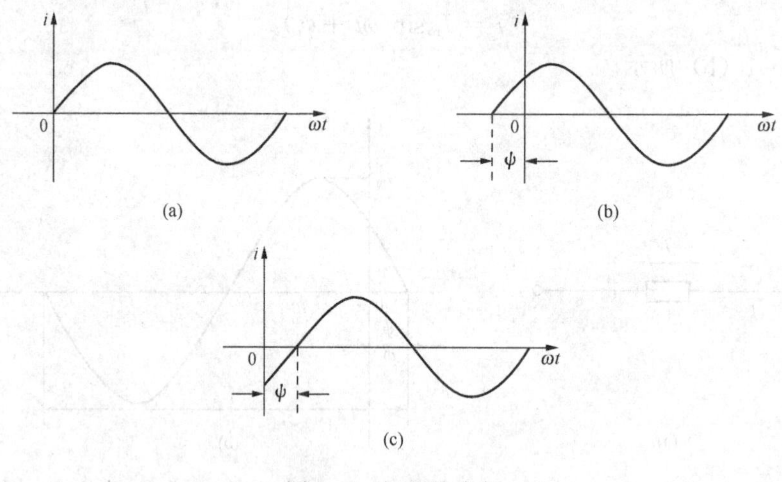

图3-2 初相的确定

(a) $\psi=0$；(b) $\psi>0$；(c) $\psi<0$

二、同频率正弦量的相位差

分析正弦电路时，有时需要比较几个正弦量的相位。设有两个正弦量

$$i = I_m \sin(\omega t + \psi_i)$$

$$u = U_m \sin(\omega t + \psi_u)$$

若想比较它们之间的相位关系，可计算二者的相位差。相位差是指两个同频率正弦量的相位角之差，数值上等于初相之差，用φ表示，即

$$\varphi=(\omega t+\psi_i)-(\omega t+\psi_u)=\psi_i-\psi_u$$

可以看出，相位角会随时间变化，但相位差保持不变，因此两个同频率正弦量的相位关系是固定的。由相位差的正负，可判断出正弦量到达零值或最大值的先后顺序。

当$\varphi>0$时，表明i超前于u，即i比u先到达最大值或零值；当$\varphi<0$时，表明i滞后于u，即i比u后到达最大值或零值；当$\varphi=0$时，称为i与u同相，即i和u同时到达最大值或零值；若$\varphi=\pm\pi$时，称i与u反相，即i到达正的最大值时，u到达负的最大值；当$\varphi=\pm\frac{\pi}{2}$时，称i与u正交。图3-3所示为各种相位关系时的波形图。考虑到函数的周期性，相位差的取值范围规定为$|\varphi|\leqslant\pi$。

不同频率的正弦量的相位差随时间变化，没有计算的意义。

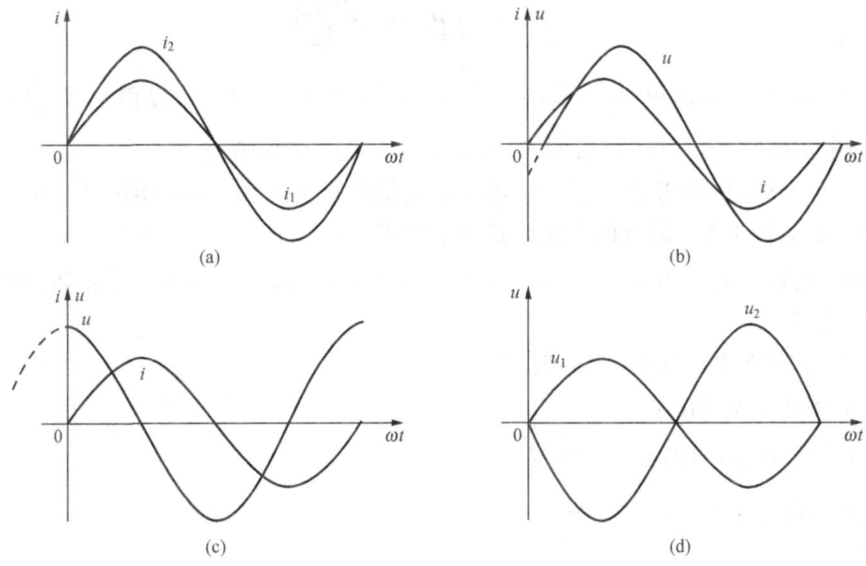

图3-3　同频率正弦量的相位差

(a) 同相；(b) i超前u或u滞后i；(c) 正交；(d) 反相

【例3-1】 工频正弦电流波形如图3-4所示，写出该电流的解析式，并计算$t=0.01$s时的电流值。

解　由图3-4可看出，电流最大值$I_m=10$A，初相$\psi=\frac{\pi}{6}$，工频电流，$\omega=2\pi f=100\pi$，据此可写出电流的解析式

$$i=10\sin\left(100\pi t+\frac{\pi}{6}\right)\text{ A}$$

$t=0.01$s时的电流为

$$i(0.01)=10\sin\left(100\pi\times0.01+\frac{\pi}{6}\right)=-5(\text{A})$$

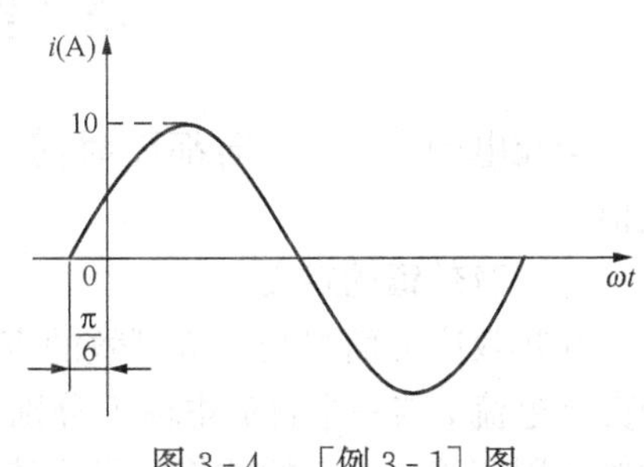

图3-4　［例3-1］图

【例 3-2】 已知 3 个同频率的正弦电压 $u_1=311\sin314t$ V、$u_2=311\sin(314t-120°)$ V、$u_3=311\sin(314t+120°)$ V，求：(1) 各电压的振幅、频率、初相；(2) 两两电压间的相位差，并说明相位关系。

解 (1) $U_{m1}=311\text{V}$，$f=\dfrac{\omega}{2\pi}=\dfrac{314}{2\pi}\approx50$ (Hz)，$\psi_1=0°$

$U_{m2}=311\text{V}$，$f=\dfrac{\omega}{2\pi}=\dfrac{314}{2\pi}\approx50$ (Hz)，$\psi_2=-120°$

$U_{m3}=311\text{V}$，$f=\dfrac{\omega}{2\pi}=\dfrac{314}{2\pi}\approx50$ (Hz)，$\psi_3=120°$

(2) $\varphi_{12}=\psi_1-\psi_2=0°-(-120°)=120°>0$，表明 u_1 超前 u_2 120°。

$\varphi_{23}=\psi_2-\psi_3=-120°-120°+360°=120°>0$，表明 u_2 超前 u_3 120°。

$\varphi_{31}=\psi_3-\psi_1=120°-0°=120°>0$，表明 u_3 超前 u_1 120°。

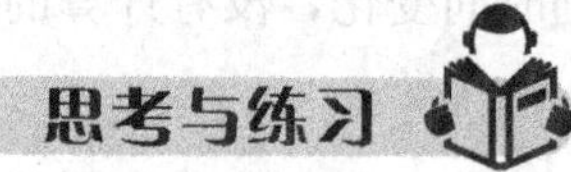

3-1-1 已知一正弦电流的振幅 $I_m=5\text{A}$，频率 $f=50\text{Hz}$，初相 $\psi_i=\dfrac{\pi}{6}$。试完成：(1) 写出该电流的解析式；(2) 求 $t=0.01\text{s}$，$t=0.02\text{s}$ 时的电流值。

3-1-2 在选定的参考方向下，已知两正弦量的解析式为 $u=200\sin(1000t+200°)$ V，$i=-5\sin(314t+30°)$ A，试求两个正弦量的三要素。

3-1-3 已知 $u=220\sqrt{2}\sin(\omega t+235°)$ V，$i=10\sqrt{2}\sin(\omega t+45°)$ A。求 u 和 i 的初相及两者间的相位关系。

3-1-4 求下列各组正弦量的相位差：

(1) $\begin{cases}u_1=300\cos314t\ \text{V}\\ u_2=220\sqrt{2}\cos(314t-30°)\ \text{V}\end{cases}$

(2) $\begin{cases}i_1=\sqrt{2}\cos\left(200\pi t+\dfrac{\pi}{3}\right)\ \text{A}\\ i_2=\sin\left(200\pi t+\dfrac{\pi}{3}\right)\ \text{A}\end{cases}$

(3) $\begin{cases}u=100\cos(500t+120°)\ \text{V}\\ i=-10\sqrt{2}\cos(500t-60°)\ \text{A}\end{cases}$

第二节 正弦量的有效值

交流电的大小、方向都随时间在变化，为了反映其在能量方面的效应，特引入了有效值。

一、有效值的定义

在热效应方面与交流量等效的直流量的数值，称为交流量的有效值。以电流为例，将一个交流电流 i 与一个直流电流 I 分别通入同一电阻 R，在相同的时间内如果它们产生的热量相等，则直流电流 I 的数值叫做交流电流 i 的有效值。交流量的有效值用大写表示，以周期性电流为例，推导其定义式。

周期性电流 $i(t)$，周期为 T，将其通入电阻 R，在一个周期内它所消耗的热量为

$$Q=\int_0^T i^2R\mathrm{d}t$$

再将直流电流 I 通入该电阻，在时间 T 内，所消耗的热量为

$$Q'=I^2RT$$

根据有效值的定义，有

$$\int_0^T i^2R\mathrm{d}t=I^2RT$$

则

$$I=\sqrt{\frac{1}{T}\int_0^T i^2\mathrm{d}t} \tag{3-4}$$

式（3-4）对所有周期性的交流量都适用。有效值也称为方均根值。

二、正弦量的有效值

若电流为正弦交流电流，则设

$$i=I_\mathrm{m}\sin(\omega t+\psi)$$

将此电流代入式（3-4），得

$$I=\sqrt{\frac{1}{T}\int_0^T i^2\mathrm{d}t}=\sqrt{\frac{1}{T}\int_0^T I_\mathrm{m}^2\sin^2(\omega t+\psi)\mathrm{d}t}=\frac{I_\mathrm{m}}{\sqrt{2}}$$

或

$$I_\mathrm{m}=\sqrt{2}I \tag{3-5}$$

同理可得

$$U=\frac{U_\mathrm{m}}{\sqrt{2}},\quad U_\mathrm{m}=\sqrt{2}U$$

一般电气设备铭牌上标明的额定电压、额定电流的数值都是指其有效值；大部分交流电压表、电流表的刻度也是有效值。正弦电流、正弦电压的解析式也常写成

$$i=\sqrt{2}I\sin(\omega t+\psi_i)$$
$$u=\sqrt{2}U\sin(\omega t+\psi_u)$$

3-2-1　已知 $i=15\sin(200t+60^\circ)$ A，写出该电流的有效值与频率。

3-2-2　电容器的耐压值为 250V，问能否用在 220V 的单相交流电源上？

第三节　正弦量的相量表示法

正弦交流电虽然有前面说的那些优点，但也有缺点。无论是将其表示为解析式还是波形图，计算时都不是很方便。因此，需要寻求一种能够在计算时代替它的工具，这种工具就是复数。可以用复数表示正弦量，然后用复数的计算代替正弦量的计算。下面首先复习复数的知识，再说明为什么可以用复数表示正弦量和怎样用复数表示正弦量。

一、复数的基本知识

1. 复数的概念

复数$A=a+ib$，a称为复数的实部；b称为复数的虚部；$i=\sqrt{-1}$，叫做虚数单位。电工理论中为了和电流区别，虚数单位用“j”表示。该复数可以用复平面上的一个点或者一个矢量来表示，一般用复平面上的一个矢量来表示，如图3-5所示。$|A|$称为复数的模，ψ角称为复数的辐角，且$|A|=\sqrt{a^2+b^2}$，$\psi=\arctan\dfrac{b}{a}$。

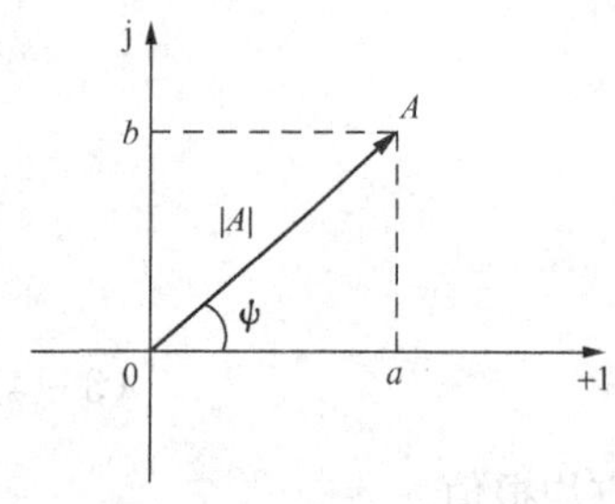

图3-5 复数的矢量图

2. 复数的表示方法

（1）代数形式：$A=a+jb$。

（2）三角形式：$A=|A|\cos\psi+j|A|\sin\psi$。

（3）指数形式：$A=|A|e^{j\psi}$（欧拉公式：$e^{j\psi}=\cos\psi+j\sin\psi$）。

（4）极坐标形式：$A=|A|\angle\psi$。

几种形式能够相互转换。

3. 复数的四则运算

（1）加减法：用代数形式进行计算。设$A=a+jb$，$B=c+jd$，则

$$A\pm B=(a\pm c)+j(b\pm d) \tag{3-6}$$

（2）乘除法：用指数形式或极坐标形式计算。设$A=a+jb=|A|\angle\psi_1$，$B=c+jd=|B|\angle\psi_2$，则

$$AB=|A||B|\angle(\psi_1+\psi_2)$$
$$\frac{A}{B}=\frac{|A|}{|B|}\angle(\psi_1-\psi_2) \tag{3-7}$$

【例3-3】 写出下列复数的极坐标形式：$A_1=3+j4$，$A_2=-3+j4$，$A_3=-3-j4$，$A_4=3-j4$。

解 $A_1=3+j4=\sqrt{3^2+4^2}\angle\arctan\dfrac{4}{3}=5\angle53.1^\circ$

$A_2=-3+j4=\sqrt{(-3)^2+4^2}\angle\arctan\dfrac{4}{-3}=5\angle(\pi-53.1^\circ)=5\angle126.9^\circ$

$A_3=-3-j4=\sqrt{(-3)^2+(-4)^2}\angle\arctan\dfrac{-4}{-3}=5\angle-(\pi-53.1^\circ)=5\angle-126^\circ$

$A_4=3-j4=\sqrt{3^2+(-4)^2}\angle\arctan\dfrac{-4}{3}=5\angle-53.1^\circ$

【例3-4】 已知$A=3+j4$，$B=j$，求AB、$\dfrac{A}{B}$。

解 $AB=|A||B|\angle(\psi_1+\psi_2)=5\angle53.1^\circ\times1\angle90^\circ=5\angle143.1^\circ$

$\dfrac{A}{B}=\dfrac{|A|}{|B|}\angle(\psi_1-\psi_2)=\dfrac{5\angle53.1^\circ}{1\angle90^\circ}=5\angle-36.9^\circ$

$j=1\angle90^\circ$称为旋转因子。同理，$e^{j\psi}=1\angle\psi$也称为旋转因子。一个复数乘以$e^{j\psi}=1\angle\psi$，复数的模不变，辐角逆时针旋转ψ角；一个复数除以$e^{j\psi}=1\angle\psi$，复数的模也不变，辐角顺时针旋转ψ角。

二、正弦量的相量表示

在正弦交流稳态电路的计算中，当电源频率给定之后，电路中各处的响应都是与电源同频率的正弦量，因此"频率"这个要素不需要计算，要计算的是另外两个要素——最大值（或有效值）和初相。由复数知识可知，复数也有两个要素——模和辐角。二者的要素都是一个表示大小的量和一个表示角度的量，存在对应的可能性。而复平面内的旋转矢量 $\dot{I}_m$ 在垂直方向的分量恰好就是一个完整的正弦函数 $i=I_m\sin(\omega t+\psi)$，如图 3-6 所示。因此，可以用复数来表示正弦函数。

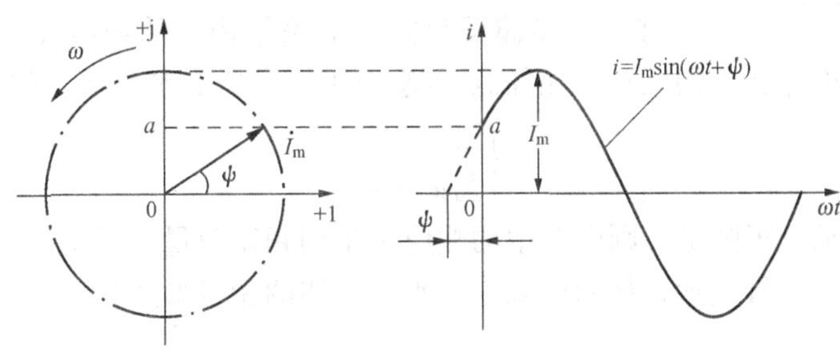

图 3-6　旋转矢量在垂直方向的分量

具体的表示方法为：用复数的模表示正弦量的最大值（或有效值），用复数的辐角表示正弦量的初相，用来表示正弦量的复数称为相量。最大值相量记作 $\dot{I}_m = I_m\angle\psi$；有效值相量记作 $\dot{I} = I\angle\psi$；电压相量与此类似。由于各种电气设备或电路给定的值一般都是有效值，因此分析计算中常用有效值相量。

表示正弦量的复数在复平面的矢量图称为相量图。例如，一个正弦电压 $u=\sqrt{2}U\sin(\omega t+\psi_u)$，它对应的相量为 $\dot{U} = U\angle\psi_u$，其相量图如图 3-7（a）所示。

同频率正弦量的相量图可以画在同一复平面内，不同频率的正弦量的相量图不能画在同一复平面内，这是由于它们的相对位置会随着时间变化。为了简便，画相量图时只需画出正实轴即可，如图 3-7（b）所示。正弦交流电路中没有给出正弦量的表达式时，可以任选一个正弦量作为参考正弦量，该正弦量的初相即为零，再根据相位关系写出其他正弦量的表达式，并可由此画出相量图。参考正弦量可以画在水平位置，也可画在垂直位置。

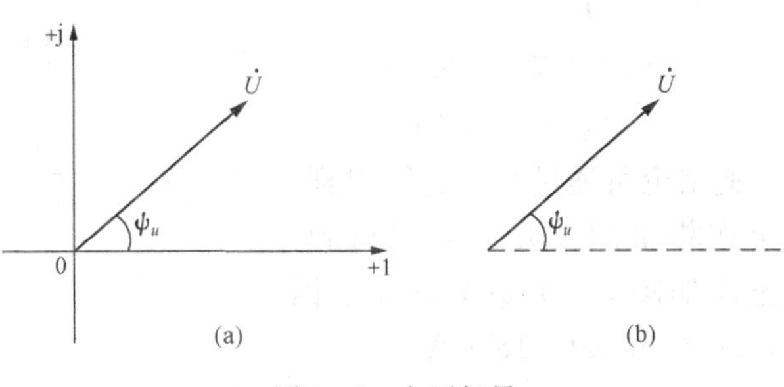

图 3-7　电压相量

（a）标准相量图；（b）简化相量图

【例 3-5】　写出下列两正弦量的相量，并画相量图比较相位关系。

$$\begin{cases} u_1 = 300\sin(314t+30°)\ \text{V} \\ u_2 = 220\sqrt{2}\sin(314t-30°)\ \text{V} \end{cases}$$

解　$\dot{U}_1 = \dfrac{300}{\sqrt{2}}\angle 30° = 212\angle 30°(\text{V})$，$\dot{U}_2 = \dfrac{220\sqrt{2}}{\sqrt{2}}\angle -30° = 220\angle -30°(\text{V})$

相量图如图 3-8 所示，由此可以看出，电压 u_1 超前电压 u_2 60°。

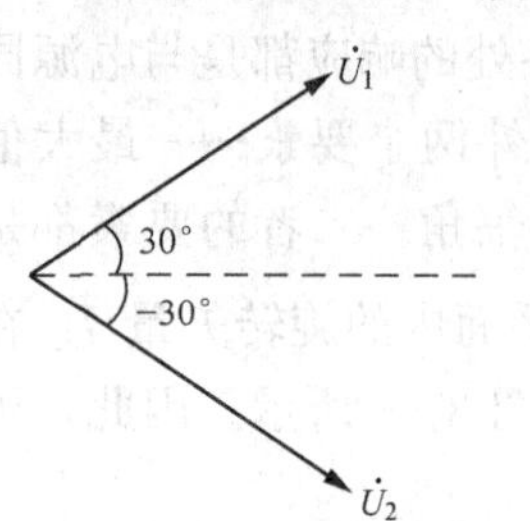

图 3-8　[例 3-5] 图

【例 3-6】 已知两个频率都为 1000Hz 的正弦电流，其相量形式为 $\dot{I}_1=100\angle-60°\text{A}$，$\dot{I}_2=10e^{j30°}\text{A}$。写出两电流的解析式。

解　$\omega=2\pi f=2\pi\times1000=6280\ (\text{rad/s})$

$i_1=100\sqrt{2}\sin(6280t-60°)\ \text{A}$

$i_2=10\sqrt{2}\sin(6280t+30°)\ \text{A}$

三、基尔霍夫定律的相量形式

基尔霍夫定律反映的是电路结构上的约束关系，与电路元件与性质无关，因此无论什么样的电路，在任意时刻，KCL、KVL 都是成立的，即

$$\begin{cases}\sum i=0\\ \sum u=0\end{cases}$$

如果电路的激励是正弦量，则电路中的响应也是同频正弦量。因此，上两式中所有支路电压、电流都可以用相量表示，从而得到基尔霍夫定律的相量形式为

$$\begin{cases}\sum \dot{I}=0\\ \sum \dot{U}=0\end{cases}\tag{3-8}$$

【例 3-7】 图 3-9（a）所示电路中，$u=220\sqrt{2}\sin(\omega t+30°)\ \text{V}$，$i_1=10\sqrt{2}\sin(\omega t-60°)\ \text{A}$，$i_2=10\sqrt{2}\sin(\omega t+30°)\ \text{A}$。求电流 i，并作出电压和电流的相量图。

解　写出电流 i_1、i_2 的相量形式，得

$$\dot{I}_1=10\angle-60°\text{A},\quad \dot{I}_2=10\angle30°\text{A}$$

根据基尔霍夫定律的相量形式，有

$\dot{I}=\dot{I}_1+\dot{I}_2$

$=10\angle-60°+10\angle30°$

$=10\sqrt{2}\angle-15°(\text{A})$

此结论可通过复数运算得到，也可作相量图由几何知识得到，相量图如图 3-9（b）所示。因此，$i=20\sin(\omega t-15°)\ \text{A}$。

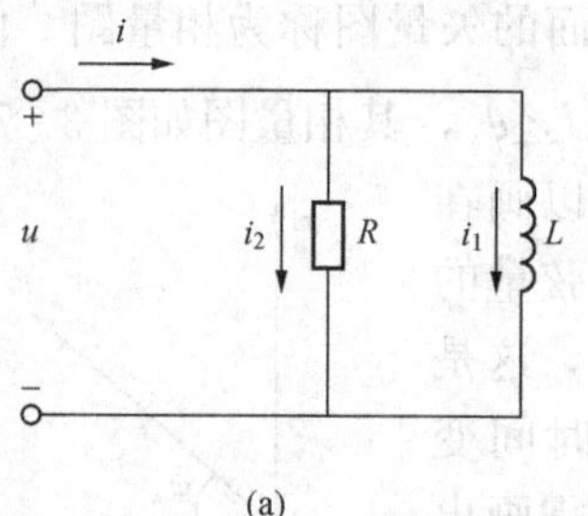

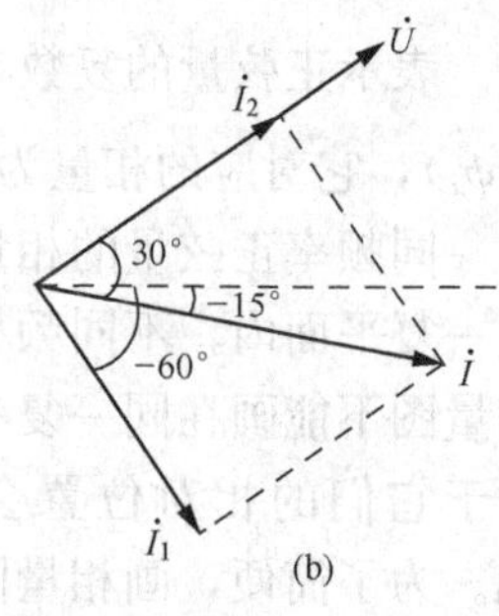

图 3-9　[例 3-7] 图

(a) 电路图；(b) 相量图

思考与练习

3-3-1　将下列复数进行代数形式与极坐标形式的转换：

(1) 5+j5；　(2) 6−j8；　(3) −j100；　(4) −10+j10；　(5) −10−j20；

(6) $10\angle60°$；　(7) $5\angle-120°$；(8) $50\angle-\frac{\pi}{3}$；　(9) $2\angle\frac{5\pi}{6}$；　(10) $e^{j90°}$。

3-3-2　求下列相量对应的正弦量：

(1) $\dot{I}=10\angle60°\text{A}$；　(2) $\dot{U}=60-j80\text{V}$；　(3) $\dot{U}=-j200\text{V}$；　(4) $\dot{I}=-5+j10\text{A}$；

（5）$\dot{I}=2\angle-\frac{\pi}{6}$A；（6）$\dot{I}=2e^{-j90^{\circ}}$A；　（7）$\dot{U}=220\angle-120^{\circ}$V；（8）$\dot{U}=50\angle-\frac{4\pi}{3}$V

3-3-3　计算：

（1）已知 $i_1=5\sqrt{2}\sin\omega t$（A），$i_2=5\sqrt{2}\sin(\omega t+60^{\circ})$（A），求 $i=i_1+i_2$；

（2）已知 $u_1=60\sqrt{2}\sin(\omega t+45^{\circ})$（V），$u_2=80\sqrt{2}\sin(\omega t-45^{\circ})$（V），求 $u=u_1-u_2$；

（3）已知 $i_1=\sqrt{2}I\sin(3\omega t-30^{\circ})$（A），$i_2=\sqrt{2}I\sin(3\omega t-150^{\circ})$（A），求 $i=i_1-i_2$。

3-3-4　下列表示式哪些正确？哪些错误？

（1）$i=10\sqrt{2}\sin(2t+60^{\circ})$ A$=10\angle 60^{\circ}$A；　（2）$U=220\angle 45^{\circ}$V；

（3）$\dot{U}=100\angle 30^{\circ}$V；　（4）$U=100\sqrt{2}\sin(100t+30^{\circ})$ V；

（5）$u=220\sqrt{2}\sin 100\pi t$ V；　（6）$u=220\angle 0^{\circ}$V

第四节　正弦交流电路中的 *R*、*L*、*C*

正弦交流电路中的实际设备，都可由理想电路元件 R、L、C 组合而成。因此，本节主要分析在正弦电源作用下这三个基本元件上电压、电流的关系。

一、正弦交流电路中的电阻元件

将正弦电流 i 通入电阻元件 R，参考方向如图 3-10（a）所示。设

$$i=\sqrt{2}I\sin(\omega t+\psi_i)$$

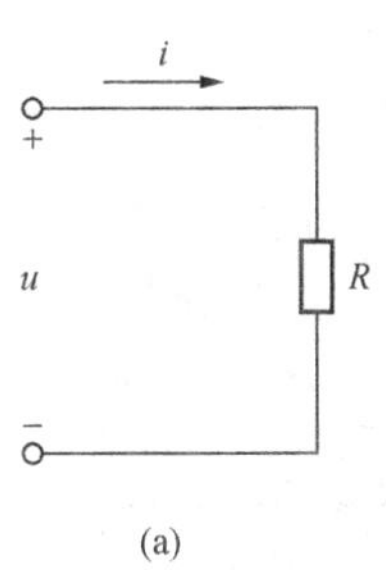

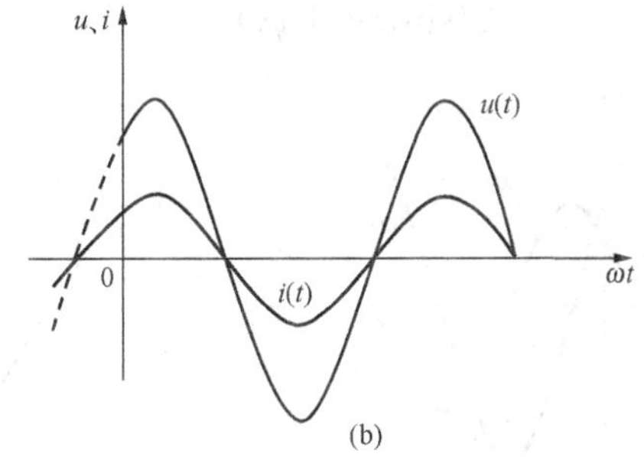

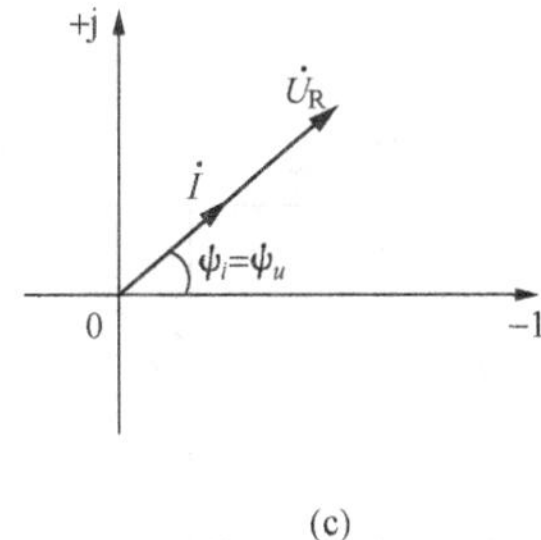

图 3-10　电阻元件的电压、电流关系

（a）参考方向；（b）波形图；（c）相量图

根据欧姆定律，有

$$u_{\mathrm{R}}=Ri=\sqrt{2}RI\sin(\omega t+\psi_i)$$

写出电压的一般形式，有

$$u_{\mathrm{R}}=\sqrt{2}U_{\mathrm{R}}\sin(\omega t+\psi_u)$$

对比以上两式，得

$$\begin{cases}U_{\mathrm{R}}=RI\\ \psi_u=\psi_i\end{cases}\tag{3-9}$$

由式（3-9）可知，电阻元件上电压的有效值等于电阻乘以电流的有效值，电压、电流的相位关系为同相。据解析式可画出波形图，如图 3-10（b）所示。

电流、电压的相量形式为

$$\dot{I}=I\angle\psi_i$$

$$\dot{U}_{\mathrm{R}}=U_{\mathrm{R}}\angle\psi_u=RI\angle\psi_i=R\dot{I}$$

即电压、电流相量形式之间的关系为

$$\dot{U}_{\mathrm{R}}=R\dot{I} \tag{3-10}$$

作相量图，如图 3-10（c）所示。

【例 3-8】 正弦电压 $u=220\sqrt{2}\sin(314t+45°)$（V），加于 $R=80\Omega$ 的电阻上，求电阻上电流的有效值及初相。

解 电压相量为

$$\dot{U}=220\angle45°\mathrm{V}$$

电流相量为

$$\dot{I}=\frac{\dot{U}}{R}=\frac{220\angle45°}{80}=2.75\angle45°(\mathrm{A})$$

则电流的有效值与初相分别为

$$I=2.75\mathrm{A}$$

$$\psi_i=45°$$

二、正弦交流电路中的电感元件

将正弦电流 i 通入电感元件 L，参考方向如图 3-11（a）所示。设

$$i=\sqrt{2}I\sin(\omega t+\psi_i)$$

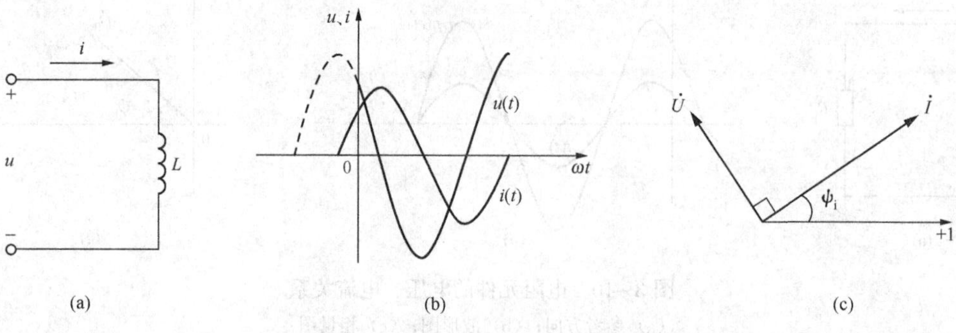

图 3-11 电感元件的电压、电流关系

（a）参考方向；（b）波形图；（c）相量图

电感元件上 u、i 的关系为

$$u_{\mathrm{L}}=L\frac{\mathrm{d}i}{\mathrm{d}t}$$

将电流解析式代入，有

$$\begin{aligned}u_{\mathrm{L}}&=L\frac{\mathrm{d}}{\mathrm{d}t}[\sqrt{2}I\sin(\omega t+\psi_i)]\\&=\sqrt{2}\omega LI\cos(\omega t+\psi_i)\\&=\sqrt{2}\omega LI\sin\left(\omega t+\psi_i+\frac{\pi}{2}\right)\end{aligned}$$

写出电压的一般形式为

$$u_L = \sqrt{2}U_L\sin(\omega t + \psi_u)$$

对比以上两式，得

$$\begin{cases} U_L = \omega LI \\ \psi_u = \psi_i + \dfrac{\pi}{2} \end{cases} \tag{3-11}$$

由式（3-11）可知，电感元件上电压的有效值等于 ωL 乘以电流的有效值，电压、电流的相位关系为电压 u 超前电流 i 90°。据解析式可画出波形图，如图 3-11（b）所示。

电流、电压的相量形式为

$$\dot{I} = I\angle\psi_i$$

$$\dot{U}_L = U_L\angle\psi_u = \omega LI\angle\left(\psi_i + \frac{\pi}{2}\right) = \omega LI\angle\psi_i \times 1\angle 90° = \mathrm{j}\omega L\dot{I}$$

即电压、电流相量形式之间的关系为

$$\dot{U}_L = \mathrm{j}\omega L\dot{I} \tag{3-12}$$

作相量图，如图 3-11（c）所示。

式（3-12）中，ωL 有与电阻相同的量纲，它反映了电感元件对电流的抑制作用，称为电感的电抗，简称感抗，用 X_L 来表示，即

$$X_L = \omega L = 2\pi fL = \frac{U_L}{I} \tag{3-13}$$

由式（3-13）可以看出，感抗 X_L 与频率 f 成正比。频率 f 越大，感抗 X_L 越大，端电压一定的情况下，电流 I 越小，电感元件对电流的抑制作用越大；频率 f 越小，感抗 X_L 越小，端电压一定的情况下，电流 I 越大，电感元件对电流的抑制作用越小；当频率 $f=0$（直流）时，感抗 $X_L=0$，电感元件相当于短路。因此，电感元件具有“通低频，阻高频”的作用。

【例 3-9】 正弦电压 $u=110\sqrt{2}\sin(314t-30°)$（V），加于 $L=50\text{mH}$ 的电感上，求电感的电流，并作相量图。

解 电压相量为

$$\dot{U} = 110\angle -30°\text{V}$$

感抗为

$$X_L = \omega L = 314 \times 0.05 = 15.7(\Omega)$$

电流相量为

$$\dot{I} = \frac{\dot{U}}{\mathrm{j}X_L} = \frac{110\angle -30°}{15.7\angle 90°} = 7\angle -120°(\text{A})$$

相量图如图 3-12 所示。

三、正弦交流电路中的电容元件

电容元件上电压、电流的关系为

$$i = C\frac{\mathrm{d}u_C}{\mathrm{d}t}$$

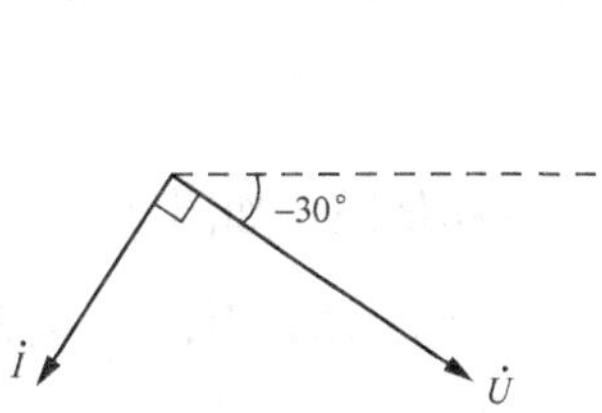

-30°
$\dot{I}$
$\dot{U}$

图 3-12　［例 3-9］图

如果设电流求电压，需要作积分计算，为了分析简便，设

电压已知。将正弦电压 u_C 加于电容元件 C 的两端，参考方向如图 3-13（a）所示。设

$$u_C = \sqrt{2}U_C\sin(\omega t + \psi_u)$$

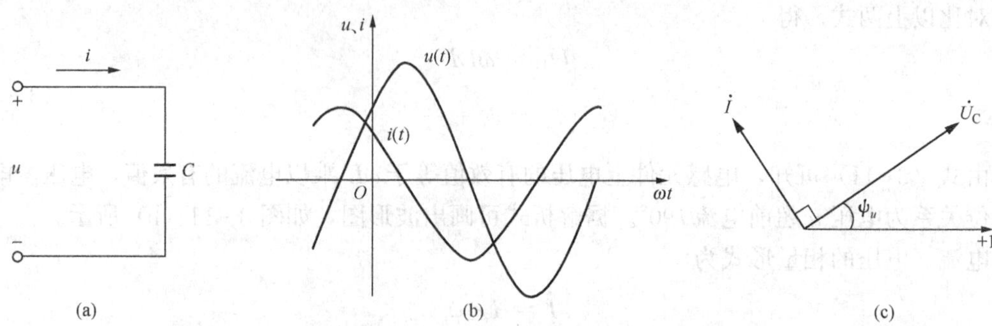

图 3-13　电容元件的电压、电流关系

（a）参考方向；（b）波形图；（c）相量图

将电压解析式代入 u、i 关系式，有

$$\begin{aligned} i &= C\frac{\mathrm{d}}{\mathrm{d}t}[\sqrt{2}U_C\sin(\omega t + \psi_u)] \\ &= \sqrt{2}\omega CU_C\cos(\omega t + \psi_u) \\ &= \sqrt{2}\omega CU_C\sin\left(\omega t + \psi_u + \frac{\pi}{2}\right) \end{aligned}$$

写出电流的一般形式为

$$i = \sqrt{2}I\sin(\omega t + \psi_i)$$

对比以上两式，得

$$\begin{cases} I = \omega CU_C \text{ 或 } U_C = \dfrac{1}{\omega C}I \\ \psi_i = \psi_u + \dfrac{\pi}{2} \end{cases} \tag{3-14}$$

由式（3-14）可知，电容元件上电压的有效值等于$\frac{1}{\omega C}$乘以电流的有效值，电压、电流的相位关系为电压 u 滞后电流 i 90°。据解析式可画出波形图，如图 3-13（b）所示。

电流、电压的相量形式为

$$\dot{U}_C = U_C\angle\psi_u$$

$$\dot{I} = I\angle\psi_i = \omega CU_C\angle\left(\psi_u + \frac{\pi}{2}\right) = \omega CU_C\angle\psi_u \times 1\angle 90° = \mathrm{j}\omega C\dot{U}_C$$

即电压、电流相量形式之间的关系为

$$\dot{I} = \mathrm{j}\omega C\dot{U}_C \text{ 或 } \dot{U}_C = -\mathrm{j}\frac{1}{\omega C}\dot{I} \tag{3-15}$$

作相量图，如图 3-13（c）所示。

式（3-15）中，$\frac{1}{\omega C}$有与电阻相同的量纲，它反映了电容元件对电流的抑制作用，称为电容的电抗，简称容抗，用 X_C 来表示，即

$$X_C=\frac{1}{\omega C}=\frac{1}{2\pi fC}=\frac{U_C}{I} \tag{3-16}$$

由式（3-16）可以看出，容抗 X_C 与频率 f 成反比。频率 f 越大，容抗 X_C 越小，端电压一定的情况下，电流 I 越大，电容元件对电流的抑制作用越小；频率 f 越小，容抗 X_C 越大，端电压一定的情况下，电流 I 越小，电容元件对电流的抑制作用越大；当频率 $f=0$（直流）时，容抗 $X_C=\infty$，电容元件相当于开路。因此，电容元件具有“通高频，阻低频，隔直流”的作用。

【例 3-10】 正弦电压 $u=10\sqrt{2}\sin\left(1000t-\frac{\pi}{3}\right)$ V，加于 $C=500\mu$F 的电容上，求：(1) 容抗 X_C、电路的电流 i；(2) 频率变为原来的 2 倍时，容抗 X_C' 与电流 i'。

解　(1) 电压相量为

$$\dot{U}=10\angle-\frac{\pi}{3}\text{V}$$

容抗为

$$X_C=\frac{1}{\omega C}=\frac{1}{1000\times500\times10^{-6}}=2(\Omega)$$

电流相量为

$$\dot{I}=\frac{\dot{U}}{-\text{j}X_C}=\frac{10\angle-60^\circ}{2\angle-90^\circ}=5\angle30^\circ\text{A}$$

电流为

$$i=5\sqrt{2}\sin(1000t+30^\circ)\ \text{A}$$

(2) 频率变为原来的 2 倍时，电压相量为

$$\dot{U}'=10\angle-\frac{\pi}{3}\text{V}$$

容抗为

$$X_C'=\frac{1}{\omega' C}=\frac{1}{1000\times2\times500\times10^{-6}}=1(\Omega)$$

电流相量为

$$\dot{I}'=\frac{\dot{U}'}{-\text{j}X_C'}=\frac{10\angle-60^\circ}{1\angle-90^\circ}=10\angle30^\circ(\text{A})$$

电流为

$$i'=10\sqrt{2}\sin(2000t+30^\circ)\ \text{A}$$

3-4-1　下列表达式哪些正确？哪些错误？

电阻元件：$u=iR$，$i=\frac{U_R}{R}$，$\dot{U}_m=\dot{I}R$，$\dot{I}=\frac{\dot{U}_R}{R}$；

电感元件：$\dot{U}=X_L\dot{I}$，$i=\frac{U_L}{X_L}$，$\dot{U}=\text{j}\dot{I}X_L$，$\dot{U}_m=\text{j}\omega L\dot{I}$；

电容元件：$i=-C\frac{\text{d}u}{\text{d}t}$，$\dot{I}=\frac{\dot{U}}{-\text{j}\omega C}$，$I=\omega CU$，$\dot{I}=\text{j}\omega C\dot{U}$。

3-4-2 一个电阻元件，$R=20\Omega$，通入电流 $i=7.07\sin(314t-60°)$ A，求电阻上电压的有效值与初相，并作相量图。

3-4-3 一个电感元件，$u=50\sqrt{2}\sin\left(500t+\frac{2\pi}{3}\right)$ V，电流有效值为 5A，求电感 L 及电流 i，并作相量图。

3-4-4 一个电容元件，$U=220$V，$I=5$A，工频电路，求电容 C，并以电流为参考量写出电流、电压解析式。

第五节 *RLC* 串联电路

本节分析电感线圈与电容串联的电路，这种电路的理论模型是 RLC 串联电路。电压、电流参考方向如图 3-14 所示。

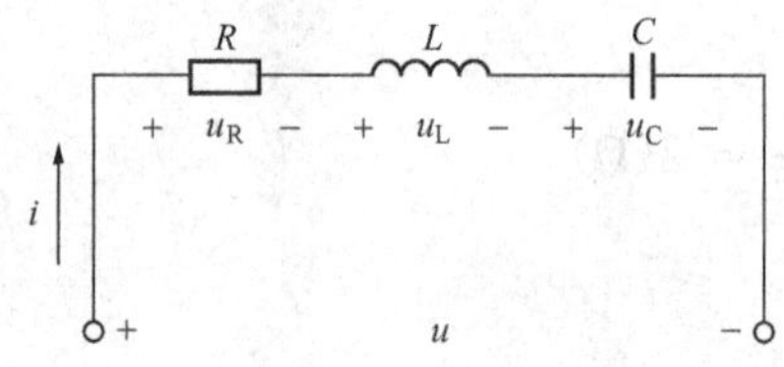

图 3-14 *RLC* 串联电路

一、电压、电流的关系

设电流为

$$i=\sqrt{2}I\sin(\omega t+\psi_i)$$

根据 KVL，有

$$u=u_R+u_L+u_C$$

由于解析式计算不方便，改用相量形式。电流相量为

$$\dot{I}=I\angle\psi_i$$

根据基尔霍夫定律的相量形式，电压相量为

$$\begin{aligned}\dot{U}&=\dot{U}_R+\dot{U}_L+\dot{U}_C\\&=R\dot{I}+jX_L\dot{I}-jX_C\dot{I}\\&=[R+j(X_L-X_C)]\dot{I}\\&=(R+jX)\dot{I}\\&=\dot{I}\sqrt{R^2+X^2}\angle\arctan\frac{X}{R}\end{aligned}$$

式中：X 称为电抗，反映的是电感与电容对电流的抑制作用，单位为欧［姆］（Ω）。

$$X=X_L-X_C=\omega L-\frac{1}{\omega C} \tag{3-17}$$

电路中电压的有效值与初相分别为

$$\begin{cases}U=I\sqrt{R^2+X^2}\\\psi_u=\psi_i+\arctan\frac{X}{R}\end{cases} \tag{3-18}$$

设 $U_L>U_C$，作电压、电流相量图，如图 3-15 所示。$\dot{U}$、$\dot{U}_R$、$\dot{U}_X=\dot{U}_L+\dot{U}_C$ 组成直角三角形，称为电压三角形。

二、复阻抗

单相正弦交流电路端口电压相量与电流相量的比值称为复阻抗，用 Z 表示，即

$$Z=\frac{\dot{U}}{\dot{I}} \tag{3-19}$$

对于 RLC 串联的电路，其复阻抗为

$$Z=|Z|\angle\varphi=\frac{\dot{U}}{\dot{I}}=R+\mathrm{j}X$$

$$=\sqrt{R^2+X^2}\angle\arctan\frac{X}{R}=\frac{U\angle\psi_u}{I\angle\psi_i}=\frac{U}{I}\angle\psi_u-\psi_i$$

复阻抗的模称为阻抗，用 $|Z|$ 表示，即

$$|Z|=\sqrt{R^2+X^2}=\frac{U}{I} \tag{3-20}$$

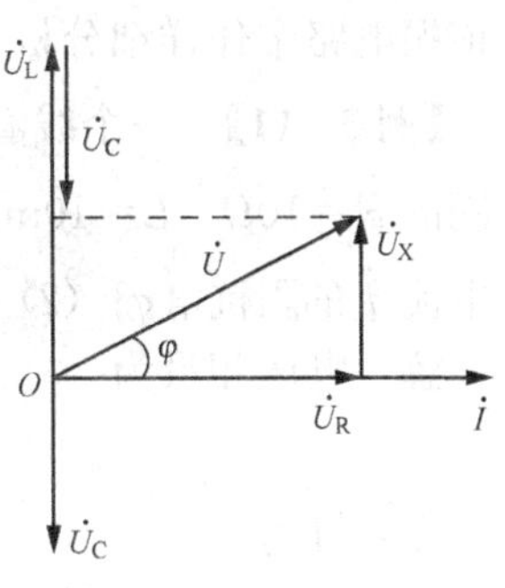

图 3-15　RLC 串联电路的相量图

复阻抗的辐角称为阻抗角，用 φ 表示，即

$$\varphi=\arctan\frac{X}{R}=\psi_u-\psi_i \tag{3-21}$$

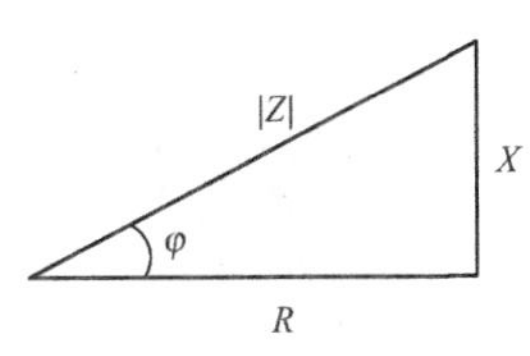

图 3-16　阻抗三角形

由式（3-21）可知，阻抗角由电路参数决定，也是电压超前电流的角度，其值可正可负，也可为零。电阻 R、电抗 X、阻抗 $|Z|$ 组成一个直角三角形，称为阻抗三角形，如图 3-16 所示。阻抗三角形与电压三角形为相似三角形。

三、电路的三种性质

根据电抗的正负，可将电路分为三种性质，相量图如图 3-17 所示。

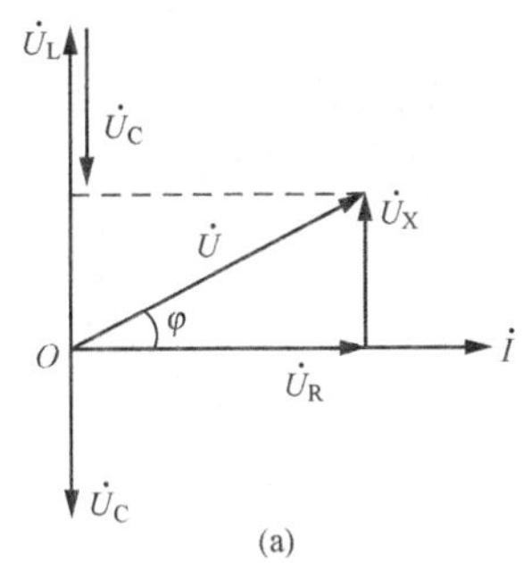

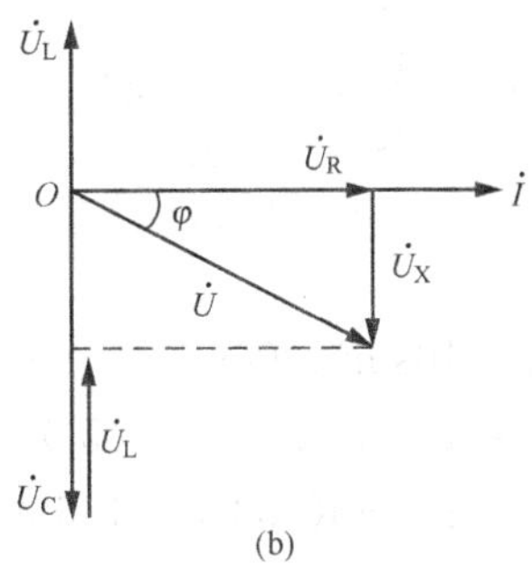

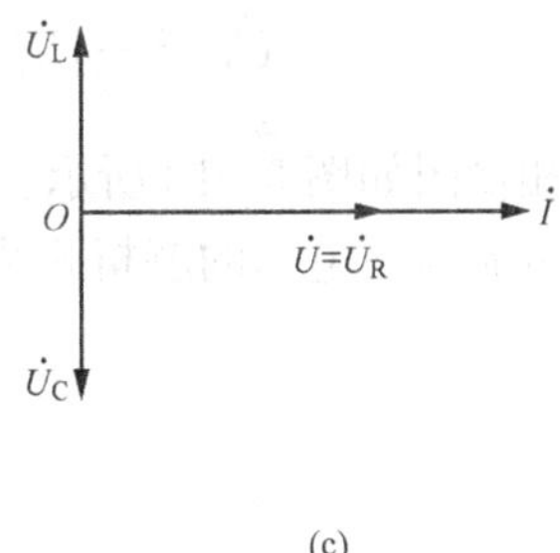

图 3-17　电路的三种性质相量图

(a) $X>0$；(b) $X<0$；(c) $X=0$

1. 感性

当 $X_L>X_C$ 时，$U_L>U_C$，电压三角形如图 3-17（a）所示，$X>0$，阻抗角 $\varphi>0$，电压超前电流。这时的电路相当于 R 与 L 串联，称为感性电路。

2. 容性

当 $X_L<X_C$ 时，$U_L<U_C$，电压三角形如图 3-17（b）所示，$X<0$，阻抗角 $\varphi<0$，电压滞后电流。这时的电路相当于 R 与 C 串联，称为容性电路。

3. 电阻性

当 $X_L=X_C$ 时，$U_L=U_C$，电压三角形如图 3-17（c）所示，$X=0$，阻抗角 $\varphi=0$，电压、电流同相，称为电阻性电路，也叫做串联谐振电路。谐振时的电路有一些特殊性质，将

在谐振电路中作详细分析。

【例 3-11】 一个线圈与一个电容器串联，外接电压 $u=100\sqrt{2}\sin(2000t+60°)$V。已知线圈的 $R=10\Omega$、$L=10$mH，电容 $C=50\mu$F。试完成：(1) 求 $\dot{I}$、$\dot{U}_R$、$\dot{U}_L$、$\dot{U}_C$ 及电压 $\dot{U}$ 超前电流 $\dot{I}$ 的阻抗角 φ；(2) 作电流、电压的相量图；(3) 写出电流 i、电压 u_R、u_L、u_C 的解析式。

解 电压相量为

$$\dot{U}=100\angle 60°\text{V}$$

复阻抗为

$$\begin{aligned}Z&=R+\text{j}(X_L-X_C)\\&=10+\text{j}\left(2000\times 10\times 10^{-3}-\frac{1}{2000\times 50\times 10^{-6}}\right)\\&=10+\text{j}(20-10)\\&=10\sqrt{2}\angle 45°(\Omega)\end{aligned}$$

电流相量为

$$\dot{I}=\frac{\dot{U}}{Z}=\frac{100\angle 60°}{10\sqrt{2}\angle 45°}=\frac{10}{\sqrt{2}}\angle 15°(\text{A})$$

各电压相量为

$$\dot{U}_R=R\dot{I}=10\times\frac{10}{\sqrt{2}}\angle 15°=\frac{100}{\sqrt{2}}\angle 15°(\text{V})$$

$$\dot{U}_L=\text{j}X_L\dot{I}=20\times\frac{10}{\sqrt{2}}\angle(15°+90°)=\frac{200}{\sqrt{2}}\angle 105°(\text{V})$$

$$\dot{U}_C=-\text{j}X_C\dot{I}=10\times\frac{10}{\sqrt{2}}\angle(15°-90°)=\frac{100}{\sqrt{2}}\angle -75°(\text{V})$$

相量图如图 3-18 所示。

电流与各电压的解析式为

$$\begin{aligned}i&=10\sin(2000t+15°)\ \text{A}\\u_R&=100\sin(2000t+15°)\ \text{V}\\u_L&=200\sin(2000t+105°)\ \text{V}\\u_C&=100\sin(2000t-75°)\ \text{V}\end{aligned}$$

【例 3-12】 图 3-19 所示为 RC 移相电路，u_i 为输入电压，u_o 为输出电压。已知：$R=4\text{k}\Omega$，$C=0.2\mu$F，$u_i=\sqrt{2}\sin(2000t)$ V。求输出电压 u_o，并说明相位变化的情况。

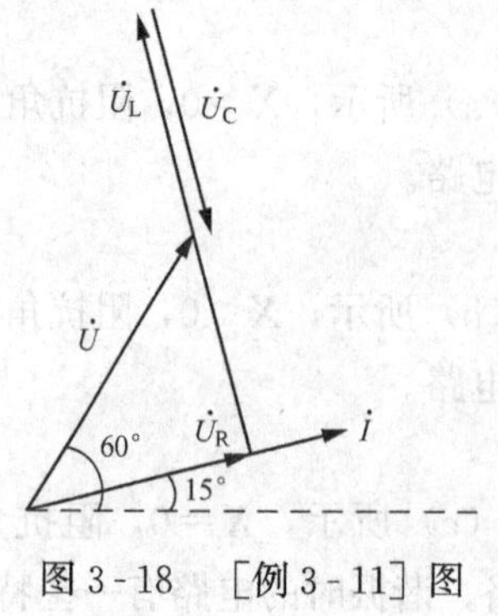

图 3-18 ［例 3-11］图

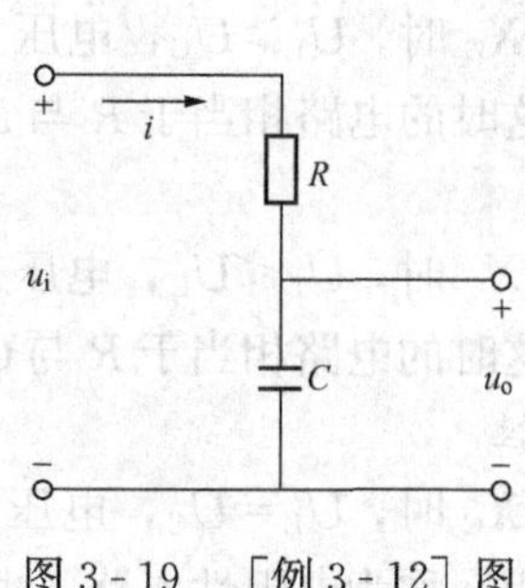

图 3-19 ［例 3-12］图

解 输入电压相量为

$$\dot{U}_i = 1\angle 0^\circ \text{V}$$

复阻抗为

$$\begin{aligned} Z &= R - jX_C \\ &= 4000 - j\frac{1}{2000 \times 0.2 \times 10^{-6}} \\ &= 4000 - j2500 \\ &= 4.7\angle -32^\circ (\text{k}\Omega) \end{aligned}$$

电流相量为

$$\dot{I} = \frac{\dot{U}_i}{Z} = \frac{1\angle 0^\circ}{4.7\angle -32^\circ} = 0.2\angle 32^\circ (\text{mA})$$

输出电压相量、解析式为

$$\dot{U}_C = -jX_C\dot{I} = 2.5 \times 0.2\angle(32^\circ - 90^\circ) = 0.5\angle -58^\circ (\text{V})$$

$$u_o = u_C = 0.5\sqrt{2}\sin(2000t - 58^\circ)\ \text{V}$$

由此可知，输出电压比输入电压滞后 58°。

3-5-1 RLC 串联的正弦电路，当频率为 f_1 时，电路呈容性；当频率为 f_2 时，电路为电阻性；当频率为 f_3 时，电路呈感性。分析三个频率的大小关系。

3-5-2 荧光灯电路可等效为电阻与电感串联。已知：等效 $R=300\Omega$，$L=1.656\text{H}$，电源电压为 220V，工频。求电流 I 及电压 U_R、U_L，并作出电路相量图。

3-5-3 正弦交流电路的 $i=10\sqrt{2}\sin(2t+60^\circ)$ A，$u=100\sqrt{2}\sin(2t+30^\circ)$ V，求电路的复阻抗及等效参数。

3-5-4 一个电磁铁，加 220V 工频电压时，线圈中的电流大于 22A 才能吸紧衔铁。已知感抗为 8Ω，问线圈的电阻应不大于多少？

第六节 正弦交流电路的功率

正弦交流电路中的负载一般是含电阻、电感、电容的无源二端网络，由于电感、电容元件有储存能量的性质，因此正弦交流电路的功率有一些新的概念。

一、瞬时功率

任何一个二端网络，在电压、电流关联参考方向下，其瞬时功率为

$$p = ui$$

且 $p>0$ 时，电路为吸收功率；$p<0$ 时，电路为发出功率。

现分析电路为正弦交流电路的情况。设正弦交流电流、正弦交流电压分别为

$$i = \sqrt{2}I\sin\omega t$$

$$u = \sqrt{2}U\sin(\omega t + \varphi)$$

则无源二端网络吸收的功率为

$$\begin{aligned}p(t)&=u(t)i(t)=\sqrt{2}U\sin(\omega t+\varphi)\times\sqrt{2}I\sin\omega t\\&=UI[\cos\varphi-\cos(2\omega t+\varphi)]\\&=UI\cos\varphi-UI\cos(2\omega t+\varphi)\end{aligned}\tag{3-22}$$

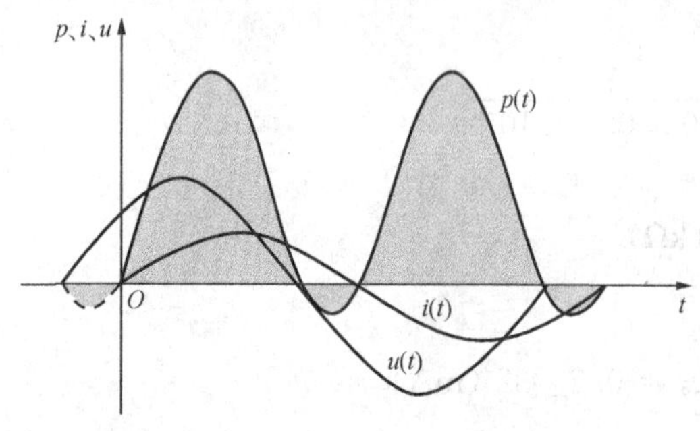

图 3-20　瞬时功率的波形

式（3-22）表明，二端电路的瞬时功率由两部分组成，由于无源二端网络的阻抗角 $|\varphi|\leqslant\frac{\pi}{2}$，因此式（3-22）中等号右边第一项为大于或等于零的常数；第二项是 2 倍于电源角频率变化的正弦量。瞬时功率的波形如图 3-20 所示。$p>0$ 时，表明电路从电源吸收功率；$p<0$ 时，表明电路释放功率给电源。电阻总在消耗功率，之所以会出现 $p<0$ 的情况，是由于电路中含有储能元件电感与电容。然而，电路中究竟有多少功率被消耗掉，又有多少功率在电源与负载间进行交换，下面将作具体分析。

将式（3-22）变形为

$$\begin{aligned}p(t)&=UI\cos\varphi-UI\cos(2\omega t+\varphi)\\&=UI\cos\varphi(1-\cos2\omega t)+UI\sin\varphi\sin2\omega t\end{aligned}$$

式中等号右边第一项是恒大于零的变化的量，而且其零值与最大值和电流的零值与最大值同时出现，因此它反映的是电阻的瞬时功率；第二项是正弦函数，其幅值为 $UI\sin\varphi$，频率为电源频率的 2 倍。由于其正半周为正、负半周为负，因此这部分功率并没有被消耗掉，而是电源与储能元件交换的功率。

二、平均功率

瞬时功率在一个周期内的平均值称为平均功率，用大写字母 P 表示，即

$$P=\frac{1}{T}\int_0^T p(t)\mathrm{d}t=UI\cos\varphi\tag{3-23}$$

对于无源网络而言，平均功率等于网络等效电阻吸收的平均功率，与电感、电容无关，因此也称为有功功率，单位为瓦［特］(W)。

三、无功功率

储能元件虽然不消耗功率，但是它们和电源之间存在能量的交换，而且能量交换的速率会影响到整个电路的能量损耗，因此也需要进行分析。将能量交换的最大速率定义为无功功率，用大写字母 Q 表示，有

$$Q=UI\sin\varphi\tag{3-24}$$

Q 的值可正可负。若 $\varphi>0$，电路为感性，$Q>0$，表明该无功功率为感性无功；若 $\varphi<0$，电路为容性，$Q<0$，表明该无功功率为容性无功。无功功率的名称是相对于有功功率而取的，并不表示这部分功率无用，实际上很多设备没有无功功率就无法正常工作。为了区分这两种不同性质的功率，将无功功率的单位定为乏（var）。

四、视在功率

二端网络端口电压有效值与电流有效值的乘积，称为该网络的视在功率。对于电源设

备，视在功率也称为容量，用大写字母 S 表示，即

$$S = UI$$

视在功率与有功功率、无功功率具有相同的量纲，为了区别，将视在功率单位定为伏安(V·A)。

对于同一网络，P、Q、S 构成一个直角三角形，称为功率三角形，如图 3-21 所示。

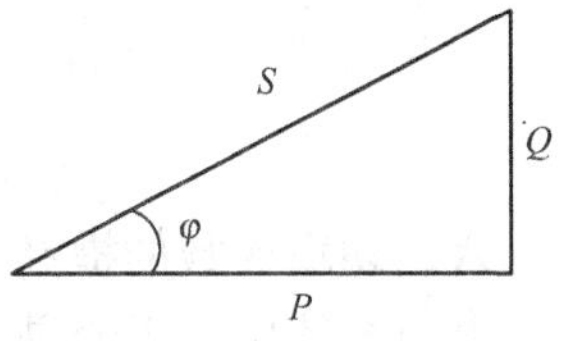

图 3-21　功率三角形

$\cos\varphi$ 称为功率因数，φ 角称为功率因数角，且

$$\cos\varphi = \frac{P}{S} \tag{3-25}$$

根据以上分析，三个单一元件的功率情况分别为：

(1) 电阻元件：$\varphi=0$，$P=UI=I^2R$，$Q=0$，$S=UI=P$，$\cos\varphi=1$。

(2) 电感元件：$\varphi=\frac{\pi}{2}$，$P=0$，$Q=UI=I^2X_L$，$S=UI=Q$，$\cos\varphi=0$。

(3) 电容元件：$\varphi=-\frac{\pi}{2}$，$P=0$，$Q=-UI=-I^2X_L$，$S=UI=Q_C$，$\cos\varphi=0$。

以上结果表明，电阻元件是耗能元件，电感与电容是储能元件。另外，电感与电容的无功功率总是异号的，即一个在释放能量时，另一个在吸收能量，因此，它们的无功功率是相互补偿的。这种特性在实际中有着广泛的应用。

五、复功率

复功率是用来作功率计算的一个辅助计算量。将二端网络电压相量与电流相量的共轭复数的乘积定义为该网络的复功率，用 $\widetilde{S}$ 表示。选取 $\dot{U}$、$\dot{I}$ 为关联参考方向时，有

$$\begin{aligned}\widetilde{S} &= \dot{U}\overset{*}{I} = U\angle\psi_u \times I\angle-\psi_i = UI\angle(\psi_u-\psi_i)\\ &= S\angle\varphi = P+\mathrm{j}Q\end{aligned} \tag{3-26}$$

$\widetilde{S}$ 视为网络吸收的复功率。复功率的单位为伏安（V·A），本身没有物理意义，也不代表正弦量，只是一个辅助计算量。

【例 3-13】 用三表法可测量电感线圈的参数，测量原理如图 3-22 所示。电源为工频电源，三表的读数分别为 15V、1A、10W，试求 R 和 L 的值。

解　电路中的有功功率

$$P = I^2R = 1^2 \times R = 10\text{W}$$

即

$$R = 10\Omega$$

电路的阻抗

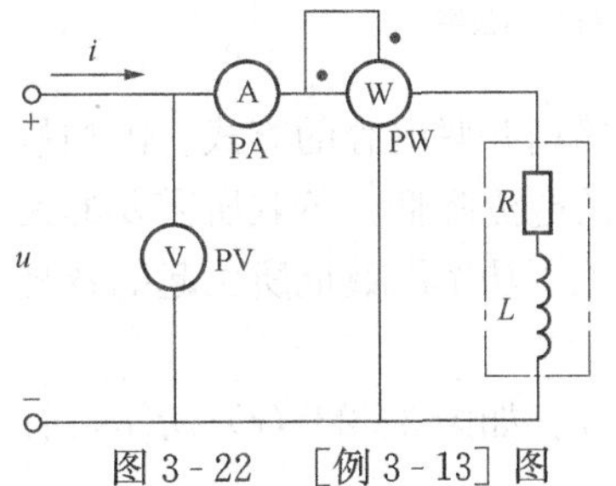

图 3-22　[例 3-13] 图

$$|Z| = \sqrt{R^2+X^2} = \sqrt{10^2+(100\pi L)^2} = \frac{U}{I} = \frac{15}{1}$$

解得

$$L = 35.6\text{mH}$$

【例 3-14】 求［例 3-11］电路中的 P、Q、S 及 $\cos\varphi$。

解　［例 3-11］中有 $u=100\sqrt{2}\sin(2000t+60°)$V，$i=10\sin(2000t+15°)$A，$\varphi=45°$。故

$$P = UI\cos\varphi = 100 \times \frac{10}{\sqrt{2}}\cos45^\circ = 500(\mathrm{W})$$

$$Q = UI\sin\varphi = 100 \times \frac{10}{\sqrt{2}}\sin45^\circ = 500(\mathrm{var})$$

$$S = UI = 100 \times \frac{10}{\sqrt{2}} = 707(\mathrm{V \cdot A})$$

$$\cos\varphi = \cos45^\circ = 0.707$$

六、功率因数的提高

电力系统中，无论是三相用户还是单相用户，大部分负载都是感性负载，这就造成整个系统的功率因数很低。为了分析简便，可将整个系统模拟为一个感性负载，下面主要分析功率因数低的危害。

如果功率因数低，电源设备的容量得不到充分利用。电源设备的视在功率为定值，负载消耗的功率 $P=UI\cos\varphi$，功率因数 $\cos\varphi$ 越低，被负载消耗掉的功率 P 就越小，电源设备容量的利用率就越低。

功率因数低，输电线路上的损耗就大。在输电电压和输送的功率确定的情况下，输电线路上的电流 $I=\frac{P}{U\cos\varphi}$，功率因数 $\cos\varphi$ 越低，输电线路上的电流就越大，线路损耗也就越大。

功率因数低，还会使输电线路上的电压降增加，导致用户端电压低于额定电压，造成电能质量下降。

因此，必须采取措施提高电力系统的功率因数。常用的方法是给感性负载并联电容。

图 3-23（a）所示为电力系统等效电路，并联电容后电路如图 3-23（b）所示，据此画出相量图，如图 3-23（c）所示。原电路中阻抗角为 φ_1，并联电容后阻抗角变为 φ，由于 $\varphi<\varphi_1$，由此 $\cos\varphi>\cos\varphi_1$。

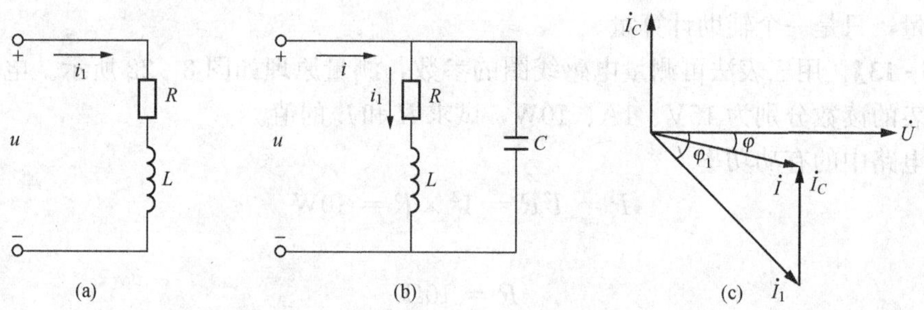

图 3-23 功率因数的提高

（a）电力系统等效电路；（b）并联电容提高功率因数；（c）相量图

提高功率因数时必须保证负载的工作状态不受影响，因而采用并联电容的方式。由相量图可以看出，并联电容后，整个电路的功率因数提高，线路上的电流降低，负载所需要的无功功率大部分由电容就地补偿，不需要再从电源取用，所以避免了功率因数低所引起的各种危害。

采用并联电容的方式提高功率因数时，补偿的状态分为三种。如图 3-23（c）所示，补偿后电路仍然为感性，称为欠补偿；并联电容后，电路呈电阻性时称为全补偿；补偿后电路呈容性时称为过补偿。从经济的角度考虑，一般采用欠补偿方式将电路的功率因数提高到0.9～0.95。

下面计算提高功率因数所需要并联的电容的数值。并联电容前后，电路的有功功率不变，因此有

$$P = UI\cos\varphi = UI_1\cos\varphi_1$$

由此可得

$$I = \frac{P}{U\cos\varphi},\quad I_1 = \frac{P}{U\cos\varphi_1}$$

由相量图 3 - 23（c）可得电容电流有效值为

$$I_C = I_1\sin\varphi_1 - I\sin\varphi = \frac{P}{U}(\tan\varphi_1 - \tan\varphi)$$

电容电流与端电压关系为

$$I_C = \frac{U}{X_C} = \omega CU = \frac{P}{U}(\tan\varphi_1 - \tan\varphi)$$

则

$$C = \frac{P}{\omega U^2}(\tan\varphi_1 - \tan\varphi) \tag{3-27}$$

【例 3 - 15】 有一感性负载，其额定有功功率 $P=1100\text{W}$，$\cos\varphi_1=0.5$，接在 $U=220\text{V}$，$f=50\text{Hz}$ 的正弦交流电源上。欲将功率因数提高到 0.9，问应该并联多大的电容？

解 $\cos\varphi_1=0.5$，则 $\tan\varphi_1=1.732$。欲使 $\cos\varphi=0.9$，即 $\tan\varphi=0.484$，则

$$C = \frac{P}{\omega U^2}(\tan\varphi_1 - \tan\varphi) = \frac{1100}{314\times 220^2}\times(1.732-0.484) = 90.3(\mu\text{F})$$

3 - 6 - 1　正弦交流电路中有功功率、无功功率、视在功率是否平衡？

3 - 6 - 2　某正弦交流电路 $u=311\sin(100\pi t+30°)$ V，$i=5\sqrt{2}\sin(100\pi t-30°)$ A。求：（1）电路的等效参数；（2）电路的 P、Q、S 及 $\cos\varphi$。

3 - 6 - 3　能否用串联电容的方式提高感性电路的功率因数？说明原因。

3 - 6 - 4　已知某无源网络的等效复阻抗 $Z=60+\text{j}80\ \Omega$，加 220V 工频电压。求：电路的 P、Q、S 及 $\cos\varphi$。

第七节　正弦交流电路的相量分析法

所谓相量分析法，是指将正弦电源用相量表示，电阻、电感、电容等负载用复阻抗表示，并用复数对正弦交流电路进行分析计算的方法。用此方法分析电路时，要先画出电路的相量模型，再用第一、第二章学过的分析方法对电路进行分析计算。要注意的是，之前的分析方法中的负载要用复阻抗表示，电源要换成相量形式。

一、复阻抗的连接

同电阻的连接一样，复阻抗也可以串联、并联、混联。连接之后的分析也同电阻相似。

1. 复阻抗的串联

几个复阻抗串联之后，等效复阻抗为

$$Z = Z_1 + Z_2 + \cdots + Z_N$$

若总电压为 $\dot{U}$，则第 K 个复阻抗上分得的电压为

$$\dot{U}_K = \frac{Z_K}{Z}\dot{U}$$

2. 复阻抗的并联

几个复阻抗并联之后，等效复阻抗为 Z，则

$$\frac{1}{Z} = \frac{1}{Z_1} + \frac{1}{Z_2} + \frac{1}{Z_3} + \cdots$$

也可用复导纳 Y 表示。复阻抗的倒数定义为复导纳，即

$$Y = \frac{1}{Z} = \frac{\dot{I}}{\dot{U}} \tag{3 - 28}$$

则并联后等效复导纳为

$$Y = Y_1 + Y_2 + Y_3 + \cdots$$

若总电流为 $\dot{I}$，则第 K 个复阻抗中的电流为

$$\dot{I}_K = \frac{Y_K}{Y}\dot{I} = \frac{Z}{Z_K}\dot{I}$$

若只有两个复阻抗并联，则等效复阻抗为

$$Z = \frac{Z_1 Z_2}{Z_1 + Z_2}$$

每个复阻抗上分得的电流为

$$\dot{I}_1 = \frac{Z_2}{Z_1 + Z_2}\dot{I},\quad \dot{I}_2 = \frac{Z_1}{Z_1 + Z_2}\dot{I}$$

3. 复阻抗的混联

如果几个复阻抗既有串联又有并联，则为混联电路。混联电路按串并联关系逐级分析。

【例 3 - 16】 在图 3 - 24 所示电路中，已知 $Z_1 = 3.16 + j6 = 6.78\angle 62.2°\Omega$，$Z_2 = 3 + j3 = 4.24\angle 45°\Omega$，$Z_3 = 2.5 - j4 = 4.72\angle -58°\Omega$，外加电压 $\dot{U} = 220\angle 30°\text{V}$。试求：(1) 电路电流及各阻抗电压；(2) 电路的功率及功率因数。

解 (1) 电路的等效复阻抗为

$$Z = Z_1 + Z_2 + Z_3 = (3.16 + 3 + 2.5) + j(6 + 3 - 4) = 8.66 + j5 = 10\angle 30°\Omega$$

电路电流为

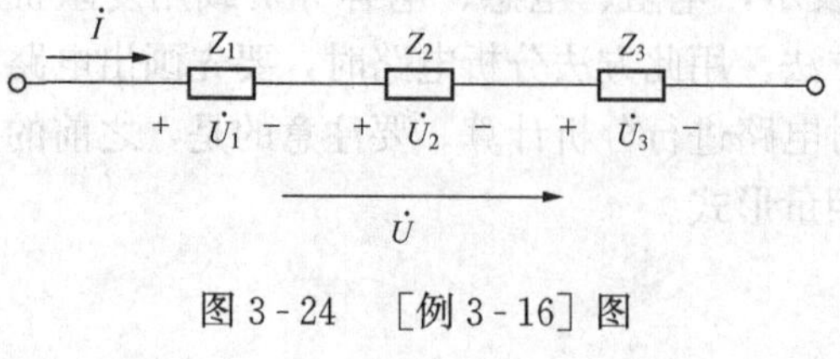

$$\dot{I} = \frac{\dot{U}}{Z} = \frac{220\angle 30°}{10\angle 30°} = 22\angle 0°\text{A}$$

即

$$i = 22\sqrt{2}\sin\omega t\ \text{A}$$

图 3 - 24 ［例 3 - 16］图

各阻抗的电压相量为

$$\dot{U}_1 = Z_1\dot{I} = 6.78\angle 62.2^\circ \times 22 = 149.16\angle 62.2^\circ (\text{V})$$

$$\dot{U}_2 = Z_2\dot{I} = 4.24\angle 45^\circ \times 22 = 93.28\angle 45^\circ (\text{V})$$

$$\dot{U}_3 = Z_3\dot{I} = 4.72\angle -58^\circ \times 22 = 103.84\angle -58^\circ (\text{V})$$

即

$$u_1 = 149.16\sqrt{2}\sin(\omega t + 62.2^\circ)\ \text{V}$$

$$u_2 = 93.28\sqrt{2}\sin(\omega t + 45^\circ)\ \text{V}$$

$$u_3 = 103.84\sqrt{2}\sin(\omega t - 58^\circ)\ \text{V}$$

（2）电路的复功率为

$$\widetilde{S} = \dot{U}\overset{*}{I} = 220\angle 30^\circ \times 22 = 4840\angle 30^\circ = 4191.56 + \text{j}2420(\text{V}\cdot\text{A})$$

即

$$S = 4840\text{V}\cdot\text{A},\quad P = 4191.56\text{W},\quad Q = 2420\text{var}$$

功率因数为

$$\lambda = \cos\varphi = \cos 30^\circ = 0.866$$

【例 3-17】 求图 3-25 所示电路的等效复阻抗，已知 $Z_1 = 3.16 + \text{j}6 = 6.78\angle 62.2^\circ(\Omega)$，$Z_2 = 3 + \text{j}3 = 4.24\angle 45^\circ(\Omega)$，$Z_3 = 2.5 - \text{j}4 = 4.72\angle -58^\circ(\Omega)$。

解 此电路为混联电路。等效复阻抗为

$$Z = Z_1 + \frac{Z_2 Z_3}{Z_2 + Z_3}$$

$$= 3.16 + \text{j}6 + \frac{4.24\angle 45^\circ \times 4.72\angle -58^\circ}{3 + \text{j}3 + 2.5 - \text{j}4}$$

$$= 6.74 + \text{j}5.95(\Omega)$$

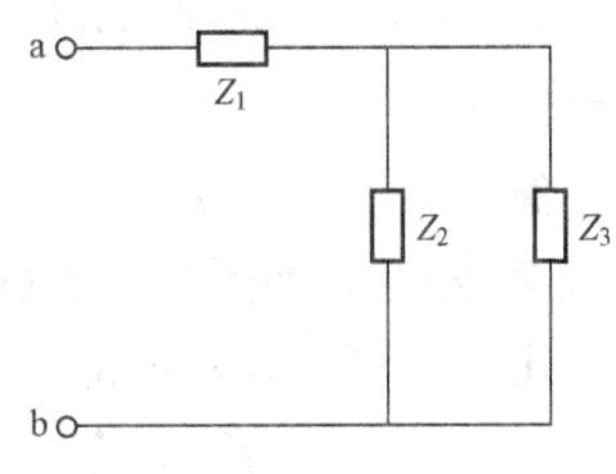

图 3-25 [例 3-17] 图

二、复杂正弦交流电路的分析

复杂正弦交流电路的分析方法与电阻电路的分析方法相同。所有电阻电路的定理、定律及分析方法（包括等效变换法和网络方程法）都可以用来分析正弦交流电路，只不过要用相量模型来表示正弦交流电路，下面举例说明。

【例 3-18】 在图 3-26 所示电路中，已知 $Z_1 = \text{j}20\Omega$，$Z_2 = \text{j}10\Omega$，$Z_3 = 40\Omega$，$\dot{U}_1 = 220\text{V}$，$\dot{U}_2 = 220\angle -20^\circ\text{V}$。试分别用支路法与节点法求各支路电流。

解 （1）用支路法求解。用 KCL、KVL 列方程如下

$$\begin{cases} \dot{I}_1 + \dot{I}_2 - \dot{I}_3 = 0 \\ Z_1\dot{I}_1 - Z_2\dot{I}_2 + \dot{U}_2 - \dot{U}_1 = 0 \\ Z_2\dot{I}_2 + Z_3\dot{I}_3 - \dot{U}_2 = 0 \end{cases}$$

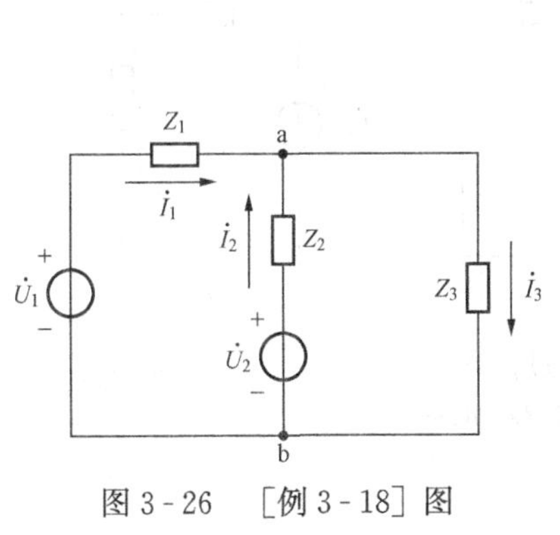

图 3-26 [例 3-18] 图

代入数据，有

$$\begin{cases} \dot{I}_1 + \dot{I}_2 - \dot{I}_3 = 0 \\ \text{j}20\dot{I}_1 - \text{j}10\dot{I}_2 + 220\angle -20^\circ - 220 = 0 \\ \text{j}10\dot{I}_2 + 40\dot{I}_3 - 220\angle -20^\circ = 0 \end{cases}$$

解方程，得

$$\dot{I}_1 = 4.3\angle -15.3°\text{A}$$

$$\dot{I}_2 = 1.23\angle -50.6°\text{A}$$

$$\dot{I}_3 = 5.35\angle -22.9°\text{A}$$

（2）用弥尔曼定理求解，得

$$\dot{U}_{ab} = \frac{\dfrac{\dot{U}_1}{Z_1} + \dfrac{\dot{U}_2}{Z_2}}{\dfrac{1}{Z_1} + \dfrac{1}{Z_2} + \dfrac{1}{Z_3}} = \frac{\dfrac{220}{\text{j}20} + \dfrac{220\angle -20°}{\text{j}10}}{\dfrac{1}{\text{j}20} + \dfrac{1}{\text{j}10} + \dfrac{1}{40}} = 214\angle -22.8°(\text{V})$$

$$\dot{I}_1 = \frac{\dot{U}_1 - \dot{U}_{ab}}{Z_1} = \frac{220 - 214\angle -22.8°}{\text{j}20} = 4.3\angle -15.3°(\text{A})$$

$$\dot{I}_3 = \frac{\dot{U}_{ab}}{Z_3} = \frac{214\angle -22.8°}{40} = 5.35\angle -22.8°(\text{A})$$

$$\dot{I}_2 = \dot{I}_3 - \dot{I}_1 = 5.35\angle -22.8° - 4.3\angle -15.3° = 1.22\angle -50.2°(\text{A})$$

两种方法计算结果基本相同。

【例 3 - 19】 如图 3 - 27 所示，已知 $Z_1=(3+\text{j}2)\Omega$，$Z_2=(5+\text{j}5)\Omega$，$Z_3=(5-\text{j}5)\Omega$，$\dot{U}_1=40\text{V}$，$\dot{U}_2=\text{j}60\text{V}$，$\dot{U}_3=80\text{V}$，求电流 $\dot{I}$。

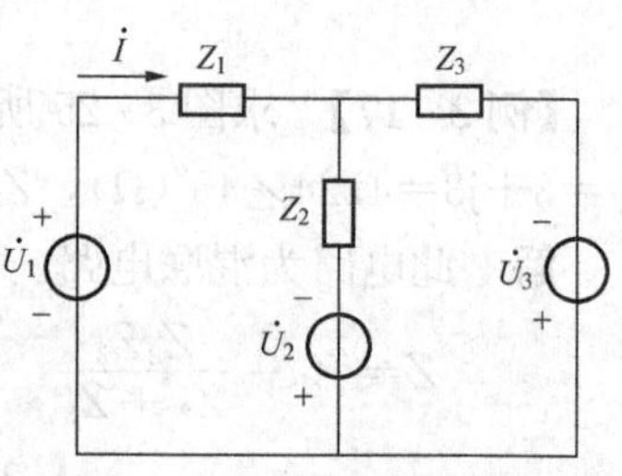

图 3 - 27　［例 3 - 19］图

解　只求一条支路的电流时用戴维南定理比较简便。将负载 Z_1 断开，如图 3 - 28（a）所示。

由图 3 - 28（a）可得

$$\dot{U}_{oc} = \dot{U}_1 + \dot{U}_2 + \frac{\dot{U}_3 - \dot{U}_2}{Z_2 + Z_3} \times Z_2 = 40 + \text{j}60 + \frac{80 - \text{j}60}{5 + \text{j}5 + 5 - \text{j}5} \times (5 + \text{j}5) = 130.4\angle 32.5°(\text{V})$$

将有源二端网络内电源置零，如图 3 - 28（b）所示，求得入端复阻抗为

$$Z_0 = \frac{Z_2 Z_3}{Z_2 + Z_3} = \frac{(5+\text{j}5)(5-\text{j}5)}{5+\text{j}5+5-\text{j}5} = 5(\Omega)$$

由开路电压、入端复阻抗与待求支路负载组成等效电路，如图 3 - 28（c）所示，则

$$\dot{I} = \frac{\dot{U}_{oc}}{Z_0 + Z_1} = \frac{130.4\angle 32.5°}{5+3+\text{j}2} = 15.8\angle 18.5°(\text{A})$$

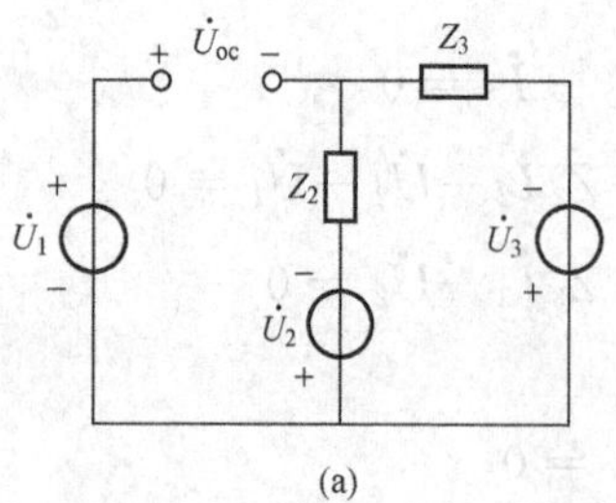

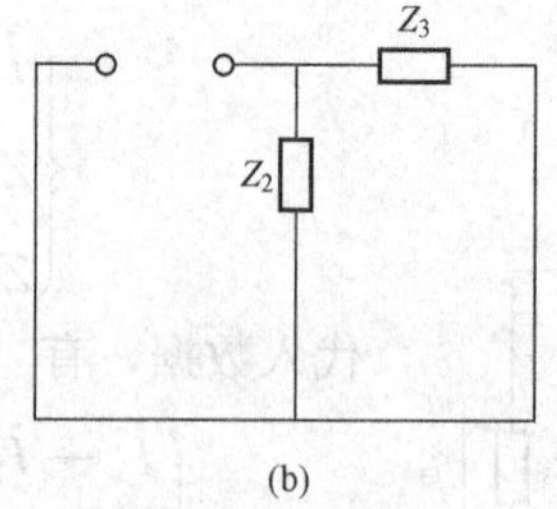

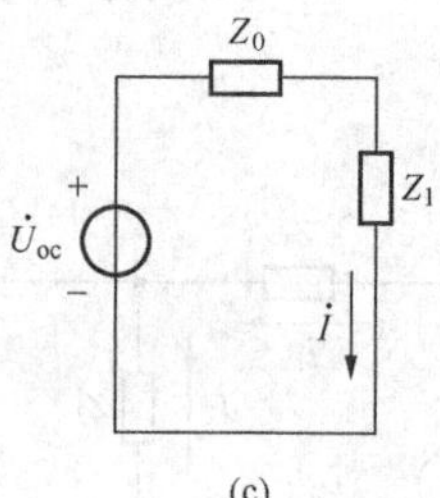

图 3 - 28　［例 3 - 19］求解过程

（a）开路电压；（b）入端复阻抗；（c）等效电路

思考与练习

3-7-1　图 3-29 所示各电路中，$R=1\Omega$，$L=1\text{mH}$，$C=1000\mu\text{F}$，求电源频率 $\omega=1000\text{rad/s}$ 的等效复阻抗。

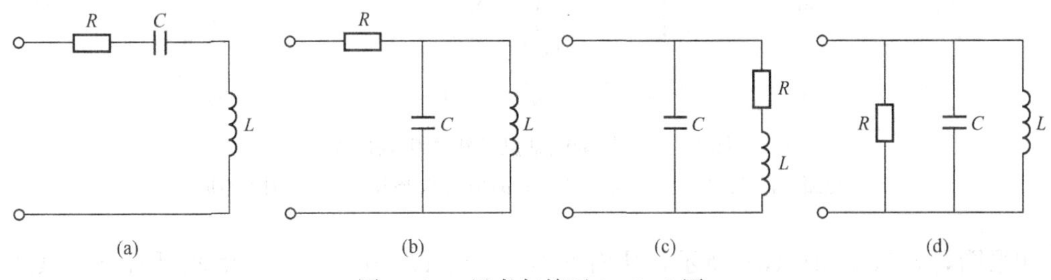

图 3-29　思考与练习 3-7-1 图

3-7-2　图 3-30 所示电路中，$\dot{U}_{s1}=100\text{V}$，$\dot{U}_{s2}=\text{j}100\text{V}$，$Z_1=-\text{j}2\Omega$，$Z_2=\text{j}5\Omega$，$Z_3=5\Omega$，利用支路电流法求图中各支路电流。

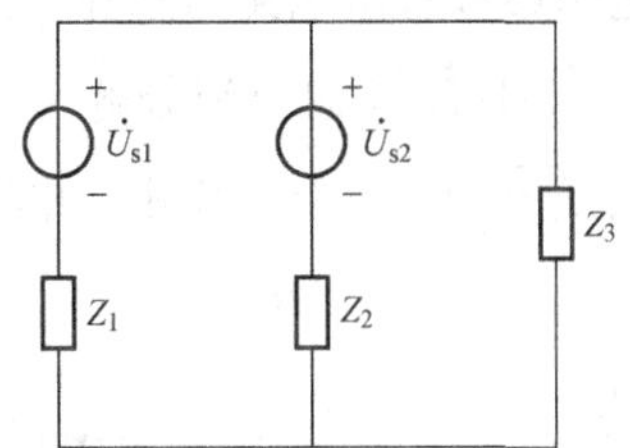

图 3-30　思考与练习 3-7-2 图

第八节　正弦交流电路相量图辅助分析

用相量分析法计算正弦电路时，虽然分析思路很清楚，但复数运算比较复杂，而且计算的误差也比较大。有些电路如果结合相量图进行分析，就有其独特的优势，有时甚至是其他方法不可替代的。相量图的最大优点是各正弦量的相位清晰，相位差一目了然。在电路各参数已知的条件下，用相量图分析电路简便易行，在定性分析的基础上还可进行定量计算。

用相量图分析电路的基本方法是：先选定参考量，再根据电路结构及参数性质确定各支路电压、电流相位关系并画在相量图上，最后用几何知识对相量图进行定量计算，求出未知量。

参考量的选定非常重要，它直接关系到分析的难易及是否可行。若选得恰当，可以收到事半功倍的成效；若选择不合适，则可能导致简单问题复杂化，甚至使分析举步维艰。

下面举例说明如何选择参考量。

如图 3-31 所示，求未知电压表的读数。

如图 3-31（a）所示，已知 PV1 读数为 3V，PV 读数为 5V，求 PV2 的读数。

串联电路选电流作参考相量。由于 u_R 与 i 同相，u_C 滞后 i 90°，相量图如图 3-31（b）所示。故 PV2 的读数为 $U_C=\sqrt{U^2-U_R^2}=4\text{V}$。若选电压作参考相量，则需先确定电路性质。由于电路为容性，因此电流超前电压。定性画出电流相量，且根据 $\dot{U}=\dot{U}_R+\dot{U}_C$ 将其分解，

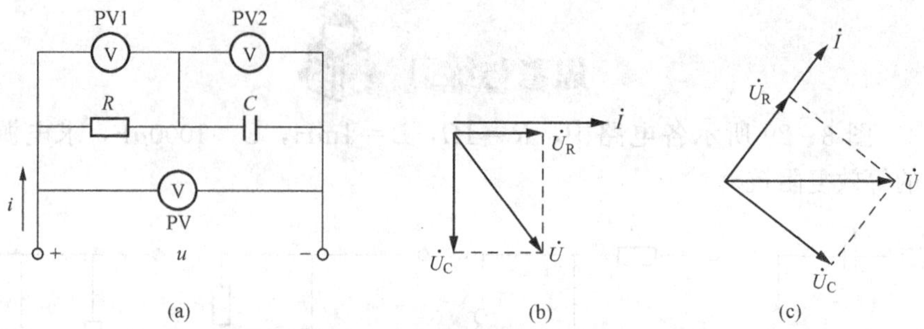

图 3-31 相量图辅助分析之串联电路

（a）电路图；（b）电流为参考量时的相量图；（c）电压为参考量时的相量图

画出相量图，如图 3-31（c）所示，从而求出 $U_C=\sqrt{U^2-U_R^2}=4V$。由此可看出，虽然用 i 或 u 作参考量均可，但选择得是否恰当，关系到分析问题的难易程度。

又如，图 3-32（a）所示电路中，已知 PA1 读数为 3A，PA2 读数 4A，求 PA 的读数。选电压作参考相量，i_R 与 u 同相，i_L 滞后 u90°，相量图如图 3-32（b）所示，则 $I=\sqrt{I_L^2+I_R^2}=5A$。若选电流作参考相量，则从电路参数看出电路为感性，因此端电压 u 超前总电流 i 某一角度，定性找出 u 的位置，根据 $\dot{I}=\dot{I}_R+\dot{I}_L$ 将总电流分解为与 u 同相的 i_R 和与 i 垂直的 i_L。相量图如图 3-32（c）所示，则 $I=\sqrt{I_L^2+I_R^2}=5A$。可见，并联时选电压作参考量更为合适。

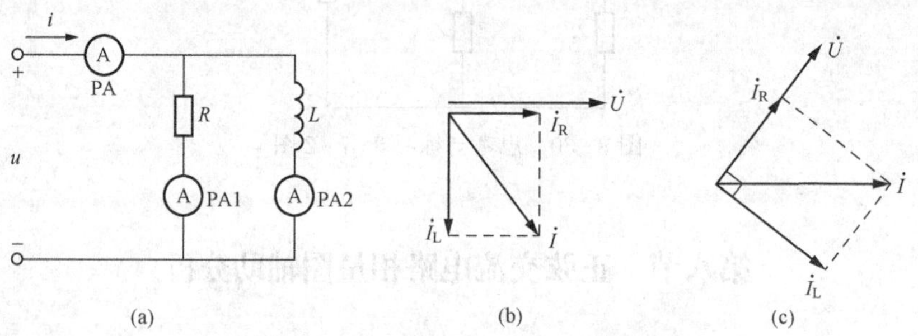

图 3-32 相量图辅助分析之并联电路

（a）电路图；（b）电压为参考量时的相量图；（c）电流为参考量时的相量图

一般情况下，参考相量的选择遵循这样的原则：若电路结构整体上看为串联，就选电流作参考相量；若电路结构整体上看为并联，就选电压作参考相量。

【例 3-20】 求图 3-33（a）、图 3-33（b）所示电路中电压表或电流表的读数。已知：图 3-33（a）中 PV1 的读数为 3V，PV2 的读数为 5V，$R=12\Omega$，$X_L=9\Omega$，求 PV 的读数；图3-33（b）中 PA 的读数为 5A，PA1 的读数为 5A，$R=30\Omega$，$X_C=40\Omega$，求 PA2 的读数。

解 （1）选电流作参考相量，根据各元件 u、i 相位关系，相量图如图 3-33（c）所示。由几何知识可得：$U_L=3V$，$U_R=4V$，而 $\dot{U}=\dot{U}_R+\dot{U}_L+\dot{U}_C$，可得 $U=4V$。

（2）选电压作参考相量，根据参数电压、电流相位关系画相量图，如图 3-33（d）所示，由图可得：$I_R^2+I_C^2=I_{RC}^2$，$R=30\Omega$，$X_C=40\Omega$，则 $I_C=3A$，$I_R=4A$，又 $I_X=\sqrt{I^2-I_R^2}=\sqrt{5^2-4^2}=\pm3$（A），且 $I_X=I_L-I_C$，故 $I_L=6A$（$I_L=0$，舍去）。

混联电路的分析思路与此相似。

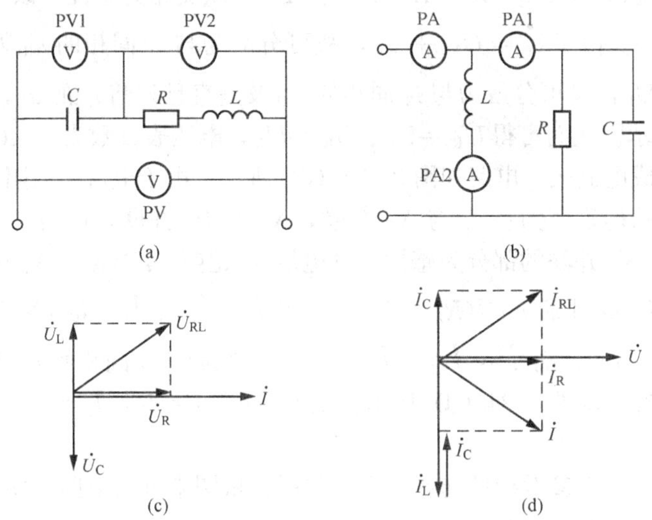

图 3-33 ［例 3-20］图

(a)、(b) 电路图；(c) 图 3-33 (a) 的相量图；(d) 图 3-33 (b) 的相量图

【例 3-21】 图 3-34 (a) 中，已知 $R_1=R_2=X_L=X_C=10\Omega$。试完成：(1) 电压表内阻为无穷大，求其读数；(2) 若将电压表换成电流表，再求其读数。电流表内阻为零。

分析：由于电压表内阻为无穷大，因此该支路可视为开路，则 R_1、X_C 串联，X_L、R_2 串联，二者再并联，故总体上为并联结构，应选电压作参考相量。R_1、X_C 串联支路为容性，

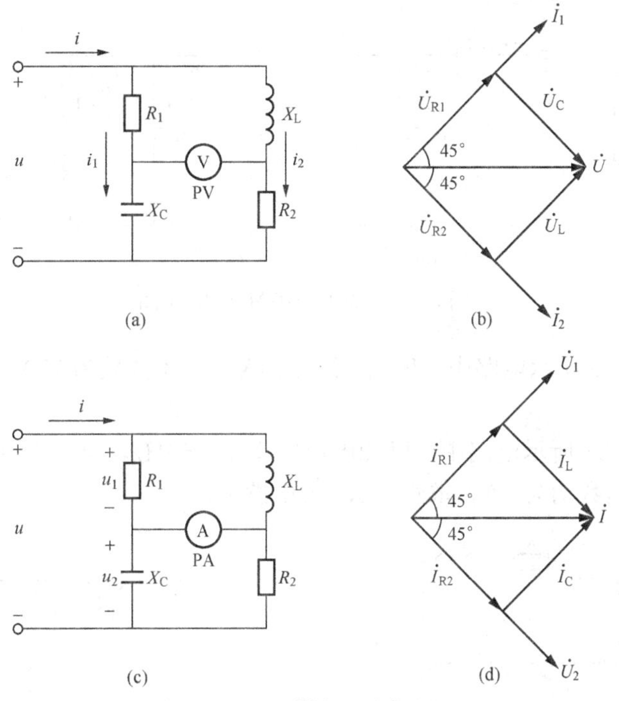

图 3-34　［例 3-21］图

(a) 接电压表时的电路图；(b) 接电压表时的相量图；(c) 接电流表时的电路图；(d) 接电流表时的相量图

该支路电流 i_1 超前总电压 u 45°($R_1=X_C$)；X_L、R_2 串联支路为感性，该支路电流 i_2 滞后总电压 u 45°($R_2=X_L$)。由于 $\dot{U}=\dot{U}_{R1}+\dot{U}_C$，故可分解为与 i_1 同相的 u_{R1} 及垂直且滞后 i_1 的 u_C；而 $\dot{U}=\dot{U}_{R2}+\dot{U}_L$，又可分解为与 i_2 同相的 u_{R1} 及垂直且超前 i_2 的 u_L，据此画出相量图，如图 3-34（b）所示。从而可得 $U_{R2}=U_C$、$U_{R1}=U_L$，电压表读数为 $U=U_C-U_{R2}=0$。

若将电压表换成电流表，电路如图 3-34（c）所示。由于电流表内阻为零，因此该支路可视为短接。电路结构改变为：R_1 与 X_L 并联，X_C 与 R_2 并联，而后二者串联，故选电流作参考相量。R_1 与 X_L 并联的部分为感性，其电压 u_1 超前 i 45°($R_1=X_L$)；X_C 与 R_2 并联的部分为容性，其电压 u_2 滞后 i 45°($R_2=X_C$)。由于 $\dot{I}=\dot{I}_{R1}+\dot{I}_L$，故 i 可分解为与 u_1 同相的 i_{R1} 及垂直且滞后 u_1 的 i_L；而 $\dot{I}=\dot{I}_{R2}+\dot{I}_C$，又可分解为与 u_2 同相的 i_{R2} 及垂直且超前 u_2 的 i_C，据此画出相量图，如图 3-34（d）所示。从而可得 $I_{R2}=I_L$，$I_{R1}=I_C$，电流表读数为 $I=I_{R1}-I_C=0$。

由此可以看出，由于参考相量选择得当，并用相量图来分析电路，使本例思路清晰，分析自然流畅，疑难问题迎刃而解。

综上所述，用相量图分析电路的步骤为：①选择恰当的参考量；②根据 3 个基本元件的电压、电流的相位关系画出电路的相量图，然后用相关的电工知识与几何知识对相量图进行分析，即可计算出待求量。

3-8-1　已知图 3-35 所示各电路中，$R=X_L=X_C$，画出相量图。

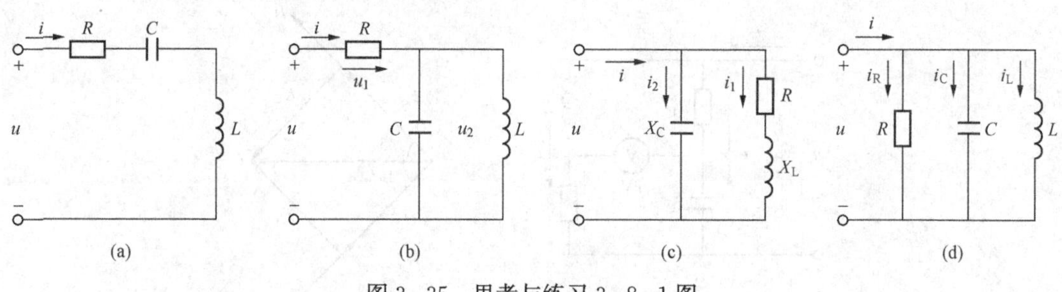

图 3-35　思考与练习 3-8-1 图

3-8-2　图 3-36 所示电路中，PA 读数为 15A，PA1 读数为 17A，电路性质为电阻性，求 PA2 的读数。

3-8-3　图 3-37 所示电路中，已知电源频率 $f=50$Hz，电容 $C=637\mu$F，开关打开和闭合时，电流表的读数均为 5A，求感抗 X_L 及电感 L。

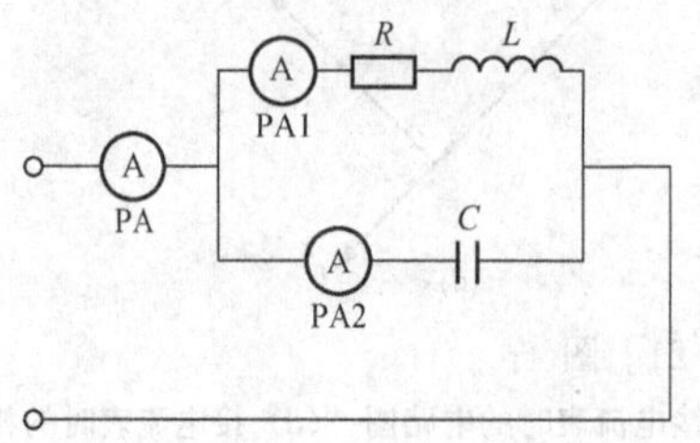

图 3-36　思考与练习 3-8-2 图

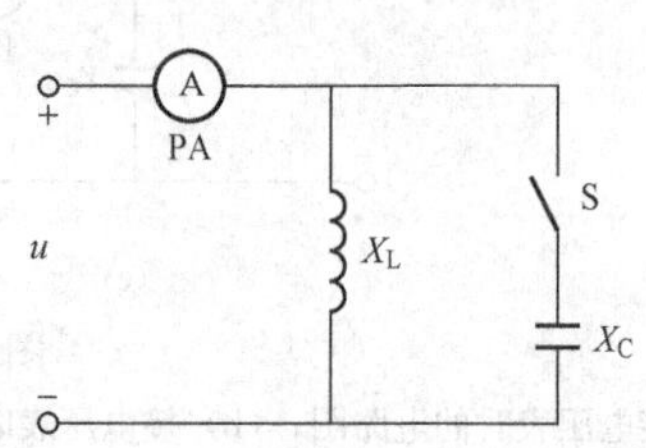

图 3-37　思考与练习 3-8-3 图

第九节　谐　振　电　路

含有电感 L、电容 C 的正弦交流二端电路，当端口电压与电流同相时，电路呈电阻性，这种现象叫谐振，此时的电路称为谐振电路。谐振现象一方面广泛应用于电子技术等弱电领域，以选择性地传送信号；另一方面，强电系统中要设法避免，因为某些元器件上会产生很高的电压或很大的电流，可能损坏设备甚至破坏系统的正常工作状态。根据电路的连接方式不同，谐振可分为串联谐振和并联谐振。

一、串联谐振

RLC 串联的电路，一定条件下，端口电压与电流出现同相位，称为串联谐振。

1. 谐振的条件

端口电压与电流出现同相位，即 $\varphi=0$，RLC 串联电路中

$$\varphi=\arctan\frac{X_L-X_C}{R}=0$$

从而可得

$$\omega L=\frac{1}{\omega C} \tag{3-29}$$

即当电路满足式（3-29），电抗 $X=0$，阻抗角 $\varphi=0$ 时，电路就会发生谐振。因此，式（3-29）称为谐振条件。

调整电路频率或参数，使电路发生谐振的过程称为调谐。根据式（3-29），调谐的方法有调频率、调电容、调电感，只要能满足谐振条件，即可使电路发生谐振。

调频率使电路谐振时

$$\begin{cases}\omega_0=\dfrac{1}{\sqrt{LC}}\\ f_0=\dfrac{1}{2\pi\sqrt{LC}}\end{cases} \tag{3-30}$$

式中：ω_0 称为谐振角频率；f_0 称为谐振频率。只要电路参数与电源频率满足式（3-30），电路就会发生谐振，因此该频率也叫做固有频率。

2. 谐振的特点

谐振时电路的特点主要体现在以下 4 个方面。

（1）阻抗最小。电路中复阻抗

$$Z_0=R+j(X_L-X_C)=R \tag{3-31}$$

阻抗 $|Z|=R$ 取得最小值。

（2）电流最大。谐振时电流

$$I_0=\frac{U}{|Z|}=\frac{U}{R} \tag{3-32}$$

取得最大值。

（3）电感、电容上可能产生过电压。电感、电容上的电压为

$$U_L=U_C=X_LI=X_CI=\frac{X_L}{R}U=\frac{X_C}{R}U=\frac{\rho}{R}U=QU \tag{3-33}$$

式（3-33）中，$\rho=X_L=X_C=\sqrt{\dfrac{L}{C}}$，称为特性阻抗；$Q=\dfrac{\rho}{R}$，称为品质因数。一般电路中，品质因数$Q$的值在几十到几百之间，有的电路可以达到1000以上，因此电感、电容上的电压是端电压的Q倍，从而可能造成过电压，甚至损害设备。串联谐振也称为电压谐振。

（4）电路与电源之间没有能量交换，能量交换在电感与电容之间进行。由于电压、电流同相，即$\varphi=0$，因此$Q=0$，表明电路与电源之间无能量交换；而$Q=Q_L+Q_C=0$，即$Q_L=-Q_C$，表明电感释放的无功功率正好就是电容吸收的无功功率，即两种储能元件之间在进行能量交换。

3. 谐振曲线

RLC串联的电路中，当电源电压的有效值一定而频率变化时，电路中的感抗、容抗、阻抗角、电流、电压等各量随频率变化的关系称为频率特性，其中，电流有效值I随角频率ω变化的曲线叫做谐振曲线。

根据$X_L=\omega L$，$X_C=\dfrac{1}{\omega C}$，$X=X_L-X_C$作出频率特性曲线，如图3-38所示。

$\omega<\omega_0$时，电路为容性；$\omega>\omega_0$时，电路为感性。根据

$$I=\frac{U}{\sqrt{R^2+X^2}}$$

作出谐振曲线，如图3-39所示。从图3-39可以看出，频率不同，电流也不同。当$\omega=\omega_0$，即谐振时，电流取得最大值，表明电路对不同频率的电流抑制作用不同，对谐振频率的电流抑制作用最小，因此可以将谐振频率的电流从各种频率的电流中选择出来，称为谐振电路的选择性。选择性与电路的Q值大小有关。Q值越大，选择性越好；Q值越小，选择性越差。实际设计电路时，Q值并不是越大越好，Q值越大，选择性好的同时，谐振曲线越尖锐，带宽就越窄，有的信号在传输过程中就可能丢失，因此需要综合考虑电路的性能来确定Q值。

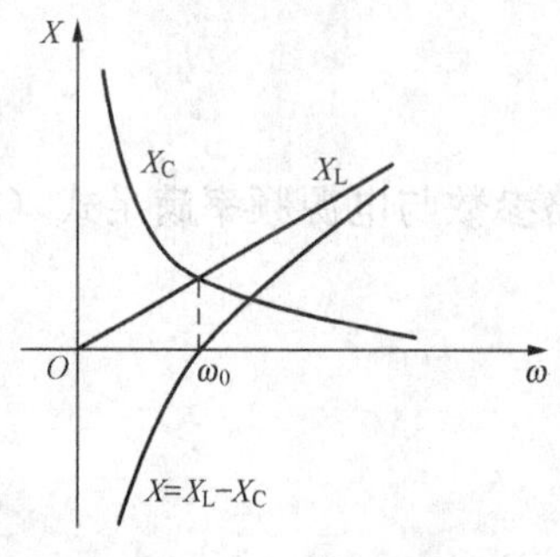

图3-38 频率特性曲线

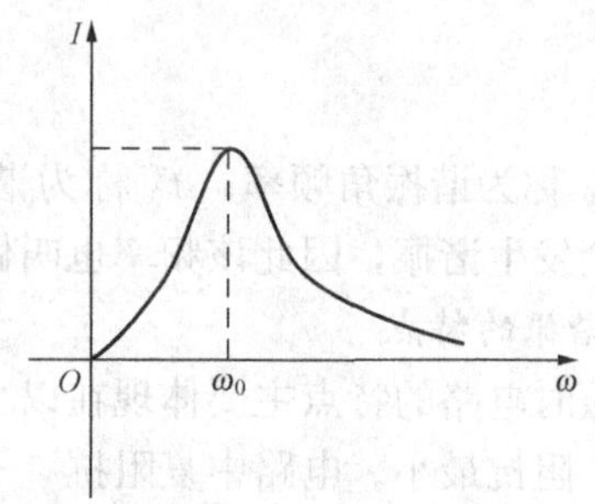

图3-39 谐振曲线

【例3-22】 某收音机电路原理如图3-40所示。线圈的电感$L=0.3$mH，电阻$R=16\Omega$。今欲收听640kHz某电台的广播，应将电容调为多少？若在线圈中感应出该电台的信号电压$U=2\mu$V，试求这时回路中该信号的电流多大？电容两端得到多大的电压？

解 调电容使电路谐振时

$$C=\frac{1}{\omega^2 L}=\frac{1}{(2\pi\times 640\times 10^3)^2\times 0.3\times 10^{-3}}=206(\text{pF})$$

这时电路中电流为

$$I=\frac{U}{R}=\frac{2\times 10^{-6}}{16}=0.125(\mu\text{A})$$

电容两端电压为

$$U_C=QU=\frac{\omega L}{R}U$$

$$=\frac{2\pi\times 640\times 10^{3}\times 0.3\times 10^{-3}}{16}\times 2\times 10^{-6}$$

$$=151(\mu\text{V})$$

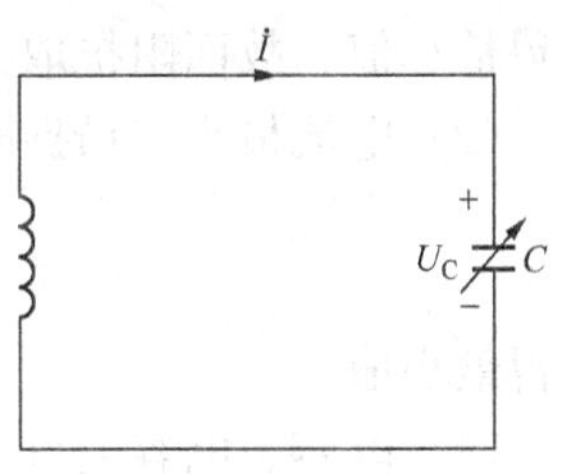

图 3-40　收音机的输入电路原理示意

二、并联谐振

L 与 C 并联的二端电路，一定条件下，端口电压与电流出现同相位，称为并联谐振。理想的并联谐振电路如图 3-41（a）所示，实际中常见的并联谐振电路如图 3-41（b）所示。下面结合图 3-41（b）所示电路分析并联谐振的特性。

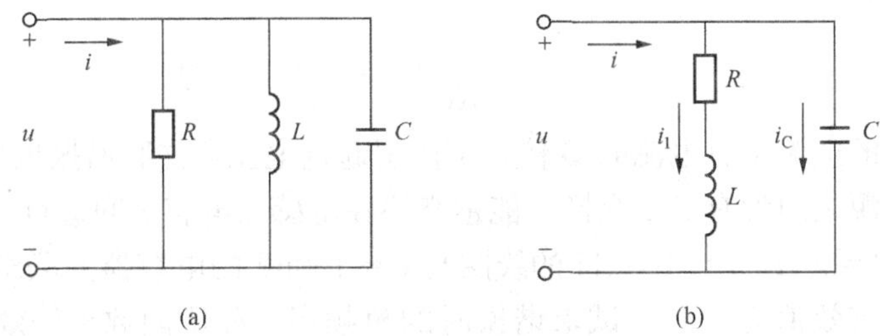

图 3-41　并联谐振电路

（a）理想的并联谐振电路；（b）实际中常见的并联谐振电路

1. 谐振的条件

端口电压与电流出现同相位，阻抗角 $\varphi=0$，导纳角也为零。RL 串联再与 C 并联的电路中，复导纳为

$$Y=Y_1+Y_C$$

$$=\frac{1}{R+\text{j}\omega L}+\text{j}\omega C$$

$$=\frac{R}{R^2+\omega^2L^2}+\text{j}\left(\omega C-\frac{\omega L}{R^2+\omega^2L^2}\right)$$

由于导纳角为零，因此复导纳的虚部为零，所以有

$$C=\frac{L}{R^2+\omega^2L^2}\tag{3-34}$$

即当电路满足式（3-34）时，电路就会发生谐振。因此式（3-34）称为谐振条件。

并联电路的调谐方法一般为调电容，按式（3-34）选择电容即可。如果想通过调频率、调电感来调谐，从谐振条件中解出欲调节的量即可。如果无解，则不能用该种方法调谐。

2. 谐振的特点

以调电容调谐为例，分析谐振时电路的特点。

（1）阻抗最大。电路中导纳

$$|Y|=\frac{R}{R^2+\omega^2L^2}\tag{3-35}$$

取得最小值，故而阻抗取得最大值。

（2）电流最小。谐振时电流

$$I_0 = |Y|U = \frac{R}{R^2+\omega^2L^2}U = \frac{RC}{L}U \tag{3-36}$$

取得最小值。

（3）电感、电容上可能产生过电流。流过电感的电流为

$$I_1 = \frac{U}{\sqrt{R^2+\omega^2L^2}} = \frac{\frac{L}{RC}I_0}{\sqrt{\frac{L}{C}}} = \frac{1}{R}\sqrt{\frac{L}{C}}I_0 = QI_0 \tag{3-37}$$

式（3-37）中，$\rho=\sqrt{\frac{L}{C}}$定义为并联电路的特性阻抗；$Q=\frac{\rho}{R}$定义为电路的品质因数。电容支路的电流为

$$I_C = \omega CU = \omega C\frac{L}{RC}I_0 = \frac{\omega L}{R}I_0 \approx QI_0 \tag{3-38}$$

因此电感、电容上的电流是总电流的Q倍，可能引起过电流。并联谐振也称电流谐振。

（4）电路与电源之间没有能量交换，能量交换在电感与电容之间进行。

【例 3-23】 $R=10\Omega$，$L=100\mu H$ 的线圈与 $C=100pF$ 的电容器并联组成谐振电路，信号源为正弦电流，有效值为 $1\mu A$。试求谐振时的角频率、品质因数、等效复阻抗、端口电压、线圈电流、电容电流。

解 采用调频率的方法调谐时，从式（3-34）中解出角频率为

$$\omega_0 = \sqrt{\frac{1}{LC}-\frac{R^2}{L^2}} = \sqrt{\frac{1}{100\times10^{-6}\times100\times10^{-12}}-\frac{10^2}{(100\times10^{-6})^2}} = 100\times10^5(\text{rad/s})$$

品质因数为

$$Q = \frac{1}{R}\sqrt{\frac{L}{C}} = \frac{1}{10}\sqrt{\frac{100\times10^{-6}}{100\times10^{-12}}} = 100$$

等效复阻抗为

$$Z_0 = \frac{L}{RC} = \frac{100\times10^{-6}}{10\times100\times10^{-12}} = 10^5(\Omega)$$

端口电压为

$$U_0 = Z_0I_0 = 10^5\times1\times10^{-6} = 0.1(\text{V})$$

线圈电流和电容电流为

$$I_L \approx I_C = QI_0 = 100\times1\times10^{-6} = 100(\mu A)$$

3-9-1 某收音机回路中，线圈的电感 $L=0.233mH$，可变电容的变化范围是 $C_1=42.5pF$ 至 $C_2=360pF$。试求此收音机可以收听到的广播电台的频率范围。

3-9-2 一个 $R=50\Omega$、$L=4mH$ 的线圈与一个 $C=160pF$ 的电容器串联，接到有效值为 25V 且频率可连续调节的正弦交流电源上。试求：（1）谐振频率 f_0，谐振时的电流及电容电压；（2）若频率由 f_0 增加 10%，则电流和电容电压变为多少？

3-9-3　分析 R、L、C 并联的电路的谐振条件。

3-9-4　为什么并联电容提供功率因数时，不将 $\cos\varphi$ 提高到 1?

第十节　互　感　元　件

一、互感线圈与互感系数

互感线圈是指两个彼此靠近的、相互之间有磁的联系的线圈。当给其中一个线圈中通入电流时，不仅本线圈内会有磁场产生，另一个线圈中也会有磁场产生。当通入的电流变化时，不仅本线圈中会产生感应电动势，另一个线圈中也会产生感应电动势，如图 3-42 所示。

当线圈 1 中通入电流 i_1 时，在线圈 1 中会产生自感磁通 Φ_{11}，而其中一部分磁通 Φ_{21}，它不仅穿过线圈 1，同时也穿过线圈 2，且 $\Phi_{21}\leqslant\Phi_{11}$。同样，若在线圈 2 中通入电流 i_2，它会产生自感磁通 Φ_{22}，其中也有一部分磁通 Φ_{12} 不仅穿过线圈 2，同时也穿过线圈 1，且 $\Phi_{12}\leqslant\Phi_{22}$。像这种一个线圈的磁通与另一个线圈相交链的现象称为磁耦合，即互感。Φ_{21} 和 Φ_{12} 称为耦合磁通或互感磁通。

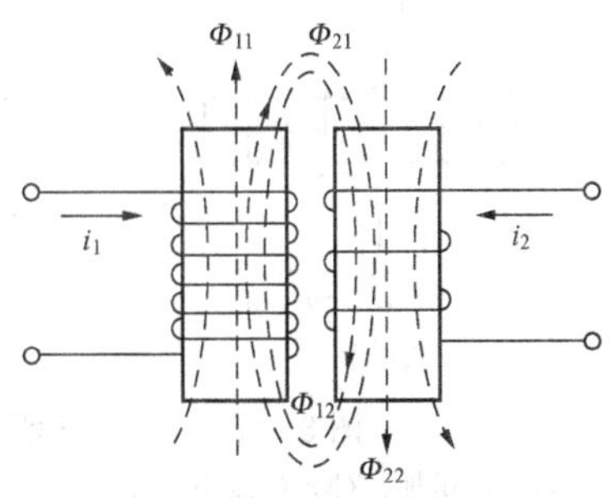

图 3-42　互感线圈

如果线圈紧密地绕制，则穿过线圈每一匝的磁通可近似看作相等，线圈 1 中自感磁链与互感磁链分别为 $\psi_{11}=N_1\Phi_{11}$，$\psi_{12}=N_1\Phi_{12}$；线圈 2 中的自感磁链与互感磁链分别为 $\psi_{22}=N_2\Phi_{22}$，$\psi_{21}=N_2\Phi_{21}$。互感磁链与引起该磁链的电流的比值，称为互感系数，用 M 表示，即

$$\begin{cases} M_{12}=\dfrac{\psi_{12}}{i_2} \\ M_{21}=\dfrac{\psi_{21}}{i_1} \end{cases} \tag{3-39}$$

可以证明，$M_{21}=M_{12}=M$，互感的单位是亨［利］(H)。两线圈的互感系数小于或等于两线圈自感系数的几何平均值，即 $M\leqslant\sqrt{L_1L_2}$。工程上常用耦合系数 K 来表示两线圈的耦合程度，其定义为

$$K=\frac{M}{\sqrt{L_1L_2}}$$

则

$$M=K\sqrt{L_1L_2} \tag{3-40}$$

由此可知，$0\leqslant K\leqslant1$，K 值越大，说明两个线圈之间耦合越紧密。当 $K=1$ 时，称全耦合；当 $K=0$ 时，说明两线圈没有耦合。耦合系数 K 的大小与两线圈的结构、相互位置以及周围磁介质有关。当两线圈绕在一起时，其 K 值接近 1；两线圈相互垂直或距离很远时，其 K 值近似于零。由此可见，改变或调整两线圈的相互位置，可以改变耦合系数 K 的大小。

二、同名端与互感电压

自感电动势会在线圈中引起自感电压，自感电压与引起它的电流为关联参考方向时

$$u_L=L\frac{\mathrm{d}i}{\mathrm{d}t}$$

互感电动势也会在线圈中引起互感电压，那么互感电压与引起它的电流是什么关系？能否用一个数学表达式来表示这种关系？

根据法拉第电磁感应定律，互感电动势的大小为：$e_{M2}=\left|M\frac{di_1}{dt}\right|$，$e_{M1}=\left|M\frac{di_2}{dt}\right|$。方向用楞次定律判断。

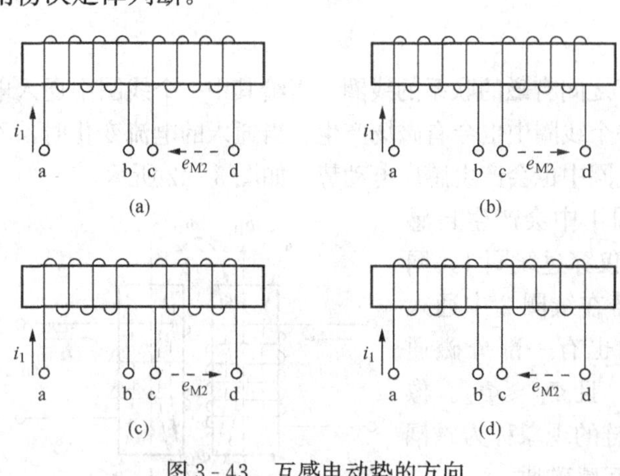

图 3-43　互感电动势的方向

（a）i_1 增加；（b）i_1 减小；（c）线圈 cd 绕向改变，i_1 增加；（d）线圈 cd 绕向改变，i_1 减小

如图 3-43（a）所示，当 i_1 增加时，可判断出互感电动势 e_{M2} 的实际方向为 d→c；如图 3-43（b）所示，当 i_1 减小时，可判断出互感电动势 e_{M2} 的实际方向为 c→d。如图 3-43（c）所示，当 i_1 增加时，可判断出互感电动势 e_{M2} 的实际方向为 c→d；如图 3-43（d）所示，当 i_1 减小时，可判断出互感电动势 e_{M2} 的实际方向为 d→c。

由此可知，互感电动势的方向不仅和电流的变化率有关，还和线圈的绕向有关。因此，需要引入一个能表征相对绕向的概念——同名端。

将两个电流分别通入互感线圈的两线圈中，如果它们产生的磁通相互是加强的，则通入电流的两个端钮即为同名端；若产生的磁场相互是削弱的，则这两个端钮为异名端。据此可判断出，图 3-43（a）、图 3-43（b）中 a、c 端子为同名端；图 3-43（c）、图 3-43（d）中 a、d 端子为同名端。同名端用“·”或“*”在图中标注。从本质上说，同名端反映了互感线圈的相对绕向。下面结合同名端来分析互感电动势的实际方向。

图 3-43（a）、图 3-43（b）中，当 i_1 增加时，即$\frac{di_1}{dt}>0$，互感电动势 e_{M2} 的实际方向为 d→c，即由另一端指向同名端；当 i_1 减小时，即$\frac{di_1}{dt}<0$，互感电动势 e_{M2} 的实际方向为 c→d，即由同名端指向另一端。

图 3-43（c）、图 3-43（d）中，当 i_1 增加时，即$\frac{di_1}{dt}>0$，互感电动势 e_{M2} 的实际方向为 c→d，即由另一端指向同名端；当 i_1 减小时，即$\frac{di_1}{dt}<0$，互感电动势 e_{M2} 的实际方向为 d→c，即由同名端指向另一端。

比较可知：当$\frac{di_1}{dt}>0$ 时，互感电动势 e_{M2} 的实际方向总是由另一端指向同名端；当$\frac{di_1}{dt}<0$ 时，互感电动势 e_{M2} 的实际方向总是由同名端指向另一端。由此表明，感应电动势的方向不仅和电流变化率有关，也与同名端有关。

设感应电动势的参考方向和引起它的电流的参考方向对同名端一致。

图 3-43（a）、图 3-43（b）对应的电路图如图 3-44 所示，即 e_{M2} 的参考方向为 c→d。当$\frac{di_1}{dt}>0$ 时，互感电动势 e_{M2} 的实际方向为 d→c，故 $e_{M2}<0$；当$\frac{di_1}{dt}<0$ 时，互感电动势 e_{M2}

的实际方向 c→d，故 $e_{M2}>0$。

图 3 - 43（c）、图 3 - 43（d）对应的电路图如图 3 - 45 所示，即 e_{M2} 的参考方向为 d→c。当 $\frac{di_1}{dt}>0$ 时，互感电动势 e_{M2} 的实际方向 c→d，故 $e_{M2}<0$；当 $\frac{di_1}{dt}<0$ 时，互感电动势 e_{M2} 的实际方向 d→c，故 $e_{M2}>0$。

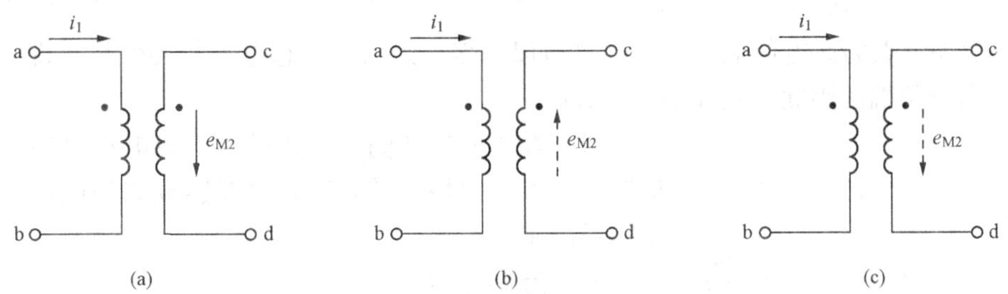

图 3 - 44　同名端一致时互感电动势的参考方向与实际方向

（a）参考方向；（b）i_1 增加，$e_{M2}<0$；（c）i_1 减小，$e_{M2}>0$

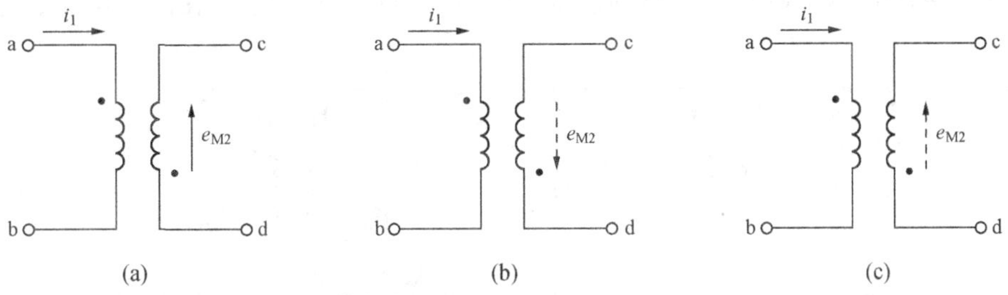

图 3 - 45　同名端相反时互感电动势的参考方向与实际方向

（a）参考方向；（b）i_1 增加，$e_{M2}<0$；（c）i_1 减小，$e_{M2}>0$

总有 $\frac{di_1}{dt}>0$，$e_{M2}<0$；$\frac{di_1}{dt}<0$，$e_{M2}>0$。所以

$$e_{M2}=-M\frac{di_1}{dt}$$

设互感电压与互感电动势参考方向相同，则

$$u_{M2}=-e_{M2}=M\frac{di_1}{dt} \tag{3 - 41a}$$

同理

$$u_{M1}=-e_{M1}=M\frac{di_2}{dt} \tag{3 - 41b}$$

以上互感电压的完全表达式是在设定其参考方向的前提下得出的。其中，数值反映其大小，正负反映其方向。当值为正时，表明互感电压的实际方向与参考方向相同；值为负时，表明互感电压的实际方向与参考方向相反。由于参考方向的设定与同名端有关，因此要掌握同名端的测定或判断方法。

已知绕向时，用同名端的定义来判断；未知绕向时，用实验方法判断。实验方法的依据是：同名端也是同极性端，即无论从互感线圈的哪一侧通入电流，且无论电流是增加还是减少，两个线圈中都会产生感应电动势。通入电流的线圈产生自感电动势，另一个线圈产生互感电动势，两个电动势中同为高电位的端子或同为低电位的端子，即极性相同的端子就是同名端。

如图 3-46 所示，开关闭合时，假设电压表正偏，据此判断同名端。电流增加，$\frac{di}{dt}>0$，自感电动势 $e=-L\frac{di}{dt}<0$，所以其实际方向为 b→a，故 a 为自感电动势的高电位端；电压表正偏，表明 c 点为高电位端，电压表之所以动作，是由于互感电动势的作用，即 c 为互感电动势的高电位端。因此，a、c 为同名端。

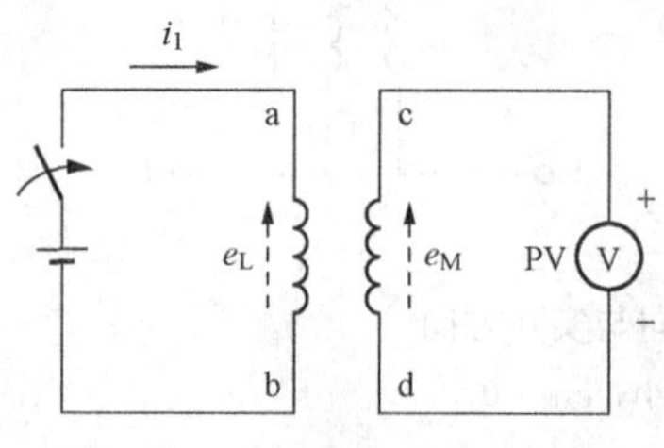

图 3-46　实验方法测定同名端

只有在正确判断同名端和设定互感电动势参考方向的情况下，才可以用数学表达式将互感线圈的电压、电流关系表示出来。

三、互感元件

根据互感线圈的性质，引入其模型——互感元件。互感元件是具有磁场联系与相互约束的两个电感元件，其电路图形符号如图 3-47（a）所示。在图示电压、电流的参

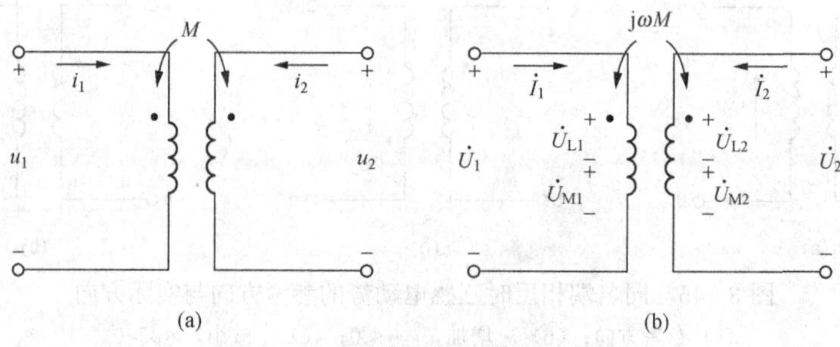

图 3-47　互感元件及其相量模型

（a）互感元件电路图；（b）互感元件相量模型

考方向下，互感元件的电压、电流的关系为

$$\begin{cases}u_1 = L_1\frac{di_1}{dt}+M\frac{di_2}{dt}\\ u_2 = L_2\frac{di_2}{dt}+M\frac{di_1}{dt}\end{cases} \tag{3-42}$$

正弦激励下，相量模型如图 3-47（b）所示，其相量关系为

$$\begin{cases}\dot{U}_1=\dot{U}_{L1}+\dot{U}_{M1}=j\omega L_1\dot{I}_1+j\omega M\dot{I}_2\\ \dot{U}_2=\dot{U}_{L2}+\dot{U}_{M2}=j\omega L_2\dot{I}_2+j\omega M\dot{I}_1\end{cases} \tag{3-43}$$

由于互感元件具有两个端口，因此它是一个双口元件。

思考与练习

3-10-1　什么是互感现象？互感系数与线圈的哪些因素有关？

3-10-2　两耦合线圈的 $L_1=0.1$H，$L_2=0.4$H，$M=0.1$H，试求其耦合系数 K。

3-10-3　判断图 3-48 所示各互感线圈的同名端。

3-10-4　写出图 3-49 所示互感电路的电压、电流关系方程。

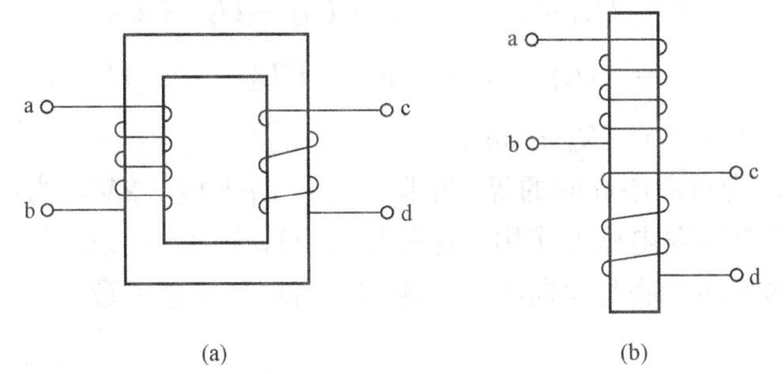

图 3-48　思考与练习 3-10-3 图

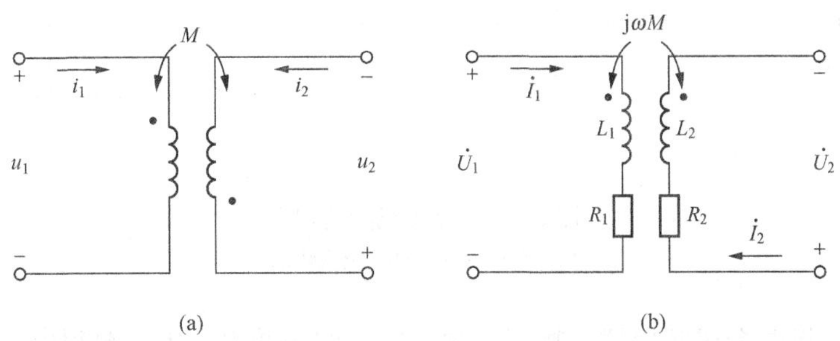

图 3-49　思考与练习 3-10-4 图

第十一节　具有互感的正弦交流电路

正弦交流电路中有几个线圈，分析电路时就需要考虑这些线圈之间是否存在耦合作用，如果存在，即是具有互感的正弦交流电路，分析计算时就需要计及互感电压及由此引起的响应。这样的电路仍然满足基尔霍夫定律，正弦激励下，仍采用相量分析法。

一、互感线圈的串联

互感线圈的串联有顺向串联与反向串联两种连接方法。

1. 顺向串联

两个线圈的异名端相连，任一瞬间，通过两个线圈的电流的方向对同名端一致，如图 3-50（a）所示。用相量法分析，根据 KVL 相量形式，有

$$\begin{aligned}\dot{U} &= \dot{U}_{R1} + \dot{U}_{L1} + \dot{U}_{M1} + \dot{U}_{L2} + \dot{U}_{M2} + \dot{U}_{R2} \\ &= [(R_1 + R_2) + j\omega(L_1 + L_2 + 2M)]\dot{I} \\ &= (R_P + j\omega L_P)\dot{I} \end{aligned} \tag{3-44}$$

式中：$R_P = R_1 + R_2$，为顺向串联时的等效电阻；$L_P = L_1 + L_2 + 2M$，为顺向串联时的等效电感，即顺向串联时具有加强电感的作用。

2. 反向串联

两个线圈的同名端相连，任一瞬间，通过两个线圈的电流的方向对同名端是相反的，如图 3-50（b）所示。根据 KVL 相量形式，有

$$\begin{aligned}\dot{U} &= \dot{U}_{R1} + \dot{U}_{L1} - \dot{U}_{M1} + \dot{U}_{L2} - \dot{U}_{M2} + \dot{U}_{R2} \\ &= [(R_1 + R_2) + j\omega(L_1 + L_2 - 2M)]\dot{I} \\ &= (R_a + j\omega L_a)\dot{I}\end{aligned} \tag{3-45}$$

式中：$R_a = R_1 + R_2$，为反向串联时的等效电阻；$L_a = L_1 + L_2 - 2M$，为反向串联时的等效电感，即反向串联时具有削弱电感的作用，这种作用也称为“容性效应”。

可以利用线圈的顺向串联与反向串联来测定同名端与互感系数。

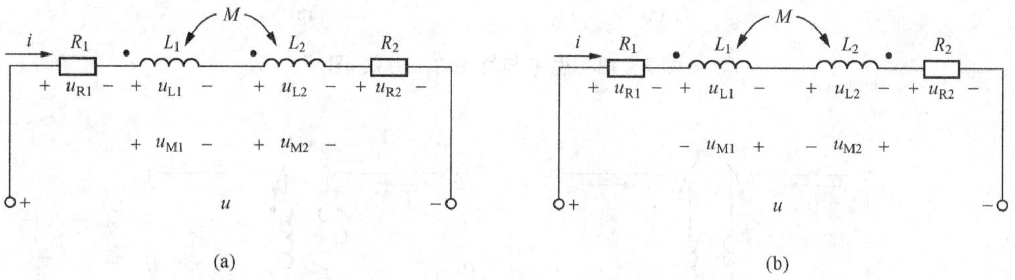

图 3-50　互感线圈的串联

(a) 顺向串联；(b) 反向串联

【例 3-24】 将两个线圈串联后接到工频、60V 的正弦电压上，测得电流为 2A，功率为 96W；将一个线圈两端钮调换，重新串联，测得电流为 2.4A，试判定同名端并计算互感系数 M。

解 由于顺向串联时的等效电感 L_P 大于反向串联时的等效电感 L_a，因此

$$|Z_P| > |Z_a|$$

$$\frac{U}{I_P} > \frac{U}{I_a}$$

$$I_P < I_a$$

上式表明，在所加电压相同的情况下，顺向串联时的电流小。因此，电流为 2A 时为顺向串联，两个线圈连接的端子为异名端。顺向串联时

$$P = I_P^2 R_P = 2^2 R_P = 96\ \text{W}$$

则等效电阻为

$$R_P = 96/4 = 24(\Omega)$$

等效阻抗为

$$|Z_P| = \sqrt{R_P^2 + (\omega L_P)^2} = \sqrt{24^2 + (314L_P)^2} = \frac{U}{I_P} = \frac{60}{2}(\Omega)$$

可得

$$L_P = 57.3\text{mH}$$

反向串联时，等效电阻为

$$R_a = R_P = 24\Omega$$

等效阻抗为

$$|Z_a| = \sqrt{R_a^2 + (\omega L_a)^2} = \sqrt{24^2 + (314L_a)^2} = \frac{U}{I_a} = \frac{60}{2.4}(\Omega)$$

可得

$$L_a = 22.3\text{mH}$$

而

$$L_P - L_a = 4M = 57.3 - 22.3 = 35(\text{mH})$$

故

$$M = 8.75\text{mH}$$

二、互感线圈的并联

1. 同侧并联

将互感线圈的同名端相连，如图 3-51（a）所示，称同侧并联。

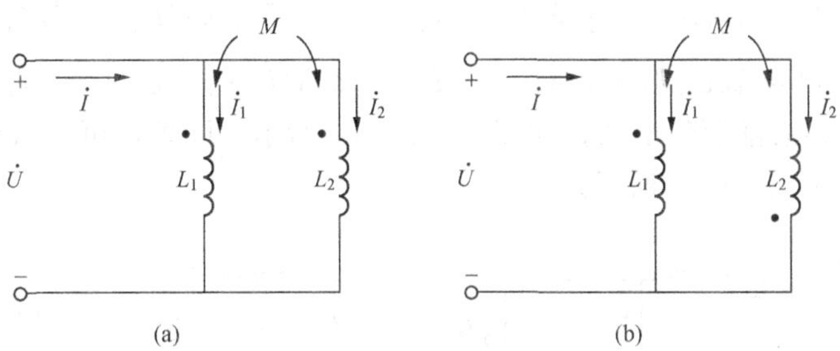

图 3-51　互感线圈的并联

（a）同侧并联；（b）异侧并联

图 3-51 所示参考方向下，列方程得

$$\begin{cases} \dot{I} = \dot{I}_1 + \dot{I}_2 \\ \dot{U} = \text{j}\omega L_1 \dot{I}_1 + \text{j}\omega M \dot{I}_2 \\ \dot{U} = \text{j}\omega L_2 \dot{I}_2 + \text{j}\omega M \dot{I}_1 \end{cases} \tag{3-46}$$

此时，等效复阻抗为

$$Z = \frac{\dot{U}}{\dot{I}} = \text{j}\omega \frac{L_1 L_2 - M^2}{L_1 + L_2 - 2M}$$

因此，等效电感为

$$L_t = \frac{L_1 L_2 - M^2}{L_1 + L_2 - 2M} \tag{3-47}$$

2. 异侧并联

将互感线圈的异名端相连，如图 3-51（b）所示，称异侧并联。

图 3-51（b）所示参考方向下，列方程得

$$\begin{cases} \dot{I} = \dot{I}_1 + \dot{I}_2 \\ \dot{U} = \text{j}\omega L_1 \dot{I}_1 - \text{j}\omega M \dot{I}_2 \\ \dot{U} = \text{j}\omega L_2 \dot{I}_2 - \text{j}\omega M \dot{I}_1 \end{cases} \tag{3-48}$$

此时，等效复阻抗为

$$Z = \frac{\dot{U}}{\dot{I}} = \text{j}\omega \frac{L_1 L_2 - M^2}{L_1 + L_2 + 2M}$$

因此，等效电感为

$$L_y = \frac{L_1L_2 - M^2}{L_1 + L_2 + 2M} \tag{3-49}$$

以上结论也可由去耦等效得到。

三、互感线圈的去耦等效

通过电路的等效变换将互感线圈间的耦合去掉，将其等效为一个电感，或者相互间没有互感的几个电感，这样的变换称为去耦等效。前面分析的互感线圈的串联和并联，都是等效成一个电感，有时也可以等效成几个电感。以同侧并联为例进行分析，将式（3-46）的方程组变形为

$$\begin{cases}\dot{U} = j\omega L_1\dot{I}_1 + j\omega M(\dot{I} - \dot{I}_1) = j\omega M\dot{I} + j\omega(L_1 - M)\dot{I}_1 \\ \dot{U} = j\omega L_2\dot{I}_2 + j\omega M(\dot{I} - \dot{I}_2) = j\omega M\dot{I} + j\omega(L_2 - M)\dot{I}_2\end{cases} \tag{3-50}$$

根据方程组找到去耦等效电路，如图 3-52（a）所示；同理，可分析得出异侧并联的去耦等效电路，如图 3-52（b）所示。

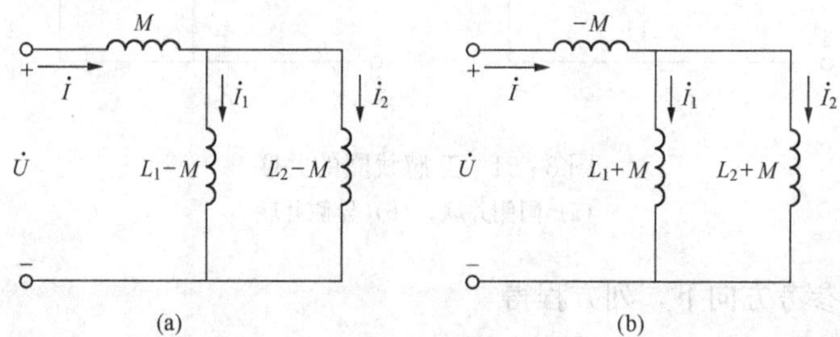

图 3-52　并联互感的去耦等效

（a）同侧并联；（b）异侧并联

此外，也可由此等效电路直接求等效电感。如图 3-52（a）中，等效电感为

$$\begin{aligned} L &= M + (L_1 - M)//(L_2 - M) \\ &= M + \frac{(L_1 - M)(L_2 - M)}{L_1 + L_2 - 2M} \\ &= \frac{L_1L_2 - M^2}{L_1 + L_2 - 2M} \end{aligned}$$

求解过程和电阻的串并联类似。

有时会遇到互感线圈仅有一端相连的情况，如图 3-53 所示，分为同侧相连和异侧相连。

用 KVL 列方程，有

$$\begin{cases}\dot{I} = \dot{I}_1 + \dot{I}_2 \\ \dot{U}_{13} = j\omega L_1\dot{I}_1 \pm j\omega M\dot{I}_2 \\ \dot{U}_{23} = j\omega L_2\dot{I}_2 \pm j\omega M\dot{I}_1\end{cases}$$

将方程变形为

$$\begin{cases}\dot{U}_{13} = j\omega L_1\dot{I}_1 \pm j\omega M(\dot{I} - \dot{I}_1) = \pm j\omega M\dot{I} + j\omega(L_1 \mp M)\dot{I}_1 \\ \dot{U}_{23} = j\omega L_2\dot{I}_2 \pm j\omega M(\dot{I} - \dot{I}_2) = \pm j\omega M\dot{I} + j\omega(L_2 \mp M)\dot{I}_2\end{cases}$$

分析得出去耦等效电路，如图 3-54 所示。

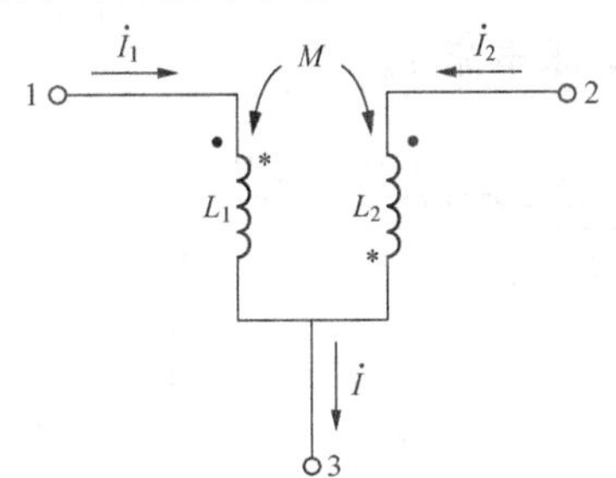

图 3-53　一端相连的互感线圈

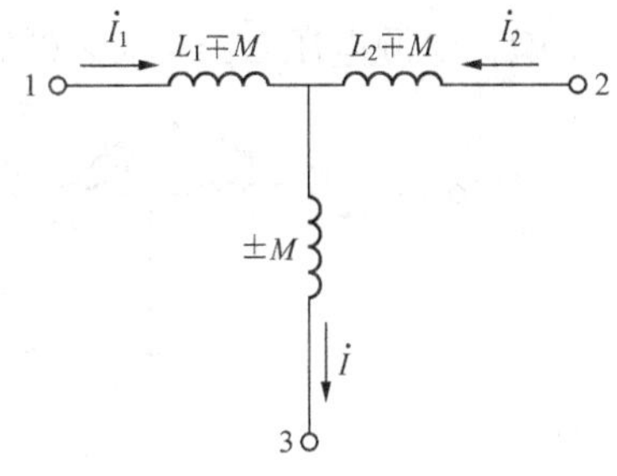

图 3-54　一端相连互感线圈的去耦等效电路

【例 3-25】 图 3-55 所示电路中，$L_1=12\text{mH}$，$L_2=20\text{mH}$，耦合电感的耦合系数 $K=0.8$。当线圈 2 短接时，求线圈 1 端口的等效电感 L。

解　解法一：用相量法分析，有

$$\begin{cases}\dot{U}_1 = \mathrm{j}\omega L_1 \dot{I}_1 + \mathrm{j}\omega M \dot{I}_2 \\ \mathrm{j}\omega L_2 \dot{I}_2 + \mathrm{j}\omega M \dot{I}_1 = 0\end{cases}$$

由第二式得

$$\dot{I}_2 = -\frac{M}{L_2}\dot{I}_1$$

代入第一式，求等效复阻抗，即

$$\dot{U}_1 = \mathrm{j}\omega L_1 \dot{I}_1 + \mathrm{j}\omega M \dot{I}_2 = \mathrm{j}\omega L_1 \dot{I}_1 - \mathrm{j}\omega \frac{M^2}{L_2}\dot{I}_1$$

$$Z = \frac{\dot{U}_1}{\dot{I}_1} = \mathrm{j}\omega\left(L_1 - \frac{M^2}{L_2}\right)$$

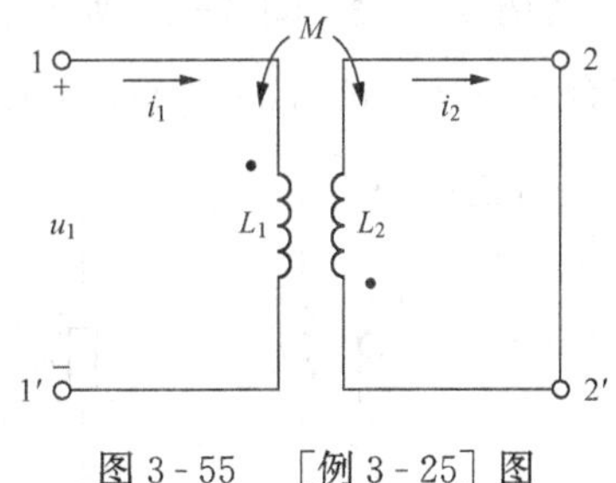

图 3-55　［例 3-25］图

等效电感为

$$L = L_1 - \frac{M^2}{L_2}$$

解法二：用去耦等效法。首先将 1′、2′短接，由于短接后两线圈电压、电流关系不变，因此和原电路等效，再画出该电路的去耦等效电路，如图 3-56 所示，等效电感为

$$L = (L_1 + M) + (L_2 + M)//(-M) = L_1 + M + \frac{-M(L_2+M)}{L_2} = L_1 - \frac{M^2}{L_2}$$

$$M = K\sqrt{L_1 L_2} = 0.8\sqrt{12 \times 20 \times 10^{-6}} = 12.4(\text{mH})$$

$$L = L_1 - \frac{M^2}{L_2} = 12 - \frac{12.4^2}{20} = 4.3(\text{mH})$$

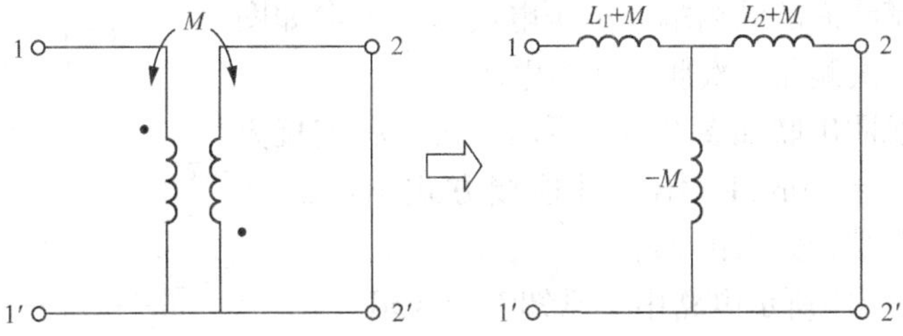

图 3-56　［例 3-25］解法二——去耦等效法示意图

【例 3-26】 图 3-57 所示电路中，已知 $X_{L1}=10\Omega$，$X_{L2}=20\Omega$，$X_C=5\Omega$，耦合线圈互感抗 $X_M=10\Omega$，电源电压 $\dot{U}_s=20\angle 0°\text{V}$，$R_L=30\Omega$，求电流 $\dot{I}$。

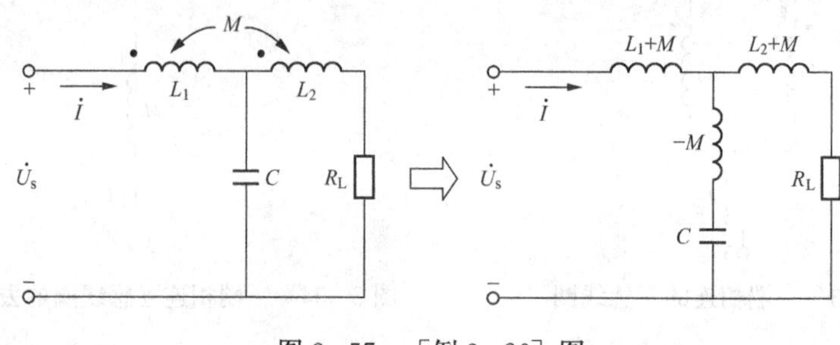

图 3-57 ［例 3-26］图

解 将原电路用去耦等效法消去互感，如图 3-57 所示。据此，可写出电路的等效复阻抗为

$$Z=\text{j}20+(-\text{j}15)//(30+\text{j}30)=\frac{10+\text{j}10}{2+\text{j}}(\Omega)$$

电路中的电流为

$$\dot{I}=\frac{\dot{U}_s}{Z}=\frac{20}{10+\text{j}10}\times(2+\text{j})=3.16\angle-18.4°(\text{A})$$

【例 3-27】 图 3-58 所示电路中，已知 $R_1=10\Omega$，$X_{L1}=25\Omega$，$R_2=20\Omega$，$X_{L2}=40\Omega$，耦合线圈互感抗 $X_M=30\Omega$，电压 $\dot{U}=100\angle 0°\text{V}$，求电流 $\dot{I}_1$、$\dot{I}_2$。

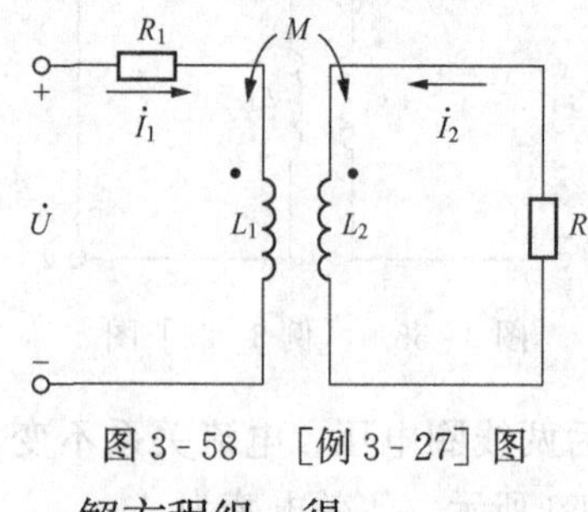

图 3-58 ［例 3-27］图

解 根据电路图及电压电流参考方向，列方程得

$$\begin{cases}\dot{U}=(R_1+\text{j}X_{L1})\dot{I}_1+\text{j}X_M\dot{I}_2\\(R_2+\text{j}X_{L2})\dot{I}_2+\text{j}X_M\dot{I}_1=0\end{cases}$$

代入数值，得

$$\begin{cases}100=(10+\text{j}25)\dot{I}_1+\text{j}30\dot{I}_2\\(20+\text{j}40)\dot{I}_2+\text{j}30\dot{I}_1=0\end{cases}$$

解方程组，得

$$\begin{cases}\dot{I}_1=4.94\angle-20°\text{A}\\\dot{I}_2=3.32\angle-173.4°\text{A}\end{cases}$$

思考与练习

3-11-1 互感线圈的同名端及电压电流参考方向如图 3-59 所示，写出一次侧和二次侧的回路电压方程。

3-11-2 两线圈串联如图 3-60 所示，第一种连接方式下，等效电感 $L_{ad}=30\text{mH}$；第二种连接方式下，$L_{ac}=50\text{mH}$。试标出同名端，并求出 M。

3-11-3 图 3-61 所示电路中，已知 $L_1=4\text{mH}$，$L_2=9\text{mH}$，$M=3\text{mH}$，求开关 S 打开和闭合两种情况下的等效

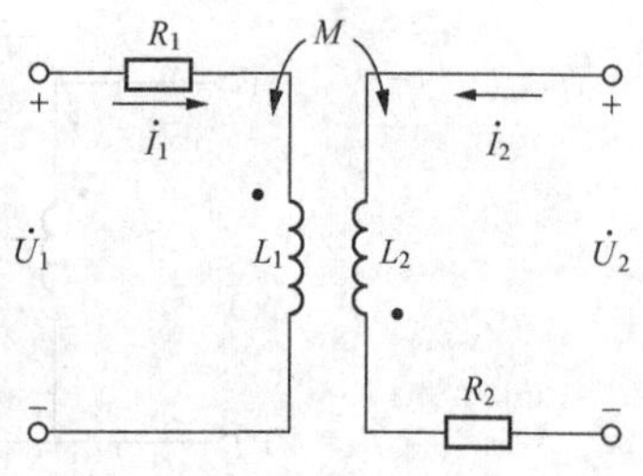

图 3-59 思考与练习 3-11-1 图

电感 L_{ab}。

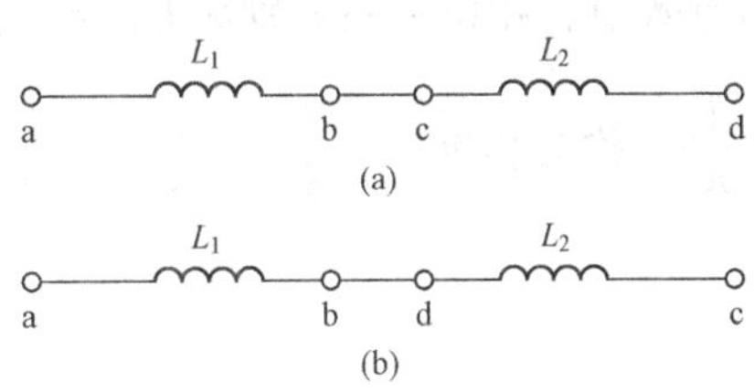

图 3-60　思考与练习 3-11-2 图

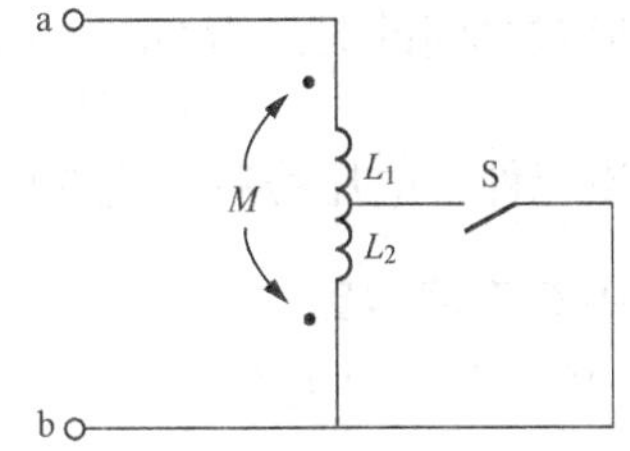

图 3-61　思考与练习 3-11-3 图

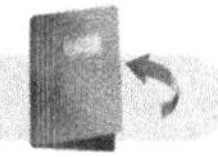

本章小结

一、正弦量的基本概念

1. 正弦量的三要素

（1）最大值。正弦量在变化过程中所能达到的最大数值。

（2）角频率。正弦函数在单位时间内变化的角度（弧度数）。

（3）初相（角）。$t=0$（计时起点）时的相位角 ψ。

2. 正弦量的有效值

在热效应方面与交流量等效的直流量的数值，称为交流量的有效值。以电流为例，定义式为 $I=\sqrt{\frac{1}{T}\int_0^T i^2 \mathrm{d}t}$。正弦量的有效值 $U=\frac{U_m}{\sqrt{2}}$，$I=\frac{I_m}{\sqrt{2}}$。

3. 同频正弦量的相位差

同频正弦量的相位差是指两个同频率正弦量的相位角之差，数值上等于初相之差，用 φ 表示，$\varphi_{12}=\psi_1-\psi_2$。根据相位差的值，可将相位关系分为同相、超前、滞后、反相、正交。相位差反映了几个正弦量到达零值或最大值的先后顺序。

二、正弦量的相量表示

用来表示正弦量的复数称为相量。表示方法：用复数的模表示正弦量的最大值（或有效值），用复数的辐角表示正弦量的初相。常用有效值相量，记作 $\dot{I}=I\angle\psi$。相量是代替正弦量用来进行计算的，并不等于正弦量。

表示正弦量的复数在复平面的矢量图称为相量图。相量图常用来作辅助分析。

基尔霍夫定律在正弦交流电路中仍适用，并可表示为相量形式。

三、正弦交流电路中的单一元件

1. 电阻元件

相量形式之间的关系为 $\dot{U}_R=R\dot{I}$，表明有效值、相位关系分别为 $U_R=RI$，$\psi_u=\psi_i$，该元件上电压、电流同相。

2. 电感元件

相量形式之间的关系为 $\dot{U}_L=\mathrm{j}\omega L\dot{I}$，表明有效值、相位关系分别为 $U_L=\omega LI$，$\psi_u=\psi_i+\frac{\pi}{2}$，该元件上电压超前电流 90°，其中 $X_L=\omega L$，称为感抗。

3. 电容元件

相量形式之间的关系为 $\dot{U}_C = -j\dfrac{1}{\omega C}\dot{I}$，表明有效值、相位关系分别为 $U_C = \dfrac{1}{\omega C}I$，$\psi_i = \psi_u + \dfrac{\pi}{2}$，该元件上电压滞后电流 90°，其中 $X_C = \dfrac{1}{\omega C}$，称为容抗。

四、*RLC* 串联电路

1. 电压、电流的关系

相量关系 $\dot{U} = [R + j(X_L - X_C)]\dot{I}$，表明有效值、相位关系分别为 $U = I\sqrt{R^2 + X^2}$，$\psi_u = \psi_i + \arctan\dfrac{X}{R}$，电压、电流相位关系由 $X = X_L - X_C$ 的正负决定。

2. 复阻抗

单相正弦交流电路端口电压相量与电流相量的比值称为复阻抗，用 Z 表示，$Z = \dfrac{\dot{U}}{\dot{I}}$。对于 *RLC* 串联的电路，其复阻抗为 $Z = |Z|\angle\varphi = R + jX$。复阻抗的模称为阻抗，用 $|Z|$ 表示，$|Z| = \sqrt{R^2 + X^2} = \dfrac{U}{I}$；复阻抗的辐角称为阻抗角，用 φ 表示，$\varphi = \arctan\dfrac{X}{R} = \psi_u - \psi_i$。

3. 电路的性质

（1）感性。当 $X_L > X_C$ 时，$U_L > U_C$，$X > 0$，阻抗角 $\varphi > 0$，电压超前电流，称为感性电路。

（2）容性。当 $X_L < X_C$ 时，$U_L < U_C$，$X < 0$，阻抗角 $\varphi < 0$，电压滞后电流，称为容性电路。

（3）电阻性。当 $X_L = X_C$ 时，$U_L = U_C$，$X = 0$，阻抗角 $\varphi = 0$，电压、电流同相，称为电阻性电路，也叫串联谐振电路。

无论电路是什么连接方式，都可以根据阻抗角 φ 的正负确定电路的性质。

五、正弦交流电路的功率

1. 平均功率

瞬时功率在一个周期内的平均值称为平均功率，用大写字母 P 表示。$P = \dfrac{1}{T}\int_0^T p(t)\mathrm{d}t = UI\cos\varphi$，也称为有功功率，单位为瓦特（W）。

2. 无功功率

无功功率是指能量交换的最大速率，用大写字母 Q 表示，$Q = UI\sin\varphi$。Q 的值可正可负。$Q > 0$，为感性无功；$Q < 0$，为容性无功。无功功率的单位为乏（var）。

3. 视在功率

二端网络端口电压有效值与电流有效值的乘积称为视在功率，用大写字母 S 表示，$S = UI$，单位为伏安（V·A）。

4. 功率因数

$\cos\varphi$ 称为功率因数，φ 角称为功率因数角，且 $\cos\varphi = \dfrac{P}{S}$。

3 个单一元件的功率情况为：

（1）电阻元件　$\varphi = 0$，$P = UI = I^2R$，$Q = 0$，$S = UI = P$，$\cos\varphi = 1$。

（2）电感元件　$\varphi=\frac{\pi}{2}$，$P=0$，$Q=UI=I^2X_L$，$S=UI=Q$，$\cos\varphi=0$。

（3）电容元件　$\varphi=-\frac{\pi}{2}$，$P=0$，$Q=-UI=-I^2X_L$，$S=UI=Q_C$，$\cos\varphi=0$。

这表明电阻是耗能元件，电感与电容是储能元件。

5. 复功率

将二端网络电压相量与电流相量的共轭复数的乘积定义为该网络的复功率，用 $\widetilde{S}$ 表示。选取 $\dot{U}$、$\dot{I}$ 为关联参考方向时，$\widetilde{S}=\dot{U}\overset{*}{I}=S\angle\varphi=P+\mathrm{j}Q$。复功率是用来作功率计算的辅助工具。

六、正弦交流电路的分析方法

1. 相量分析法

将正弦电源用相量表示，电阻、电感、电容等负载用复阻抗表示，并用复数对正弦交流电路进行分析计算的方法。

简单正弦交流电路，用复阻抗的串联、并联、混联求等效复阻抗，再作计算。计算公式与直流电路相似，区别是电阻换成复阻抗，电源换成相量形式。

复杂正弦交流电路，用网络分析法或电路的定理、定律分析计算，只是表示时也要将电阻换成复阻抗，电源换成相量形式。

2. 相量图辅助分析

用相量图分析电路的基本方法是：先选定参考量，再根据电路结构及参数性质确定各支路中电压、电流的相位关系并画在相量图上，最后用几何知识对相量图进行定量计算，求出未知量。选择参考相量遵循的原则：若电路结构整体上看为串联，就选电流作参考相量；若电路结构整体上看为并联，就选电压作参考相量。

七、谐振

1. 串联谐振

RLC 串联的电路，一定条件下，端口电压、电流出现同相，称为串联谐振。

（1）条件为 $\omega L=\frac{1}{\omega C}$。

（2）特点：①阻抗最小，$Z_0=R$；②电流最大，$I_0=\frac{U}{R}$；③电感、电容上可能产生过电压，$U_L=U_C=QU$，$Q=\frac{\rho}{R}$称为品质因数，Q 的值介于几十到几百之间；④电路与电源之间没有能量交换，能量交换在电感与电容之间进行。

（3）谐振曲线：RLC 串联的电路中，当电源电压的有效值一定，而频率变化时，电路中的感抗、容抗、阻抗角、电流、电压等各量随频率变化的关系称为频率特性，其中，电流有效值 I 随角频率 ω 变化的曲线叫做谐振曲线。

2. 并联谐振

LC 并联的电路，一定条件下，端口电压、电流出现同相，称为并联谐振。以 R、L 串联再与 C 并联的电路为例。

（1）条件为 $C=\frac{L}{R^2+\omega^2L^2}$。

（2）特点：①阻抗最大，$Z_0=\frac{L}{RC}$；②电流最小，$I_0=\frac{R}{R^2+\omega^2L^2}U=\frac{RC}{L}U$；③电感、电容上可能产生过电流，$I_L=I_C=QI$；④电路与电源之间没有能量交换，能量交换在电感与电容之间进行。

八、互感元件

1. 互感元件

（1）$M_{12}=\frac{\psi_{12}}{i_2}$，$M_{21}=\frac{\psi_{21}}{i_1}$，互感的单位是亨利（H）。$M=K\sqrt{L_1L_2}$，$K$ 为耦合系数。

（2）同名端。将两个电流分别通入互感线圈的两线圈中，若它们产生的磁通相互间是加强的，则通入电流的两个端钮即为同名端；若产生的磁场相互是削弱的，则这两个端钮为异名端。

（3）互感元件上电压、电流的关系。设互感电压与引起它的电流的参考方向对同名端一致，则 $u_{M1}=M\frac{di_2}{dt}$，$u_{M2}=M\frac{di_1}{dt}$。

2. 互感元件的连接

（1）串联。顺向串联时，等效电感 $L_P=L_1+L_2+2M$；反向串联时，等效电感$L_P=L_1+L_2-2M$。

（2）并联。同测串联时，等效电感，$L_t=\frac{L_1L_2-M^2}{L_1+L_2-2M}$；异侧串联时，等效电感，$L_y=\frac{L_1L_2-M^2}{L_1+L_2+2M}$。

3. 去耦等效

（1）并联。去耦等效电路如图 3-52 所示。

（2）一端相连。去耦等效电路如图 3-54 所示。

习 题 三

3-1 已知正弦电流 i 的频率 $f=50\text{Hz}$，$t=0$ 时，$I=5\sqrt{3}\text{A}$，$t=\frac{1}{600}\text{s}$ 时，$I=10\text{A}$。试求该正弦电流的振幅 I_m、初相 ψ_i，并写出它的解析式。

3-2 电压、电流关联参考方向下，$i(t)=10\sqrt{2}\sin(100\pi t+30°)$ A，$u(t)=100\sqrt{2}\sin(100\pi t+60°)$ V。试完成：（1）指出它们的三要素；（2）计算相位差；（3）$t=5\text{ms}$ 时，计算电压、电流的值并判断它们的实际方向；（4）如果电流参考方向改变，重写电流瞬时值的表达式。

3-3 已知某电压有效值为 300V，频率为 60Hz，初相为$-\frac{\pi}{3}$，试写出其表达式并画出波形图。

3-4 图 3-62 所示为电压、电流波形图，试写出其表达式，并计算相位差，说明相位关系。

3-5 写出下列各相量对应的正弦量，并画出相量图：（1）$\dot{I}=5-j5$；（2）$\dot{U}=120e^{j90°}$；

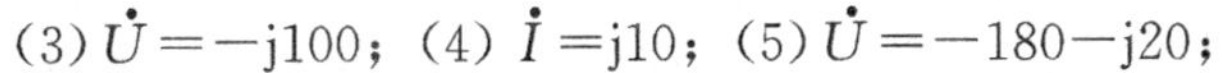
(3) $\dot{U}=-\mathrm{j}100$；(4) $\dot{I}=\mathrm{j}10$；(5) $\dot{U}=-180-\mathrm{j}20$；(6) $\dot{I}=10\angle 60°$；　(7) $\dot{I}=2\angle -\frac{\pi}{6}$；(8) $\dot{U}=50\angle -\frac{4\pi}{3}$。

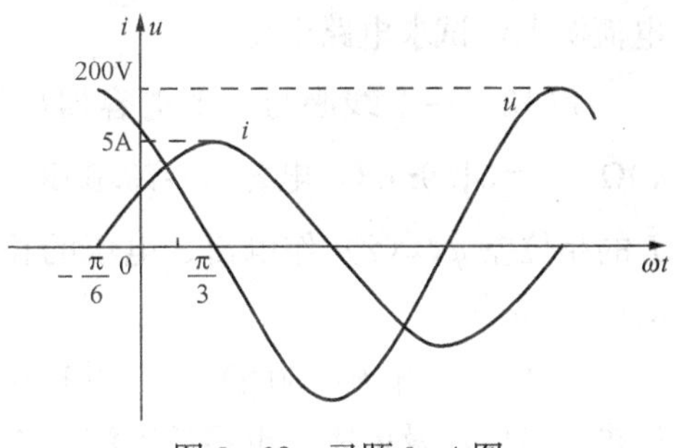

图 3-62　习题 3-4 图

3-6　写出下列正弦量对应的相量，并画出相量图，说明它们的相位关系：(1) $i(t)=7.07\sin(100\pi t+30°)$ A，$u(t)=311\sin(100\pi t+120°)$ V；　(2) $i(t)=10\sqrt{2}\sin(100\pi t-30°)$ A，$u(t)=200\sqrt{2}\sin\left(100\pi t-\frac{4\pi}{3}\right)$ V；(3) $i(t)=5\sqrt{2}\sin\left(\omega t+\frac{2\pi}{3}\right)$ A，$u(t)=300\cos\omega t$ V。

3-7　3 个同频率正弦电压：$u_1=220\sqrt{2}\sin\omega t$ V，$u_2=220\sqrt{2}\sin(\omega t-120°)$ V，$u_3=220\sqrt{2}\sin(\omega t+120°)$ V，试用相量图求：　(1) $\dot{U}_1+\dot{U}_2+\dot{U}_3$；(2) $\dot{U}_1-\dot{U}_2$；(3) $\dot{U}_2-\dot{U}_3$；(4) $\dot{U}_3-\dot{U}_1$。

3-8　一个工频正弦电压源 $\dot{U}=60\angle -\frac{\pi}{3}$V。若将它分别作用于下列各元件上，试求各电流相量，并画出相量图：(1) $R=120\Omega$；(2) $L=0.12$H；(3) $C=500\mu$F。

3-9　一个 220V、40W 的灯泡，现将它接到电压为 $u(t)=311\sin\left(100\pi t+\frac{2\pi}{3}\right)$ V 的电源上，试完成：(1) 写出电流解析式；(2) 求一昼夜消耗的电能；(3) 电压降低 20V，求它的电流与功率。

3-10　一个 $L=127$mH 的电感元件，外加电压 $u=220\sqrt{2}\sin(314t+30°)$ V，u 和 i 取关联参考方向，试求 i 并画电压、电流的相量图。

3-11　$C=100\mu$F 的电容元件，接于 $u=100\sqrt{2}\sin(314t+30°)$ V 的电源上，试求容抗 X_C、关联参考方向下的电流 i，并画出相量图。

3-12　一个 $C=0.02\mu$F 的电容器，接在 $\omega=10^6$ rad/s 的正弦电路中，已知电容两端电压有效值为 100V，初相为 60°。试求电路电流 $\dot{I}$，写出电流解析式 $i(t)$，并画出电压、电流相量图。

3-13　在一电感元件两端加 $f=50$Hz、$U=100$V 的正弦电压，测得电流为 10A。试完成：(1) 计算该电感元件的电感 L；(2) 若在该电感元件两端加 $f'=1000$Hz、$U=100$V 的正弦电压，求电感元件的电流 I'。

3-14　RL 串联电路的 $R=22\Omega$、$L=0.5$H。试求：(1) 电路接到电压为 220V 的直流电压源时的电阻电压 U_R；(2) 电路接到电压为 220V 的工频正弦电压源时的电阻电压 U_R。

3-15　一个电感线圈，接到电压为 120V 的直流电源时，电流为 20A；接到频率为 50Hz、电压为 220V 的正弦交流电源时，电流为 28.2A，试求该线圈的电阻 R 和电感 L。

3-16　已知 RLC 串联电路端口正弦电压的有效值为 100V，$U_{RL}=150$V，$U_C=200$V，$f=50$Hz，$X_C=100\Omega$，试求 R 和 L。

3-17　$R=7.5\Omega$、$L=6$mH、$C=5\mu$F 的串联电路接到 $I_s=0.1$A、$\omega=5000$rad/s 的正弦

电流源上，试求电路电压。

3-18 一个线圈与一个电容器串联，外接电压 $u=220\sqrt{2}\sin 314t$ V。已知线圈的 $R=40\Omega$、$L=31.9$mH，电容 $C=79.6\mu$F。试完成：（1）求 $\dot{I}$、$\dot{U}_R$、$\dot{U}_L$、$\dot{U}_C$ 及电压 $\dot{U}$ 超前电流 $\dot{I}$ 的相位差 φ；（2）作电流、电压的相量图；（3）写出电流、电压的解析式 $i(t)$、$u_R(t)$、$u_L(t)$、$u_C(t)$。

3-19 已知 $R=500\Omega$、$C=2\mu$F 并联电路的端口电流 $i(t)=100\sqrt{2}\sin(1000t+10°)$ mA，试求端口电压及电阻、电容的电流，并作相量图。

3-20 无源二端网络，端口电压电流解析式如下，试求其等效复阻抗及等效电路参数：

（1）$i(t)=7.07\sin(100\pi t+30°)$ A，$u(t)=311\sin(100\pi t+120°)$ V。

（2）$i(t)=10\sqrt{2}\sin(100\pi t-30°)$ A，$u(t)=200\sqrt{2}\sin\left(100\pi t-\frac{\pi}{3}\right)$ V。

（3）$i(t)=5\sqrt{2}\sin\left(1000t-\frac{\pi}{3}\right)$ A，$u(t)=30\sqrt{2}\sin\left(1000t+\frac{\pi}{6}\right)$ V。

3-21 用相量图求图 3-63 中各电流表的读数，各支路电流表的读数均为 3A。

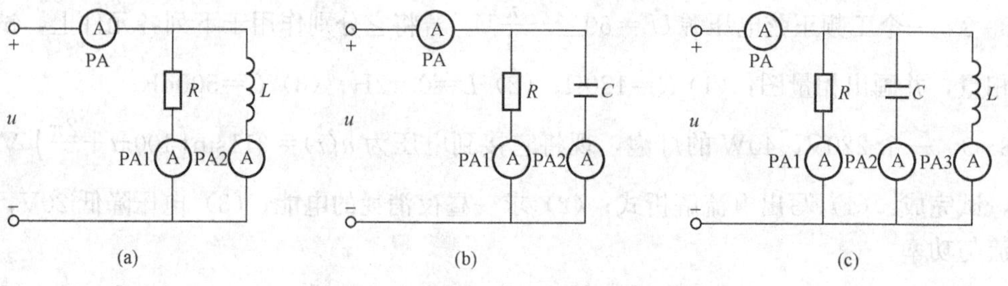

图 3-63 习题 3-21 图

3-22 用相量图求图 3-64 中各电压表的读数，各元件上电压表读数均为 50V。

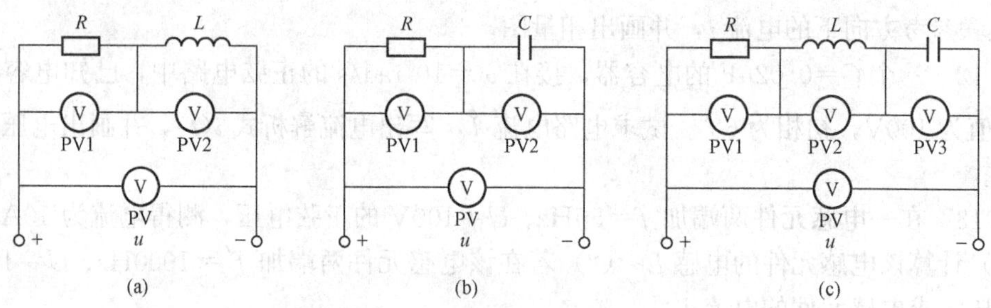

图 3-64 习题 3-22 图

3-23 $R=10\Omega$、$L=10$mH、$C=50\mu$F 的 3 个元件串联，外接 $u=100\sqrt{2}\sin(2000t+60°)$ V 的电压，试求电路的 P、Q、S。

3-24 有一个 $U=220$V、$P=40$W、$\cos\varphi=0.443$ 的荧光灯，为了提高功率因数，与它并联一个 $C=4.75\mu$F 的电容器。试求并联电容后电路的电流和功率因数（$f=50$Hz）。

3-25 一台发电机的容量为 25kV・A，供电给功率为 14kW、功率因数为 0.8 的电动机，试问：（1）还可以供应几盏 25W 的白炽灯用电？（2）如设法将电动机的功率因数提高到 0.9，可以多供应几盏 25W 的白炽灯用电？

3-26　3 个负载 Z_A、Z_B、Z_C 并联接在 $U=100V$ 的正弦交流电源上。已知，负载 Z_A 的电流为 10A，功率因数为 0.8（滞后）；负载 Z_B 的电流为 2A，功率因数为 0.6（超前）；负载 Z_C 的电流为 4A，功率因数为 1。试求整个电路的有功功率、无功功率、视在功率及电路的总电流。

3-27　教学楼有 500 只 40W 的荧光灯，平均功率因数为 0.5，供电线路电压 $U=220V$、$f=50Hz$，试完成：(1) 求线路电流 I_1 及功率 P_1、Q_1、S_1；(2) 为了提高功率因数，在线路两端并联一电容值 $C=2000\mu F$ 的电容，求并联电容后线路的功率因数 $\cos\varphi_2$、电流 I_2 及功率 P_2、Q_2、S_2。

3-28　图 3-65 所示电路中，$\dot{U}=220V$，$R_1=10\Omega$，$X_1=6.28\Omega$，$R_2=20\Omega$，$X_2=31.9\Omega$，$R_3=15\Omega$，$X_3=15.7\Omega$，试求各支路电流及电路的功率 S、P、Q。

3-29　图 3-66 所示电路中，$\dot{U}_{s1}=10V$，$\dot{U}_{s2}=j10V$，$Z_1=j6\Omega$，$Z_2=j3\Omega$，$Z_3=2\Omega$，试用弥尔曼定理求 Z_3 的电流。

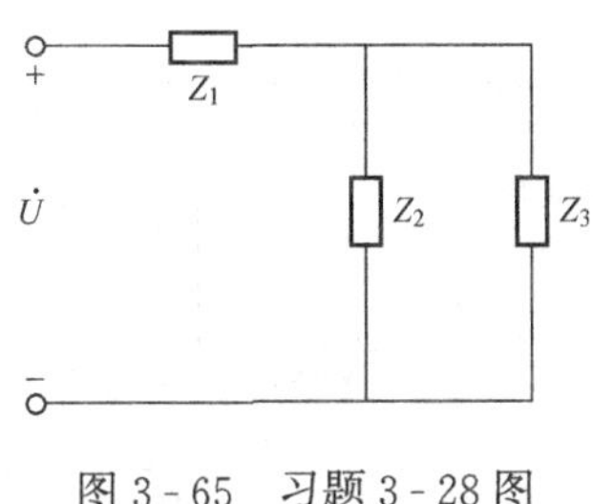

图 3-65　习题 3-28 图

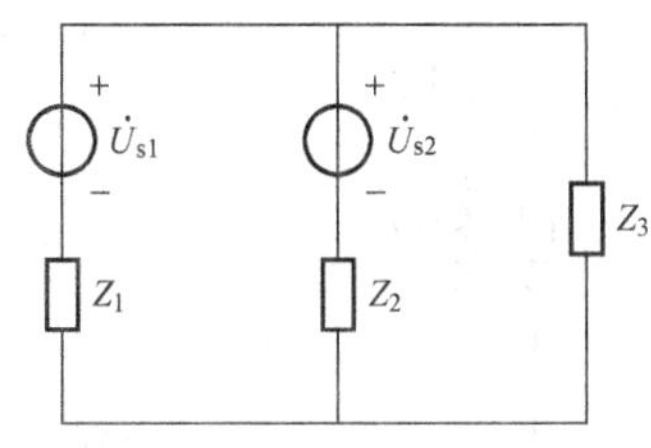

图 3-66　习题 3-29 图

3-30　图 3-67 所示电路中，$\dot{U}_s=2V$，$Z_1=j2\Omega$，$Z_2=j1\Omega$，$Z_3=4-j4\Omega$，$Z_4=j2\Omega$，$Z_5=-j1\Omega$，试用戴维南定理求 Z_3 的电流。

3-31　图 3-68 所示为 RC 移相电路，u_i 为输入电压，u_o 为输出电压。已知，$u_i=25\sqrt{2}\sin100t V$，$I=2.5mA$。欲使输出电压 u_o 比输入电压 u_i 滞后 60°，试求 R 和 C 的值。

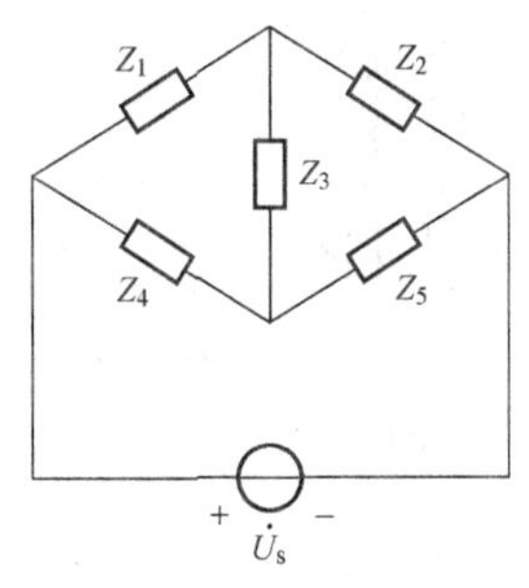

图 3-67　习题 3-30 图

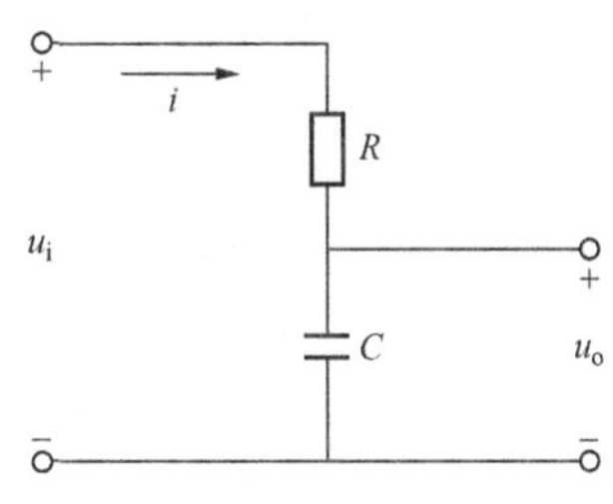

图 3-68　习题 3-31 图

3-32　图 3-69 所示电路中，$R_1=\sqrt{3}X_C$，$R_2=\sqrt{3}X_L$，$u=100\sqrt{2}\sin\omega t$ V，试求电压 u_{ab}。

3-33　图 3-70 所示工频电路中，$U=100V$，$R_3=6.5\Omega$，电压表一端固定在 a 点，另一端在并联电阻上滑动。当滑动到 b 点时，电压表的读数最小，为 30V，此时读得 $R_1=5\Omega$，$R_2=15\Omega$。试求电阻 R_4 和电感 L。

3-34 串联谐振电路中的信号源的电压为1V，频率为1MHz。调节C使回路谐振时，电流为100mA，电容电压为100V。试求回路中的R、L、C及品质因数Q。

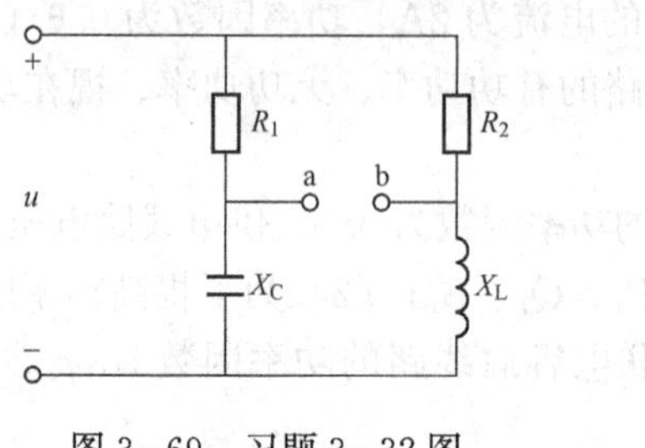

图3-69 习题3-32图

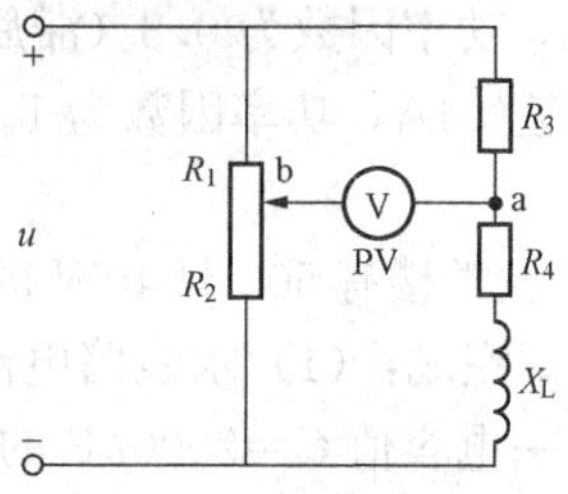

图3-70 习题3-33图

3-35 $R=2\Omega$的电阻与$L=40\text{mH}$的电感线圈串联，然后再与$C=250\text{pF}$的电容并联。试求电路的谐振频率和谐振时的复阻抗。

3-36 求图3-71所示各电路a、b间的等效电感。

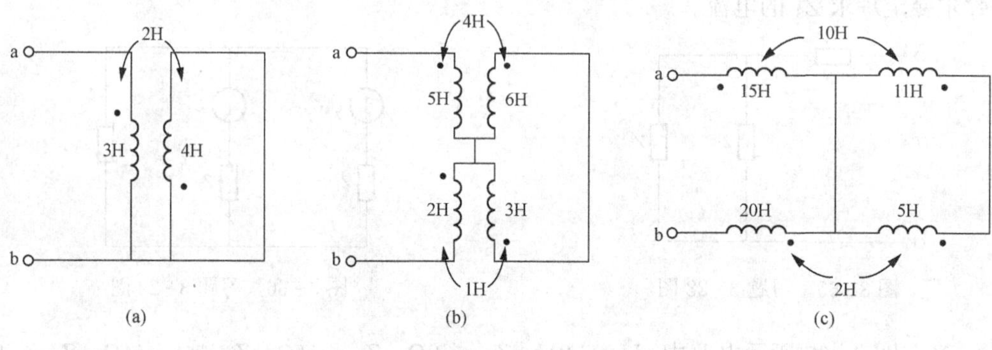

图3-71 习题3-36图

3-37 图3-72所示电路中，写出每一个互感线圈上的电压、电流的关系式。

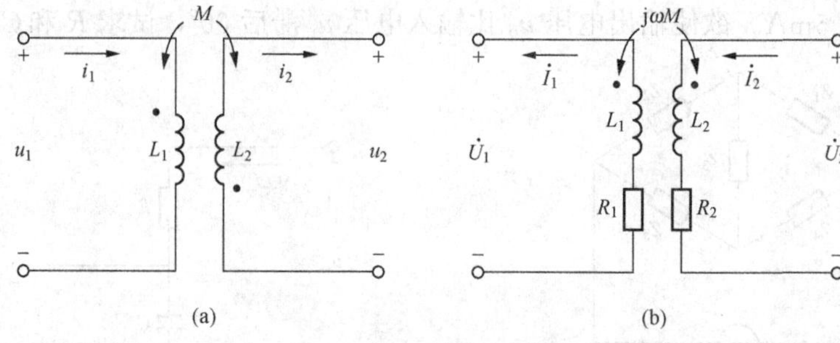

图3-72 习题3-37图

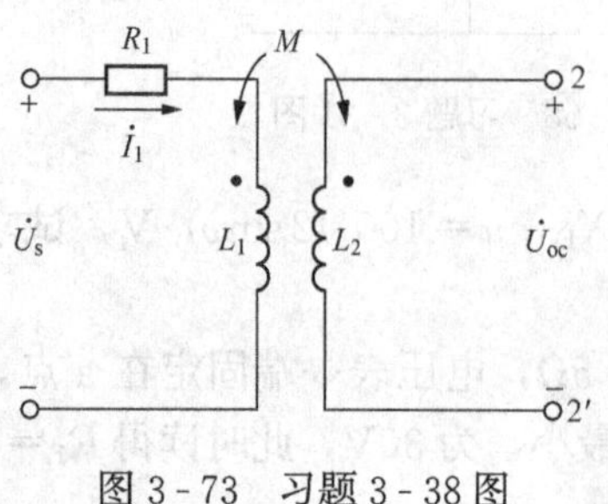

图3-73 习题3-38图

3-38 图3-73所示电路中，耦合线圈为全耦合，$R_1=10\Omega$，$X_{L1}=10\Omega$，$X_{L2}=1000\Omega$，$\dot{U}_s=10\text{V}$，试求2、2′端的开路电压$\dot{U}_{oc}$。

3-39 图3-74所示电路中，$R_1=3\Omega$，$R_2=5\Omega$，$X_{L1}=7.5\Omega$，$X_{L2}=12.5\Omega$，$X_M=6\Omega$，$\dot{U}_s=50\text{V}$，分别求开关S打开和闭合时电路中的电流$\dot{I}_1$和$\dot{I}_2$。

3-40　图 3-75 所示电路中，$R_1=7.5\Omega$，$R_2=60\Omega$，$X_{L1}=30\Omega$，$X_{L2}=60\Omega$，$X_M=30\Omega$，$X_{C1}=22.5\Omega$，$\dot{U}_s=15V$，分别求电流 $\dot{I}_1$ 和 $\dot{I}_2$。

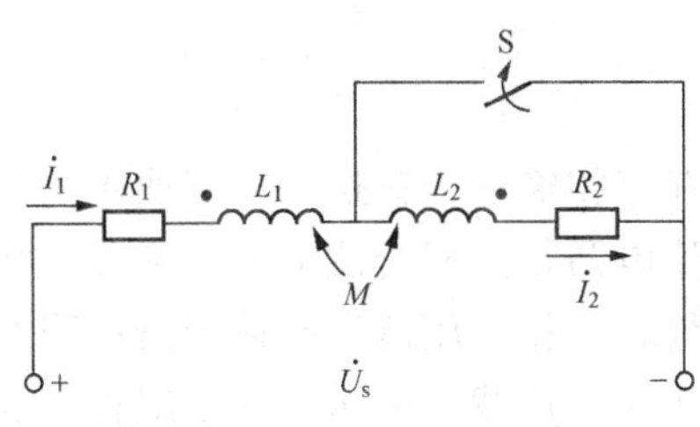

图 3-74　习题 3-39 图

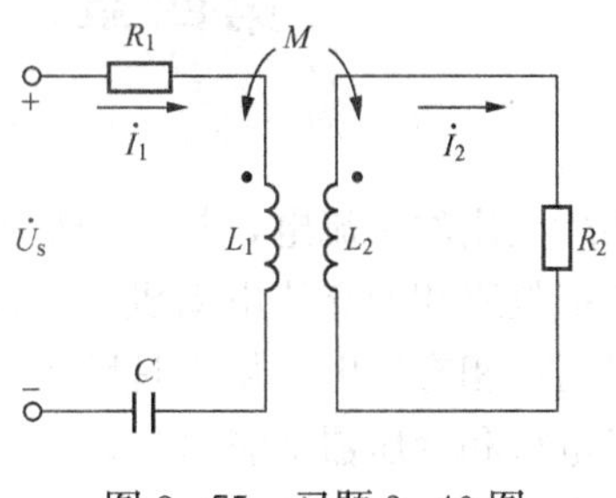

图 3-75　习题 3-40 图

第四章　三相正弦交流电路

实际应用的交流电，几乎全是由三相发电机产生和三相输电线输送的。工业用的交流电动机大都是三相的交流电动机，日常生活用的单相交流电乃是三相交流电的一部分。之所以广泛采用三相交流电，主要是因为：①制造三相发电机和三相变压器比制造容量相同的单相交流发电机和变压器节省材料；②在输电距离、输送功率、负载线电压等各情况相同的条件下，用三相输电所需输电线的金属用量仅为单相输电时的75%；③三相电流能产生旋转磁场，从而能制成结构简单、性能良好的三相异步电动机。本章主要介绍对称三相正弦量、三相电源和负载的星形连接和三角形连接、对称三相电路和不对称三相电路的特点及计算，最后简单介绍对称分量的概念。

第一节　对称三相电源及其连接方式

一、对称三相电源的产生

三相交流电是由三相发电机产生的。图4-1所示为两极三相交流发电机。

电枢上对称地安装了3个相同的绕组，即U_1U_2、V_1V_2、W_1W_2，分别称为U相绕组、V相绕组和W相绕组，统称三相绕组。每相绕组的一端称为绕组的始端（又称相头）；另一端称为绕组的末端（又称相尾），如U_1、V_1、W_1三端称为始端，则U_2、V_2、W_2三端则为末端。需要注意的是，3个始端（或末端）的位置在空间上一定要隔120°，三相交流发电机的三相绕组产生的电动势和电压如图4-2所示。

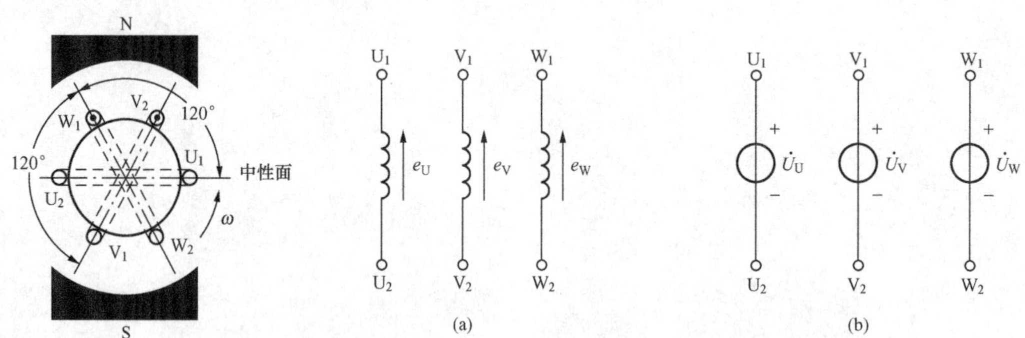

图4-1　两极三相交流发电机示意图

图4-2　三相电源电动势与电压的参考方向
（a）电动势的参考方向；（b）电压的参考方向

当转子由原动机拖动逆时针方向以ω角频率匀速转动时，三相绕组内产生的感应电动势如图4-2（a）所示，从而使每相绕组两端产生感应电压。由于三相绕组的几何形状、尺寸和匝数都完全相等，只是在空间位置上互相间隔120°，因此三相绕组产生的正弦电压幅值相等、频率相等、相位彼此相差120°。这组电压称为对称三相电压。产生这组电压的电源称为对称三相电源。

若以U相绕组的电压为参考相量，按图4-2（b）所示的参考方向，则U、V、W三相绕组的电压解析式为

$$\begin{cases} u_U = U\sqrt{2}\sin\omega t \\ u_V = U\sqrt{2}\sin(\omega t - 120°) \\ u_W = U\sqrt{2}\sin(\omega t + 120°) \end{cases} \tag{4-1}$$

它们的相量式为

$$\begin{cases} \dot{U}_U = U\angle 0° \\ \dot{U}_V = U\angle -120° = \dot{U}_U\angle -120° = \alpha^2\dot{U}_U \\ \dot{U}_W = U\angle 120° = \dot{U}_U\angle 120° = \alpha\dot{U}_U \end{cases} \tag{4-2}$$

式中：α称为120°的旋转算子，且有

$$\alpha^2 = 1\angle -120° = -\frac{1}{2} - j\frac{\sqrt{3}}{2}$$

$$\alpha = 1\angle 120° = -\frac{1}{2} + j\frac{\sqrt{3}}{2}$$

u_U、u_V、u_W随时间变化的波形图如图4-3所示。由波形图可以看出，任意时刻的电压瞬时值的和为零，即

$$u_U + u_V + u_W = 0 \tag{4-3}$$

显然，U、V、W三相电压相量之和也等于零，即

$$\dot{U}_U + \dot{U}_V + \dot{U}_W = 0 \tag{4-4}$$

对称三相正弦电压的相量图如图4-4所示。

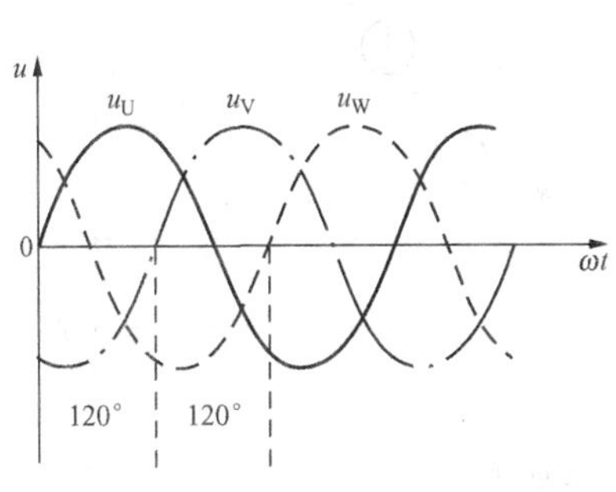

图4-3　u_U、u_V、u_W的波形图

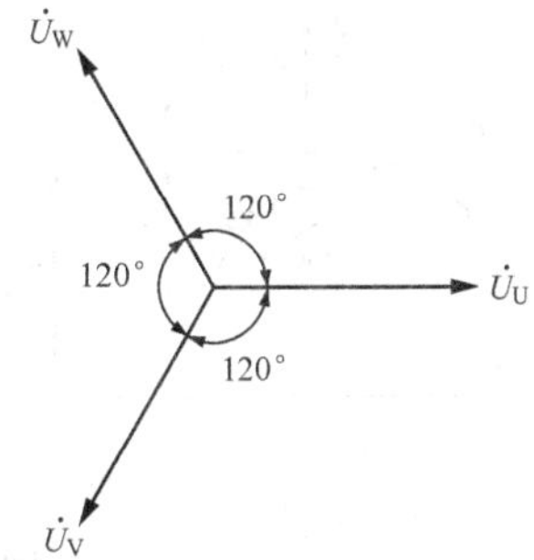

图4-4　对称三相正弦电压的相量图

二、相序

实际中，把三相电压在相位上超前或滞后的次序叫做相序。如图4-1所示，当转轴逆时针旋转时，三相绕组的电压达正幅值的顺序是U→V→W→U，称为正序（又称顺序）；若顺时针旋转，三相绕组产生的电压相序则是U→W→V→U，称为负序（或逆序）。本书如无说明，相序均指正序。

【例4-1】 U、V、W三相绕组产生的对称三相电压，已知$\dot{U}_U = 220\angle 45°$V，试写出$u_U$、$u_V$、$u_W$的解析式。

解　由$\dot{U}_U = 220\angle 45°$V，根据对称性有

$$\dot{U}_V = \dot{U}_U\angle -120° = 220\angle(45° - 120°) = 220\angle -75°V$$

$$\dot{U}_W = \dot{U}_U\angle 120° = 220\angle(45° + 120°) = 220\angle 165°V$$

各相电压的瞬时值表达式为

$$u_U = 220\sqrt{2}\sin(\omega t + 45°)\ V$$

$$u_V = 220\sqrt{2}\sin(\omega t - 75°)\ V$$

$$u_W = 220\sqrt{2}\sin(\omega t + 165°)\ V$$

最后指出，三相绕组中，U 相绕组的确定是任意的，但 U 相确定后，V、W 两相的相序是固定的，即滞后 U 相绕组 120°的为 V 相，超前 U 相绕组 120°的为 W 相。通常，在发电机三相引出线及配电装置的 3 根导线上，分别用黄（Y）、绿（G）、红（R）三种颜色表示 U、V、W 三相，很多设备也用 A、B、C 表示。相序对照明电路是没有影响的，但对于三相电动机，相序按正序连接还是负序连接，决定了电动机的旋转方向。

三、三相电源的连接

1. 电源的星形（Y）连接

把三相电源的末端 U2、V2、W2 接在一起，从 3 个始端 U1、V1、W1 引出 3 根导线与负载相连，如图 4-5（a）和图 4-5（b）所示，从始端引出的导线叫端线（相线）。3 个末端连接的公共点，叫电源中性点，用 N 表示；从中性点引出 1 根导线，叫做中性线（当中性点接地时，中性线又叫地线或零线）。由 3 根相线和 1 根零线构成的供电系统称为三相四线制，低压配电系统通常采用这种形式。单相线路就由 1 根相线和 1 根零线组成。没有中性线的三相供电系统称为三相三线制。动力用电都是三相三线制。

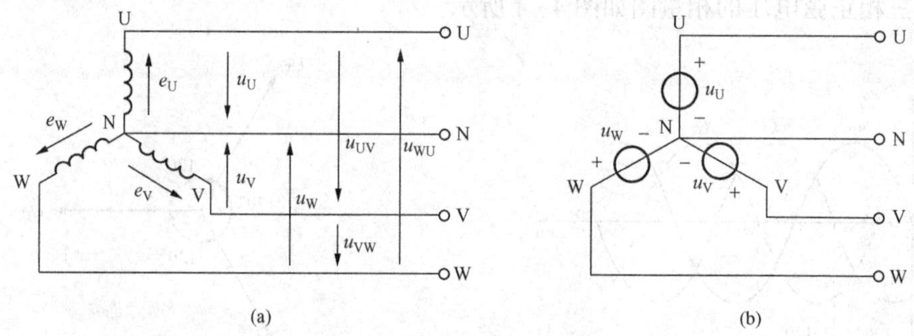

图 4-5 三相电源的星形连接

（a）星形连接的接线图；（b）理想情况下的电源模型

星形连接的电源中，每相绕组的始端和末端间的电压称为相电压；两根端线之间的电压称为线电压。图 4-5（a）中，相电压为 u_U、u_V、u_W，其有效值用 U_P 表示。线电压为 u_{UV}、u_{VW}、u_{WU}，其有效值用 U_l 表示。

根据图 4-5（a）中的电压参考方向，各线电压与相电压关系为

$$\begin{cases} u_{UV} = u_U - u_V \\ u_{VW} = u_V - u_W \\ u_{WU} = u_W - u_U \end{cases} \tag{4-5}$$

它们的相量关系式为

$$\begin{cases}\dot{U}_{UV}=\dot{U}_U-\dot{U}_V\\ \dot{U}_{VW}=\dot{U}_V-\dot{U}_W\\ \dot{U}_{WU}=\dot{U}_W-\dot{U}_U\end{cases} \tag{4-6}$$

即线电压等于相应两相电压之差。

若3个相电压是一组对称正弦量，则按式（4-6）作电压相量图，如图4-6所示。很明显，线电压 u_{UV}、u_{VW}、u_{WU} 也是一组对称量，且有

$$\begin{cases}\dot{U}_{UV}=\sqrt{3}\dot{U}_U\angle 30^\circ\\ \dot{U}_{VW}=\sqrt{3}\dot{U}_V\angle 30^\circ\\ \dot{U}_{WU}=\sqrt{3}\dot{U}_W\angle 30^\circ\end{cases} \tag{4-7}$$

即对称三相星形连接电源的线电压是相电压的 $\sqrt{3}$ 倍，且超前先行相电压30°，写成一般式为

$$U_l=\sqrt{3}U_P \tag{4-8}$$

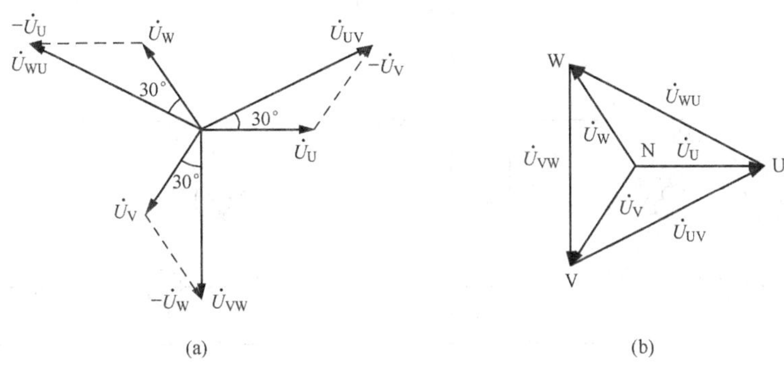

图4-6　对称三相星形（Y）连接电源的线电压和相电压的关系

（a）相电压和线电压的相量图；（b）图（a）的三角法相量图

可见，三相电源作星形连接并引出中性线，可以得到两种电压——相电压和线电压。在低压系统中，配电变压器的二次侧通常接成星形，并接出中性线，可以同时得到220V的相电压和 $\sqrt{3}\times220=380$（V）的线电压，为动力（三相电动机）与照明混合用电提供方便，在对称三相电路中，一般说的电压均指线电压。

【例4-2】 已知对称三相星形连接的电源线电压 $u_{UV}=380\sqrt{2}\sin(\omega t+30^\circ)$V，试写出 $\dot{U}_{VW}$、$\dot{U}_{WU}$ 及电源各相电压 $\dot{U}_U$、$\dot{U}_V$、$\dot{U}_W$。

解　根据Y连接的电源线电压和相电压的关系，可得

$$\dot{U}_U=\frac{\dot{U}_{UV}}{\sqrt{3}\angle 30^\circ}=\frac{380\angle 30^\circ}{\sqrt{3}\angle 30^\circ}=220\angle 0^\circ(\text{V})$$

所以

$$\dot{U}_V=\dot{U}_U\angle-120^\circ=220\angle-120^\circ(\text{V})$$

$$\dot{U}_W=\dot{U}_U\angle 120^\circ=220\angle 120^\circ(\text{V})$$

因为 $\dot{U}_{UV}$、$\dot{U}_{VW}$、$\dot{U}_{WU}$ 为一组对称正弦量，所以

$$\dot{U}_{VW}=\dot{U}_{UV}\angle-120^\circ=380\angle-90^\circ(V)$$

$$\dot{U}_{WU}=\dot{U}_{UV}\angle120^\circ=380\angle+150^\circ(V)$$

2. 电源的三角形（△）连接

把一相绕组的尾端和另一相的首端依次相连，形成一个闭合三角形，再将 3 个连接点引出 3 根导线作为对外连接的端点，这种连接方法叫做三角形接法，如图 4-7（a）和图 4-7（b）所示。从图 4-7（b）上可以看出三角形连接的电源，线电压等于相应的相电压，即

$$\begin{cases}u_{UV}=u_U\\u_{VW}=u_V\\u_{WU}=u_W\end{cases}\tag{4-9a}$$

它们的相量关系式为

$$\begin{cases}\dot{U}_{UV}=\dot{U}_U\\\dot{U}_{VW}=\dot{U}_V\\\dot{U}_{WU}=\dot{U}_W\end{cases}\tag{4-9b}$$

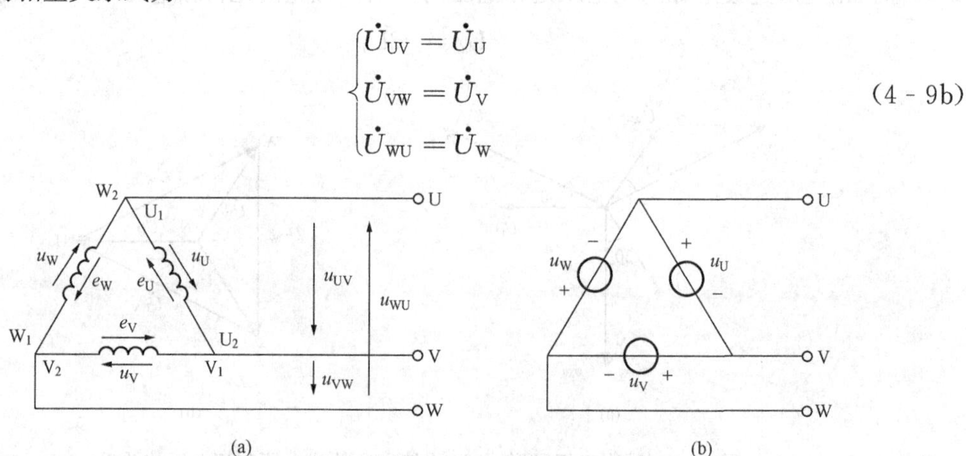

图 4-7 三相电源的三角形连接

（a）三角形的接线图；（b）理想情况下的电源模型

写成一般形式为

$$U_l=U_P\tag{4-10}$$

三相电源作三角形连接时，若将一相绕组接反，例如 V 相接反，如图 4-8（a）所示，则在三角形回路中，总电压为

$$\dot{E}_U-\dot{E}_V+\dot{E}_W=-2\dot{E}_V$$

相量图如图 4-8（b）所示，此时三角形电路中出现大小为每相电动势 2 倍的电动势，由于绕组本身阻抗很小，因此回路中将产生很大的电流，称为环流，它会将三相绕组烧坏。因此，为确保三角形连接始、末端的正确，可以先连接成开口三角形，在开口处接一电压表，如图 4-9 所示。若电压表读数为零或接近于零，说明绕组连接正确；若读数等于相电压数值的 2 倍，则表明有一相绕组接反，应马上将其更正。

实际的三相电源很难保证三相电动势为严格的正弦量，因而即使电源连接正确，三角形连接的电源回路中仍有环流，从而引起绕组发热，所以三相发电机均不作三角形连接，而电动机和变压器则既有星形连接，又有三角形连接。

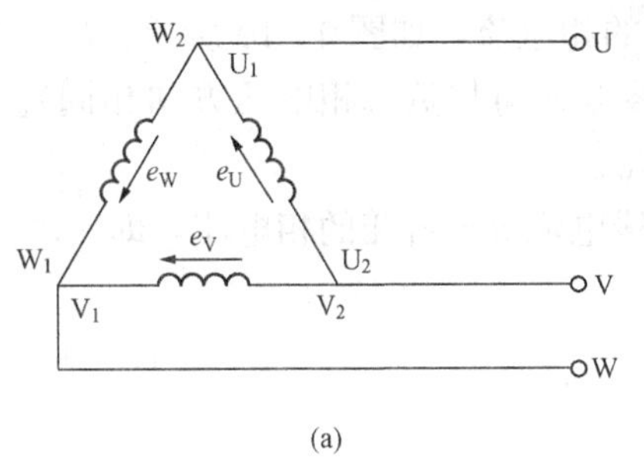

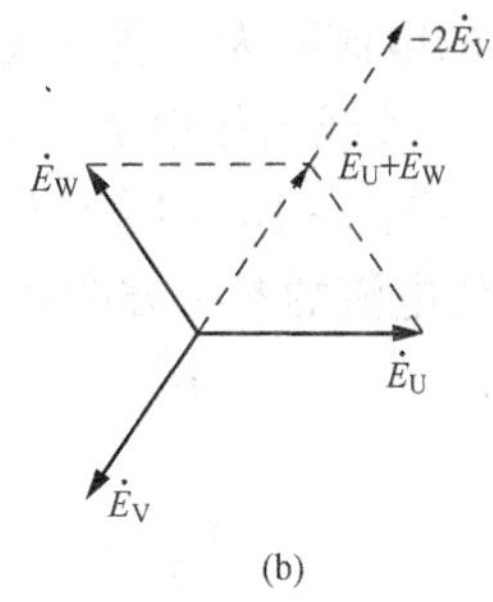

图 4-8　三角形连接电源一相接反时的分析
(a) V相接反时的理想绕组；(b) 相量图

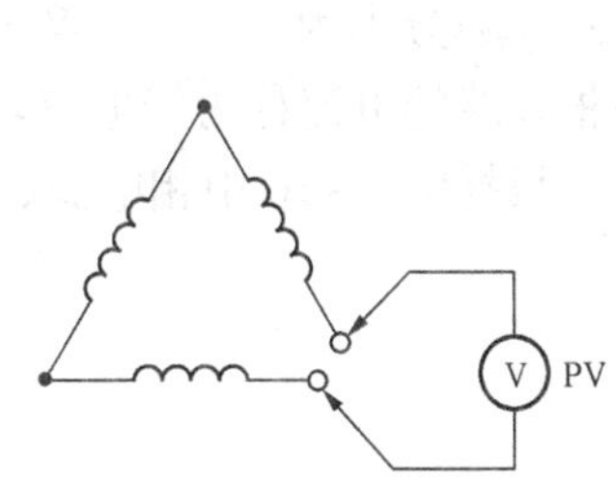

图 4-9　用实验法测量三相绕组的原理示意

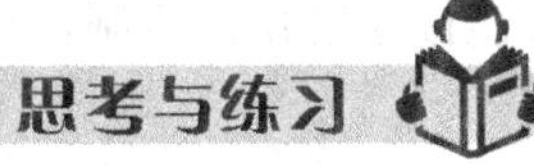

4-1-1　对称三相电源的电压幅值为 141.4V，以 U 相电压为参考。试完成：(1) 写出 u_U、u_V、u_W 的表达式；(2) 画出电压的相量图；(3) $t=\frac{T}{4}$时，$u_U\left(\frac{T}{4}\right)+u_V\left(\frac{T}{4}\right)+u_W\left(\frac{T}{4}\right)$ 三相电压之和为多少？

4-1-2　一组负序对称三相电流，已知 $\dot{I}_V=10\angle 60°$A，则 $\dot{I}_U$、$\dot{I}_W$ 各是多少？画出它们的相量图。

4-1-3　对称三相电源作星形连接，已知 $\dot{U}_V=220\angle 30°$V，求各相电压和线电压。

4-1-4　对称三相电源接法如图 4-7 (b) 所示，已知 $\dot{U}_{UV}=380\angle 0°$V，写出 $\dot{U}_{VW}$、$\dot{U}_{WU}$、$\dot{U}_U$、$\dot{U}_V$、$\dot{U}_W$ 电压相量。

4-1-5　有两台星形连接的三相发电机，其绕组的线电压分别为 400V、3150V，求相应的相电压。

第二节　三相负载的连接

三相负载的连接方式通常有星形 (Y) 和三角形 (△) 两种。

一、负载的星形 (Y) 连接

三相负载作 Y 连接，各负载的末端连在一起，形成负载中性点 N′，各负载始端与三相电源相连。图 4-10 所示为三相三线制 Y 连接负载，图 4-11 所示为三相四线制 Y 连接负载。

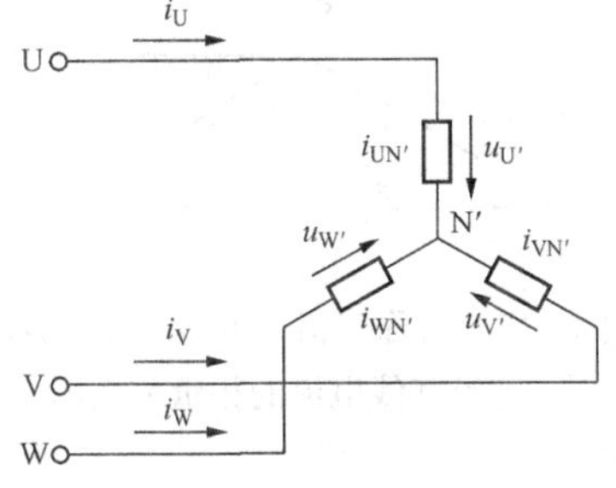

图 4-10　三相三线制 Y 连接负载

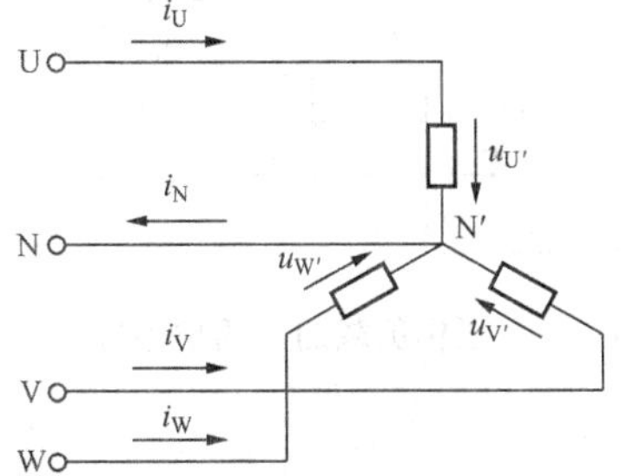

图 4-11　三相四线制 Y 连接负载

流经每相负载（或电源）的电流称为负载（或电源）的相电流，如图 4-10 所示，$i_{UN'}$、$i_{VN'}$、$i_{WN'}$分别为 U、V、W 三相负载的相电流（它们的参考方向与负载相电压方向相同）。每根端线的电流称为线电流，如图 4-10 中所示 i_U、i_V、i_W。

根据图 4-10 中相电流、线电流的参考方向，得到各线电流等于各相的相电流，即

$$\begin{cases} i_U = i_{UN'} \\ i_V = i_{VN'} \\ i_W = i_{WN'} \end{cases} \tag{4-11}$$

若用 I_l 表示线电流的有效值，用 I_P 表示相电流的有效值，则写成一般式为

$$I_l = I_P \tag{4-12}$$

负载中性点 N′和电源中性点 N 之间的电压叫做中性点电压。如果中性点之间有连线，就是中性线。有中性线的负载星形连接为三相四线制，如图 4-11 所示。

二、负载的三角形（△）连接

如图 4-12 所示为三角形（△）连接的负载。这种连接将三相负载的始、末端依次相连，构成一个封闭三角形，各相负载的相电流分别为 i_{UV}、i_{VW}、i_{WU}，各线电流分别为 i_U、i_V、i_W。根据图 4-12 中电流参考方向，由 KCL 可得

$$\begin{cases} i_U = i_{UV} - i_{WU} \\ i_V = i_{VW} - i_{UV} \\ i_W = i_{WU} - i_{VW} \end{cases} \tag{4-13}$$

即线电流等于相应相电流之差。

当三相负载相等，即 $Z_U = Z_V = Z_W$ 时，称为对称三相负载，电路称为对称三相电路。此时的 3 个相电流为一组对称量，按式（4-13），作相电流和线电流的相量图，如图 4-13 所示。显然，3 个线电流也是一组对称量，即

$$\begin{cases} \dot{I}_U = \sqrt{3}\dot{I}_{UV}\angle -30° \\ \dot{I}_V = \sqrt{3}\dot{I}_{VW}\angle -30° \\ \dot{I}_W = \sqrt{3}\dot{I}_{WU}\angle -30° \end{cases} \tag{4-14}$$

即对称负载三角形连接时，线电流是相电流的$\sqrt{3}$倍，相位滞后先行相电流 30°。

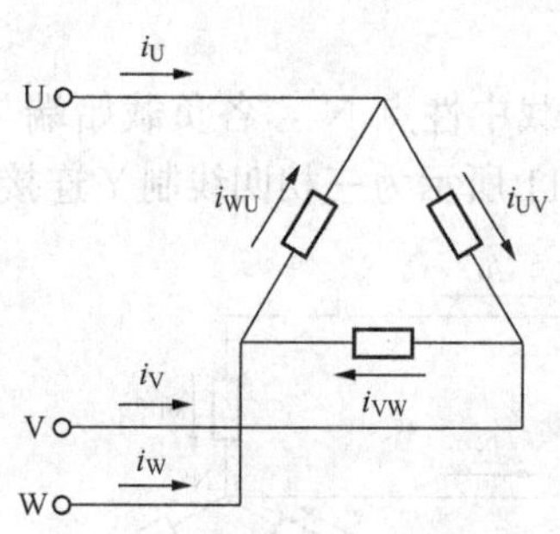

图 4-12　三相负载的三角形连接

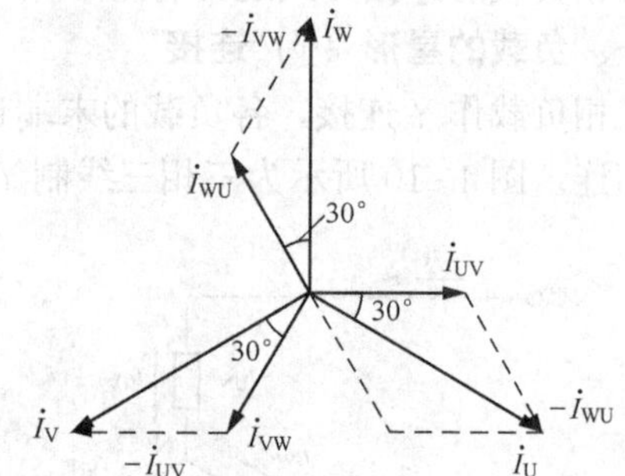

图 4-13　对称三相三角形连接负载的相电流和线电流的相量关系图

若用 I_l 表示线电流有效值，用 I_P 表示相电流有效值，则写成一般形式为

$$I_l = \sqrt{3} I_P \tag{4-15}$$

在三相三线制电路图 4-10 和图 4-12 中，由 KCL 得

$$i_U + i_V + i_W = 0 \tag{4-16a}$$

$$\dot{I}_U + \dot{I}_V + \dot{I}_W = 0 \tag{4-16b}$$

所以，三相三线制中，不论负载作 Y 还是△连接，也不论电流是否对称，三相线电流之和总是等于零。而在三相四线制电路中，如图 4-11 所示，中性线上的电流，根据 KCL 可得

$$i_U + i_V + i_W = i_N \tag{4-17}$$

即中性线电流等于各线电流之和。

【例 4-3】 对称三相负载作△连接，已知相电流 $\dot{I}_{UV} = 10\angle 30°$ A，写出其他相电流及各线电流的相量式。

解 根据对称关系，有

$$\dot{I}_{VW} = \dot{I}_{UV}\angle -120° = 10\angle -90°(\text{A})$$

$$\dot{I}_{WU} = \dot{I}_{UV}\angle 120° = 10\angle 150°(\text{A})$$

各线电流为

$$\dot{I}_U = \sqrt{3}\dot{I}_{UV}\angle -30° = 10\sqrt{3}\angle 0°(\text{A})$$

$$\dot{I}_V = 10\sqrt{3}\angle -120°(\text{A})$$

$$\dot{I}_W = 10\sqrt{3}\angle 120°(\text{A})$$

【例 4-4】 已知三相四线制电路，对称电源的线电压有效值为 380V，端线和中性线的阻抗为零。试求：(1) 各相负载复阻抗 $Z_U = Z_V = Z_W = 17.32 + j10\Omega$ 时的各相电流及中性线电流，并画相量图；(2) 若 U、V 相负载增加为原来的 2 倍，W 相负载不变时的各相电流及中性线电流分别变为多少？并作相量图。

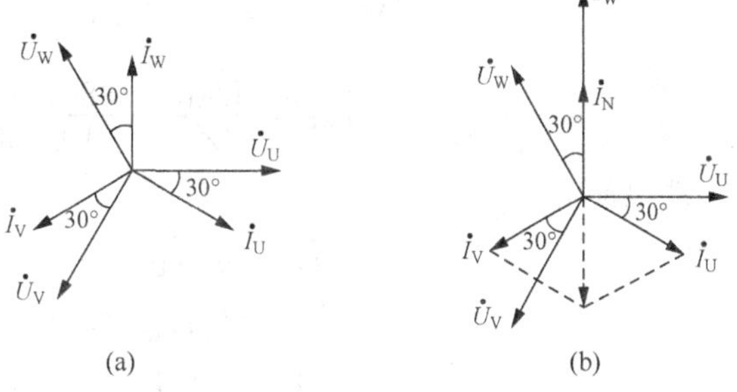

图 4-14 [例 4-4] 图

解 (1) 负载星形连接时，相电压的有效值为

$$U_P = \frac{U_l}{\sqrt{3}} = 220(\text{V})$$

设 $\dot{U}_U = 220\angle 0°$ V。线电流等于相应的相电流，为

$$\dot{I}_U = \frac{\dot{U}_U}{Z_U} = \frac{220\angle 0°}{20\angle 30°} = 11\angle -30°(\text{A})$$

$$\dot{I}_V = \frac{\dot{U}_V}{Z_V} = \frac{220\angle -120°}{20\angle 30°} = 11\angle -150°(\text{A})$$

$$\dot{I}_W = \frac{\dot{U}_W}{Z_W} = \frac{220\angle 120°}{20\angle 30°} = 11\angle 90°(\text{A})$$

中性线电流为

$$\dot{I}_{N'N}=\dot{I}_U+\dot{I}_V+\dot{I}_W=0$$

相量图如图 4-14（a）所示。

（2）负载变为 $Z_U=Z_V=34.64+j20\Omega$，$Z_W=17.32+j10\Omega$，则有

$$\dot{I}_U=\frac{\dot{U}_U}{Z_U}=\frac{220\angle 0^\circ}{40\angle 30^\circ}=5.5\angle -30^\circ(A)$$

$$\dot{I}_V=\frac{\dot{U}_V}{Z_V}=\frac{220\angle -120^\circ}{40\angle 30^\circ}=5.5\angle -150^\circ(A)$$

$$\dot{I}_W=\frac{\dot{U}_W}{Z_W}=\frac{220\angle 120^\circ}{20\angle 30^\circ}=11\angle 90^\circ(A)$$

中性线电流为

$$\dot{I}_{N'N}=\dot{I}_U+\dot{I}_V+\dot{I}_W=5.5\angle 90^\circ\ A$$

相量图如图 4-14（b）所示。

【例 4-5】 三相三线制电路，对称电源的线电压有效值为 380V，对称负载三角形连接，负载阻抗 $Z=8.66+j5\Omega$，求各相负载的相电流及各线电流。

解 当负载为三角形连接时，相电压等于相应的线电压。

设 $\dot{U}_{UV}=380\angle 0^\circ V$，则相电流为

$$\dot{I}_{UV}=\frac{\dot{U}_{UV}}{Z}=\frac{380\angle 0^\circ}{10\angle 30^\circ}=38\angle -30^\circ(A)$$

$$\dot{I}_{VW}=\frac{\dot{U}_{VW}}{Z}=\frac{380\angle -120^\circ}{10\angle 30^\circ}=38\angle -150^\circ(A)$$

$$\dot{I}_{WU}=\frac{\dot{U}_{WU}}{Z}=\frac{380\angle 120^\circ}{10\angle 30^\circ}=38\angle 90^\circ(A)$$

线电流为

$$\dot{I}_U=\sqrt{3}\dot{I}_{UV}\angle -30^\circ=66\angle -60^\circ\ A$$

$$\dot{I}_V=\sqrt{3}\dot{I}_{VW}\angle -30^\circ=66\angle -180^\circ\ A$$

$$\dot{I}_W=\sqrt{3}\dot{I}_{WU}\angle -30^\circ=66\angle 60^\circ\ A$$

思考与练习

4-2-1 三相电路采用三相四线制接线，线路阻抗、中性线阻抗忽略不计。对称电源线电压为 380V，三相负载阻抗均为 20+j15Ω，求各线电流。

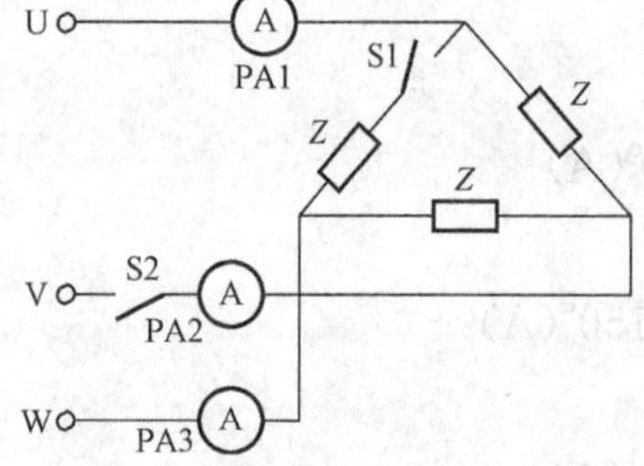

图 4-15 习题 4-2-4 图

4-2-2 若上题中负载改为三角形连接，重求各线电流。

4-2-3 有一台三相发电机，其三相绕组接成星形时，测得各线电压为 380V，当改接成三角形时，各线电压的值为多少？

4-2-4 如图 4-15 所示，对称三相负载作△连接，正常情况下，3 个电流表读数均为 17.3A，试求：

(1) S1 断开，S2 合上时，各电流表读数。

(2) S1 合上，S2 断开时，各电流表读数。

第三节　对称三相电路的计算

对称三相电路是由对称三相电源和对称三相负载组成的，通常认为三相电源总是对称的，这种条件下以三相负载是否相等来判断电路是否对称。本节将研究对称三相电路。

由于电源和负载都可以接成 Y 和△，因此三相电源与三相负载之间的连接有 5 种方式：Y-Y、Y-△、△-Y、△-△；另外，若负载作 Y 连接且加中性线，则又有 $Y\text{-}Y_N$ 的三相四线制电路。

为了得出对称三相电路的一般计算方法，先以 $Y\text{-}Y_N$ 为例，分析对称三相电路的特点。

一、对称三相电路的特点

图 4-16（a）所示为对称三相电路作 $Y\text{-}Y_N$ 连接，$\dot{U}_{N'N}$ 称为中性点电压，Z_l 为端线阻抗，Z_N 为中性线阻抗，根据弥尔曼定理，得

$$\dot{U}_{N'N}=\frac{Y_U\dot{U}_U+Y_V\dot{U}_V+Y_W\dot{U}_W}{Y_U+Y_V+Y_W+Y_N}=\frac{Y(\dot{U}_U+\dot{U}_V+\dot{U}_W)}{3Y+Y_N}=0$$

其中，$Y_U=Y_V=Y_W=\frac{1}{Z+Z_l}$，$Y_N=\frac{1}{Z_N}$。

各相电流（线电流）为

$$\begin{cases}\dot{I}_U=\dfrac{\dot{U}_U}{Z_l+Z}\\ \dot{I}_V=\dfrac{\dot{U}_V}{Z_l+Z}=\alpha^2\dot{I}_U\\ \dot{I}_W=\dfrac{\dot{U}_W}{Z_l+Z}=\alpha\dot{I}_U\end{cases}\tag{4-18}$$

中性线上电流为

$$\dot{I}_N=\dot{I}_U+\dot{I}_V+\dot{I}_W=\frac{\dot{U}_{N'N}}{Z_N}=0\tag{4-19}$$

负载上的相电压为

$$\begin{cases}\dot{U}'_U=Z\dot{I}_U\\ \dot{U}'_V=Z\dot{I}_V=\alpha^2\dot{U}'_U\\ \dot{U}'_W=Z\dot{I}_W=\alpha\dot{U}'_U\end{cases}\tag{4-20}$$

不考虑线路阻抗，即 $Z_L=0$ 时，有

$$\begin{cases}\dot{U}'_U=\dot{U}_U\\ \dot{U}'_V=\dot{U}_V\\ \dot{U}'_W=\dot{U}_W\end{cases}\tag{4-21}$$

即负载的相电压等于电源的相电压。

由以上分析可以得出，$Y\text{-}Y_N$ 对称三相电路具有以下特点：

（1）$\dot{U}_{N'N}=0$，$\dot{I}_N=0$，中性线不起作用，Z_N 大小对电路均没有影响，所以对称三相电路的三相三线制和三相四线制情况是完全相同的。

（2）各相负载的电流、电压都是和电源同相序的对称三相正弦量。

（3）各相电流、电压只由各相的电源和负载决定，与其他两相无关。电路的这种特性称为各相电路的独立性，所以 Y-Y 和 Y-Y_N 连接的对称三相电路可以归结为一相计算。图 4-16（b）叫做单线图，当电路为三线制时，中性线 NN′用虚线表示。

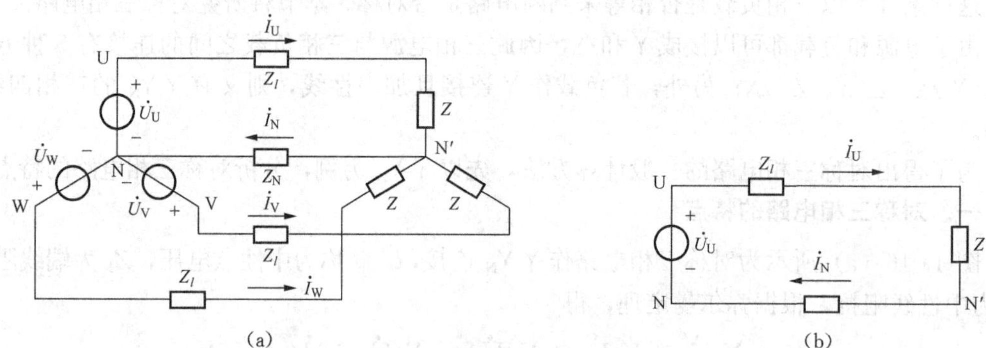

图 4-16　对称三相电路三相四线制电路

（a）电路图；（b）单线图

二、对称三相电路的一般计算方法

根据对称三相电路特点，可归纳出对称三相电路的解题方法。

（1）若电源线电压已知，可将电源视为星形连接，写出各相的相电压。

（2）若电路中有三角形连接的负载，将其转化为星形连接。

（3）画出一相的单线图（一般取 U 相），据此计算出该相电压、电流，然后再根据对称性质直接写出其他两相电流、电压。

（4）回到原电路，用三角形连接时相、线电流的关系求三角形负载的相电流，再进一步求负载相电压。

【例 4-6】 对称三相负载，接在线电压为 380V 的对称三相电源上，如图 4-16（a）所示，已知端线阻抗 $Z_l=1+\mathrm{j}2\Omega$，负载阻抗 $Z=11+\mathrm{j}14=17.8\angle 51.80°\Omega$，试求各相负载的相电流和相电压。

解　电源相电压 $U_P=\frac{U_l}{\sqrt{3}}=\frac{380}{\sqrt{3}}=220$（V），设 $\dot{U}_U=220\angle 0°$V。

（1）作 U 相单线图，如图 4-16（b）所示，有

$$\dot{I}_U=\frac{\dot{U}_U}{Z_l+Z}=\frac{220\angle 0°}{1+\mathrm{j}2+11+\mathrm{j}14}=11\angle -53.1°(\mathrm{A})$$

由对称性得

$$\dot{I}_V=\dot{I}_U\angle -120°=11\angle -173.1°(\mathrm{A})$$

$$\dot{I}_W=\dot{I}_U\angle 120°=11\angle 66.9°(\mathrm{A})$$

（2）负载电压为

$$\dot{U}'_U=Z\dot{I}_U=17.8\angle 51.8°\times 11\angle -53.1°=195.8\angle -1.3°(\mathrm{V})$$

$$\dot{U}'_V = \dot{U}'_U\angle -120° = 195.8\angle -121.3°(V)$$

$$\dot{U}'_W = \dot{U}'_U\angle 120° = 195.8\angle 118.7°(V)$$

【例 4-7】 一组三角形连接的对称负载，接在 380V 的对称三相电源上，如图 4-17（a）所示。已知 $Z_\triangle = 12 + j3\Omega$，$Z_l = j2\Omega$，试求负载的相电流、相电压和线电流。

解 将△连接负载等效变换为 Y 连接，如图 4-17（b）所示，$Z_Y = \frac{1}{3}Z_\triangle = 4 + j1\Omega$ 电源的相电压 $U_P = \frac{380}{\sqrt{3}} = 220$（V），设 $\dot{U}_U = 220\angle 0°V$。作 U 相单线图，如图 4-17（c）所示，得

$$\dot{I}_U = \frac{\dot{U}_U}{Z_l + Z_Y} = \frac{220\angle 0°}{j2 + 4 + j1} = 44\angle -36.9°(A)$$

$$\dot{I}_V = \dot{I}_U\angle -120° = 44\angle -156.9°(A)$$

$$\dot{I}_W = \dot{I}_U\angle 120° = 44\angle 83.1°(A)$$

回到图 4-17（a）中，根据△连接的线电流和相电流关系，得

$$\dot{I}_{U'V'} = \frac{\dot{I}_U}{\sqrt{3}\angle -30°} = 25.4\angle -6.9°(A)$$

$$\dot{I}_{V'W'} = \dot{I}_{U'V'}\angle -120° = 25.4\angle -126.9°(A)$$

$$\dot{I}_{W'U'} = \dot{I}_{U'V'}\angle 120° = 25.4\angle 113.1°(A)$$

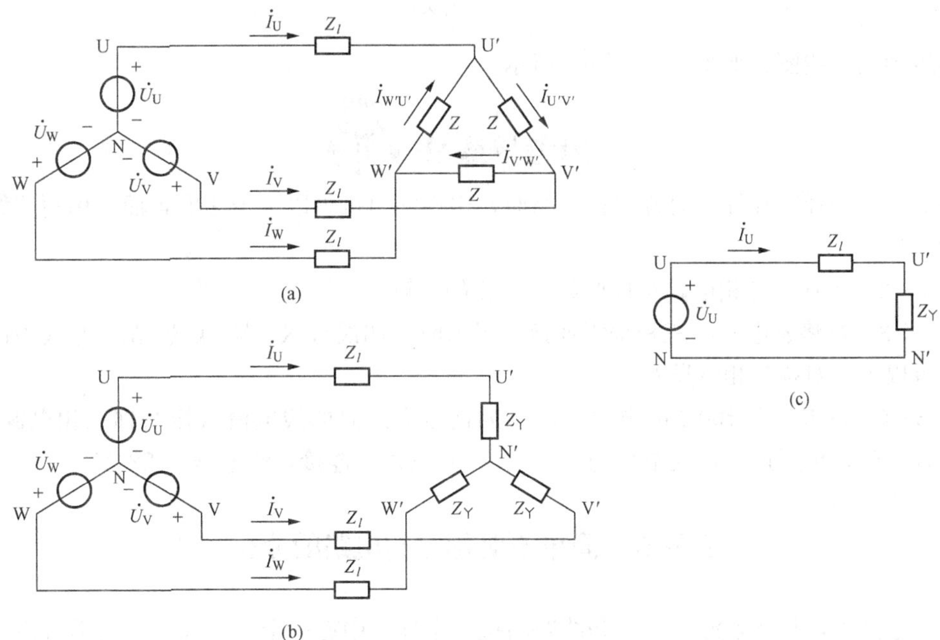

图 4-17　[例 4-7] 图

(a) Y-△电路；(b) 变换后的 Y-Y 对称三相电路；(c) U 相计算电路

三角形连接的负载的相电压分别为

$$\dot{U}'_{UV}=Z\dot{I}_{U'V'}=(12+j3)\times 25.4\angle -6.9^\circ=314\angle 7.1^\circ(V)$$

$$\dot{U}'_{VW}=\dot{U}'_{UV}\angle -120^\circ=314\angle -112.9^\circ(V)$$

$$\dot{U}'_{WU}=\dot{U}'_{UV}\angle 120^\circ=314\angle 127.1^\circ(V)$$

【例 4-8】 作出图 4-18（a）所示对称三相电路的单线图（一相计算电路图）。

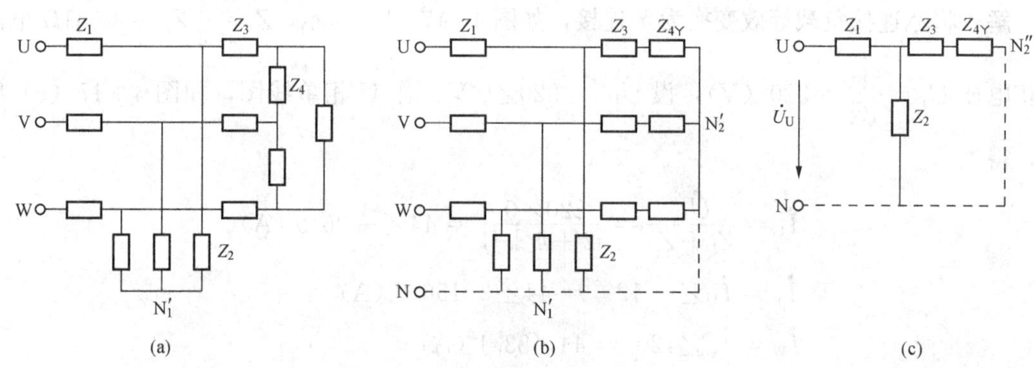

图 4-18 ［例 4-8］图

（a）对称三相电路；（b）变换后的对称三相电路；（c）单线图

解 电源看作 Y 连接，中性点为 N，U 相电源为 $\dot{U}_U$，将 Z_4 组成的△连接负载等效变换为 Y 连接，得到图 4-18（b）所示电路，有

$$Z_{4Y}=\frac{1}{3}Z_4$$

最后画出单线图，如图 4-18（c）所示。

4-3-1 为什么在计算对称三相电路时，中性线阻抗可以不予考虑，而仅用短路线连接各中性点？

4-3-2 为什么三相电路可以归结为一相的计算？

4-3-3 欲将发电机的三相绕组连接为星形时，如误将 X、Y、C 连成一点（中性点），是否也可以产生对称三相电压？

4-3-4 试求 3 个 100Ω 的电阻在用下列连接方式时的线电流（接对称三相电源），并加以比较：（1）星形连接，线电压为 380V；（2）三角形连接，线电压为 220V。

第四节 简单不对称三相电路的分析

三相电路中，只要电源、负载和线路阻抗三个部分中有一个不对称，就是不对称三相电路。本节讨论的是电源对称时的不对称三相电路的情况。实际电路中，除了三相电动机等对称负载外，照明电路和低压用电线路等很难做到三相完全对称。

一、中性点电压

图 4-19 所示为 Y-Y_0 的三相四线制电路，负载分别为 Z_U、Z_V、Z_W，负载的复导纳为

Y_U、Y_V、Y_W，中性线复导纳为 Y_N，中性点电压为

$$\dot{U}_{N'N}=\frac{Y_U\dot{U}_U+Y_V\dot{U}_V+Y_W\dot{U}_W}{Y_U+Y_V+Y_W+Y_N} \tag{4-22}$$

很显然，负载不对称，且 $Z_N\neq0$ 时，$\dot{U}_{N'N}\neq0$。

根据 KVL 求出各相负载电压为

$$\begin{cases}\dot{U}'_U=\dot{U}_U-\dot{U}_{N'N}\\ \dot{U}'_V=\dot{U}_V-\dot{U}_{N'N}\\ \dot{U}'_W=\dot{U}_W-\dot{U}_{N'N}\end{cases} \tag{4-23}$$

各相负载的相电流及中性线电流为

$$\begin{cases}\dot{I}_U=\dfrac{\dot{U}'_U}{Z_U}=\dfrac{\dot{U}_U-\dot{U}_{N'N}}{Z_U}\\ \dot{I}_V=\dfrac{\dot{U}'_V}{Z_V}=\dfrac{\dot{U}_V-\dot{U}_{N'N}}{Z_V}\\ \dot{I}_W=\dfrac{\dot{U}'_W}{Z_W}=\dfrac{\dot{U}_W-\dot{U}_{N'N}}{Z_W}\\ \dot{I}_N=\dfrac{\dot{U}_{N'N}}{Z_N}=\dot{I}_U+\dot{I}_V+\dot{I}_W\end{cases} \tag{4-24}$$

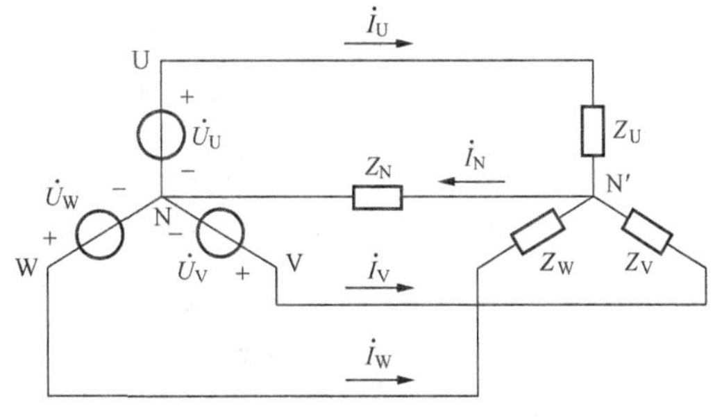

图 4-19　不对称三相 Y_0-Y 电路图

二、中性线的作用

$\dot{U}_{N'N}\neq0$，即 N′和 N 的电位不相等，这种现象叫做中性点位移。根据电源对称及式（4-22）可画出电路的电源及负载电压的相量图，如图 4-20（a）所示。从相量图上可以看出，由于星形负载不对称，造成 $\dot{U}_{N'N}\neq0$，从而使各相负载的相电压 $\dot{U}'_U$、$\dot{U}'_V$、$\dot{U}'_W$ 不再对称。在这种情况下，各相负载电压有的高于电源相电压，有的低于电源相电压，从而影响负载的正常工作。

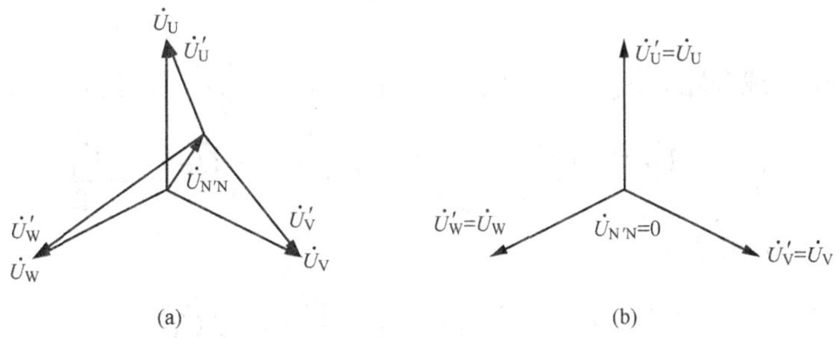

图 4-20　中性点电压对负载相电压的影响

（a）中性点位移电压大于 0 时的相量图；（b）中性点位移电压为 0 时的相量图

为了防止发生中性点位移现象，在电源中性点和负载中性点间加中性线，因为中性线阻抗 $Z_N\approx0$，所以 $\dot{U}_{N'N}\approx0$，由式（4-22）可知，$\dot{U}'_U\approx\dot{U}_U$、$\dot{U}'_V\approx\dot{U}_V$、$\dot{U}'_W\approx\dot{U}_W$，如图 4-20（b）所示。所以日常低压配电系统中，通常用阻抗很小的中性线将 N′和 N 连接起来，迫使

负载中性点与电源中性点等电位，从而保证三相负载相电压等于（接近于）电源相电压。这就是中性线的作用。

由以上分析可知，在负载不对称的三相四线制电路中，中性线的存在是非常重要的，中性线一旦断开，就会产生中性点位移，引起负载相电压不对称，造成负载不能正常工作，甚至用电设备损坏。为此，在实际工作中，必须保证中性线连接可靠且具有一定的机械强度，并规定中性线上不允许安装熔断器（熔丝）或开关。

【例 4-9】 星形连接的对称三相电路，无中性线。试分析下面两种情况下各相负载相电压的变化情况：(1) 一相负载开路，如图 4-21 (a) 所示；(2) 一相负载短路，如图 4-21 (c) 所示。

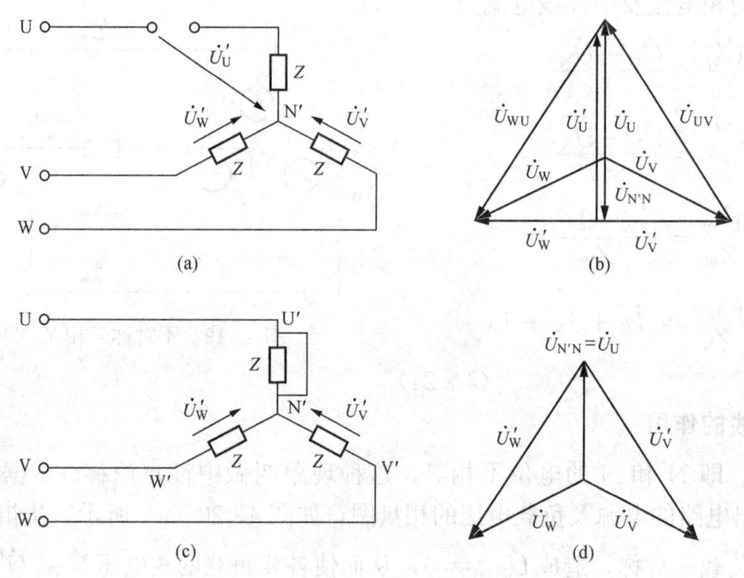

图 4-21 ［例 4-9］图

(a) U 相开路；(b) U 相开路时的电压相量图；

(c) U 相短路；(d) U 相短路时的电压相量图

解 (1) U 相负载开路，$Z_U=\infty$，$Y_U=0$，$Y_V=Y_W=\dfrac{1}{Z}=Y$，代入式 (4-22)，得

$$\dot{U}_{N'N}=\frac{\dot{U}_U Y_U+\dot{U}_V Y_V+\dot{U}_W Y_W}{Y_V+Y_W}=\frac{\dot{U}_V+\dot{U}_W}{2}=-\frac{\dot{U}_U}{2}$$

U 相断开处两端电压为

$$\dot{U}'_U=\dot{U}_U-\dot{U}_{N'N}=\dot{U}_U+\frac{\dot{U}_U}{2}=\frac{3}{2}\dot{U}_U$$

V、W 两相负载电压为

$$\dot{U}'_V=\dot{U}_V-\dot{U}_{N'N}=\dot{U}_V-\frac{\dot{U}_V+\dot{U}_W}{2}=\frac{\dot{U}_{VW}}{2}$$

$$\dot{U}'_W=\dot{U}_W-\dot{U}_{N'N}=\dot{U}_W-\frac{\dot{U}_V+\dot{U}_W}{2}=-\frac{\dot{U}_{VW}}{2}$$

作电压相量图，如图 4-20 (b) 所示。

(2) U 相负载短路，则 $Z_U=0$，$Y_V=Y_W=Y$，代入式（4-22），得

$$\dot{U}_{N'N}=\frac{\dot{U}_U Y_U+\dot{U}_V Y_V+\dot{U}_W Y_W}{Y_U+Y_V+Y_W}=\frac{\dot{U}_U Y_U Z_U+\dot{U}_V Y Z_U+\dot{U}_W Y Z_U}{Y_U Z_U+(Y+Y)Z_U}=\dot{U}_U$$

设 $\dot{U}_U=U_P\angle 0°$，则各相负载电压为

$$\dot{U}'_U=\dot{U}_U-\dot{U}_U=0$$

$$\dot{U}'_V=\dot{U}_V-\dot{U}_U=-\dot{U}_{UV}=\sqrt{3}U_P\angle-150°$$

$$\dot{U}'_W=\dot{U}_W-\dot{U}_U=\dot{U}_{WU}=\sqrt{3}U_P\angle 150°$$

上述情况也可以根据电路直接进行相量图分析。

【例 4-10】 图 4-22（a）所示为一种用于测定三相电源相序的示相器电路，它由接成 Y 形的一个电容器和两个相同的灯泡组成，试说明其工作原理。

解　设三相电源是 Y 连接的，并有 $\dot{U}_U=U_P\angle 0°$，为了方便计算，设 $R=X_C=\frac{1}{\omega C}$。

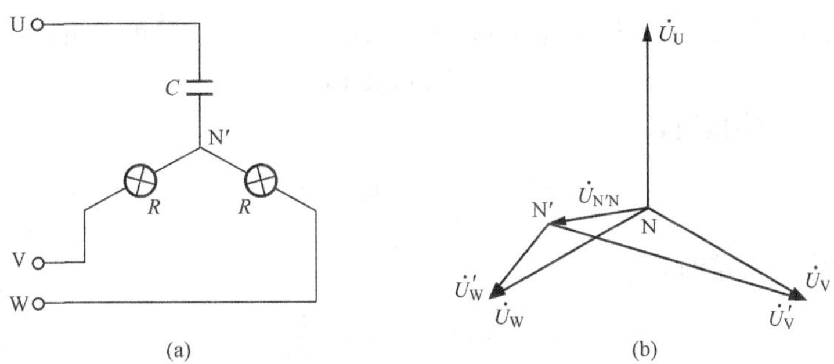

图 4-22　[例 4-10] 图

(a) 示相器电路；(b) 负载电压的相量图

中性点电压为

$$\dot{U}_{N'N}=\frac{j\omega C U_P+\frac{1}{R}U_P\angle-120°+\frac{1}{R}U_P\angle 120°}{j\omega C+\frac{1}{R}+\frac{1}{R}}$$

$$=\frac{j+\angle-120°+\angle 120°}{j+2}U_P$$

$$=0.63U_P\angle 108.4°$$

在 $\dot{U}_U$、$\dot{U}_V$、$\dot{U}_W$ 的相量图上作 $\dot{U}_{N'N}$，如图 4-22（b）所示，再画出 V 相灯泡的电压相量 $\dot{U}'_V$，W 相灯泡的电压相量 $\dot{U}'_W$，$\dot{U}'_V>\dot{U}'_W$，因此 V 相灯泡比较亮，W 相灯泡比较暗。实际测量相序时，可令接电容的一相为 U 相（也可用电感代替电容），然后按“亮 V、暗 W”的规则确定 V 相和 W 相。

思考与练习

4-4-1　三相电路在什么情况下会产生中性点位移？出现中性点位移对负载有何影响？

4-4-2　为什么低压配电系统都是三相四线制？

4-4-3 下列连接方式下的三相电路中，一相负载改变时，对其他两相电压有无影响？(1) Y连接负载，有中性线；(2) Y连接负载，无中性线；(3) △连接负载。

第五节 三相电路的功率

一、三相有功功率、无功功率、视在功率

根据功率平衡原理，无论三相电路是否对称，三相电路发出的总有功功率应等于三相负载吸收的总有功功率，即各相电源发出的有功功率之和等于各相负载吸收的有功功率之和。三相负载有功功率可用式（4-25）表示，即

$$P = P_U + P_V + P_W = U_U I_U \cos\varphi_U + U_V I_V \cos\varphi_V + U_W I_W \cos\varphi_W \tag{4-25}$$

式中：U_U、U_V、U_W 为各相负载相电压的有效值；I_U、I_V、I_W 为各相负载相电流的有效值；φ_U、φ_V、φ_W 为各相相电压超前相电流的相位差，即各相负载的阻抗角。

当三相负载对称时，各相有功功率相等，因此三相有功功率等于一相有功功率的3倍。由于$U_U = U_V = U_W = U_P$、$I_U = I_V = I_W = I_P$、$\varphi_U = \varphi_V = \varphi_W = \varphi$，因此三相有功功率可表示为

$$P = 3U_P I_P \cos\varphi \tag{4-26}$$

当三相负载作Y连接时，有

$$U_P = \frac{U_l}{\sqrt{3}},\quad I_P = I_l$$

当三相负载作△连接时，有

$$U_P = U_l,\quad I_P = \frac{I_l}{\sqrt{3}}$$

将上述两组关系代入式（4-26），均可得

$$P = \sqrt{3} U_l I_l \cos\varphi \tag{4-27}$$

所以，式（4-27）对Y、△连接都适用，其中U_l和I_l为线电压和线电流的有效值，而φ仍是相电压超前相电流的相位差（即负载阻抗角）。

实际的三相电气设备上标明的有功功率为三相有功功率。同理，三相无功功率为各相无功功率之和。

$$Q = Q_U + Q_V + Q_W = U_U I_U \sin\varphi_U + U_V I_V \sin\varphi_V + U_W I_W \sin\varphi_W$$

负载对称时，不论是星形连接还是三角形连接，均有

$$Q = 3U_P I_P \sin\varphi = \sqrt{3} U_l I_l \sin\varphi \tag{4-28}$$

三相电路的视在功率为

$$S = \sqrt{P^2 + Q^2} \tag{4-29}$$

负载对称时

$$S = 3U_P I_P = \sqrt{3} U_l I_l \tag{4-30}$$

三相负载的等效功率因数为

$$\lambda = \frac{P}{S} \tag{4-31}$$

负载对称时，$\lambda = \cos\varphi$，即对称三相负载的功率因数就是一相负载的功率因数。

三相变压器铭牌上标明的功率为三相视在功率。

二、对称三相电路的瞬时功率

三相电路的瞬时功率等于各相瞬时功率之和，即

$$p = p_U + p_V + p_W = u_U i_U + u_V i_V + u_W i_W$$

三相对称时，各相瞬时功率（以 u_U 为参考）为

$$p_U = u_U i_U = \sqrt{2}U_P \sin\omega t \sqrt{2}I_P \sin(\omega t - \varphi) = U_P I_P \cos\varphi - U_P I_P \cos(2\omega t - \varphi)$$

$$\begin{aligned} p_V = u_V i_V &= \sqrt{2}U_P \sin(\omega t - 120^\circ) \sqrt{2}I_P \sin(\omega t - 120^\circ - \varphi) \\ &= U_P I_P \cos\varphi - U_P I_P \cos(2\omega t + 120^\circ - \varphi) \end{aligned}$$

$$\begin{aligned} p_W = u_W i_W &= \sqrt{2}U_P \sin(\omega t + 120^\circ) \sqrt{2}I_P \sin(\omega t + 120^\circ - \varphi) \\ &= U_P I_P \cos\varphi - U_P I_P \cos(2\omega t - 120^\circ - \varphi) \end{aligned}$$

可见，每相瞬时功率是由一项常量 $U_P I_P \cos\varphi$ 和一项变量组成，每相瞬时功率都随时间而变化，但三相瞬时功率之和

$$p = p_U + p_V + p_W = 3U_P I_P \cos\varphi = P$$

是一个常量，恰等于三相有功功率 P，这是三相电路的一个特点，也是三相制的优点之一。三相发电机和电动机瞬时功率为常量，它所产生的机械转矩也是恒定的，所以三相电机在运行中要比单相电机平稳，噪声也小。

【例 4 - 11】 一台三相同步发电机的额定功率 $P=6000\text{kW}$，额定电压（线电压）$U_l=6.3\text{kV}$，额定功率因数 $\cos\varphi=0.8$，试求该发电机的额定电流（线电流）、额定视在功率和额定无功功率。

解 （1）额定电流为

$$I_l = \frac{P}{\sqrt{3}U_l \cos\varphi} = \frac{6000\times10^3}{\sqrt{3}\times6.3\times10^3\times0.8} = 687(\text{A})$$

（2）额定视在功率为

$$S = \frac{P}{\cos\varphi} = \frac{6000}{0.8} = 7500(\text{kV}\cdot\text{A})$$

（3）额定无功功率为

$$Q = P\tan\varphi = 6000\times0.75 = 4500(\text{kvar})$$

【例 4 - 12】 电动机铭牌上标明的额定功率 P_{ra}，是指该电动机在额定条件下运行时输出的机械功率，电动机吸收的电功率 P_1 应等于 P_{ra} 除以效率 η。有一台电动机，作△连接的额定功率为 10kW，电压为 380V，$\cos\varphi=0.87$，$\eta=0.9$，试求该电动机的额定电流及每相绕组的等效阻抗值。

解 因为

$$P_1 = \frac{P_{ra}}{\eta} = \sqrt{3}U_l I_l \cos\varphi$$

所以

$$I_l = \frac{10000}{\sqrt{3}\times380\times0.87\times0.9} = 19.4(\text{A})$$

$$I_P = \frac{I_l}{\sqrt{3}} = \frac{19.4}{\sqrt{3}} = 11.2(\text{A})$$

$$|Z| = \frac{U_P}{I_P} = \frac{380}{11.2} = 33.9(\Omega)$$

思考与练习

4-5-1　三相对称负载的功率 $P=3U_P I_P \cos\varphi=\sqrt{3}U_l I_l \cos\varphi$，式中 U_P、I_P、U_l、I_l 和 $\cos\varphi$ 各表示什么？

4-5-2　一台三相变压器的线电压为 6600V，线电流为 20A，功率因数为 0.8，试求它的相电流、无功功率和视在功率。

4-5-3　在同一电源电压下，三相对称负载作 Y 连接和△连接，其总功率的值是否相等？

4-5-4　对称三相感性负载作△连接，接到 380V 的三相电源时，总功率为 2.4kW，功率因数为 0.6，试求它的每相阻抗。

第六节　不对称三相制的对称分量

一、对称三相正弦量

在三相制电路中，凡是大小相等、频率相等、相位差彼此相等的 3 个正弦量就是一组对称分量。满足上述条件的有以下三种。

1. 正序分量

用 $\dot{U}_1$、$\dot{V}_1$、$\dot{W}_1$ 表示，相序为 U→V→W→U，如图 4-23（a）所示，它们的相量表达式为

$$\dot{U}_1,\quad \dot{V}_1=\alpha^2\dot{U}_1,\quad \dot{W}_1=\alpha\dot{U}_1 \tag{4-32a}$$

2. 负序分量

用 $\dot{U}_2$、$\dot{V}_2$、$\dot{W}_2$ 表示，相序为 U→W→V→U，如图 4-23（b）所示，它们的相量表达式为

$$\dot{U}_2,\quad \dot{V}_2=\alpha\dot{U}_2,\quad \dot{W}_2=\alpha^2\dot{U}_2 \tag{4-32b}$$

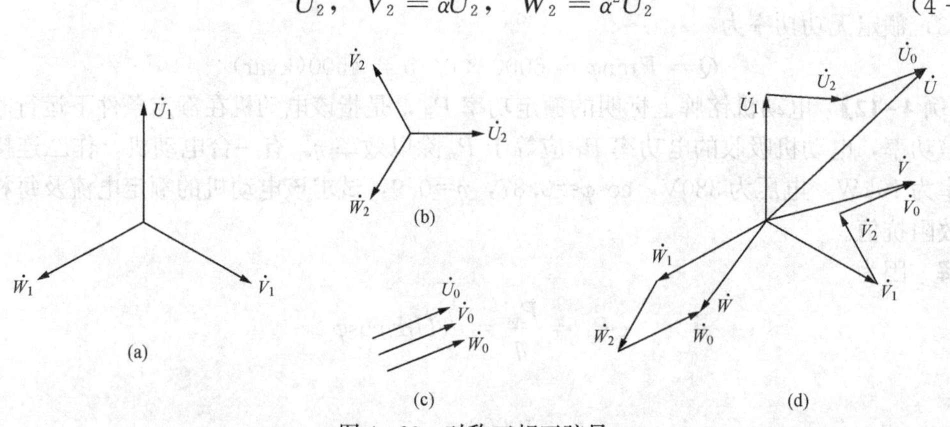

图 4-23　对称三相正弦量

（a）正序分量；（b）负序分量；（c）零序分量；（d）相加为一组不对称量

3. 零序分量

用 $\dot{U}_0$、$\dot{V}_0$、$\dot{W}_0$ 表示，它们相位差为零，即同相位，如图 4-23（c）所示，相量表达

式为

$$\dot{U}_0=\dot{V}_0=\dot{W}_0 \tag{4-32c}$$

将上述3组同频率的对称分量相加，得到的是1组同频率的不对称量，如图4-23（d）所示，各相表达式为

$$\begin{cases}\dot{U}=\dot{U}_0+\dot{U}_1+\dot{U}_2\\ \dot{V}=\dot{V}_0+\dot{V}_1+\dot{V}_2\\ \dot{W}=\dot{W}_0+\dot{W}_1+\dot{W}_2\end{cases} \tag{4-33}$$

二、不对称三相正弦量的分解

既然同频率的对称分量各相相加即可得到一组同频率、不对称的三相正弦量，那么任意一组不对称量$\dot{U}$、$\dot{V}$、$\dot{W}$，也能根据式（4-33）将它们分解出3组对称分量。

将正序分量、负序分量、零序分量的关系式（4-32a）～式（4-32c）代入式（4-33），得到一组方程如下

$$\begin{cases}\dot{U}=\dot{U}_0+\dot{U}_1+\dot{U}_2\\ \dot{V}=\dot{V}_0+\dot{V}_1+\dot{V}_2=\dot{U}_0+\alpha^2\dot{U}_1+\alpha\dot{U}_2\\ \dot{W}=\dot{W}_0+\dot{W}_1+\dot{W}_2=\dot{U}_0+\alpha\dot{U}_1+\alpha^2\dot{U}_2\end{cases}$$

求解方程组，得

$$\begin{cases}\dot{U}_0=\dfrac{1}{3}(\dot{U}+\dot{V}+\dot{W}) & (4-34a)\\ \dot{U}_1=\dfrac{1}{3}(\dot{U}+\alpha\dot{V}+\alpha^2\dot{W}) & (4-34b)\\ \dot{U}_2=\dfrac{1}{3}(\dot{U}+\alpha^2\dot{V}+\alpha\dot{W}) & (4-34c)\end{cases}$$

求得$\dot{U}_0$、$\dot{U}_1$、$\dot{U}_2$后，根据对称关系，可以写出$\dot{V}_0$、$\dot{V}_1$、$\dot{V}_2$、$\dot{W}_0$、$\dot{W}_1$、$\dot{W}_2$的表达式，即

$$\dot{V}_0=\dot{U}_0,\ \dot{V}_1=\alpha^2\dot{U}_1,\ \dot{V}_2=\alpha\dot{U}_2$$

$$\dot{W}_0=\dot{U}_0,\ \dot{W}_1=\alpha\dot{U}_1,\ \dot{W}_2=\alpha^2\dot{U}_2$$

由以上分析可知，任意一组同频率的不对称三相正弦量，都可以分解为频率相同但相序不同的对称三相正弦量。

【例4-13】 对称星形负载（无中性线）U相短路后，试求负载相电压的对称分量（设电源相电压为U_P）。

解 U相短路后，由［例4-9］的结论（2）得到，三相负载的相电压为

$$\dot{U}'_U=0$$

$$\dot{U}'_V=\sqrt{3}U_P\angle-150°=U_l\angle-150°$$

$$\dot{U}'_W=\sqrt{3}U_P\angle150°=U_l\angle150°$$

根据式（4-34a）～式（4-34c），得

零序分量

$$\dot{U}_{U0}=\frac{1}{3}(\dot{U}'_U+\dot{U}'_V+\dot{U}'_W)=\frac{1}{3}(0+U_l\angle-150°+U_l\angle150°)=U_P\angle-180°$$

正序分量

$$\dot{U}_{U1}=\frac{1}{3}(\dot{U}'_U+\alpha\dot{U}'_V+\alpha^2\dot{U}'_W)=\frac{1}{3}[0+U_l\angle(-150^\circ+120^\circ)+U_l\angle(150^\circ-120^\circ)]=U_P\angle 0^\circ$$

负序分量

$$\dot{U}_{U2}=\frac{1}{3}(\dot{U}'_U+\alpha^2\dot{U}'_V+\alpha\dot{U}'_W)=\frac{1}{3}[0+U_l\angle(-150^\circ-120^\circ)+U_l\angle(150^\circ+120^\circ)]=0$$

此例题中，U 相短路后的负载相电压分解出一组零序分量和一组正序分量，负序分量为零。所以，不对称三相量分解时，除正序分量外，负序分量和零序分量不一定都存在。图 4-24（a）和图 4-24（b）是分解的零序对称分量和正序对称分量的相量图，将它们相加，可以得到原来的不对称三相电压图，如图 4-24（c）所示。

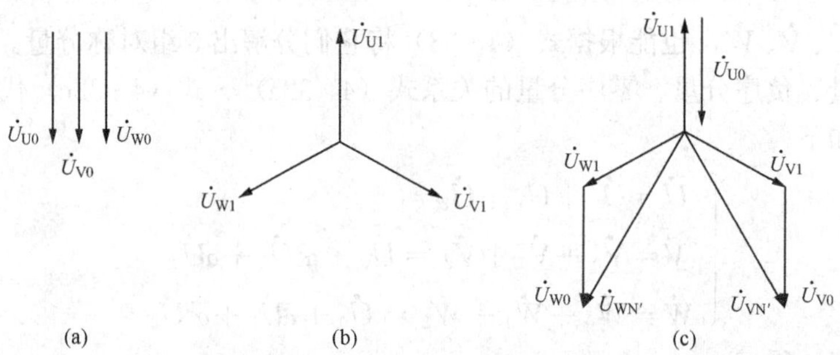

图 4-24 ［例 4-13］图

（a）零序对称分量；（b）正序对称分量；（c）原不对称三相相电压

在三相三线制电路中，因为

$$\dot{I}_U+\dot{I}_V+\dot{I}_W=0$$

所以线电流不对称时，不存在零序分量，只存在正序和负序分量。

在三相四线制电路中，因为中性线电流

$$\dot{I}_N=\dot{I}_U+\dot{I}_V+\dot{I}_W$$

所以线电流不对称时，中性线电流等于零序分量的 3 倍，即

$$\dot{I}_N=3\dot{I}_{U0}$$

即不论是三相线还是四线制电路，3 个线电压之和总等于零，即

$$\dot{U}_{UV}+\dot{U}_{VW}+\dot{U}_{WU}=0$$

所以，不对称三相线电压中不含零序分量。不对称的原因是因为除了含正序分量外，还含有负序分量，通常将线电压负序分量有效值 U_2 与正序分量有效值 U_1 的百分比 $\varepsilon=\frac{U_2}{U_1}\times 100\%$，称为不对称度。

思考与练习

4-6-1 已知不对称三相同频率正弦量 $\dot{U}$、$\dot{V}$、$\dot{W}$，如何求它们的对称分量 $\dot{U}_0$、$\dot{U}_1$、$\dot{U}_2$？已知 $\dot{U}_0$、$\dot{U}_1$、$\dot{U}_2$，又如何求不对称正弦量 $\dot{U}$、$\dot{V}$、$\dot{W}$？

4-6-2 Y-Y 连接中，线电流中一定不含零序电流吗？为什么？Y-Y_0 连接的电路情况是

否相同?

4-6-3 三相四线制供电系统中，为什么说中性线电流等于3倍的零序电流？而断开中性线后，负载中性点位移电压的量值等于零序电压?

本章小结

一、对称三相正弦量

3个频率相等、幅值相等、相位彼此相差为120°的正弦电压或电流称为对称三相正弦量。对称三相正弦量之和为零。

二、三相电路的连接

1. 电源的连接

三相电源有星形连接与三角形连接两种连接方式。

(1) 星形连接。线电压与相电压的关系为

$$\begin{cases}\dot{U}_{UV}=\dot{U}_U-\dot{U}_V\\ \dot{U}_{VW}=\dot{U}_V-\dot{U}_W\\ \dot{U}_{WU}=\dot{U}_W-\dot{U}_U\end{cases}$$

三相电源对称时，有

$$\begin{cases}\dot{U}_{UV}=\sqrt{3}\dot{U}_U\angle 30^\circ\\ \dot{U}_{VW}=\sqrt{3}\dot{U}_V\angle 30^\circ\\ \dot{U}_{WU}=\sqrt{3}\dot{U}_W\angle 30^\circ\end{cases}$$

有效值的关系为

$$U_l=\sqrt{3}U_P$$

(2) 三角形连接。线电压与相电压的关系为

$$\begin{cases}\dot{U}_{UV}=\dot{U}_U\\ \dot{U}_{VW}=\dot{U}_V\\ \dot{U}_{WU}=\dot{U}_W\end{cases}$$

有效值的关系为

$$U_l=U_P$$

2. 负载的连接

三相负载也有两种连接方式，即星形连接与三角形连接。

(1) 星形连接。线电流和相电流的关系为

$$\begin{cases}\dot{I}_U=\dot{I}_{UN'}\\ \dot{I}_V=\dot{I}_{VN'}\\ \dot{I}_W=\dot{I}_{WN'}\end{cases}$$

有效值的关系为

$$I_l=I_P$$

（2）三角形连接。线电流和相电流的关系为

$$\begin{cases}\dot{I}_{U}=\dot{I}_{UV}-\dot{I}_{WU}\\ \dot{I}_{V}=\dot{I}_{VW}-\dot{I}_{UV}\\ \dot{I}_{W}=\dot{I}_{WU}-\dot{I}_{VW}\end{cases}$$

三相负载对称时，有

$$\begin{cases}\dot{I}_{U}=\sqrt{3}\dot{I}_{UV}\angle-30^{\circ}\\ \dot{I}_{V}=\sqrt{3}\dot{I}_{VW}\angle-30^{\circ}\\ \dot{I}_{W}=\sqrt{3}\dot{I}_{WU}\angle-30^{\circ}\end{cases}$$

有效值的关系为

$$I_{l}=\sqrt{3}I_{P}$$

三、对称三相电路的分析

对称三相电路都可等效变换为Y-Y连接，负载中性点和电源中性点的电压$\dot{U}_{N'N}=0$，中性线不起作用，各相电路独立，所以可以归结为一相的计算。其他两相由对称性质直接写出。

四、不对称三相电路的分析

所有电路都可以等效变换为Y-Y连接。有中性线时，负载中性点和电源中性点的电压$\dot{U}_{N'N}\approx0$，各相负载的电压仍然约等于各相电源电压；没有中性线时，$\dot{U}_{N'N}\neq0$，从而使各相负载的相电压$\dot{U}'_{U}$、$\dot{U}'_{V}$、$\dot{U}'_{W}$不再对称。在这种情况下，各相负载电压有的高于电源相电压，有的低于电源相电压，负载因无法获得正常额定电压而无法工作。为了防止发生中性点位移现象，必须在电源中性点和负载中性点间加中性线。

五、三相电路的功率

当三相电路对称时，电路的有功功率、无功功率、视在功率分别为

$$P=\sqrt{3}U_{l}I_{l}\cos\varphi$$

$$Q=\sqrt{3}UI\sin\varphi$$

$$S=\sqrt{3}UI$$

六、不对称三相量的分解

三相制电路中，凡是大小相等、频率相等、相位差彼此相等的3个正弦量是一组对称分量。满足上述条件的有以下3种：正序分量、负序分量、零序分量。

若$\dot{U}$、$\dot{V}$、$\dot{W}$为一不对称三相量，则可以按下式分解出正序分量、负序分量、零序分量的U相分量，即

$$\begin{cases}\dot{U}_{0}=\dfrac{1}{3}(\dot{U}+\dot{V}+\dot{W})\\ \dot{U}_{1}=\dfrac{1}{3}(\dot{U}+\alpha\dot{V}+\alpha^{2}\dot{W})\\ \dot{U}_{2}=\dfrac{1}{3}(\dot{U}+\alpha^{2}\dot{V}+\alpha\dot{W})\end{cases}$$

V、W两相由对称性直接写出。

所以，任意一组同频率的不对称三相正弦量，都可分解为频率相同的几组三相正弦量。

习　题　四

4-1　已知同频率三相电压：$\dot{U}_U = 110\sqrt{3} + j110V, \dot{U}_V = -j220V, \dot{U}_W = -110\sqrt{3} + j110V$，该三相电压是否对称？求 $\dot{U}_U + \dot{U}_V + \dot{U}_W$，并作相量图。

4-2　相电压各为220V的三相发电机绕组以图4-25所示方式连接，则电压表的读数会是多少？

4-3　对称三相电源作Y连接，已知 $u_{UV} = 380\sqrt{2}\sin(\omega t + 60°)$ V，写出其他线电压解析式及三相相电压解析式，并画相量图。

4-4　对称三相电源作Y连接，线电压 $\dot{U}_{WU}$ 的相量图如图4-26所示，$f=50$Hz，写出电源其他线电压和相电压的解析式。

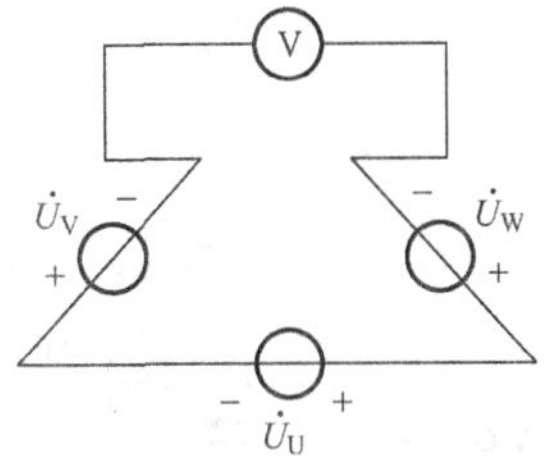

图4-25　习题4-2图

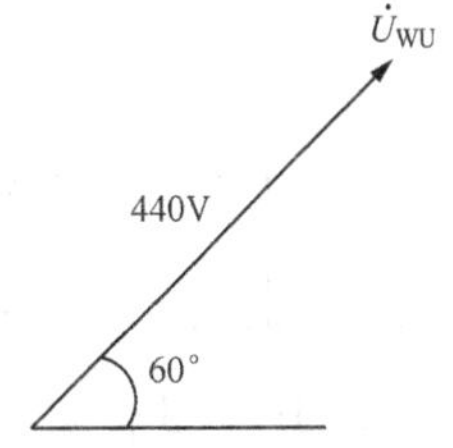

图4-26　习题4-4图

4-5　在△连接的对称三相电源中，线电压为380V，若去掉一相（W相），所组成的连接方式叫做V形连接，如图4-27所示，试求此时的线电压 U_{UV}、U_{VW}、U_{WU} 的大小。

4-6　已知对称三相负载作△连接，线电流 $i_U = 10\sqrt{2}\sin(\omega t - 90°)$ A，写出其他线电流解析式及三相相电流解析式，并画相量图。

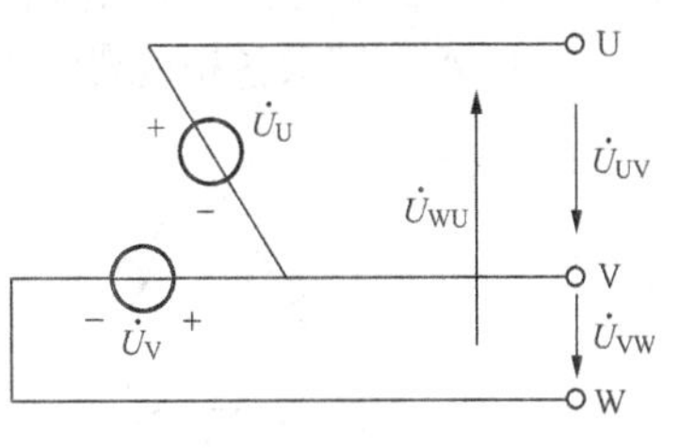

图4-27　习题4-5图

4-7　有一对称△连接的负载，如果已知V相电流 $\dot{I}_{VW} = 5$A，试求 $\dot{I}_{UV}$、$\dot{I}_{WU}$、$\dot{I}_U$、$\dot{I}_V$、$\dot{I}_W$。

4-8　指出下列各结论哪些正确，哪些错误？

（1）同一台发电机三相绕组作Y连接时的线电压等于作△连接时的线电压。

（2）当负载作Y连接时，必须有中性线。

（3）凡负载作△连接，线电流必为相电流的$\sqrt{3}$倍。

（4）当三相负载越接近对称时，中性线电流就越小。

（5）负载作Y连接时，线电流必等于相电流。

4-9　有一对称三相负载，每相负载的电阻 $R=6\Omega$，感抗 $X_L=8\Omega$，如果将负载作Y连接，接于电压为380V的三相电源上，试求相电压、相电流及线电流的有效值。

4-10　若题4-7中的负载呈△连接，并接在电压为220V的三相电源上，则求相电压、相电流及线电流有效值。

4-11　Y-Y 接线的对称三相电路，线路阻抗忽略。已知 $\dot{U}_{UV}=380\angle 0°V$，每相阻抗 $Z=8.66+j5\Omega$，试求各相电流并画相量图。

4-12　Y-△接线的对称三相电路，线路阻抗忽略。已知 $\dot{U}_{UV}=380\angle 30°V$，每相阻抗 $Z=5+j5\Omega$，试求各相电流、各线电流并画相量图。

4-13　三相四线制电路中，每相阻抗 $Z=60+j80\Omega$，线路阻抗 $Z_L=3+j4\Omega$，中性线阻抗 $Z_N=6+j8\Omega$，对称三相电源的 $\dot{U}_U=220\angle 0°V$。试求：（1）$\dot{I}_U$；（2）U 相负载电压值；（3）负载的线电压。

4-14　对称△连接负载，每相阻抗 $Z=240+j180\Omega$，线路阻抗 $Z_L=4+j3\Omega$，对称三相电源的线电压为 380V。试求：（1）线电流；（2）负载的相电流值；（3）负载的线电压值。

4-15　试画出图 4-28 所示电路的一相电路图。

4-16　三相四线制电路中，$R=X_L=X_C=5\Omega$，接在 380V 的三相电源上，如图 4-29 所示，试问：（1）负载是否对称？（2）各相电流及中性线电流是多少？

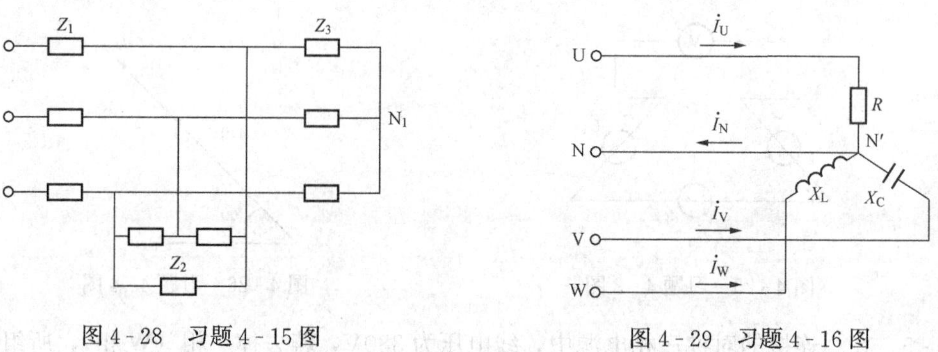

图 4-28　习题 4-15 图　　　图 4-29　习题 4-16 图

4-17　已知对称三相电路中 Y 连接负载的线电压 $\dot{U}_{UV}=380\angle 45°V$，线电流 $\dot{I}_U=5.5\angle -45°A$，试求各相负载的相电压及相电流的相量，作出相量图，并求每相负载的复阻抗。

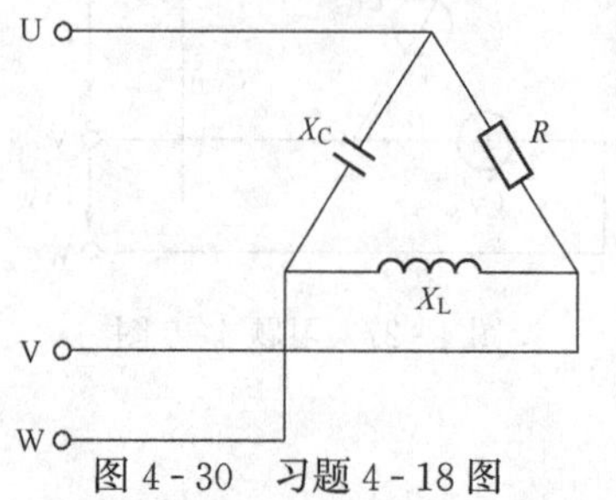

图 4-30　习题 4-18 图

4-18　如图 4-30 所示，对称三相电源线电压为 380V，负载的阻抗均为 38Ω，试求各相电流。

4-19　不对称 Y 连接负载作三相三线制连接，$Z_U=110\Omega$，$Z_V=j110\Omega$，$Z_W=-j110\Omega$，接在 $\dot{U}_U=220V$ 的对称 Y 连接电源上，试求中性点电压 $\dot{U}_{N'N}$。

4-20　三相电炉每相电阻 $R=8.68\Omega$，试求：（1）三相电炉作 Y 连接，接在 $U_L=380V$ 的对称电源上时，电炉从电网吸收多少功率？（2）三相电炉作△连接，接在 $U_L=380V$ 的对称电源上时，电炉从电网吸收多少功率？

4-21　Y 连接对称负载，已知线电压 $\dot{U}_{UV}=380\angle 30°V$，线电流 $\dot{I}_U=10\angle -45°A$。试求：（1）三相负载功率 P、Q、S；（2）每相负载的阻抗及其性质。

4-22　线电压为 380V 的工频对称三相电源上接有一组对称三角形负载，已知每相负载的功率为 4.8kW，功率因数为 0.8（感性）。试求：（1）负载的相电流和线电流值；（2）每相负载的等效阻抗、电阻分量和电抗分量。

4-23　图 4-31 所示电路中，已知线电压为 380V，星形负载的功率为 10kW，功率因数为 0.85（感性），三角形负载的功率为 20kW，功率因数为 0.8（感性）。试求：（1）电路中的线电流；（2）电源的有功功率、无功功率和视在功率。

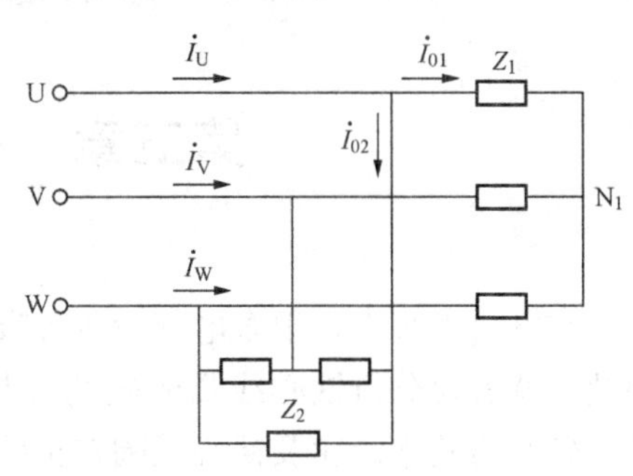

图 4-31　习题 4-23 图

4-24　三相三线制线路，发生 U、V 线间短路，三相线电流为 $\dot{I}_U=-\dot{I}_V=10\text{kA}, \dot{I}_W=0$，试求这组线电流的对称分量。

4-25　三相三线制电路，发生 U 线断线故障。三相负载相电压为 $\dot{U}_{U'}=330\text{V}$，$\dot{U}_{V'}=-\text{j}190\text{V}$，$\dot{U}_{W'}=\text{j}190\text{V}$。试求这组相电压的对称分量。

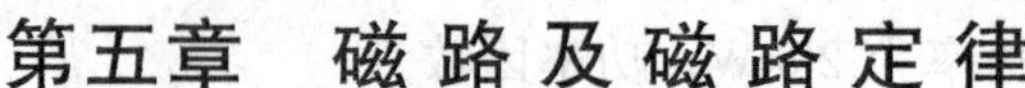

第五章　磁路及磁路定律

在电力工程中，很多电气设备含有铁心线圈，如变压器、各种旋转电机和电磁仪表等。因此，就需要分析铁心线圈的磁场及其电压、电流的关系。本章主要介绍磁场的基本物理量、磁路的基本定律及铁心线圈在正弦交流作用下的性能。

第一节　磁场的基本物理量

电流周围空间存在着一种特殊物质，运动的电荷在其中会受到力的作用而做功，这种特殊物质称为磁场。磁场是有强弱和方向的。将小磁针放在磁场中某点，当小磁针静止时，N极所指的方向即为该点的磁场方向。磁场的强弱可用磁力线的疏密度来定性描述，也可用磁场的物理量来定量计算。

磁力线也叫磁感应线，其疏密度表示磁场的强弱，越密表示磁场越强，越疏表示磁场越弱；其上每一点的切线方向表示该点磁场的方向。

有电流就会有磁场，电流的方向与磁场的方向满足右手螺旋定则。

下面介绍磁场的基本物理量。

一、磁感应强度 *B*

磁感应强度是描述磁场强弱和方向的物理量，其大小定义为：单位正电荷在磁场中以单位速度运动时所受的最大电磁力（即速度与磁场方向垂直时所受的电磁力），定义式为

$$B=\frac{F_{\max}}{qv} \tag{5-1}$$

方向为该点磁场的方向。

在国际单位制中，磁感应强度 B 的单位为特斯拉（T）。

若磁场中某个区域内磁感应强度 B 的大小相等、方向相同，则称该区域为均匀磁场，其磁力线的特点是疏密度相同的平行线。

二、磁通 *Φ*

均匀磁场中，磁感应强度 B 与垂直于它的面积 S 的乘积，称为穿过面积 S 的磁通 Φ，具体表达式为

$$\Phi=BS \tag{5-2}$$

在不均匀磁场中，用微积分的概念来定义磁通。取垂直于磁场方向的面积元 $\mathrm{d}S$，可认为其上磁感应强度为常数，则穿过该面积的磁通为

$$\mathrm{d}\Phi=B\mathrm{d}S$$

若在磁场中取一曲面 S，则穿过此曲面的磁通为

$$\Phi=\int_S \mathrm{d}\Phi=\int_S B\,\mathrm{d}S \tag{5-3}$$

国际单位制中，磁通的单位为韦伯（Wb）。磁通是标量，没有空间方向，但有正负。

画磁力线时，其疏密度表示 B 的大小，因此穿过某曲面 S 的磁通可以形象地用穿过该面积的磁力线的条数来表示。

由于磁力线总是闭合的，因此，对任一闭合曲面而言，穿入的磁力线条数必等于穿出的磁力线条数，即穿入曲面的磁通必等于穿出曲面的磁通。这一结论称为磁通的连续性原理。

由式（5－2）可得

$$B=\frac{\Phi}{S} \tag{5-4}$$

即磁感应强度数值上等于单位面积上的磁通，故也称为磁通密度。

三、磁导率 μ

磁场的强弱不仅与引起它的电流有关，也与磁场的介质有关。磁导率是反应物质导磁性能的物理量。物质导磁性能越好，磁导率数值越大；导磁性能越差，磁导率数值越小。实验表明，真空的磁导率为

$$\mu_0=4\pi\times10^{-7}\,\mathrm{H/m} \tag{5-5}$$

其他物质的磁导率与真空的磁导率的比值称为该物质的相对磁导率，用 μ_r 表示，即

$$\mu_r=\frac{\mu}{\mu_0}$$

根据相对磁导率的大小，可将物质分为两大类。μ_r 近似为 1 的，称为非铁磁性物质；μ_r 远大于 1 的，称为铁磁性物质。

四、磁场强度 H

磁场强度是描述磁场强弱和方向的另一个物理量。它的方向与磁感应强度 B 的方向一致，大小定义为

$$H=\frac{B}{\mu} \tag{5-6}$$

国际单位制中，磁场强度 H 的单位为安培/米（A/m）。

在均匀无限大介质的磁场中，磁场强度只取决于该磁场的宏观电流的分布，而与介质无关；而磁感应强度会随着介质的不同而变化。这时用磁场强度 H 分析会比较简便。

5－1－1　磁场的 B、Φ、H、μ 之间是什么关系？

5－1－2　某均匀磁场的磁感应强度 $B=1\mathrm{T}$，其中均匀介质的 $\mu_r=500$，求：（1）该磁场中的磁场强度值 H；（2）垂直于面积 $S=10\mathrm{cm}^2$ 的平面上的磁通。

第二节　铁磁物质的磁化

铁心线圈和空心线圈在通入相同励磁电流的情况下，产生的磁场强弱有很大的差别。这是由于这两种介质的导磁性能差别很大。物质可以根据其磁导率的大小分为铁磁物质和非铁磁物质两大类。铁磁物质的磁导率是非铁磁物质的几百倍，甚至几千、几万倍，而且铁磁物质的磁导率 μ 不是常数，这是因为铁磁物质在外磁场的作用下能够被磁化。

一、铁磁物质的磁化及原因

铁磁物质在外磁场的作用下，会产生与外磁场方向一致的很强的附加磁场而显示磁性，

这种现象称为铁磁物质的磁化。

铁磁物质之所以能被磁化，是由于它具有特殊的内部结构。铁磁物质是由称为磁畴的天然磁化区域所组成的。自然情况下，由于磁畴杂乱排列，从整体上看，其磁性相互抵消，因而对外不显磁性。当给铁磁物质施加外磁场时，这些磁畴受到外磁场所产生的磁场力的作用而发生磁介壁的移动，继而转向。当外磁场足够强时，会最终按与外磁场方向一致的方向排列，故而产生很强的附加磁场。

二、磁化曲线

铁磁物质的磁感应强度 B 与外磁场的磁场强度 H 之间的关系曲线，称为铁磁物质的磁化曲线。可以通过实验来测定磁化曲线的形状，实验电路如图 5-1 所示。

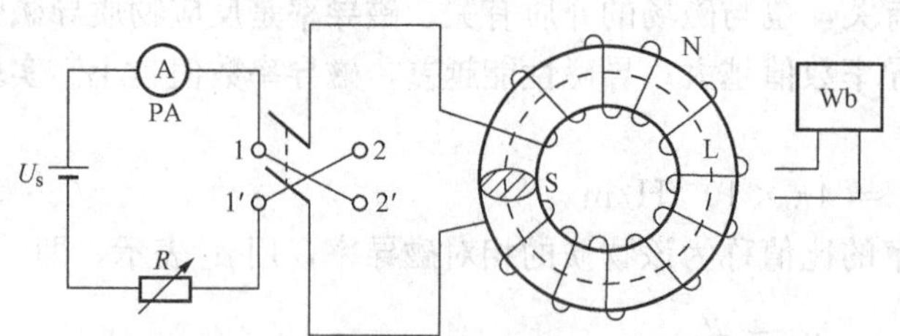

图 5-1　测定磁化曲线原理电路图

通过改变电流的大小和方向来改变外磁场的强弱与方向，同时测定环形线圈上的磁通，计算出铁心中的磁感应强度值，即可作出 B-H 关系曲线。

磁化曲线分为起始磁化曲线、磁滞回线和基本磁化曲线。

1. 起始磁化曲线

铁磁物质在自然状态下，给它施加一个由零开始逐渐增强的外磁场，此时的 B-H 关系曲线称为起始磁化曲线，如图 5-2（a）所示。

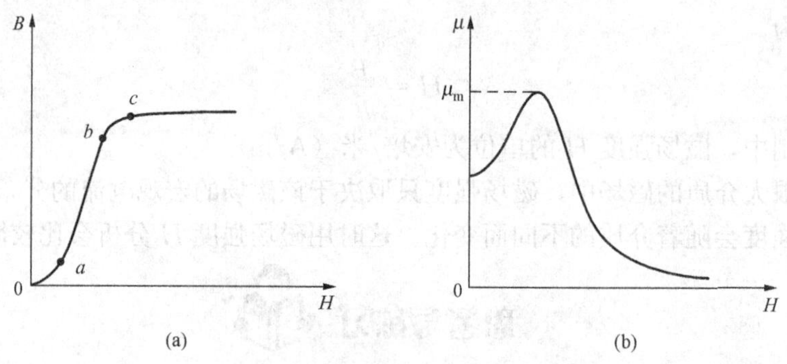

图 5-2　磁化曲线

(a) 起始磁化曲线；(b) μ-H 曲线

在外磁场的磁场强度 H 为零时，铁磁物质的磁感应强度 B 也为零，故该曲线起点为原点。当 H 由零开始逐渐增加时，由于外磁场较弱，受其影响的磁畴比较少，只有那些原本与外磁场方向相近的磁畴作出反应，有的仅仅是磁介壁有所变化。因此，铁磁物质的磁感应强度有所增加，但增加很缓慢，在磁化曲线上表现为 $0a$ 段，称为起始段。继续增加 H 的值，由于此时外磁场已经比较强，大部分的磁畴会作出反应，很多磁畴会旋转到与外磁场相同的方向，因此铁磁物质的 B 迅速增加，在磁化曲线上表现为 ab 段，称为线性段。继续增加 H 的值，尽管外磁场更强，但是由于大部分的磁畴已转向，剩余的磁畴已不多，因此 B 的增加又变缓慢了，在磁化曲线上表现为 bc 段，称为膝部。此后，进一步增加外磁场的磁场强度 H，因为所有的磁畴均已转向，铁磁物质的磁感应强度 B 就不会再增加。这种现象称为磁饱和，曲线上 c 点以后的区域称为饱和区。

由 B-H 曲线可作出 μ-H 曲线，如图 5-2（b）所示。由此可以看出，铁磁物质的磁导率 μ 不是常数。

2. 磁滞回线

在外磁场由 $0\rightarrow H_m\rightarrow 0\rightarrow -H_m\rightarrow 0$ 的反复作用下，铁磁物质所表现出来的磁感应强度 B 与外磁场的磁场强度 H 之间的关系曲线称为磁滞回线，如图 5-3 所示。

外磁场从 0 增大到 H_m 时，B-H 曲线即为起始磁化曲线，B 从 0 增大到 B_m；当外磁场由 H_m 减小到 0 时，B 也逐步减小，但是由于有些磁畴不能再回到原来的位置，因此 B-H 曲线不会沿着原来的上升线而下降，而是在原来曲线的上方逐渐减小；当 $H=0$ 时，铁磁物质的 $B\neq 0$，仍表现出一定的磁性，此时的磁感应强度 B_r 称为剩磁。去掉剩磁需要施加反向的外磁场，$B=0$ 时所施加的反向外磁场为 H_c，称为矫顽力。继续增加反向的外磁场，铁磁物质就被反向磁化，当外磁场达到 $-H_m$ 时，铁磁物质的磁感应强度 B 达到 $-B_m$。外磁场从 $-H_m$ 变化到 0 时，铁磁物质的磁感应强度由 $-B_m$ 变化到 $-B_r$，即反向剩磁。去掉反向剩磁需要施加的外磁场 H_c 也称为矫顽力。H 继续增加时，铁磁物质再一次被磁化。经过反复多次的磁化，得到的 B 和 H 的关系曲线是一条闭合的曲线，称为磁滞回线。在这个过程中，B 的变化总是落后于 H 的变化，这种现象称为磁滞。磁滞回线的宽窄反映了磁化过程中磁滞损耗的大小，实验表明，磁滞损耗与磁滞回线的面积成正比。

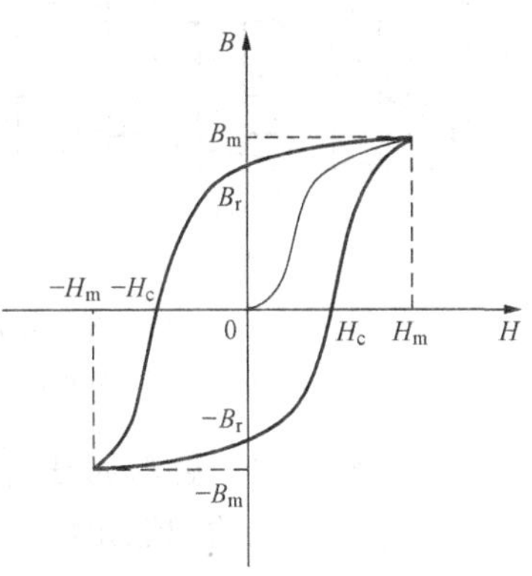

图 5-3　磁滞回线

3. 基本磁化曲线

从上面的分析可以看出，铁磁物质的 B 与外磁场的 H 不是一一对应的关系，这使得磁路的分析计算很难进行。为此，需要寻求一种 B 和 H 之间的关系，这种关系必须是一一对应的关系，才有可能展开磁路的分析计算。这种关系曲线就是基本磁化曲线。

选择一系列外磁场的磁场强度 H_m，可以作出一系列的磁滞回线，将这些磁滞回线的正顶点与原点连接起来形成的曲线称为基本磁化曲线，如图 5-4 所示。

一般可用基本磁化曲线近似代替磁滞回线。由于这条曲线的 B、H 是一一对应关系，因此可以用来作分析计算。可以看出，磁滞回线越宽，这种近似误差越大；磁滞回线越窄，这种近似误差越小。由于电工用材料的磁滞回线都很窄，因此这种曲线用来分析计算时误差较小。图 5-5（a）所示为常见电工材料的基本磁化曲线。

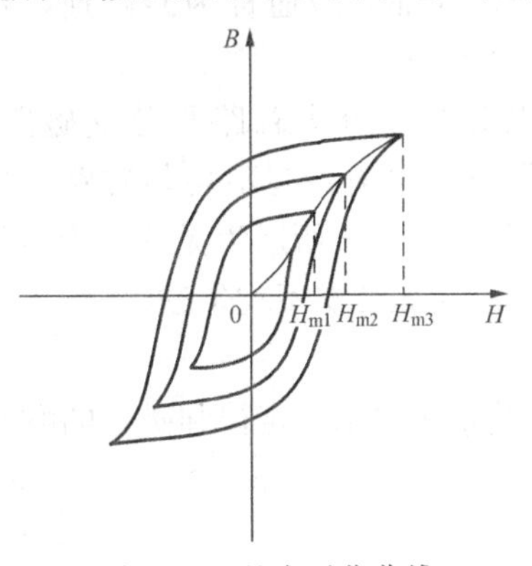

图 5-4　基本磁化曲线

三、铁磁物质的分类

铁磁物质可以分为软磁材料和硬磁材料两大类，各自的磁化曲线如图 5-5 所示。

（1）软磁材料：磁滞回线狭长、剩磁小、矫顽力小、磁滞损耗小。电工用材料均为软磁材料，如硅钢片、铸铁、铸钢等。

（2）硬磁材料：磁滞回线宽大、剩磁大、矫顽力大、磁滞损耗大，常用来做永久磁铁，如钴钢、钨钢、铝镍硅等。

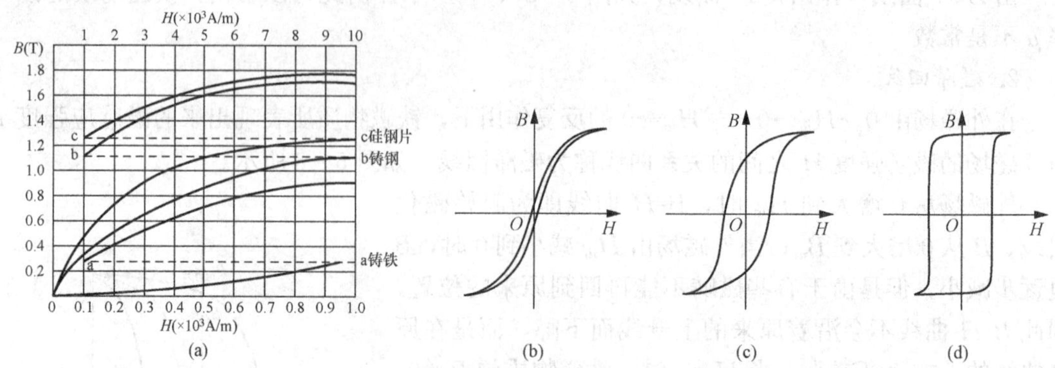

图 5－5　常见电工材料的基本磁化曲线及铁磁物质的分类

（a）铸铁、铸钢、硅钢片的基本磁化曲线；（b）软磁材料；（c）硬磁材料；（d）矩磁材料

（3）矩磁材料：磁滞回线近似矩形，很小的外磁场作用下就能磁化，易饱和，不易去磁，常用作计算机的记忆元件。

5－2－1　铁磁物质具有哪些磁性能？

5－2－2　铁磁物质的起始磁化曲线是如何得到的？该曲线大致可以分为几段？

5－2－3　什么是基本磁化曲线？用来分析哪种铁磁材料比较合适？

5－2－4　铁磁材料分为哪几类？各有什么特点？

第三节　磁路的基本定律及应用

一、磁路

主要由铁磁材料构成的磁通集中通过的路径称为磁路，如图 5－6 所示。很多电气设备工作时都离不开磁路，如变压器、继电器、电磁铁等设备中都含有磁路。

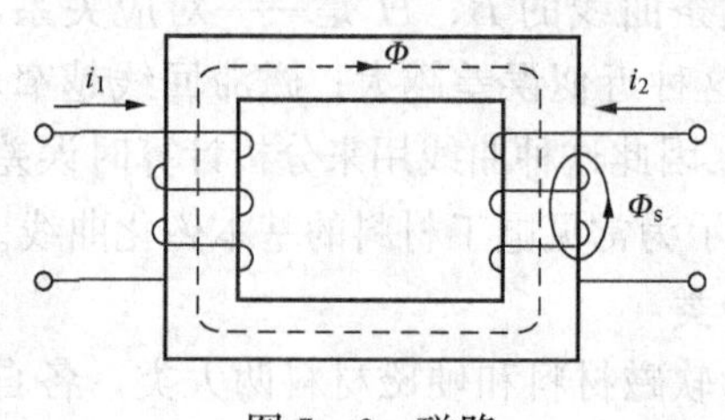

图 5－6　磁路

磁路中集中通过的磁通较大，称为主磁通，它是电气设备的工作磁通；还有极少数磁通通过铁磁材料近旁的非铁磁材料闭合，这部分磁通称为漏磁通，在作磁路计算时通常可以忽略。

磁路按其结构可以分为无分支磁路与分支磁路；也可以按其磁场情况分为均匀磁路与不均匀磁路，如图 5－7 所示。其中，图 5－7（a）所示为无分支均匀磁路，图 5－7（b）所示为有分支不均匀磁路，图 5－7（c）所示为无分支不均匀磁路。

二、磁路的基本定律

磁路的基本定律包括磁路的基尔霍夫第一定律、磁路的基尔霍夫第二定律和磁路的欧姆定律。

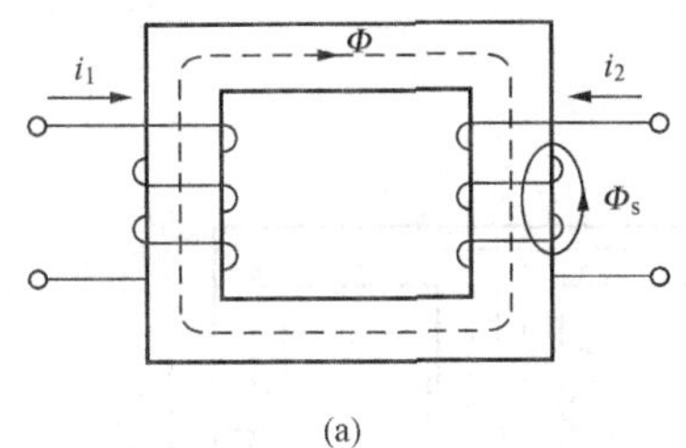

(a)

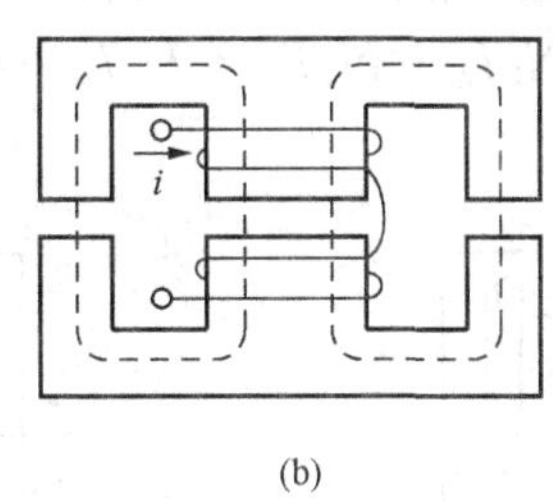

(b)

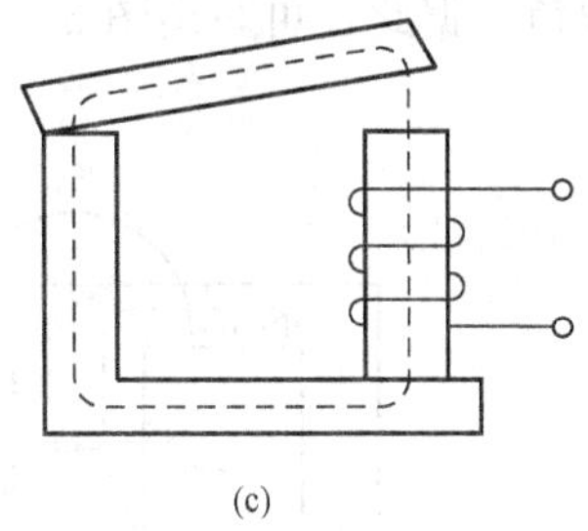
(c)

图 5 - 7　磁路分类

(a) 无分支均匀磁路；(b) 有分支不均匀磁路；(c) 无分支不均匀磁路

1. 磁路的基尔霍夫第一定律

磁路的基尔霍夫第一定律分析的是磁路的任一节点上各支路磁通间的关系，其内容是：磁路的任一节点上汇集的磁通的代数和等于零。该定律的依据是磁通的连续性原理。对图 5 - 8中的节点取闭合曲面 S，根据磁通的连续性原理有

$$\Phi_1 = \Phi_2 + \Phi_3$$

移项，得

$$\sum \Phi = 0 \tag{5 - 7}$$

应用式（5 - 7）时，若穿入节点的磁通取正，则穿出节点的磁通取负。根据此定律，无分支磁路各截面处的磁通都是相等的。

2. 磁路的基尔霍夫第二定律

磁路的基尔霍夫第二定律分析的是磁路的任一闭合路径上，磁路的磁压与磁动势的关系。设一段磁路均匀，磁路的长度为 L，磁场强度为 H，则该段磁路的磁压为

$$U_M = HL$$

设励磁电流为 I，励磁绕组匝数为 N，则该线圈的磁动势为

$$F = NI$$

磁路的基尔霍夫第二定律的内容是：对于磁路的任一闭合路径，各段磁压的代数和等于各磁动势的代数和，即

$$\sum (HL) = \sum (NI) \tag{5 - 8}$$

该定律的依据是全电流定律（安培环路定律），全电流定律的内容为：任意一个闭合曲线上的总磁压等于被这个闭合曲线所包围的面内穿过的全部电流的代数和。

如图 5 - 9 所示右侧回路中，磁路 l_1、l_0、l'_3和 l''_3对应的磁场强度分别为 H_1、H_0、H_3，则整个闭合路径上磁压的代数和为

$$H_1 l_1 + H_0 l_0 + H_3 (l'_3 + l''_3)$$

此闭合路径所包围的磁动势为 $N_1 I_1$，则根据全电流定律，有

$$N_1 I_1 = H_1 l_1 + H_0 l_0 + H_3 (l'_3 + l''_3)$$

即

$$\sum F = \sum U_M \tag{5 - 9}$$

应用磁路的基尔霍夫第二定律时，特别要注意正负号的确定。选取一闭合路径的绕行方向，当磁场强度的方向与绕行方向一致时，该段磁压取正；相反时，该段磁压取负。磁动势的正负由其电流决定，当电流的方向与绕行方向符合右手螺旋定则时，该磁动势取正；反之

取负。据此，可写出图 5 - 9 左侧回路的关系方程为

$$N_2I_2 - N_1I_1 = H_2l_2 - H_1l_1$$

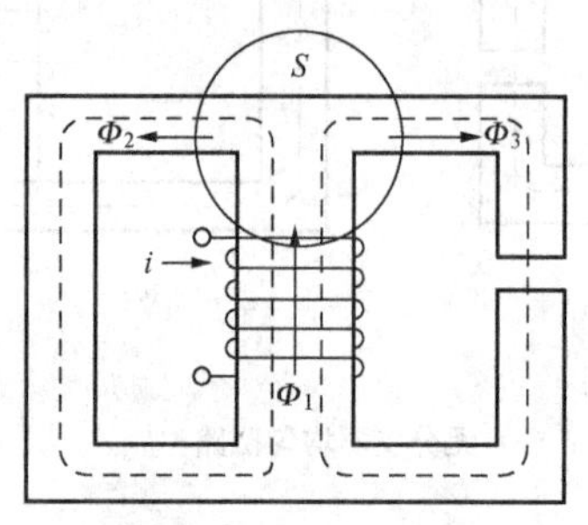

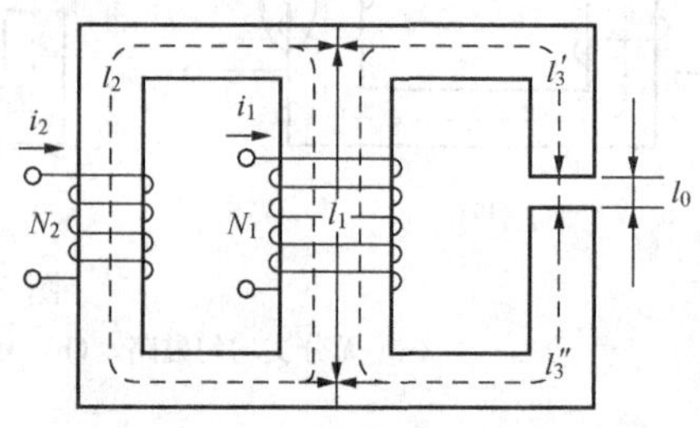

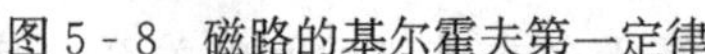

图 5 - 8　磁路的基尔霍夫第一定律　　　图 5 - 9　磁路的基尔霍夫第二定律

3. 磁路的欧姆定律

设一段磁路，其磁导率为 μ，截面积为 S，长度为 l，磁路中磁通为 Φ，则磁通与磁压的关系为

$$\Phi = BS = \mu HS = \frac{Hl}{\frac{l}{\mu S}} = \frac{Hl}{R_M}$$

即

$$\Phi = \frac{U_M}{R_M} \tag{5-10}$$

式（5 - 10）称为磁路的欧姆定律。其中

$$R_M = \frac{l}{\mu S}$$

称为磁阻，单位为 1/H，铁磁材料中不是常数。气隙中，磁阻为

$$R_{M0} = \frac{l}{\mu_0 S}$$

由于铁磁材料的磁导率 μ 不是常数，因此磁路的欧姆定律在铁磁材料中只能作定性分析用，在空气隙中可作定量计算。

三、无分支恒定磁通磁路的计算

无分支恒定磁通磁路的计算分为正面问题与反面问题。所谓正面问题，是指已知磁路的结构、尺寸及磁通，求磁动势。这类问题可以直接用磁路定律进行计算。若已知的是磁路结构与磁动势，求磁通，由于不能直接用磁路定律计算，因此称为反面问题。下面主要介绍正面问题的计算方法。

计算思路为 $\Phi \to B \to H \to Hl \to \Sigma U_M \to F$，具体计算步骤如下：

（1）将磁路分成材料相同、截面积相同的几段，求各段的截面积与磁感应强度。求气隙的截面积时，要审查是否需要考虑边缘效应。

若铁磁部分截面的长、宽分别为 a、b，气隙长为 l_0，则当 $\frac{a}{l_0} > 10 \sim 20$、$\frac{b}{l_0} > 10 \sim 20$ 时可忽略边缘效应。气隙较大时

$$S_0 = (a + l_0)(b + l_0)$$

(2) 求各段的磁场强度。铁磁材料得查基本磁化曲线，气隙得用公式计算。

(3) 求各段的磁路长度及各段磁压。

(4) 求磁压的代数和，即总的磁动势。

若铁心由硅钢片叠成，计算时要考虑叠片系数。叠片系数 K 的计算公式为

$$K=\frac{S}{S'}$$

式中：S 为有效截面积；S'为视在截面积。

则

$$S=KS'$$

【例 5-1】 铸钢圆环磁路，其截面积 $S=5\text{cm}^2$，平均磁路的长度 $l=100\text{cm}$，要求产生的磁通 $\Phi=7.5\times10^{-4}\text{Wb}$，试求所需磁动势 F。

解 $B=\dfrac{\Phi}{S}=\dfrac{7.5\times10^{-4}}{5\times10^{-4}}=1.5$ (T)

查铸钢的磁化曲线 $B=1.5\text{T}$ 时，$H=3500\text{A/m}$，从而得

$$F=Hl=3500\times100\times10^{-2}=3500(\text{A})$$

【例 5-2】 图 5-10 所示为一直流电磁铁。磁路尺寸单位为 cm，铁心由 D21 型硅钢片叠成，叠片系数 $K_{\text{Fe}}=0.92$，衔铁材料为铸钢。要使电磁铁空气隙中的磁通为 $3\times10^{-3}\text{Wb}$。求所需磁动势；线圈匝数 $N=1000$ 时，求线圈的励磁电流。

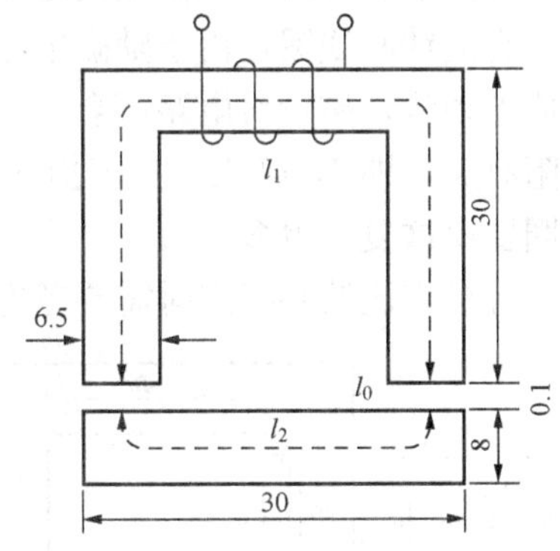

图 5-10 ［例 5-2］图

解 (1) 将磁路分成铁心、衔铁、气隙 3 段。

各段长度和截面积为

$$l_1=(30-6.5)+2(30-3.25)=77(\text{cm})$$

$$l_2=30-6.5+4\times2=31.5(\text{cm})$$

$$2l_0=0.1\times2=0.2(\text{cm})$$

$$S_1=6.5\times5\times0.92\approx30(\text{cm}^2)$$

$$S_2=8\times5=40(\text{cm}^2)$$

$$S_0=(a+l_0)(b+l_0)=33.65(\text{cm}^2)$$

各段磁路的磁感应强度为

$$B_1=\frac{\Phi}{S_1}=\frac{3\times10^{-3}}{30\times10^{-4}}=1(\text{T})$$

$$B_2=\frac{\Phi}{S_2}=\frac{3\times10^{-3}}{40\times10^{-4}}=0.75(\text{T})$$

$$B_0=\frac{\Phi}{S_0}=\frac{3\times10^{-3}}{33.65\times10^{-4}}=0.89(\text{T})$$

(2) 各段磁路的磁场强度为

$$H_1=536\text{A/m}(\text{查硅钢片的基本磁化曲线})$$

$$H_2=632\text{A/m}(\text{查铸钢的基本磁化曲线})$$

$$H_0=\frac{B_0}{\mu_0}=0.8\times10^6B_0=0.71\times10^6(\text{A/m})$$

(3) 各段磁压及所需磁动势为

$$F = NI = H_1 l_1 + H_2 l_2 + H_0 l_0$$
$$= 536 \times 0.77 + 632 \times 0.315 + 0.71 \times 10^6 \times 0.002$$
$$\approx 2036(\mathrm{A})$$

励磁电流为

$$I = \frac{F}{N} = \frac{2036}{1000} = 2.04(\mathrm{A})$$

思考与练习

5-3-1　什么是磁路？什么样的磁路可以视为均匀磁路？

5-3-2　磁路的基尔霍夫第一定律、磁路的基尔霍夫第二定律、磁路的欧姆定律内容是怎样的？

5-3-3　某磁路的空气隙长度为1mm，截面积为50cm²，试求该气隙的磁阻。若气隙中 $B=0.8\mathrm{T}$，求其磁压。

第四节　交 流 铁 心 线 圈

根据励磁电流是直流电流还是交流电流，可将铁心线圈分为直流铁心线圈与交流铁心线圈。直流铁心线圈，由于励磁电流是直流，产生的磁通恒定不变，在线圈及铁心中不会产生感应电动势，磁场对电路不会产生影响。在一定电压作用下，线圈中的电流只与线圈本身的电阻有关，即 $I=U/R$，功率损耗也只有电流流过线圈时产生的损耗 I^2R（铜损）。交流铁心线圈要比这复杂得多。

分析交流铁心线圈时需要考虑下列因素：铁心磁饱和的影响；铁心中磁滞的影响；铁心中涡流的影响；漏磁通的影响；线圈电阻的影响。如图5-11所示，线圈外加电压为 u，线圈电流为 i，由 i 产生主磁通 Φ、漏磁通 Φ_s。电流变化时，磁通随之变化，从而引起感应电动势。设电压参考方向与电流参考方向一致，主磁通引起 $u_e = N\dfrac{d\Phi}{dt}$，漏磁通引起 $u'_e = \dfrac{d\Phi_s}{dt}$，线圈电阻引起 $u_R = Ri$。铁心线圈的电压方程为

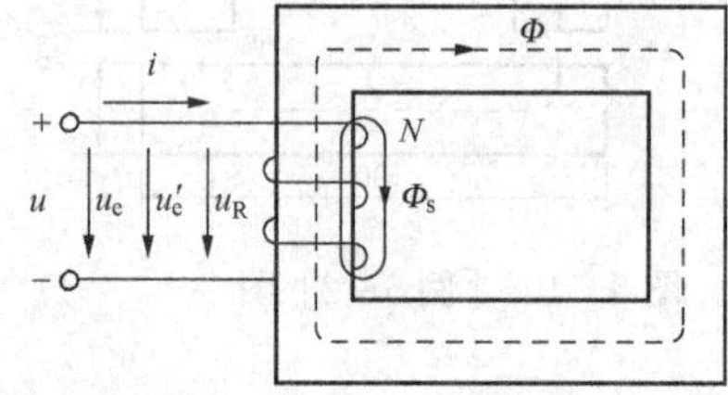

图5-11　交流铁心线圈

$$u = u_e + u'_e + u_R = N\frac{d\Phi}{dt} + \frac{d\Phi_s}{dt} + Ri \tag{5-11}$$

影响交流铁心线圈的这些因素中，磁饱和的影响是最主要的。因此，首先分析只考虑磁饱和影响时的线圈电压、电流、磁通的情况。

一、正弦电压作用于铁心线圈

忽略线圈电阻与漏磁通的影响时，铁心线圈的电压为

$$u = u_e = N\frac{d\Phi}{dt}$$

由上式可知，电压若为正弦量，磁通也为正弦量。为了分析方便，设

$$\Phi = \Phi_m \sin\omega t$$

则有

$$u=u_e=N\frac{\mathrm{d}\Phi}{\mathrm{d}t}=\omega N\Phi_m\sin\left(\omega t+\frac{\pi}{2}\right)$$

由上式可以得出，电压有效值与磁通最大值间的关系为

$$U=\frac{\omega N\Phi_m}{\sqrt{2}}=\frac{2\pi fN\Phi_m}{\sqrt{2}}\approx 4.44fN\Phi_m \tag{5-12}$$

式（5-12）表明，当电源频率 f 与线圈匝数 N 一定时，线圈电压的有效值 U 与主磁通的最大值 Φ_m 成正比，而与磁路情况（如铁磁材料的磁导率、磁路中的气隙大小等）无关。

忽略磁滞与涡流的影响后，铁心材料的 B-H 曲线就是基本磁化曲线。由于铁心线圈磁路中，$\Phi=BS$，$i=HL/N$，故可作出 Φ-i 曲线，形状与基本磁化曲线相似。根据 $\Phi(t)$ 波形与 Φ-i 曲线，可逐点描绘出 $i(t)$ 的波形，如图 5-12 所示。

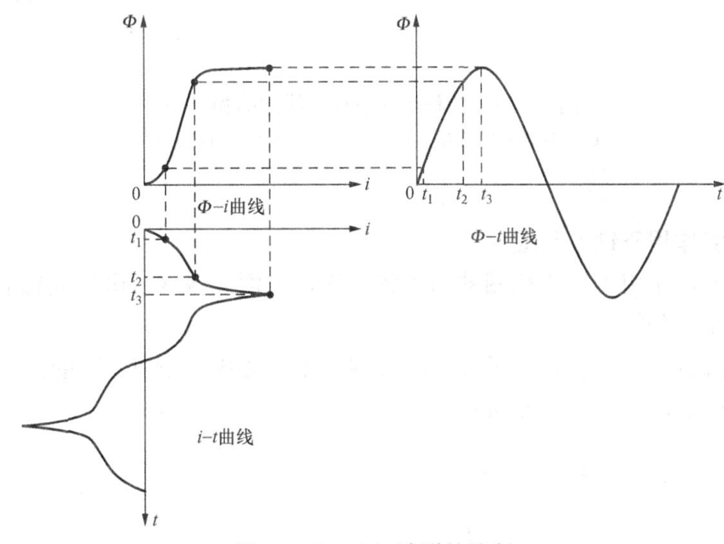

图 5-12　$i(t)$ 波形的绘制

结论：只考虑磁饱和的影响时，交流铁心线圈端电压为正弦波，铁心中的磁通为滞后电压 90°的正弦波，而磁化电流则为与磁通同相的尖顶波。Φ_m 越大，铁心磁饱和越严重，$i(t)$ 的曲线越尖；反之，Φ_m 越小，小到落在 Φ-i 曲线非饱和区域时，$i(t)$ 的曲线将近似为正弦波。

如果同时考虑磁滞与涡流的影响，线圈中的电流则由两部分构成：其一是只考虑磁饱和时的电流，即磁化电流，由于此电流与磁通同相，且滞后电压 90°，因此不消耗功率，称为电流的无功分量，记作 i_M；其二是磁滞与涡流引起的电流，这部分电流使铁心产生发热耗损，因此电流与电压同相，称为电流的有功分量，记作 i_a。线圈中电流 $i=i_M+i_a$，如图 5-13 所示。

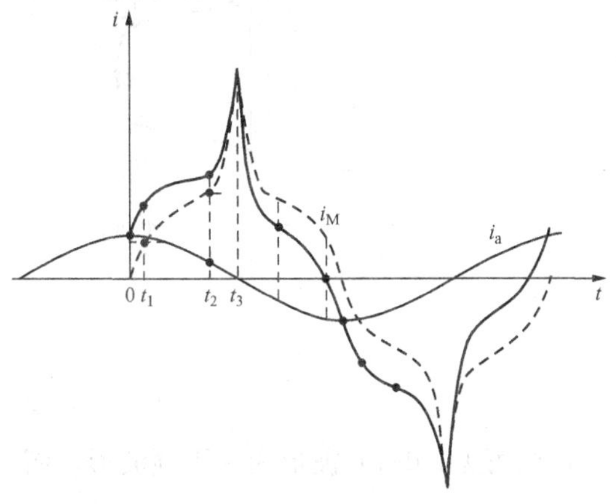

图 5-13　考虑磁滞与涡流时的 i-t 曲线

由于磁滞与涡流的影响，线圈中的电流 i 是相位超前于磁通 Φ、滞后于电压 u 且波

形更加畸变的尖顶波。

交流铁心线圈中的电流 i 是非正弦波形，含有奇次谐波，其中以 3 次谐波成分最大，其他高次谐波成分可忽略。工程上可将此非正弦波用正弦波近似代替，以简化计算。

图 5－14 所示为两种情况下铁心线圈的相量图。

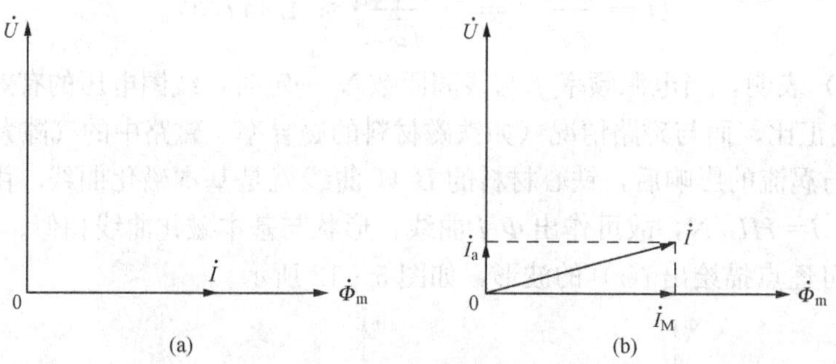

图 5－14 两种情况下铁心线圈的相量图

（a）只考虑磁饱和时；（b）同时考虑磁滞与涡流时

二、正弦电流作用于铁心线圈

大多数情况下，作用于铁心线圈的为正弦电压，个别设备（如电流互感器）会通入正弦电流，因此只作简要分析。

若将正弦电流 $i(t)=I_m\sin\omega t$ 通入铁心线圈，则铁心中磁通 $\Phi(t)$ 的波形可由 $i(t)$ 的波形及 Φ-i 曲线绘制，如图 5－15 所示。

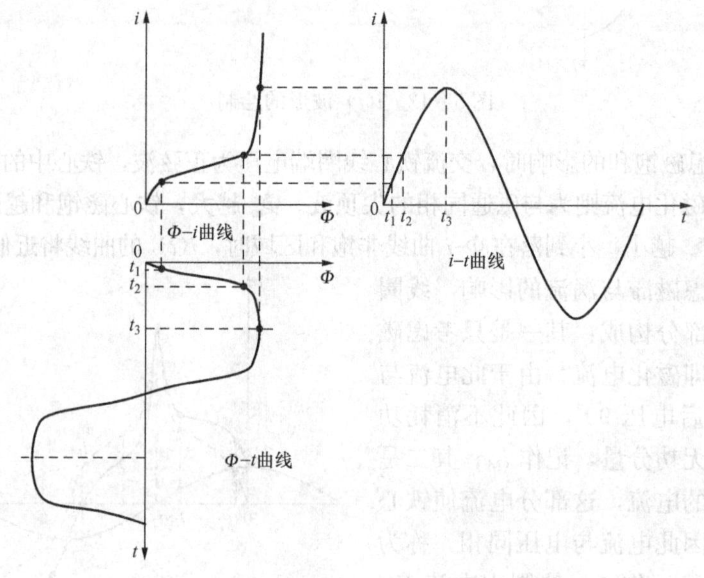

图 5－15 $\Phi(t)$ 波形的绘制

由此可见，$\Phi(t)$ 波形为一平顶波形，而 $u=u_e=N\dfrac{d\Phi}{dt}$，所以可求出铁心线圈电压的波形为尖顶非正弦波。

三、交流铁心线圈的损耗

铁心线圈的磁滞损耗与涡流损耗的总和称为铁心损耗，简称铁损。

磁滞损耗正比于磁滞回线的面积，由于铁心材料都采用软磁材料，因此磁滞损耗较小。工程上常用经验公式计算，即

$$P_{h} = k_{h} f B_{m}^{n} V \tag{5-13}$$

式中：f 为交流电的频率；B_{m} 为磁感应强度的最大值；n 为指数，由 B_{m} 的范围决定，$0.1\text{T}<B_{m}<1.0\text{T}$ 时，$n=1.6$；$0<B_{m}<0.1\text{T}$ 或 $1\text{T}<B_{m}<1.6\text{T}$ 时，$n=2$；V 为铁磁物质的体积；k_{h} 为与铁磁物质性质结构有关的系数，由实验确定。

交变电流穿过铁心时，在铁心的内部会产生感应电动势，并形成旋涡状的感应电流，称为涡流。涡流通过铁心时会消耗能量，使铁心发热，这就是涡流损耗。涡流损耗的准确计算也很困难，工程上常用下列经验公式计算，即

$$P_{W} = k_{W} f^{2} B_{m}^{2} V \tag{5-14}$$

式中：k_{W} 为与铁心电阻率、厚度及磁通波形有关的系数。

在电机、变压器等电气设备中，涡流损耗会使铁心发热，降低设备的输出功率。常用两种方法来减小涡流损耗：一是选用电阻率大的铁磁材料，如硅钢，其导磁性好、电阻率较大；二是设法提高涡流路径上的电阻值，如用硅钢片叠成铁心，片间涂绝缘漆，使涡流不能沿大块铁心截面流动，而只能沿薄片的很小的截面流动，从而大大加长了涡流的路径，减小了涡流。

在有些场合，涡流可以被利用，如利用涡流效应可以制成各种感应加热装置，在电工仪表中常利用涡流制成阻尼器，在电力传动中制成制动器等。在电机与电器的设计与运行中，常常不需要分别计算磁滞损耗与涡流损耗，而是计算总的铁损。一般可通过实验测得。工程手册上一般会给出“比铁损”（W/kg），它表示每千克铁心的铁损瓦值，也可据此计算。

思考与练习

5-4-1　在正弦电压作用下，铁心线圈的磁通是什么样的波形？式（5-12）对空心线圈是否适用？

5-4-2　只考虑磁饱和的影响时，若铁心线圈电压为正弦波，则电流的波形是怎样的？若同时考虑磁滞与涡流的影响，电流的波形有什么变化？

5-4-3　铁心线圈电流为正弦波时，磁通与电压的波形是怎样的？

5-4-4　一台变压器检修后在铁心中出现了较大缝隙，这对铁心的工作磁通及空载电流会产生什么影响？

本章小结

一、磁场的基本物理量

1. 磁感应强度 B

磁感应强度是描述磁场强弱和方向的物理量，其大小定义为

$$B=\frac{F_{\max}}{qv}$$

方向为该点磁场的方向。

2. 磁通 Φ

若在磁场中取一曲面 S，则穿过此曲面的磁通为

$$\Phi=\int_S \mathrm{d}\Phi=\int_S B\mathrm{d}S$$

均匀磁场中，$\Phi=BS$，磁感应强度 B 与 S 垂直。

3. 磁场强度 H

磁场强度也是描述磁场强弱和方向的物理量。它的方向与磁感应强度 B 的方向一致，大小定义为

$$H=\frac{B}{\mu}$$

式中：μ 为磁导率，是反映物质导磁性能的物理量。

根据 μ 的大小，可将物质分为铁磁性物质与非铁磁性物质。

二、铁磁物质的磁化

铁磁物质在外磁场的作用下，会产生与外磁场方向一致的很强的附加磁场而显示磁性，这种现象称为铁磁物质的磁化。

（1）铁磁物质的磁特性：高导磁性、磁滞性、磁饱和性。

（2）磁化曲线：起始磁化曲线、磁滞回线、基本磁化曲线。

（3）铁磁物质的分类：软磁材料、硬磁材料。

三、磁路的基本定律

主要由铁磁材料构成的磁通集中通过的路径称为磁路。磁路的基本定律包括磁路的基尔霍夫第一定律、磁路的基尔霍夫第二定律和磁路的欧姆定律。

1. 磁路的基尔霍夫第一定律

磁路的任一节点上，各支路磁通 $\sum\Phi=0$。

2. 磁路的基尔霍夫第二定律

磁路的基尔霍夫第二定律分析的是磁路的任一闭合路径上，磁路的磁压与磁动势的关系，$\sum F=\sum U_{\mathrm{M}}$。

3. 磁路的欧姆定律

一段磁路上，$\Phi=\dfrac{U_{\mathrm{M}}}{R_{\mathrm{M}}}$。其中，$R_{\mathrm{M}}=\dfrac{l}{\mu S}$称为磁阻。

磁路的基本定律是进行磁路分析计算的理论依据。

四、交流铁心线圈

交流铁心线圈是一个非线性元件，由于漏抗引起的电压与线圈电阻引起的电压与主磁通引起的感应电动势相比很小，因此可以忽略。在线圈中加正弦电压时，主磁通及其感应电动势都是正弦量，且满足$U=E\approx 4.44fN\Phi_m$。

交流铁心线圈加正弦电压时产生的磁通是正弦波，由于磁饱和的影响，励磁电流为尖顶波；如果同时考虑磁滞与涡流的影响，电流会增加一个有功分量，因此波形畸变更加严重。若交流铁心线圈通入正弦电流，则在磁饱和的影响下，磁通为平顶非正弦波，电压为尖顶非正弦波。

交流铁心线圈总的损耗包括铜损和铁损。铁损由磁滞损耗与涡流损耗构成。损耗可以由经验公式计算。

习　题　五

5-1　某均匀磁场，磁感应强度$B=0.8$T，面积$S=10\text{cm}^2$，与B间的夹角为60°，求此面积上的磁通。若磁介质的相对磁导率$\mu_r=800$，求该磁场的磁场强度H。

5-2　已知铸钢的磁感应强度$B=1.5$T，求其磁场强度H、相对磁导率μ_r。

5-3　为什么铁磁物质的磁导率不是常数？其值和什么有关？

5-4　截面积相同的一环形铁心线圈，材料为硅钢片，磁路平均长度为0.5m，线圈匝数为500匝，铁心中磁感应强度$B=0.9$T，求其励磁电流。

5-5　若题5-4中，线圈磁路中有一长度为1mm的气隙，仍要求铁心中磁感应强度$B=0.9$T，重求线圈中的励磁电流。

5-6　一单相变压器的铁心由硅钢片叠成，铁心各处截面积相等，均为40mm×40mm，磁路长度为700mm。铁心上有一匝数为1000匝的线圈，给其通入2.5A的直流电流，问铁心中的磁通为多大？

5-7　一个交流铁心线圈接在220V的工频电源上，线圈匝数为800匝，铁心截面积为16cm^2，求铁心中的磁通和磁感应强度的最大值。

5-8　给铁心线圈加正弦交流电压，当发生下列情况时，铁心中的电流和磁通有何变化？

（1）铁心截面积增大，其他条件不变。

（2）线圈匝数增加（设线圈电阻不变），其他条件不变。

（3）电源电压降低，其他条件不变。

5-9　如何降低交流铁心线圈中的涡流损耗？

5-10　试画出考虑磁饱和、磁滞与涡流等因素的影响时，铁心线圈的相量图，并说明为什么电流比磁通超前？

5-11　一个交流铁心线圈接于$f=50$Hz、$U_s=100$V的正弦电压源上，铁心中磁通的最大值$\Phi_m=2.25\times10^{-3}$Wb，试求线圈的匝数。若将该线圈改接到$f=50$Hz、$U_s=150$V的正弦电压源上，要保持Φ_m不变，问线圈匝数应改为多少？

5-12　某铁心线圈电阻为1.75Ω，接于频率为50Hz的正弦电压源，测得$U=120$V、$P=70$W、$I=2$A，若略去漏磁通，试求铁损、I_a及I_M。

第六章　二端口网络

在网络分析中，当只需研究网络与外电路连接的那个端口的电压、电流关系时，可将网络看作是一端口网络（单口网络）。直流电路中戴维南定理和诺顿定理就是用于解决这类问题的。但在工程实际中，经常要研究网络的输入和输出之间的关系以确认网络的电性能，此时就把网络看作一个二端口网络。本章只研究内部不含独立源的线性二端口网络，介绍表征端口电压、电流之间关系的参数和方程，以及二端口网络的级联。

第一节　二端口网络

在网络分析中，当只要研究一个网络的输入—输出特性，而不需知道其内部的结构及组成情况时，常用一方框和一个输入端口与一个输出端口来表示该网络。每个端口由一对端钮组成，任意时刻，流入一个端钮的电流等于流出另一个端钮的电流，满足这个条件的网络称为二端口网络。这个条件称为端口条件。在实际工程中，常遇到二端口网络，如图 6 - 1 所示。其中的 1-1′端钮加输入信号，称为输入端口；2-2′端钮加输出信号，称为输出端口。

一般的四端网络不一定能满足端口条件，因而不一定是二端口网络。本章研究线性二端口网络，它可能包含电阻、电感、电容、受控源等线性元件，但不含独立源，也没有与外界发生的耦合互感或受控源。二端口网络的分析可以采用相量法，也可以采用运算法。本书采用相量法进行分析。

二端口网络在实际工程中有着广泛的应用。面对一个庞大的电气系统，其电路模型可能十分复杂，若采用电路基本分析方法进行分析，将十分烦琐，甚至无法完成。这时可将系统看成“黑匣子”，只要搞清楚它的输入—输出关系，整个系统工作状态便可分析清楚，这就是二端口网络的理论在工程实际中的作用和价值。图 6 - 2 所示为几种常见的二端口网络实例。

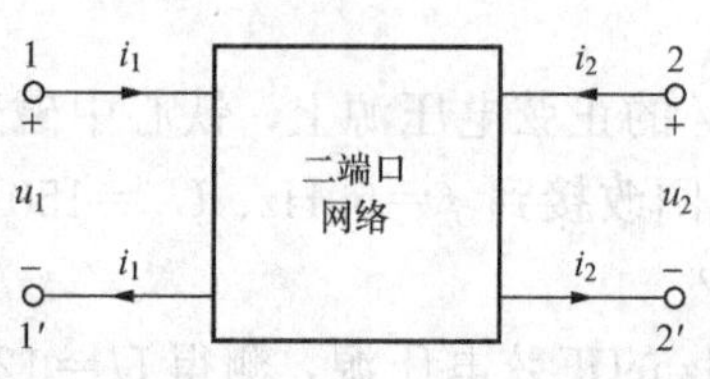

图 6 - 1　二端口网络示意

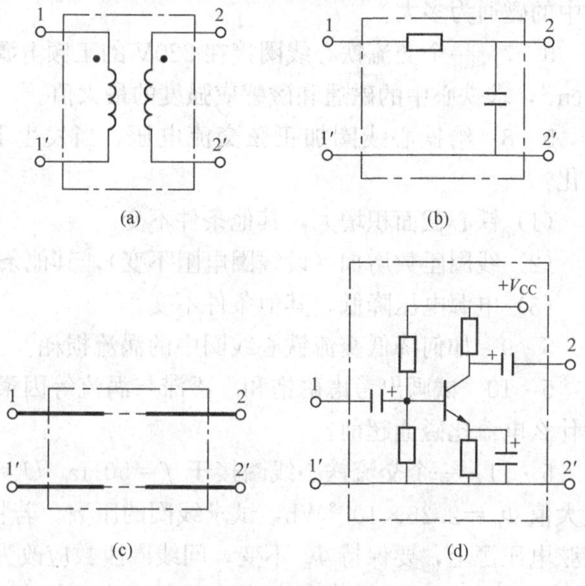

图 6 - 2　二端口网络实例

（a）互感线圈；（b）低通滤波器；（c）传输线；（d）晶体管放大器

用二端口网络分析电路时，其中一个很重要的内容就是要找出端口处的电压、电流之间的相互关系。图 6 - 3 所示为无源线性二端口网络，其激励为正弦量，电压、电流参考方向如图所示。二端口网络中共有 4 个变量，即 $\dot{U}_1$、$\dot{U}_2$ 和 $\dot{I}_1$、$\dot{I}_2$。每个端口有一个由外电路决定的约束关系，所以二端口网络内部有两个约束关系，就可以确定二端口网络的所有 4 个变量。两个约束关系中，可以把 $\dot{U}_1$、$\dot{U}_2$、$\dot{I}_1$、$\dot{I}_2$ 变量中的任意两个作为自变量（已知量），而另两个作为因变量（待求量），用两个自变量表示两个因变量的方程就是二端口网络的外特性方程，也称为二端口网络方程。根据自变量和因变量不同而组合的方式有 6 种，相应的网络方程参数也有 6 个，本章主要介绍导纳参数、阻抗参数、传输参数和混合参数。

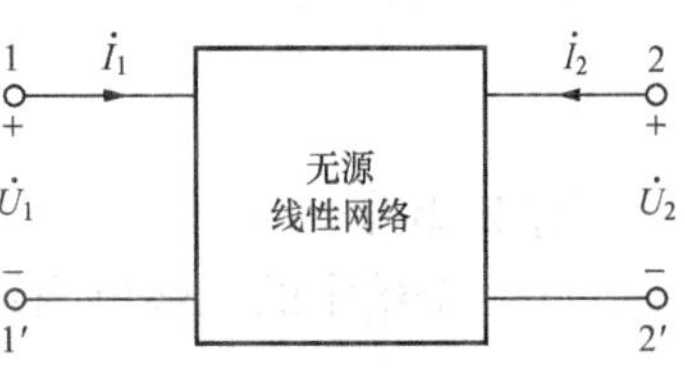

图 6 - 3　无源线性二端口网络

思考与练习

6 - 1 - 1　端口与端钮有何不同，图 6 - 2（b）所示二端口网络中有几个端口？几个端钮？

6 - 1 - 2　什么是端口条件？四端网络与二端口网络有何区别？

6 - 1 - 3　图 6 - 2（a）所示电路中，若 1 与 1′端钮满足端口条件，那么 2 与 2′也一定满足端钮条件，为什么？

第二节　网络方程与参数

一、导纳参数方程与导纳参数

图 6 - 3 中，假定端口电压 $\dot{U}_1$、$\dot{U}_2$ 为已知量，端口电流 $\dot{I}_1$、$\dot{I}_2$ 为待求量，求由 $\dot{U}_1$、$\dot{U}_2$ 表示 $\dot{I}_1$、$\dot{I}_2$ 的方程组。

根据叠加定理，可得二端网络的方程为

$$\begin{cases}\dot{I}_1 = Y_{11}\dot{U}_1 + Y_{12}\dot{U}_2 \\ \dot{I}_2 = Y_{21}\dot{U}_1 + Y_{22}\dot{U}_2\end{cases} \tag{6 - 1}$$

式（6 - 1）中，Y_{11}、Y_{12}、Y_{21}、Y_{22}具有导纳性质，称为二端网络的导纳参数，简称 Y 参数。它们仅与网络内部元件的参数、结构及激励电源的频率有关，而与激励电源电压量值无关，因而可以用这些参数描述网络的特性。式（6 - 1）也称为二端口网络的导纳参数方程。

导纳参数方程可以用矩阵表示，即

$$\begin{bmatrix}\dot{I}_1 \\ \dot{I}_2\end{bmatrix} = \begin{bmatrix}Y_{11} & Y_{12} \\ Y_{21} & Y_{22}\end{bmatrix}\begin{bmatrix}\dot{U}_1 \\ \dot{U}_2\end{bmatrix} \tag{6 - 2}$$

式（6 - 2）可写成

$$\dot{\boldsymbol{I}} = \boldsymbol{Y}\dot{\boldsymbol{U}} \tag{6 - 3}$$

式（6 - 3）中的电压相量为

$$\dot{\boldsymbol{U}} = \begin{bmatrix}\dot{U}_1 \\ \dot{U}_2\end{bmatrix}$$

电流相量为

$$\dot{\boldsymbol{I}}=\begin{bmatrix}\dot{I}_1\\ \dot{I}_2\end{bmatrix}$$

导纳参数矩阵为

$$\boldsymbol{Y}=\begin{bmatrix}Y_{11} & Y_{12}\\ Y_{21} & Y_{22}\end{bmatrix} \tag{6-4}$$

简称$\boldsymbol{Y}$矩阵。

对于一个给定的二端口网络，由式（6-1）不难得出

$$Y_{11}=\frac{\dot{I}_1}{\dot{U}_1}\bigg|_{\dot{U}_2=0};Y_{12}=\frac{\dot{I}_1}{\dot{U}_2}\bigg|_{\dot{U}_1=0}$$

$$Y_{21}=\frac{\dot{I}_2}{\dot{U}_1}\bigg|_{\dot{U}_2=0};Y_{22}=\frac{\dot{I}_2}{\dot{U}_2}\bigg|_{\dot{U}_1=0} \tag{6-5}$$

根据式（6-5），可通过计算或测量获得Y参数。其中，Y_{11}为2端口短路时1端口的入端导纳；Y_{22}为1端口短路时2端口的入端导纳；Y_{12}为1端口短路时2端口对1端口的转移导纳；Y_{21}为2端口短路时1端口对2端口的转移导纳。

每一个Y参数都是在一个端口短路的情况下，通过计算或测量得到的，因此也将Y参数称为短路导纳参数。

可以证明，对于不含受控源的线性二端口网络，当$Y_{12}=Y_{21}$时网络具有互易性，称为互易网络。这时Y的4个参数中，只有3个是独立的。

如果上述网络的参数中存在$Y_{12}=Y_{21}$关系，这样的网络则为对称二端口网络。对称二端口网络只有2个独立参数，这种网络从每个端口向网络内部看到的电气情况都是一样的。

【例6-1】 分别求出图6-4（a）、图6-4（b）所示的二端口网络的导纳矩阵，图中Y、Y_a、Y_b、Y_c为已知。

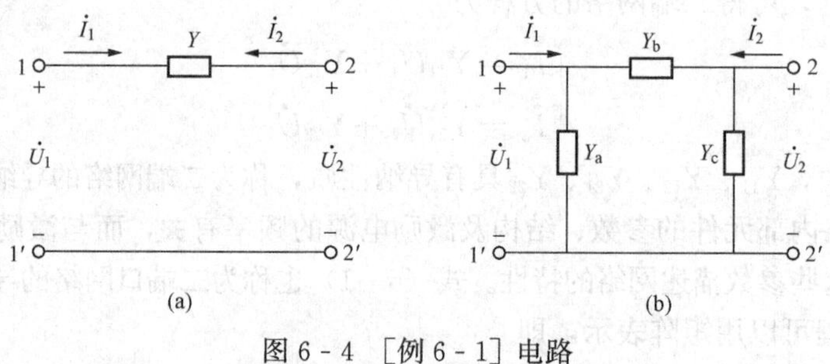

图6-4 ［例6-1］电路

（a）二端口网络一；（b）二端口网络二

解 对图6-4（a）所示网络，选择端口各相量的参考方向如图所示，由KVL得

$$\dot{I}_1=Y(\dot{U}_1-\dot{U}_2)$$

$$\dot{I}_2=-\dot{I}_1=-Y(\dot{U}_1-\dot{U}_2)$$

从而得其Y矩阵为

$$\boldsymbol{Y}=\begin{bmatrix}Y & -Y\\ -Y & Y\end{bmatrix}$$

Y 参数中只有两个独立参数，且 $Y_{12}=Y_{21}$，$Y_{11}=Y_{22}$，所以该网络是对称的二端口网络。

对于图 6 - 4（b）所示网络，利用式（6 - 4）推导如下：

将端口 2 短路，Y_c 被短路，则

$$Y_{11}=\left.\frac{\dot{I}_1}{\dot{U}_1}\right|_{\dot{U}_2=0}=Y_a+Y_b$$

$$Y_{21}=\left.\frac{\dot{I}_2}{\dot{U}_1}\right|_{\dot{U}_2=0}=-Y_b$$

将端口 1 短路，Y_a 被短路，则

$$Y_{22}=\left.\frac{\dot{I}_2}{\dot{U}_2}\right|_{\dot{U}_1=0}=Y_b+Y_c$$

$$Y_{12}=\left.\frac{\dot{I}_1}{\dot{U}_2}\right|_{\dot{U}_1=0}=-Y_b$$

故图 6 - 4（b）所示网络的 $\boldsymbol{Y}$ 矩阵为

$$\boldsymbol{Y}=\begin{bmatrix}Y_a+Y_b & -Y_b\\ -Y_b & Y_b+Y_c\end{bmatrix}$$

显然 $Y_{12}=Y_{21}$，这是个互易网络，但 $Y_{11}\neq Y_{22}$，所以网络不对称。

二、阻抗参数方程和阻抗参数

在图 6 - 3 中，假定 $\dot{I}_1$、$\dot{I}_2$ 已知，根据叠加定理，可以得到网络的方程为

$$\begin{cases}\dot{U}_1=Z_{11}\dot{I}_1+Z_{12}\dot{I}_2\\ \dot{U}_2=Z_{21}\dot{I}_1+Z_{22}\dot{I}_2\end{cases} \tag{6 - 6}$$

与导纳参数方程一样，Z_{11}、Z_{12}、Z_{21}、Z_{22} 具有阻抗性质，称为二端口网络的阻抗参数，简称 Z 参数。

阻抗参数方程的矩阵表示为

$$\begin{bmatrix}\dot{U}_1\\ \dot{U}_2\end{bmatrix}=\begin{bmatrix}Z_{11} & Z_{12}\\ Z_{21} & Z_{22}\end{bmatrix}\begin{bmatrix}\dot{I}_1\\ \dot{I}_2\end{bmatrix} \tag{6 - 7}$$

或

$$\dot{\boldsymbol{U}}=\boldsymbol{Z}\dot{\boldsymbol{I}} \tag{6 - 8}$$

式（6 - 8）中的阻抗矩阵（简称 $\boldsymbol{Z}$ 矩阵）即为

$$\boldsymbol{Z}=\begin{bmatrix}Z_{11} & Z_{12}\\ Z_{21} & Z_{22}\end{bmatrix}$$

不难得到

$$\begin{aligned}Z_{11}&=\left.\frac{\dot{U}_1}{\dot{I}_1}\right|_{\dot{I}_2=0};Z_{21}=\left.\frac{\dot{U}_2}{\dot{I}_1}\right|_{\dot{I}_2=0}\\ Z_{12}&=\left.\frac{\dot{U}_1}{\dot{I}_2}\right|_{\dot{I}_1=0};Z_{22}=\left.\frac{\dot{U}_2}{\dot{I}_2}\right|_{\dot{I}_1=0}\end{aligned} \tag{6 - 9}$$

式（6 - 9）中，Z_{11} 为 2 端口开路时 1 端口的输入阻抗；Z_{22} 为 1 端口开路时 2 端口的输入阻抗；Z_{12} 为 1 端口开路时 2 端口对 1 端口的转移阻抗；Z_{21} 为 2 端口开路时 1 端口对 2 端

口的转移阻抗。

Z 参数是在某个端口开路时计算或测量得出的，所以 Z 参数也称开路阻抗参数。

同样地，$Z_{12}=Z_{21}$ 时的网络称为互易网络；如果又有 $Z_{11}=Z_{22}$，则网络即为对称的双口网络。

【例 6 - 2】 求图 6 - 5 所示空心变压器的 Z 参数。

解　(1) 方法一。利用式 (6 - 8)，设变压器二次侧开路，$\dot{I}_2=0$，一次侧加电压 $\dot{U}_1$，如图 6 - 5 所示，则有

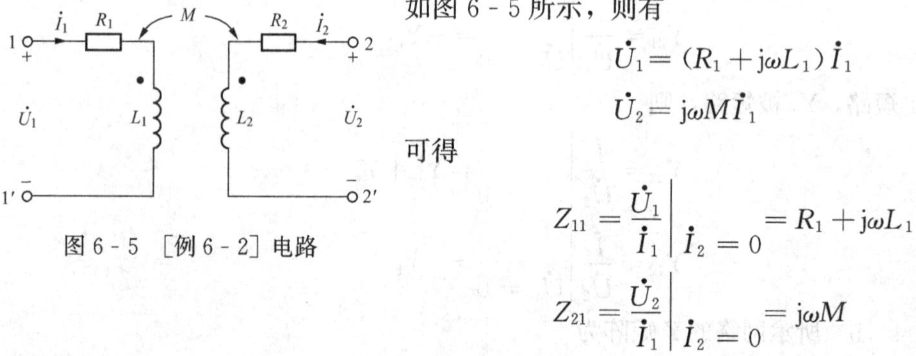

图 6 - 5 ［例 6 - 2］电路

$$\dot{U}_1=(R_1+\mathrm{j}\omega L_1)\dot{I}_1$$
$$\dot{U}_2=\mathrm{j}\omega M\dot{I}_1$$

可得

$$Z_{11}=\left.\frac{\dot{U}_1}{\dot{I}_1}\right|_{\dot{I}_2=0}=R_1+\mathrm{j}\omega L_1$$
$$Z_{21}=\left.\frac{\dot{U}_2}{\dot{I}_1}\right|_{\dot{I}_2=0}=\mathrm{j}\omega M$$

设变压器一次侧开路，$\dot{I}_1=0$，二次侧加电压 $\dot{U}_2$，列出一次侧和二次侧 KVL 方程，则有

$$\dot{U}_1=\mathrm{j}\omega M\dot{I}_2$$
$$\dot{U}_2=(R_2+\mathrm{j}\omega L_2)\dot{I}_2$$

从而可得

$$Z_{12}=\left.\frac{\dot{U}_1}{\dot{I}_2}\right|_{\dot{I}_1=0}=\mathrm{j}\omega M$$
$$Z_{22}=\left.\frac{\dot{U}_2}{\dot{I}_2}\right|_{\dot{I}_1=0}=R_2+\mathrm{j}\omega L_2$$

(2) 方法二。直接根据 KVL 列一次侧和二次侧方程，得

$$\dot{U}_1=(R_1+\mathrm{j}\omega L_1)\dot{I}_1+\mathrm{j}\omega M\dot{I}_2$$
$$\dot{U}_2=(R_2+\mathrm{j}\omega L_2)\dot{I}_2+\mathrm{j}\omega M\dot{I}_1$$

将上式与式 (6 - 5) 比较，得到 Z 参数为

$$Z_{11}=R_1+\mathrm{j}\omega L_1$$
$$Z_{12}=Z_{21}=\mathrm{j}\omega M$$
$$Z_{22}=R_2+\mathrm{j}\omega L_2$$

可见，该网络为互易网络。

三、传输参数方程和传输参数

实际工程中，常需求出二端口网络输入端口 $\dot{U}_1$、$\dot{I}_1$ 与输出端口 $\dot{U}_2$、$\dot{I}_2$ 之间的关系。分析电力和电源传输线路，往往是已知一个端口的电压和电流，去求另一个端口的电压和电流。图 6 - 3 中，设 $\dot{U}_2$ 和 $\dot{I}_2$ 为已知量，$\dot{U}_1$、$\dot{I}_1$ 为待求量，列出网络方程得

$$\begin{cases}\dot{U}_1=A\dot{U}_2+B(-\dot{I}_2)\\ \dot{I}_1=C\dot{U}_2+D(-\dot{I}_2)\end{cases}\tag{6 - 10}$$

式（6 - 10）中，A、B、C、D 称为二端口网络的传输参数，简称为 T 参数，式（6 - 9）称为传输参数方程。传输参数方程中输出端口用 $-\dot{I}_2$ 表示电流，是为了使它与负载电压 $\dot{U}_2$ 的参考方向相关联。

传输参数方程用矩阵表示为

$$\begin{bmatrix}\dot{U}_1\\ \dot{I}_1\end{bmatrix}=\begin{bmatrix}A & B\\ C & D\end{bmatrix}\begin{bmatrix}\dot{U}_2\\ -\dot{I}_2\end{bmatrix}=T\begin{bmatrix}\dot{U}_2\\ -\dot{I}_2\end{bmatrix} \tag{6-11}$$

其中，$\boldsymbol{T}=\begin{bmatrix}A & B\\ C & D\end{bmatrix}$ 为传输参数矩阵，简称 $\boldsymbol{T}$ 矩阵。

传输参数可以由下列各式求得

$$\begin{aligned}A=\frac{\dot{U}_1}{\dot{U}_2}\bigg|_{\dot{I}_2=0}; \qquad B=\frac{\dot{U}_1}{-\dot{I}_2}\bigg|_{\dot{U}_2=0}\\ C=\frac{\dot{I}_1}{\dot{U}_2}\bigg|_{\dot{I}_2=0}; \qquad D=\frac{\dot{I}_1}{-\dot{I}_2}\bigg|_{\dot{U}_2=0}\end{aligned} \tag{6-12}$$

式（6 - 11）中，A 为 2 端口开路时两端电压之比，称为转移电压比；B 为 2 端口短路时转移阻抗；C 为 2 端口开路时转移导纳；D 为 2 端口短路时转移电流比。

对于互易二端口网络，有 $AD-BC=1$。对于对称二端口网络，还有 $A=D$ 的关系。

【例 6 - 3】 求图 6 - 6（a）和图 6 - 6（b）所示的传输参数矩阵。

解 （1）对图 6 - 6（a），列 KVL 和 KCL 方程得

$$\begin{cases}\dot{U}_1=\dot{U}_2-Z\dot{I}_2\\ \dot{I}_1=-\dot{I}_2\end{cases}$$

即

$$\begin{bmatrix}\dot{U}_1\\ \dot{I}_1\end{bmatrix}=\begin{bmatrix}1 & Z\\ 0 & 1\end{bmatrix}\begin{bmatrix}\dot{U}_2\\ -\dot{I}_2\end{bmatrix}$$

从而得传输参数矩阵

$$\boldsymbol{T}=\begin{bmatrix}1 & Z\\ 0 & 0\end{bmatrix}$$

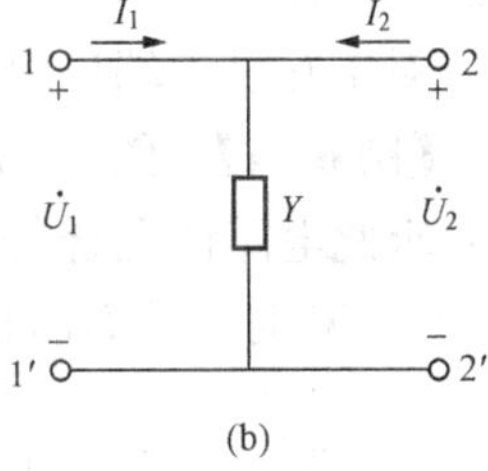

图 6 - 6 ［例 6 - 3］电路

（a）二端口网络一；（b）二端口网络二

（2）对图 6 - 6（b），列 KVL 和 KCL 方程得

$$\begin{cases}\dot{U}_1=\dot{U}_2\\ \dot{I}_1=Y\dot{U}_2-\dot{I}_2\end{cases}$$

即

$$\begin{bmatrix}\dot{U}_1\\ \dot{I}_1\end{bmatrix}=\begin{bmatrix}1 & 0\\ Y & 1\end{bmatrix}\begin{bmatrix}\dot{U}_2\\ -\dot{I}_2\end{bmatrix}$$

从而得传输参数矩阵

$$\boldsymbol{T}=\begin{bmatrix}1 & 0\\ Y & 1\end{bmatrix}$$

四、混合参数方程和混合参数

低频电子线路中，常将 $\dot{I}_1$ 和 $\dot{U}_2$ 作为已知量，$\dot{U}_1$ 和 $\dot{I}_2$ 为待求量，对于图 6-3，可列出网络方程

$$\begin{cases}\dot{U}_1 = H_{11}\dot{I}_1 + H_{12}\dot{U}_2 \\ \dot{I}_2 = H_{21}\dot{I}_1 + H_{22}\dot{U}_2\end{cases} \tag{6-13}$$

其矩阵形式为

$$\begin{bmatrix}\dot{U}_1 \\ \dot{I}_2\end{bmatrix} = H\begin{bmatrix}\dot{I}_1 \\ \dot{U}_2\end{bmatrix}$$

其中

$$\boldsymbol{H} = \begin{bmatrix}H_{11} & H_{12} \\ H_{21} & H_{22}\end{bmatrix}$$

式中：$\boldsymbol{H}$ 称为混合参数矩阵。H_{11}、H_{12}、H_{21}、H_{22} 称为混合参数或 H 参数。式（6-12）称为混合参数方程。混合参数可由式（6-14）求得

$$\begin{aligned} H_{11} &= \left.\frac{\dot{U}_1}{\dot{I}_1}\right|_{\dot{U}_2=0}; \quad H_{12} = \left.\frac{\dot{U}_1}{\dot{U}_2}\right|_{\dot{I}_1=0} \\ H_{21} &= \left.\frac{\dot{I}_2}{\dot{I}_1}\right|_{\dot{U}_2=0}; \quad H_{22} = \left.\frac{\dot{I}_2}{\dot{U}_2}\right|_{\dot{I}_1=0} \end{aligned} \tag{6-14}$$

式（6-14）中，H_{11}为 2 端口短路时 1 端口的输入阻抗；H_{12}为 1 端口开路时两端口电压之比；H_{21}为 2 端口短路时两端口电流之比；H_{22}为 1 端口开路时 2 端口的输入导纳。

对于互易二端口网络，可以证明 $H_{12}=H_{21}$。

【例 6-4】 图 6-7 所示电路为晶体管在小信号工作条件下的简化等效电路，试完成：（1）求此电路的混合参数矩阵；（2）若 $R_1=500\Omega$，$\beta=100$，$R_2=10\Omega$，则当 $I_1=0.1\text{mA}$、$U_2=0.5\text{V}$ 时，求 U_1 和 I_2。

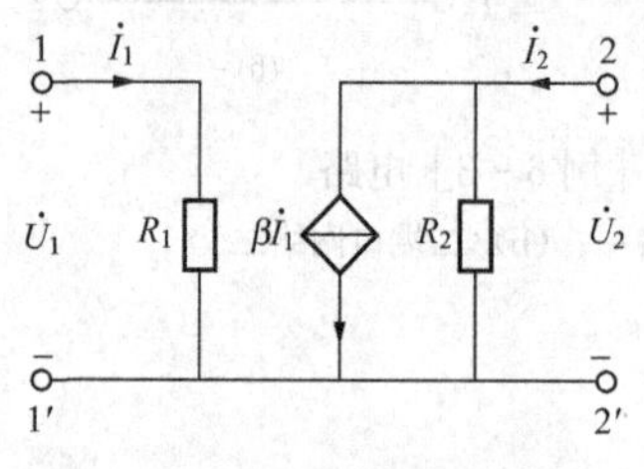

图 6-7 ［例 6-4］电路

解　（1）将 2 端口短路，$\dot{U}_2=0$，在 1 端口加上电压 $\dot{U}_1$，如图 6-8（a）所示，得

$$H_{11} = \left.\frac{\dot{U}_1}{\dot{I}_1}\right|_{\dot{U}_2=0} = R_1$$

$$H_{21} = \left.\frac{\dot{I}_2}{\dot{I}_1}\right|_{\dot{U}_2=0} = \beta$$

将 1 端口开路，2 端口加电压 $\dot{U}_2$，得图 6-8（b）所示电路，其中

$$H_{12} = \left.\frac{\dot{U}_1}{\dot{U}_2}\right|_{\dot{I}_1=0} = 0$$

$$H_{22} = \left.\frac{\dot{I}_2}{\dot{U}_2}\right|_{\dot{I}_1=0} = \frac{1}{R_2}$$

混合参数矩阵为

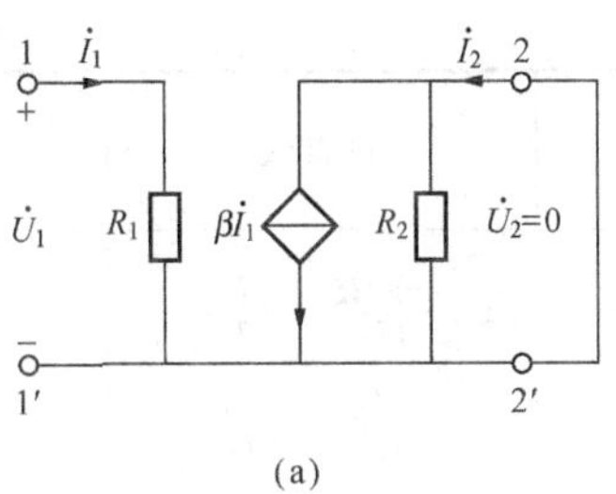

(a)

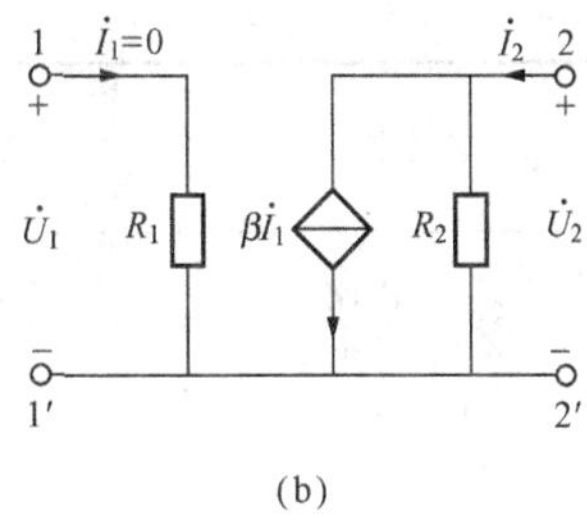

(b)

图 6 - 8 ［例 6 - 4］电路
(a) 2-2′端口短路；(b) 1-1′端口开路

$$\boldsymbol{H}=\begin{bmatrix} R_1 & 0 \\ \beta & \dfrac{1}{R_2} \end{bmatrix}$$

(2) 将已知条件代入上式，得 $\boldsymbol{H}=\begin{bmatrix} 500 & 0 \\ 100 & 0.1 \end{bmatrix}$，当 $I_1=0.1\text{mA}$、$U_2=0.5\text{V}$ 时有

$$U_1=H_{11}I_1+H_{12}U_2=500\times 0.1\times 10^{-3}=0.05(\text{V})$$

$$I_2=H_{21}I_1+H_{22}U_2=100\times 0.1\times 10^{-3}+\frac{1}{10}\times 0.5=0.06(\text{A})$$

上面 4 组方程以及与之对应的 4 种参数，均可以表示同一个二端口网络的电气性能。实际工程中，根据不同的要求有不同的应用。就一个具体网络而言，某一种参数可能较易测定，而在网络分析中，采用另一种参数有时较为方便。对于同一个二端口网络，不难用参数方程由 1 组参数求出其他 3 组参数见表 6 - 1 列出了它们之间的转换关系。但要注意，并不是所有的二端口网络都同时存在 4 种参数，有的网络无 Y 参数，有的既无 Y 参数，又无 Z 参数。

表 6 - 1　　二端口网络 4 种参数的转换关系

已知 / 未知	Z 参数	Y 参数	H 参数	T 参数
Z 参数	$Z_{11}\quad Z_{12}$ $Z_{21}\quad Z_{22}$	$\dfrac{Y_{22}}{\det\boldsymbol{Y}}\quad -\dfrac{Y_{12}}{\det\boldsymbol{Y}}$ $-\dfrac{Y_{21}}{\det\boldsymbol{Y}}\quad \dfrac{Y_{11}}{\det\boldsymbol{Y}}$	$\dfrac{\det\boldsymbol{H}}{H_{22}}\quad \dfrac{H_{12}}{H_{22}}$ $-\dfrac{H_{21}}{H_{22}}\quad \dfrac{1}{H_{22}}$	$\dfrac{A}{C}\quad \dfrac{\det\boldsymbol{T}}{C}$ $\dfrac{1}{C}\quad \dfrac{D}{C}$
Y 参数	$\dfrac{Z_{22}}{\det\boldsymbol{Z}}\quad -\dfrac{Z_{12}}{\det\boldsymbol{Z}}$ $-\dfrac{Z_{21}}{\det\boldsymbol{Z}}\quad \dfrac{Z_{11}}{\det\boldsymbol{Z}}$	$Y_{11}\quad Y_{12}$ $Y_{21}\quad Y_{22}$	$\dfrac{1}{H_{11}}\quad -\dfrac{H_{12}}{H_{11}}$ $\dfrac{H_{21}}{H_{11}}\quad \dfrac{\det\boldsymbol{H}}{H_{11}}$	$\dfrac{D}{B}\quad -\dfrac{\det\boldsymbol{T}}{B}$ $-\dfrac{1}{B}\quad \dfrac{A}{B}$
H 参数	$\dfrac{\det\boldsymbol{Z}}{Z_{22}}\quad \dfrac{Z_{12}}{Z_{22}}$ $-\dfrac{Z_{21}}{Z_{22}}\quad \dfrac{1}{Z_{22}}$	$\dfrac{1}{Y_{11}}\quad -\dfrac{Y_{12}}{Y_{11}}$ $\dfrac{Y_{21}}{Y_{11}}\quad \dfrac{\det\boldsymbol{Y}}{Y_{11}}$	$H_{11}\quad H_{12}$ $H_{21}\quad H_{22}$	$\dfrac{B}{D}\quad \dfrac{\det\boldsymbol{T}}{D}$ $-\dfrac{1}{D}\quad \dfrac{C}{D}$

续表

已知 未知	Z参数	Y参数	H参数	T参数
T参数	$\frac{Z_{11}}{Z_{21}}$ $\frac{\det\boldsymbol{Z}}{Z_{21}}$ $\frac{1}{Z_{21}}$ $\frac{Z_{22}}{Z_{21}}$	$-\frac{Y_{22}}{Y_{21}}$ $-\frac{1}{Y_{21}}$ $-\frac{\det\boldsymbol{Y}}{Y_{21}}$ $-\frac{Y_{11}}{Y_{21}}$	$-\frac{\det\boldsymbol{H}}{H_{21}}$ $-\frac{H_{11}}{H_{21}}$ $-\frac{H_{22}}{H_{21}}$ $-\frac{1}{H_{21}}$	A B C D

注 表中：$\det\boldsymbol{Z}=\begin{vmatrix}Z_{11} & Z_{12}\\ Z_{21} & Z_{22}\end{vmatrix}$；$\det\boldsymbol{Y}=\begin{vmatrix}Y_{11} & Y_{12}\\ Y_{21} & Y_{22}\end{vmatrix}$；$\det\boldsymbol{H}=\begin{vmatrix}H_{11} & H_{12}\\ H_{21} & H_{22}\end{vmatrix}$；$\det\boldsymbol{T}=\begin{vmatrix}A & B\\ C & D\end{vmatrix}$。

6-2-1 已知二端口网络的导纳参数矩阵为$\boldsymbol{Y}=\begin{bmatrix}0.2 & 0.4\\ 0.4 & 0.8\end{bmatrix}$S，试写出其导纳参数方程。

6-2-2 已知二端口网络参数，设输入端口电压增加1倍，网络的参数会发生变化吗？为什么？

6-2-3 二端口网络的阻抗参数Z_{11}、Z_{12}、Z_{21}、Z_{22}与导纳参数Y_{11}、Y_{12}、Y_{21}、Y_{22}是否对应为倒数？

6-2-4 任意一个二端口网络都有Y、Z、T、H参数吗？图6-9（a）中存在Y、Z参数吗？图6-9（b）中有Y参数吗？

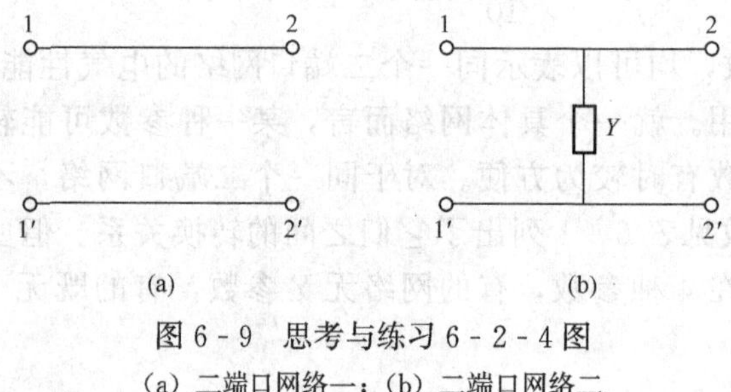

图6-9 思考与练习6-2-4图

（a）二端口网络一；（b）二端口网络二

第三节 二端口网络的级联

几个简单的二端口网络按一定方式连接起来，就构成一个复合二端口网络。当然，一个复杂的二端口网络，也可以看作是由若干个简单的二端口网络按不同方式连接而成的。二端口网络的基本连接方式有级联、串联、并联、串并联、并串联5种，其电路结构如图6-10所示。本节讨论二端口网络的级联。

两个二端口网络的级联是第一个二端口网络的输出口直接与第二个网络的输入口相连。如图6-11所示，两个二端口网络T_1和T_2，网络T_1的传输参数方程为

$$\begin{bmatrix}\dot{U}_1\\ \dot{I}_1\end{bmatrix}=\begin{bmatrix}A_1 & B_1\\ C_1 & D_1\end{bmatrix}\begin{bmatrix}\dot{U}_2\\ -\dot{I}_2\end{bmatrix} \tag{6-15}$$

网络T_2的传输方程为

$$\begin{bmatrix}\dot{U}_2\\ -\dot{I}_2\end{bmatrix}=\begin{bmatrix}A_2 & B_2\\ C_2 & D_2\end{bmatrix}\begin{bmatrix}\dot{U}_3\\ -\dot{I}_3\end{bmatrix} \tag{6-16}$$

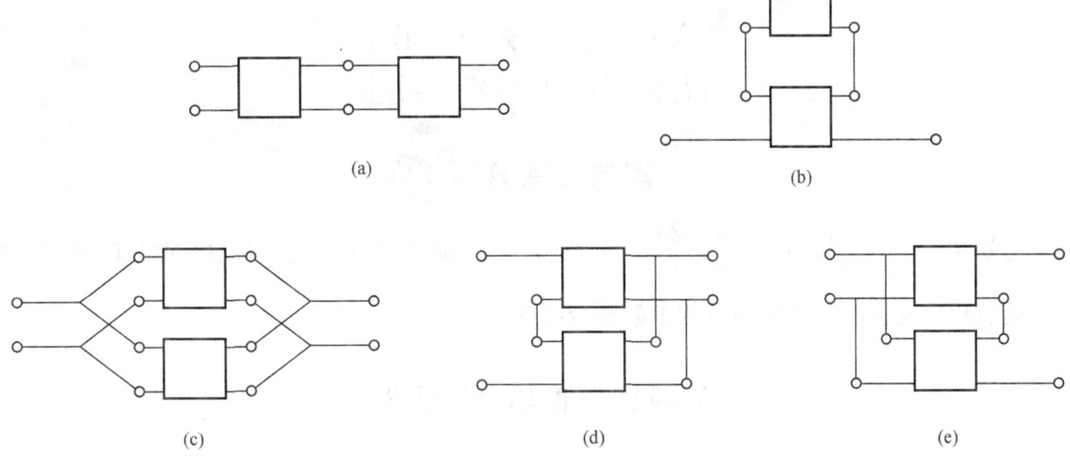

图 6 - 10　二端口网络的连接方式

(a) 级联；(b) 串联；(c) 并联；(d) 串并联；(e) 并串联

将式（6 - 16）代入式（6 - 15），得

$$\begin{bmatrix}\dot{U}_1\\ \dot{I}_1\end{bmatrix}=\begin{bmatrix}A_1 & B_1\\ C_1 & D_1\end{bmatrix}\begin{bmatrix}A_2 & B_2\\ C_2 & D_2\end{bmatrix}\begin{bmatrix}\dot{U}_3\\ -\dot{I}_3\end{bmatrix}=\begin{bmatrix}A & B\\ C & D\end{bmatrix}\begin{bmatrix}\dot{U}_3\\ -\dot{I}_3\end{bmatrix}\tag{6 - 17}$$

式中

$$\begin{bmatrix}A & B\\ C & D\end{bmatrix}=\begin{bmatrix}A_1 & B_1\\ C_1 & D_1\end{bmatrix}\begin{bmatrix}A_2 & B_2\\ C_2 & D_2\end{bmatrix}=\begin{bmatrix}A_1A_2+B_1C_2 & A_1B_2+B_1D_2\\ C_1A_2+D_1C_2 & C_1B_2+D_1D_2\end{bmatrix}\tag{6 - 18}$$

或

$$\boldsymbol{T}=\boldsymbol{T}_1\cdot\boldsymbol{T}_2$$

这个关系可推广到多个二端口网络级联情况，即级联二端口网络的传输矩阵等于组成级联前各二端口网络传输矩阵的乘积。

【例 6 - 5】 求图 6 - 12 所示二端口网络的传输方程。

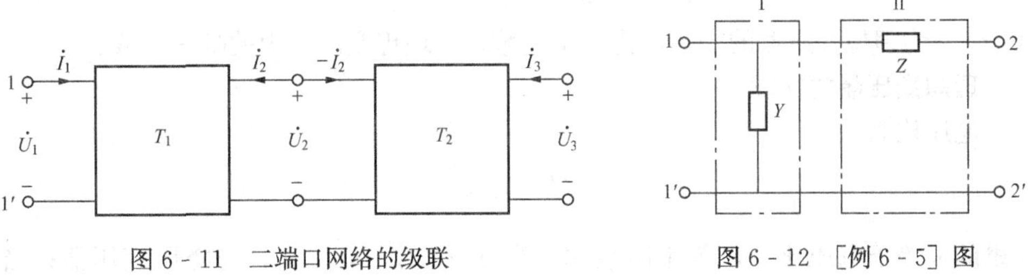

图 6 - 11　二端口网络的级联

图 6 - 12 ［例 6 - 5］图

解　将网端分成 T_1 和 T_2 两个二端口网络的级联，T_1 和 T_2 的传输参数矩阵分别为

$$\boldsymbol{T}_1=\begin{bmatrix}1 & 0\\ Y & 1\end{bmatrix}$$

$$\boldsymbol{T}_2=\begin{bmatrix}1 & Z\\ 0 & 1\end{bmatrix}$$

级联后的端口网络的传输矩阵为

$$\boldsymbol{T}=\boldsymbol{T}_1\cdot\boldsymbol{T}_2=\begin{bmatrix}1 & 0\\ Y & 1\end{bmatrix}\begin{bmatrix}1 & Z\\ 0 & 1\end{bmatrix}=\begin{bmatrix}1 & Z\\ Y & 1+ZY\end{bmatrix}$$

该网络的传输参数的矩阵形式为

$$\begin{bmatrix}\dot{U}_1\\ \dot{I}_1\end{bmatrix}=\begin{bmatrix}1 & Z\\ Y & 1+ZY\end{bmatrix}\begin{bmatrix}\dot{U}_2\\ -\dot{I}_2\end{bmatrix}$$

思考与练习

已知 $\boldsymbol{T}_1=\begin{bmatrix}1 & 0\\ Y & 1\end{bmatrix}$，$\boldsymbol{T}_2=\begin{bmatrix}1 & Z\\ 0 & 1\end{bmatrix}$，求 $\boldsymbol{T}=\boldsymbol{T}_1\cdot\boldsymbol{T}_2$ 和 $\boldsymbol{T}=\boldsymbol{T}_2\cdot\boldsymbol{T}_1$。二端口网络 T_1 和 T_2 级联的前后顺序互换时，等级网络的参数是否改变？

第四节　理 想 变 压 器

在电力系统和电子通信线路中广泛使用各种变压器，常用的变压器有空心变压器和铁心变压器。空心变压器是绕在非铁磁材料上的互感线圈；铁心变压器是绕在铁磁材料上的互感线圈。本节讨论的理想变压器是铁心变压器的理想模型，它由两个线性电感元件构成一个二端口网络。它不消耗功率也不储存能量，任意时刻它吸收的功率总为零。

一、理想变压器应满足的条件

（1）变压器的耦合系数 $K=1$。

（2）变压器的自感系数无穷大，且 L_1/L_2 为一常数。

（3）变压器无任何功率损耗。

二、理想变压器的电压、电流关系

按图 6-13 所示的同名端及电压、电流参考方向，理想变压器有以下关系

$$\begin{cases}\dfrac{u_1}{u_2}=n\\ \dfrac{i_1}{i_2}=-\dfrac{1}{n}\end{cases}\quad 或 \quad \begin{cases}u_1=nu_2\\ i_1=-\dfrac{1}{n}i_2\end{cases}\tag{6-19}$$

式中：n 为理想变压器的变比，为一正实数，是理想变压器中的唯一参数。

三、理想变压器的性质

（1）电压比为

$$\frac{u_1}{u_2}=n$$

这里的 n 等于电压比，也等于匝数比。当 $n>1$ 时，$u_1>u_2$，为降压变压器；当 $n<1$ 时，$u_1<u_2$，为升压变压器。u_1、u_2 的参考方向相对同名端是一致的。

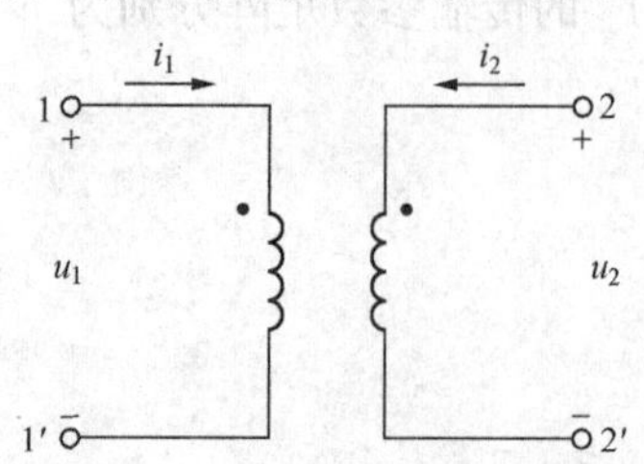

图 6-13　理想变压器

（2）电流比为

$$\frac{i_1}{i_2}=-\frac{u_2}{u_1}=-\frac{n_2}{n_1}=\frac{1}{n}$$

理想变压器吸收的瞬时功率恒等于零，即

$$p=u_1i_1+u_2i_2=0\tag{6-20}$$

所以变压器可以变电流。

（3）按图 6-14（a）所示的参考方向，若理想变压器工

作在正弦稳态下，则可用相量分析，其阻抗比关系式为

$$\frac{\dot{U}_1}{\dot{U}_2}=n$$

$$\frac{\dot{I}_1}{\dot{I}_2}=-\frac{1}{n}$$

从图 6 - 14（a）$\dot{U}_1$ 端口看进去，等效阻抗 Z_i 为

$$Z_i=\frac{\dot{U}_1}{\dot{I}_1}=\frac{n\dot{U}_2}{-\frac{1}{n}\dot{I}_2}=n^2\left(\frac{\dot{U}_2}{-\dot{I}_2}\right)=n^2Z_L \qquad (6-21)$$

如图 6 - 14（b）所示，负载反映到一次侧绕组的阻抗为原阻抗的 n^2 倍，所以变压器可以变电压、变电流、变阻抗。

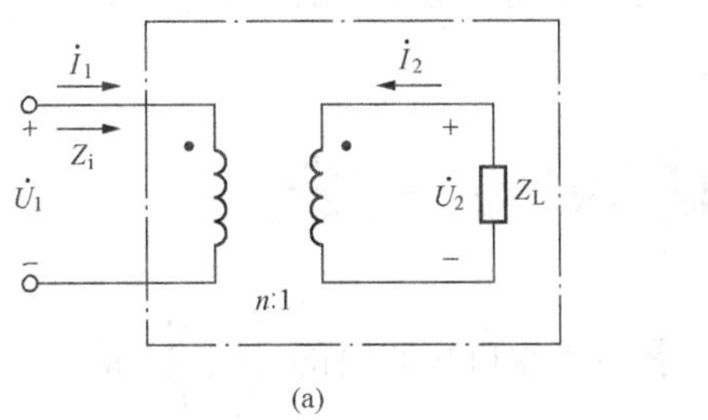

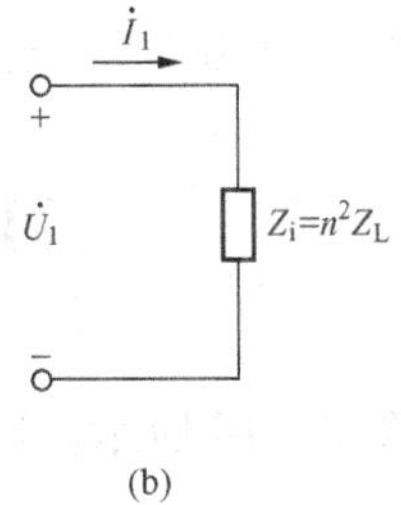

图 6 - 14　理想变压器的变阻抗作用

（a）电路图；（b）输入端口的入端阻抗

【例 6 - 6】 已知图 6 - 15 电路中，当 $R_L=10\Omega$ 时获得功率最大，求这时理想变压器的电压比和负载的最大功率。

解　理想变压器二次侧阻抗折算到一次侧的阻抗为

$$R_i=n^2R_L$$

由戴维南等效电路可知

$$R_i=n^2R_L=R_s$$

$$n=\sqrt{\frac{R_s}{R_L}}=\sqrt{\frac{1000}{10}}=10$$

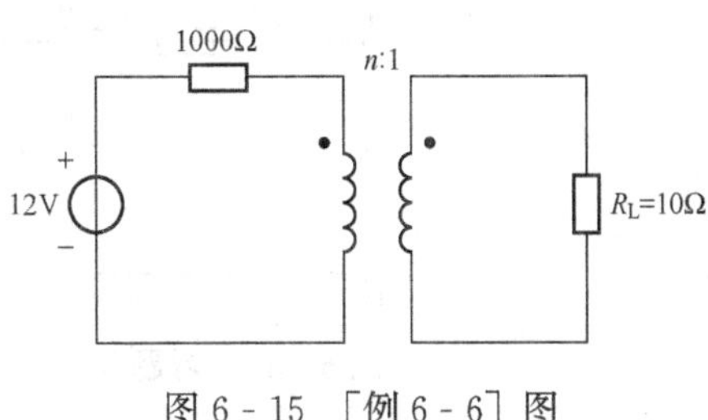

图 6 - 15 ［例 6 - 6］图

R_L 获得的最大功率为

$$P_{max}=\frac{U_{oc}^2}{4R_s}=\frac{12^2}{4\times1000}=0.36(\text{W})$$

试写出理想变压器的 Y、Z、H 参数矩阵，并指出哪些写不出。

本章小结

当四端网络的 4 个端钮满足二端口条件时，称为二端口网络。二端口网络的分析方法是通过测试或计算端口的电压和电流，反映和表征网络的内部电性能。

输入和输出的端口的电压、电流 4 个量中，只有 2 个是独立的，任取其中 2 个为自变量，另外 2 个为因变量，可以列出 6 种不同的网络方程，相应地可以得到 6 种网络参数。常见的有 Z、Y、T、H4 种。

网络的参数满足：

（1）$Z_{12}=Z_{21}$，为互易网络，且 $Z_{11}=Z_{22}$时，为对称的双口网络。

（2）$Y_{12}=Y_{21}$，为互易网络，且 $Y_{11}=Y_{22}$时，为对称的双口网络。

（3）$AD-BC=1$，为互易网络，若为对称二端口网络，还有 $A=D$。

（4）$H_{12}=-H_{21}$，为互易网络。

习　题　六

6 - 1　网络如图 6 - 16 所示，试求 2-2′端口短路时的 $\dfrac{\dot{I}_1}{\dot{U}_1}$、$\dfrac{\dot{I}_2}{\dot{U}_1}$ 值。

6 - 2　某纯电阻二端口网络的导纳参数矩阵 $\boldsymbol{Y}=\begin{bmatrix}0.5 & -0.2\\ -0.2 & 0.4\end{bmatrix}$S，设输入电压和电流分别为 $U_1=6$V、$I_1=1$A，试求输出电压和电流。

6 - 3　试求图 6 - 17 所示二端口网络的 $\boldsymbol{Y}$、$\boldsymbol{Z}$ 矩阵。

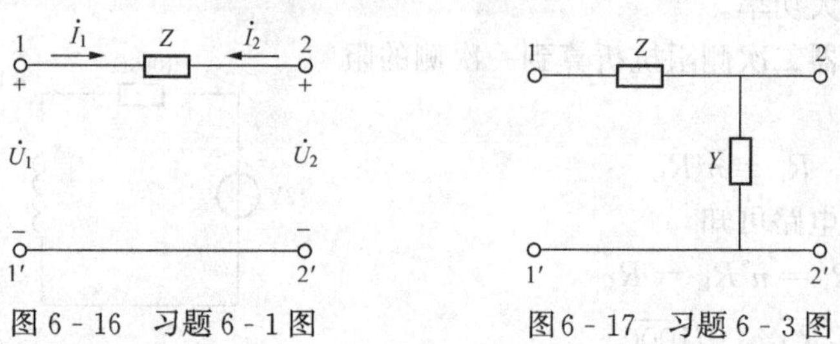

图 6 - 16　习题 6 - 1 图　　图 6 - 17　习题 6 - 3 图

6 - 4　试求图 6 - 18（a）和图 6 - 18（b）所示二端口网络的传输参数。

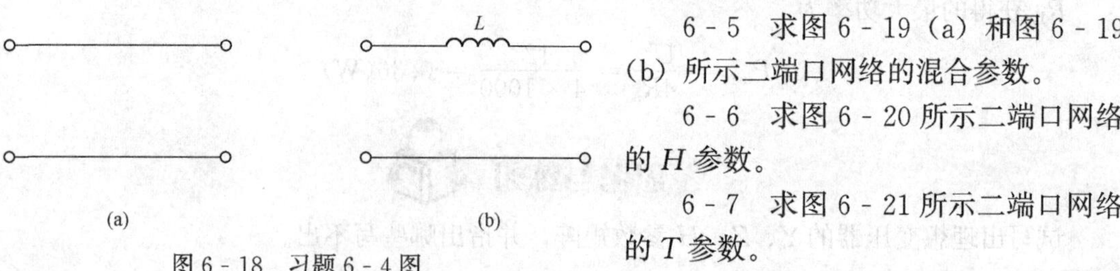

图 6 - 18　习题 6 - 4 图

6 - 5　求图 6 - 19（a）和图 6 - 19（b）所示二端口网络的混合参数。

6 - 6　求图 6 - 20 所示二端口网络的 H 参数。

6 - 7　求图 6 - 21 所示二端口网络的 T 参数。

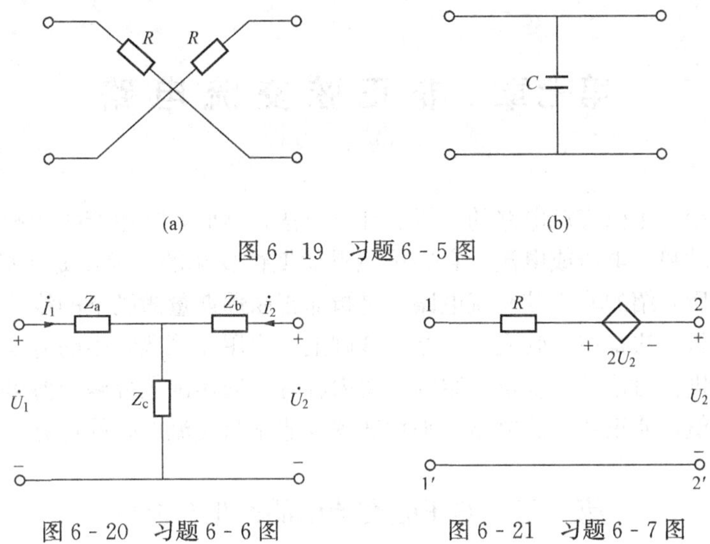

图 6-19　习题 6-5 图

图 6-20　习题 6-6 图

图 6-21　习题 6-7 图

6-8　根据习题 6-2 网络的 Y 参数，利用表 6-1 求出其他参数。

6-9　如图 6-22 所示，已知网络 P 参数 $\boldsymbol{T}_{\mathrm{P}}=\begin{bmatrix}a & b\\ c & d\end{bmatrix}$，试求网络 P_1 与阻抗 Z 网络级联后的 T 参数矩阵。

6-10　图 6-23 所示的理想变压器中，试求该二端口网络的 T、H 参数。

6-11　设理想变压器输出端接有一电阻 $R=10\Omega$，欲使输入端口的等效电阻为 100Ω，则其变压器电压比应是多少？

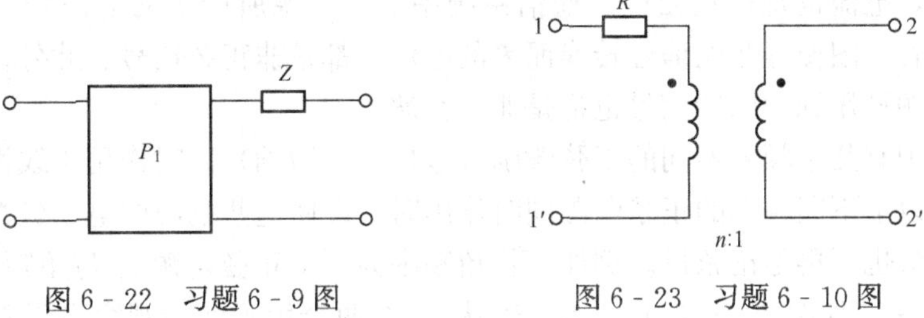

图 6-22　习题 6-9 图

图 6-23　习题 6-10 图

第七章 非正弦交流电路

前面几章讨论了正弦交流电路的分析及计算方法，然而，在生产实践和科学实验中还经常遇到这样的电动势、电压或电流，它们虽然是周期性变化的，但不是正弦量，如矩形波、锯齿波等。本章所介绍的非正弦交流电路，是指非正弦周期量激励下的线性稳态电路。非正弦交流电路的分析方法是在正弦交流电路的基础上，应用高等数学中的傅里叶级数与电路理论中的叠加定理进行讨论的。本章介绍的主要内容有：周期函数分解为傅里叶级数，周期量的有效值、平均值，非正弦交流电路的平均功率及非正弦交流电路的计算。

第一节 非正弦交流电的产生与分解

一、非正弦周期量的产生

随时间作周期性变化的非正弦电动势、电压及电流，统称为非正弦量或非正弦交流电。电力、通信、自动控制及计算机等系统中存在着各种各样的非正弦量。非正弦交流电（电压、电流、电动势）产生的原因通常有以下几种：

（1）电源（或信号源）的电压或电流为非正弦量，即激励本身就是非正弦波，如方波、锯齿波等。发电机产生的电压虽力求按正弦规律变化，但由于发电机表面有槽、齿，以致沿电枢表面的磁感应强度不能严格按照正弦规律分布，因而产生的电压是非正弦的。在非正弦电压的作用下，电流也是非正弦的。通信系统中的信号源所产生的电信号一般也不是正弦波，因为由声音、图像等非电信号转换而来的电信号都是非正弦信号。此外，在自动控制及计算机等技术领域用到的脉冲信号也都是非正弦波。

（2）电路中有几个频率不同的正弦激励（包括直流激励）同时作用于线性电路。电路中有两个或两个以上不同频率的正弦电源同时作用时，即使这些电源的电动势都是正弦量，电路中的总电动势也不再是正弦量。例如，将角频率为 ω 的正弦电源 e_1 与角频率为 3ω 的正弦电源 e_3 串联起来，如图 7-1（a）所示。若从 1、2 两端用示波器观察可以看到，总电动势 $e=e_1+e_3$ 是一个非正弦波，其波形如图 7-1（b）所示。如果这样的电动势作用于线性电路，将会出现非正弦电压和电流。

（3）电路中存在非线性元件。如果电路中存在非线性元件，即使在正弦电源的作用下，电路中也将产生非正弦的电压或电流。图 7-2（a）所示的半波整流电路中，二极管是个非线性元件，由于它具有单向导电性，因此仅在电压的正半周时电路中有电流流过。由此可见，虽然电压是正弦波，但电流却是非正弦波，其波形如图 7-2（b）所示。

又如，将一铁心线圈（非线性电感）接到正弦电源上，借助示波器可以观察到，流过铁心线圈的电流也是非正弦波。

二、非正弦周期量的分解

由数学知识可知，凡是满足狄里赫利条件的周期函数都可展开成傅里叶级数。电工中所遇到的非正弦周期函数，一般都可展开成傅里叶级数。

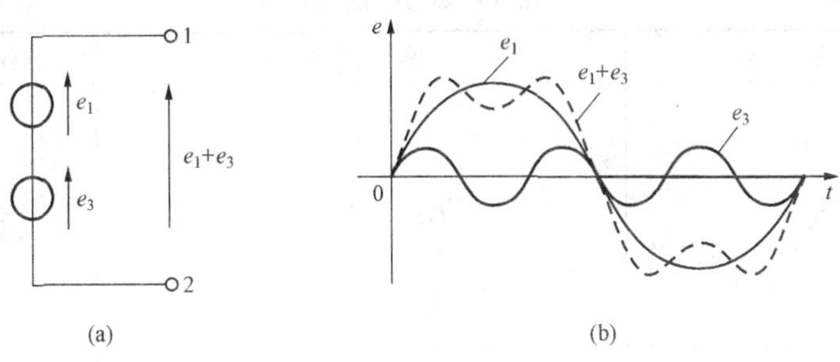

图 7 - 1 几个不同频率的电源共同作用

(a) 电路图; (b) 波形图

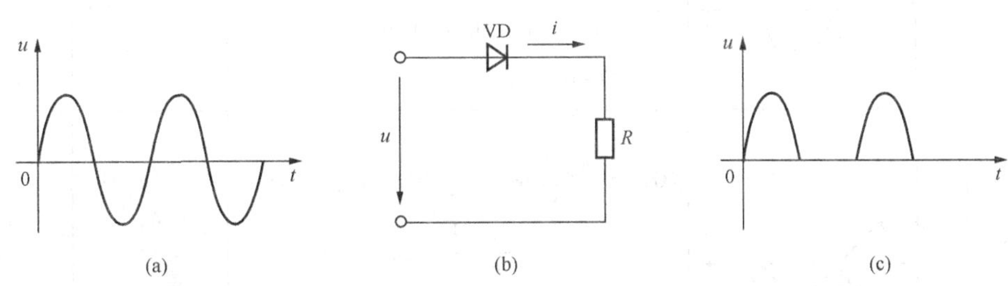

图 7 - 2 整流电路

(a) 输入电压波形; (b) 电路图; (c) 电流波形

设非正弦周期函数为 $f(t)$，其周期为 T，则角频率为 $\omega=\dfrac{2\pi}{T}$，将它分解成傅里叶级数为

$$\begin{aligned} f(t) &= A_0 + A_{1m}\sin(\omega t+\psi_1) + A_{2m}\sin(2\omega t+\psi_2) + \cdots + A_{km}\sin(k\omega t+\psi_k) + \cdots \\ &= A_0 + \sum_{k=1}^{\infty} A_{km}\sin(k\omega t+\psi_k) \end{aligned} \tag{7 - 1}$$

式 (7 - 1) 的各项中，第一项 A_0 为不随时间变化的常数，叫做 $f(t)$ 的直流分量或恒定分量，可将它看作频率为零的正弦波，所以又叫零次谐波；第二项 $A_{1m}\sin(\omega t+\psi_1)$ 的频率与 $f(t)$ 的频率相同，称为 $f(t)$ 的基波或 1 次谐波，A_{1m} 为基波的振幅，ψ_1 为基波的初相；以后的各项统称为高次谐波，它们的频率都比基波的频率高，且都为基波频率的整数倍，按其频率是基波频率的倍数分别称为 2 次、3 次、4 次、……谐波。A_{km} 及 ψ_k 分别为 k 次谐波的振幅及初相。在 $f(t)$ 的各次谐波中，谐波次数为偶数的谐波称为偶次谐波，谐波次数为奇数的谐波称为奇次谐波。

由傅里叶级数可知，正弦函数是最基本的周期函数。对一个周期函数，其之所以不是正弦函数，是因为除基波外，还存在着其他次谐波（包括直流分量）的缘故。

常见的非正弦波形及傅里叶级数见表 7 - 1，表中所列的这些非正弦量在整流电路、脉冲技术、电子扫描电路、滤波电路以及电力系统中将会遇到，当遇到这类波形时，可直接查用。

表 7-1 **几种周期函数**

名称	波　形	傅里叶级数	有效值	整流平均值
正弦波	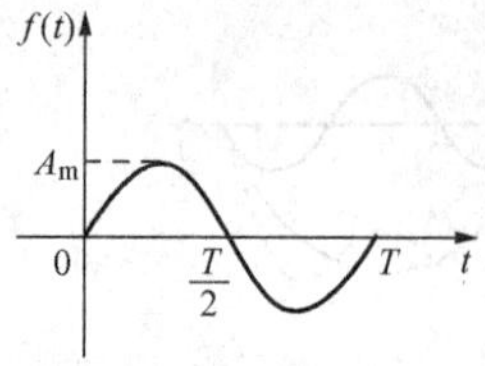	$f(t)=A_m\sin\omega t$	$\frac{A_m}{\sqrt{2}}$	$\frac{2A_m}{\pi}$
梯形波	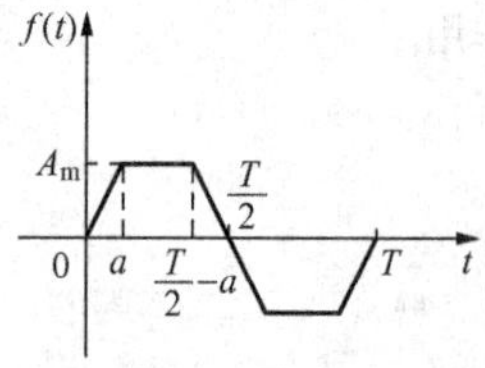	$f(t)=\frac{4A_m}{\omega a\pi}\left(\sin\omega a\sin\omega t+\frac{1}{9}\sin3\omega a\sin3\omega t+\frac{1}{25}\sin5\omega a\sin5\omega t+\cdots+\frac{1}{k^2}\sin k\omega a\sin k\omega t+\cdots\right)$ $(k=1,3,5\cdots)$	$A_m\sqrt{1-\frac{4\omega a}{3\pi}}$	$A_m\left(1-\frac{\omega a}{\pi}\right)$
三角波	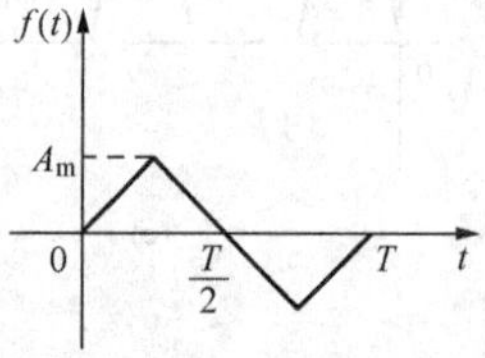	$f(t)=\frac{8A_m}{\pi^2}\left[\sin\omega t-\frac{1}{9}\sin3\omega t+\frac{1}{25}\sin5\omega t+\cdots+\frac{(-1)^{\frac{k-1}{2}}}{k^2}\sin k\omega t+\cdots\right]$ $(k=1,3,5\cdots)$	$\frac{A_m}{\sqrt{3}}$	$\frac{A_m}{2}$
矩形波	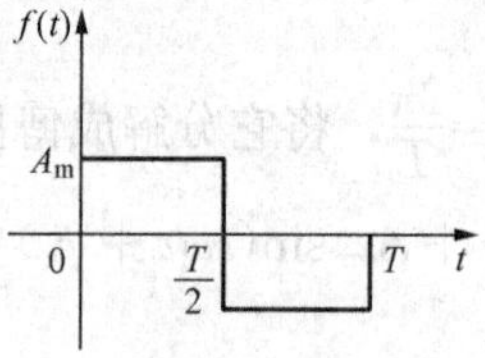	$f(t)=\frac{4A_m}{\pi}\left(\sin\omega t+\frac{1}{3}\sin3\omega t+\frac{1}{5}\sin5\omega t+\cdots+\frac{1}{k}\sin k\omega t+\cdots\right)$ $(k=1,3,5\cdots)$	A_m	A_m
半波整流波	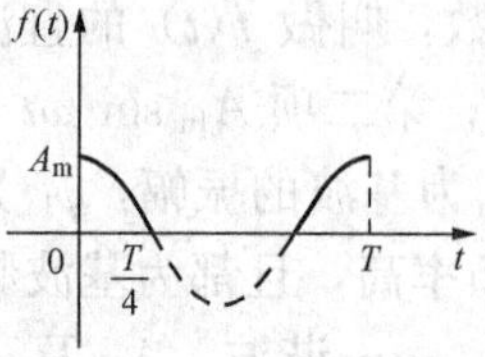	$f(t)=\frac{2A_m}{\pi}\left(\frac{1}{2}+\frac{\pi}{4}\cos\omega t+\frac{1}{1\times3}\cos2\omega t-\frac{1}{3\times5}\cos4\omega t+\frac{1}{5\times7}\cos6\omega t-\cdots+\cdots-\frac{\cos\frac{k\pi}{2}}{k^2-1}\cos k\omega t+\cdots\right)$ $(k=2,4,6\cdots)$	$\frac{A_m}{2}$	$\frac{A_m}{\pi}$
全波整流波	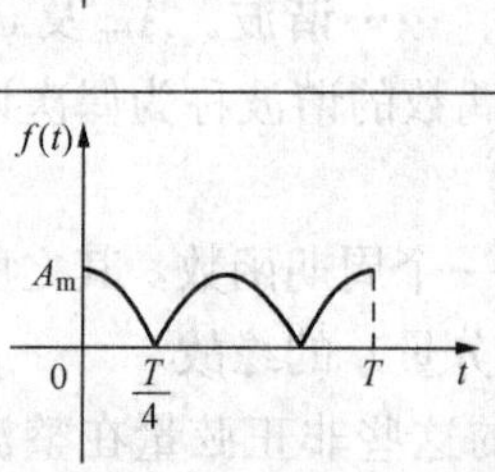	$f(t)=\frac{4A_m}{\pi}\left(\frac{1}{2}+\frac{1}{1\times3}\cos2\omega t-\frac{1}{3\times5}\cos4\omega t+\cdots-\frac{\cos\frac{k\pi}{2}}{k^2-1}\cos k\omega t+\cdots\right)$ $(k=2,4,6\cdots)$	$\frac{A_m}{\sqrt{2}}$	$\frac{2A_m}{\pi}$
锯齿波	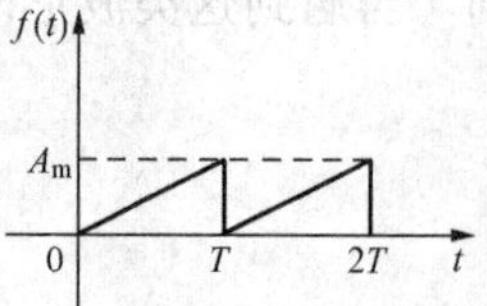	$f(t)=\frac{A_m}{2}-\frac{A_m}{\pi}\left(\sin\omega t+\frac{1}{2}\sin2\omega t+\frac{1}{3}\sin3\omega t+\cdots+\frac{1}{k}\sin k\omega t+\cdots\right)$ $(k=1,2,3\cdots)$	$\frac{A_m}{\sqrt{3}}$	$\frac{A_m}{2}$

由表 7 - 1 可见，傅里叶级数虽然是一个无穷三角级数，但一般收敛很快，较高次谐波的振幅很小，实用中一般只需取前几项就足以满足精度的要求。

【例 7 - 1】 试将振幅为 100V、$T=0.02$s 的三角波电压分解为傅里叶级数（取到 5 次谐波为止）。

解 电压基波的角频率 $\omega=\frac{2\pi}{T}=100\pi\text{rad/s}$。

设它为奇函数，查表 7 - 1，得

$$\begin{aligned}u(t)&=\frac{8U_m}{\pi^2}\left(\sin\omega t-\frac{1}{9}\sin3\omega t+\frac{1}{25}\sin5\omega t\right)\\&=\frac{8\times100}{\pi^2}\left(\sin100\pi t-\frac{1}{9}\sin300\pi t+\frac{1}{25}\sin500\pi t\right)\\&=81.06\sin100\pi t-9.006\sin300\pi t+3.24\sin500\pi t\ \text{(V)}\end{aligned}$$

这一级数收敛很快，可以只取前两项。

7 - 1 - 1　产生非正弦量的原因有哪些？

7 - 1 - 2　在式 $u(t)=200+141\sin(\omega t+\psi_1)+80\sin(3\omega t+\psi_3)+20\sin(5\omega t+\psi_5)$ V 中，哪些是直流分量？哪些是基波？哪些是高次谐波？

7 - 1 - 3　两条正弦曲线相加，什么情况下仍为正弦曲线？什么情况下得到非正弦曲线？

第二节　非正弦交流电的有效值与平均值

一、有效值

由第三章的学习知道，正弦量的有效值等于瞬时值的方均根值。以电流为例，$i(t)$ 的有效值为

$$I=\sqrt{\frac{1}{T}\int_0^T i^2(t)\mathrm{d}t} \tag{7-2}$$

这一定义对任一周期性交流量都适用，即任一周期性交流量的有效值等于瞬时值的方均根值。如果已知周期性交流量的解析式，可以直接求它的方均根值。例如，表 7 - 1 中三角波，其有效值可取 $T/4$ 时间求得，在 $0\sim T/4$ 内，其解析式为

$$f(t)=\frac{4A_m}{T}t$$

其有效值为

$$\sqrt{\frac{4}{T}\int_0^{\frac{T}{4}}\left(\frac{4A_m}{T}t\right)^2\mathrm{d}t}=\sqrt{\left(\frac{4}{T}\right)^3A_m^2\left[\frac{t^3}{3}\right]_0^{\frac{T}{4}}}=\frac{A_m}{\sqrt{3}}$$

如果已知周期性交流量的傅里叶级数，则可由各次谐波的有效值计算其有效值，以电流为例，设

$$i(t)=I_0+\sum_{k=1}^{\infty}I_{km}\sin(k\omega t+\psi_k)$$

则其有效值为

$$I=\sqrt{\frac{1}{T}\int_{0}^{T}i^{2}(t)\mathrm{d}t}=\sqrt{\frac{1}{T}\int_{0}^{T}\left[I_{0}+\sum_{k=1}^{\infty}I_{km}\sin(k\omega t+\psi_{k})\right]^{2}\mathrm{d}t}$$

为了计算上式中等号右边根号内的积分，可先将平方项展开。展开后的各项有两种类型：一种是各次谐波自身的平方，它们的平均值为

$$\frac{1}{T}\int_{0}^{T}I_{0}^{2}\mathrm{d}t=I_{0}^{2}$$

$$\frac{1}{T}\int_{0}^{T}I_{km}^{2}\sin^{2}(k\omega t+\psi_{k})\mathrm{d}t=\frac{I_{km}^{2}}{2}=I_{k}^{2}$$

其中，$I_k=I_{km}/\sqrt{2}$是 k 次谐波（正弦波）的有效值；另一种是两个不同次谐波乘积的 2 倍，根据三角函数的正交性，它们的平均值为

$$\frac{1}{T}\int_{0}^{T}2I_{0}I_{km}\sin(k\omega t+\psi_{k})\mathrm{d}t=0$$

$$\frac{1}{T}\int_{0}^{T}2I_{km}\sin(k\omega t+\psi_{k})\times I_{lm}\sin(l\omega t+\psi_{l})\mathrm{d}t=0(k\neq l)$$

所以

$$I=\sqrt{I_{0}^{2}+I_{1}^{2}+I_{2}^{2}+\cdots}\tag{7-3}$$

同理

$$U=\sqrt{U_{0}^{2}+U_{1}^{2}+U_{2}^{2}+\cdots}\tag{7-4}$$

$$E=\sqrt{E_{0}^{2}+E_{1}^{2}+E_{2}^{2}+\cdots}\tag{7-5}$$

即周期性交流量的有效值等于它的各次谐波（包括直流分量，其有效值即为 I_0）有效值的平方和的平方根。

由式（7 - 3）～式（7 - 5）可知，周期性交流量的有效值与各次谐波的初相无关，周期性交流量的有效值不是等于，而是小于它的各次谐波有效值的和。

【例 7 - 2】 试求周期电压 $u=100+70\sin(100\pi t+60°)-40\sin(300\pi t+45°)$ V 的有效值。

解 $u(t)$ 的有效值为

$$U=\sqrt{100^{2}+\left(\frac{70}{\sqrt{2}}\right)^{2}+\left(\frac{40}{\sqrt{2}}\right)^{2}}=115.11(\mathrm{V})$$

二、平均值

除有效值外，对周期性非正弦量还引用平均值。周期性非正弦量的平均值是其瞬时值在一个周期内的平均值，即其直流分量，以电流为例，其平均值为

$$I_{av}=\frac{1}{T}\int_{0}^{T}i(t)\mathrm{d}t=I_{0}$$

因为周期性非正弦量分解成傅里叶级数后，除直流分量外，其余各次谐波均为正弦量，它们的平均值均为零。

对于一个在一周期内有正、有负的周期量，其平均值可能很小，甚至为零。工程上，为了便于说明问题（如分析整流效果、比较波形等），常把周期性非正弦量的绝对值在一个周期内的平均值定义为整流平均值，以周期电流为例，其整流平均值为

$$I_{rect}=\frac{1}{T}\int_0^T|i(t)|dt \tag{7-6}$$

对于对称于横轴的周期量，可用正半波来计算其整流平均值，以电流为例，则

$$I_{rect}=\frac{2}{T}\int_0^{\frac{T}{2}}|i(t)|dt$$

【例 7-3】 试计算正弦电流 $i=I_m\sin\omega t$ 及表 7-1 所示矩形波电压的整流平均值，后者的最大电压为 U_m。

解　正弦电流的整流平均值可取正半周计算，得

$$I_{rect}=\frac{2}{T}\int_0^{\frac{T}{2}}I_m\sin\omega t\,dt=\frac{2}{\pi}I_m\approx 0.64I_m\approx 0.9I$$

矩形波电压的整流平均值为

$$U_{rect}=\frac{2}{T}\int_0^{\frac{T}{2}}U_m dt=U_m$$

电工技术中几种典型波形的整流平均值、有效值见表 7-1。

对于同一非正弦量，以电流为例，当用不同类型的仪表测量时，会得到不同的结果。例如，用磁电系仪表（直流仪表）测量，所得结果将是电流的恒定分量，即平均值，这是因为磁电系仪表的偏转角 $\alpha\propto\frac{1}{T}\int_0^T i\,dt$；用电磁系仪表测得的结果为电流的有效值，这是因为仪表的偏转角 $\alpha\propto\frac{1}{T}\int_0^T i^2 dt$；用全波整流仪表测量时，所得结果为电流的整流平均值，这是因为仪表的偏转角 $\alpha\propto\frac{1}{T}\int_0^T|i|dt$。由此可见，在测量非正弦周期电压和电流时，要注意选择合适的仪表，并注意不同类型仪表读数的含义（关于仪表的知识，可参阅实验指导书或电工测量方面的书籍）。

7-2-1　试求周期电流 $i(t)=0.2+0.8\sin(\omega t-15°)+0.3\sin(2\omega t+40°)$ A 的有效值。

7-2-2　周期电压 $u(t)$，有效值为 10V，如已知该周期电压只含有基波和 3 次谐波，且 3 次谐波的振幅为基波的 1/5，试求基波和 3 次谐波的有效值。

7-2-3　已知等腰三角波电压最大值为 100V，求其有效值。

第三节　非正弦交流电路的有功功率

一、平均功率（有功功率）

设非正弦交流电路中一个二端网络的端口电压、端口电流分别为

$$\begin{cases}u(t)=U_0+\sum_{k=1}^{\infty}U_{km}\sin(k\omega t+\psi_{ku})\\ i(t)=I_0+\sum_{k=1}^{\infty}I_{km}\sin(k\omega t+\psi_{ki})\end{cases}$$

则此二端网络接收或发出的平均功率，即有功功率为

$$P=\frac{1}{T}\int_0^T p(t)\mathrm{d}t=\frac{1}{T}\int_0^T u(t)i(t)\mathrm{d}t$$

$$=\frac{1}{T}\int_0^T\left[U_0+\sum_{k=1}^{\infty}U_{km}\sin(k\omega t+\psi_{ku})\right]\times\left[I_0+\sum_{k=1}^{\infty}I_{km}\sin(k\omega t+\psi_{ki})\right]\mathrm{d}t$$

为了计算上式等号右边的积分，可先将积分号内的因式展开，展开后的各项有两种类型：一种是同次谐波电压和电流的乘积，它们的平均值为

$$P_0=\frac{1}{T}\int_0^T U_0I_0\mathrm{d}t=U_0I_0$$

$$P_k=\frac{1}{T}\int_0^T U_{km}\sin(k\omega t+\psi_{ku})\times I_{km}\sin(k\omega t+\psi_{ki})\mathrm{d}t$$

$$=\frac{1}{2}U_{km}I_{km}\cos(\psi_{ku}-\psi_{ki})=U_kI_k\cos\varphi_k$$

式中：U_k、I_k 各为 k 次谐波电压、电流的有效值，φ_k 为 k 次谐波电压比 k 次谐波电流超前的相位差；另一种是不同次谐波电压和电流的乘积，根据三角函数的正交性，它们的平均值为零。于是得到

$$P=P_0+\sum_{k=1}^{\infty}P_k=U_0I_0+\sum_{k=1}^{\infty}U_kI_k\cos\varphi_k \tag{7-7}$$

综合以上分析，非正弦交流电路中，不同次谐波（包括零次）电压、电流虽然构成瞬时功率，但不构成平均功率；只有同次谐波电压、电流才构成平均功率；电路的平均功率等于各次谐波功率（包括直流分量，其功率为 U_0I_0）的和。

【例 7-4】 已知一个二端网络的端口电压、端口电流为关联参考方向，表达式分别为

$$u=10+60\sin314t+30\sin628t+20\sin942t\ \mathrm{V}$$

$$i=5+10\sin(314t-30^\circ)+5\sin(628t-45^\circ)\ \mathrm{A}$$

试计算该二端网络吸收的平均功率。

解 $P=U_0I_0+U_1I_1\cos\varphi_1+U_2I_2\cos\varphi_2$

$=10\times5+\frac{60}{\sqrt{2}}\times\frac{10}{\sqrt{2}}\cos30^\circ+\frac{30}{\sqrt{2}}\times\frac{5}{\sqrt{2}}\cos45^\circ$

$=362.84\ (\mathrm{W})$

二、等效正弦量

在非正弦交流电路中，如果非正弦量的恒定分量为零，且高次谐波振幅与基波振幅相比很小，则为了简化电路的计算，可把非正弦量近似地用正弦量代替，从而把非正弦交流电路简化为正弦交流电路进行处理。代替非正弦量的正弦量，叫做非正弦量的等效正弦量。

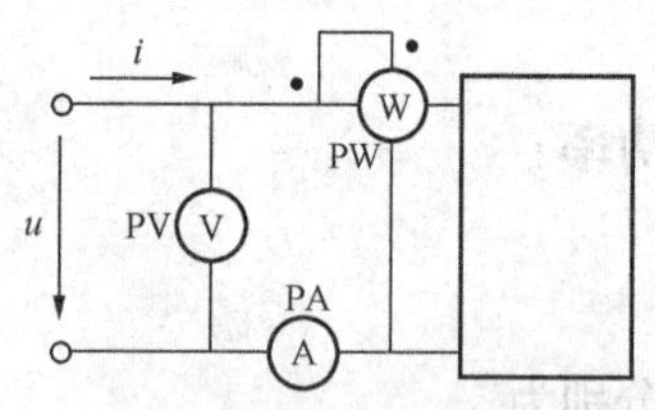

图 7-3　非正弦交流电路示意

图 7-3 所示为一非正弦交流电路，用仪表测得的电压、电流的有效值为 U、I，消耗的功率为 P。若把这个电路中的非正弦电压 u 和电流 i 用等效正弦量代替，则应满足以下 3 个条件：

（1）等效正弦量的频率与它所代替的非正弦量的频率相等。

（2）等效正弦量的有效值等于它所代替的非正弦量的有效值。

（3）用等效正弦量代替非正弦量后，电路的有功功率不变，即 $UI\cos\varphi=P$。其中，φ 为

等效正弦电压与等效正弦电流的相位差。φ的正负由原电路中电压的基波与电流的基波两者之间的相位关系决定。具体来说，若原电路中电压的基波比电流的基波超前，则$\varphi>0$；若原电路中电压的基波比电流的基波滞后，则$\varphi<0$。

应当指出，等效正弦量不可能与被代替的非正弦量在各方面完全相等，它只是在一定误差允许条件下的一种近似计算方法。

【例7-5】 已知某二端网络的电压、电流分别为$u=100\sqrt{2}\sin\omega t+31\sqrt{2}\sin3\omega t$ V、$i=4\sqrt{2}\sin(\omega t-53.1°)+0.5\sqrt{2}\sin(3\omega t-75.9°)$ A，其中均有$\omega=314$rad/s。试求电压、电流的等效正弦波。

解　电压、电流的有效值分别为

$$U=\sqrt{100^2+31^2}=104.69(\text{V})$$

$$I=\sqrt{4^2+0.5^2}=4.03(\text{A})$$

电路的功率

$$P=100\times4\cos53.1°+31\times0.5\cos75.9°=243.76(\text{W})$$

设等效正弦电压的初相为零，则

$$u_e=104.69\sqrt{2}\sin\omega t\ \text{V}$$

设等效正弦电压与等效正弦电流的相位差为φ，则由

$$104.69\times4.03\cos\varphi=243.76$$

得

$$\varphi=\arccos\frac{243.76}{104.69\times4.03}=\pm54.71°$$

由于电压的基波比电流的基波超前，因此等效正弦电压也应超前于等效正弦电流，即$\varphi>0$，于是电流的等效正弦波为

$$i_e=4.03\sqrt{2}\sin(\omega t-54.71°)\ \text{A}$$

7-3-1　一个周期电压作用于$R=2\Omega$的电阻元件时，电阻元件的功率为50W，该周期电压的有效值是多少？

7-3-2　峰值均为1V，但波形分别为方波、正弦波及等腰三角波的电压分别加在1Ω的电阻上，问哪一种波形的功率最大？哪一种最小？

7-3-3　一台收音机用3节四号电池供电，通过电池的电流为$i=20+40\sin6000t$ mA，求收音机所消耗的功率是多少毫瓦？

第四节　非正弦交流电路的计算

由于非正弦量可以分解为直流分量和一系列正弦谐波，因此对于非正弦激励下的线性稳态电路的计算可采用谐波分析法。所谓谐波分析法，就是借助于傅里叶级数，将非正弦激励分解为直流分量和一系列正弦谐波，然后让直流分量和一系列正弦谐波单独作用于电路求响应，最后根据叠加定理将求得的响应进行叠加的方法。当电路参数和非正弦激励已知时，计

算电路稳态响应的具体步骤如下：

（1）把激励分解为傅里叶级数，视计算精度取前面的 3～5 项。

（2）分别求出直流分量及各次谐波单独作用时的响应。对直流分量，电路相当于直流电路，电感元件短路，电容元件开路；对各次谐波，电路成为正弦交流电路，可采用相量法计算。要注意的是，电感元件、电容元件对不同频率的谐波呈现的感抗、容抗不同。如基波的角频率为 ω，电感对基波的感抗为 $X_{L1}=\omega L$，对 k 次谐波的感抗为 $X_{Lk}=k\omega L=kX_{L1}$；电容对基波的容抗为 $X_{C1}=\dfrac{1}{\omega C}$，对 k 次谐波的容抗为 $X_{Ck}=\dfrac{1}{k\omega C}=\dfrac{1}{k}X_{C1}$。可见，谐波次数越高，容抗值越小，而感抗值越大。

（3）将步骤（2）计算出的结果用瞬时值进行叠加，得到总响应的解析式。注意：不同频率的正弦量不能用相量相加减，而应先将它们写成解析式的形式，然后叠加。

【例 7-6】 在图 7-5（a）所示的 RLC 串联电路中，已知 $R=10\Omega$，$L=0.05\text{H}$，$C=50\mu\text{F}$，电源电压 $u=40+180\sin\omega t+60\sin(3\omega t+45°)$ V，其中 $\omega=314\text{rad/s}$。试求电路中的电流 i，并求其有效值 I。

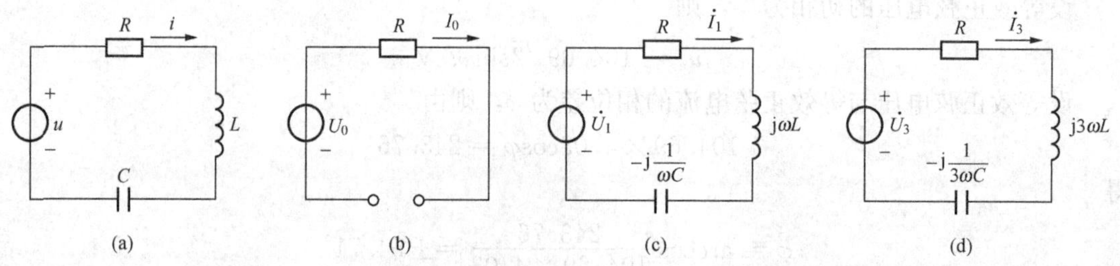

图 7-4 ［例 7-6］图

（a）原电路；（b）直流分量作用的等效电路；（c）基波作用的等效电路；（d）3 次谐波作用的等效电路

解 非正弦电压 u 的傅里叶级数已给出，故直接按上述步骤（2）求电流 i 的直流分量及各次谐波即可。

（1）电压 u 的直流分量 $U_0=40\text{V}$ 单独作用时，将 L 代之以短路，C 代之以开路，电路如图 7-4（b）所示。由图可得，电流 i 的直流分量 $I_0=0$。

（2）电压 u 的基波 $u_1=180\sin\omega t\,\text{V}$ 单独作用时，相量模型如图 7-4（c）所示。

$$\dot{U}_1=\frac{180}{\sqrt{2}}\angle 0°=127.28\angle 0°(\text{V})$$

$$Z_1=10+\text{j}314\times 0.05-\text{j}\frac{1}{314\times 50\times 10^{-6}}$$

$$=10+\text{j}(15.71-63.66)=48.98\angle -78.2°(\Omega)$$

$$\dot{I}_1=\frac{\dot{U}_1}{Z_1}=\frac{127.28\angle 0°}{48.98\angle -78.2°}=2.59\angle 78.2°(\text{A})$$

从而得 $$i_1=2.59\sqrt{2}\sin(\omega t+78.2°)\ \text{A}$$

（3）电压 u 的 3 次谐波单独作用时，相量模型如图 7-4（d）所示。

$$\dot{U}_3=\frac{60}{\sqrt{2}}\angle 45°=42.43\angle 45°(\text{V})$$

$$Z_3 = 10 + \mathrm{j}3\times314\times0.05 - \mathrm{j}\frac{1}{3\times314\times50\times10^{-6}}$$

$$= 10 + \mathrm{j}\left(3\times15.71 - \frac{63.66}{3}\right) = 27.77\angle68.9^\circ(\Omega)$$

$$\dot{I}_3 = \frac{\dot{U}_3}{Z_3} = \frac{42.43\angle45^\circ}{27.77\angle68.9^\circ} = 1.53\angle-23.9^\circ(\mathrm{A})$$

所以　$$i_3 = 1.53\sqrt{2}\sin(3\omega t - 23.9^\circ)\ \mathrm{A}$$

（4）电流 i 为基波和 3 次谐波电流瞬时值之和

$$i = i_1 + i_3 = 2.59\sqrt{2}\sin(\omega t + 78.2^\circ) + 1.53\sqrt{2}\sin(3\omega t - 23.9^\circ)\ \mathrm{A}$$

$$I = \sqrt{I_1^2 + I_2^2} = \sqrt{2.59^2 + 1.53^2} = 3.01(\mathrm{A})$$

电容在直流分量的作用下相当于开路，故电流中无直流分量。电容的这种作用称为隔直作用。

【例 7 - 7】 图 7 - 5（a）所示电路中，已知 $R=10\Omega$，$L=0.1\mathrm{H}$，u 为全波整流后的电压，其波形如图 7 - 5（b）所示，试求图 7 - 5（a）中的电流 i 和电压 u_L、u_R，并计算它们的有效值。

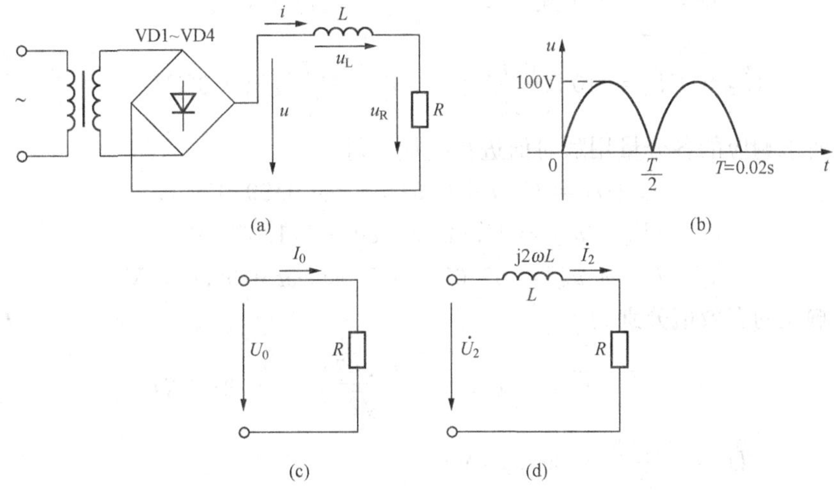

图 7 - 5 ［例 7 - 7］图

（a）原电路；（b）u 的波形；（c）直流分量单独作用的等效电路；（d）2 次谐波作用的等效电路

解　（1）由图 7 - 5（b）可知，最大值 $U_m=100\mathrm{V}$。查表 7 - 1 可得 u 的傅里叶级数为

$$u = \frac{4\times100}{\pi}\left[\frac{1}{2} + \frac{1}{3}\cos2\left(\omega t + \frac{\pi}{2}\right) - \frac{1}{15}\cos4\left(\omega t + \frac{\pi}{2}\right) + \cdots\right](\mathrm{V})$$

由于此级数收敛很快，因此只取前两项，即

$$u = \frac{200}{\pi} + \frac{400}{3\pi}\cos(2\omega t + \pi)\ \mathrm{V}$$

（2）电压 u 的直流分量 $U_0=\frac{200}{\pi}\mathrm{V}$ 单独作用时，将 L 代之以短路，C 代之以开路，电路如图 7 - 5（c）所示，可得：

电感电压 u_L 的直流分量　$U_{L0}=0\mathrm{V}$

电阻电压 u_R 的直流分量 $U_{R0}=\frac{200}{\pi}=63.67$（V）

电流 i 的直流分量 $I_0=\frac{200}{\pi\times10}=6.37$（A）

（3）电压 u 的 2 次谐波 $u_2=\frac{400}{3\pi}\cos(2\omega t+\pi)$ V 单独作用时，相量模型如图 7-5（d）所示，此时有

$$\dot{U}_2=\frac{400}{3\pi\sqrt{2}}\angle180°\text{V}$$

$$Z_2=R+\text{j}2\omega L=10+\text{j}200\pi\times0.1=63.62\angle81.0°(\Omega)$$

$$\dot{I}_2=\frac{\dot{U}_2}{Z_2}=\frac{400\angle180°}{3\pi\sqrt{2}\times63.62\angle81.0°}=\frac{0.67}{\sqrt{2}}\angle99.0°(\text{A})$$

$$\dot{U}_{L2}=\text{j}2\omega L\dot{I}_2=200\pi\times0.1\times\frac{0.67}{\sqrt{2}}\angle(90°+99.0°)$$

$$=\frac{41.92}{\sqrt{2}}\angle189.0°=\frac{41.92}{\sqrt{2}}\angle-171.0°(\text{V})$$

$$\dot{U}_{R2}=R\dot{I}_2=10\times\frac{0.67}{\sqrt{2}}\angle99.0°=\frac{6.70}{\sqrt{2}}\angle99.0°(\text{V})$$

（4）将所求响应的各分量用瞬时值进行叠加，得

$$i=I_0+i_2=6.37+0.67\cos(2\omega t+99.0°)\ \text{A}$$

$$u_L=U_{L0}+u_{L2}=41.92\cos(2\omega t-171.0°)\ \text{V}$$

$$u_R=U_{R0}+u_{R2}=63.67+6.7\cos(2\omega t+99.0°)\ \text{V}$$

（5）各响应的有效值分别为

$$I=\sqrt{I_0^2+I_2^2}=\sqrt{6.37^2+\left(\frac{0.67}{\sqrt{2}}\right)^2}=6.38\ (\text{A})$$

$$U_L=\frac{41.92}{\sqrt{2}}=29.64\ (\text{V})$$

$$U_R=\sqrt{U_{R0}^2+U_{R2}^2}=\sqrt{63.67^2+\left(\frac{6.7}{\sqrt{2}}\right)^2}=63.83\ (\text{V})$$

由以上计算结果可以看出，由于电感的存在，负载电流 i 中高次谐波（2 次谐波）分量显著减小，因而使电流 i 的波形比整流输出电压 u 的波形平坦得多，如图 7-6 所示。这是因为电感 L 对高次谐波的感抗大，因此在振幅相同的谐波电压作用下，高次谐波电流将比低次谐波电流小，起到了削弱高次谐波的作用。鉴于该原因，在电子技术中，常常通过串联电感使电流或电压的波形得到改善，这就是所谓的电感滤波。

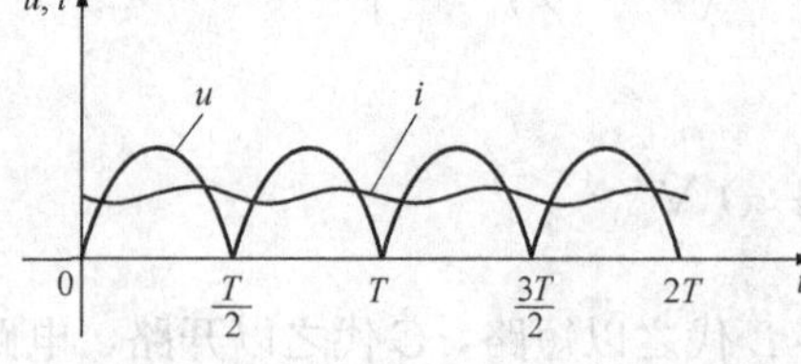

图 7-6 电感对高次谐波的抑制作用

【例 7-8】 图 7-7 所示电路中，$R=1\text{k}\Omega$，$C=50\mu\text{F}$，$i_s(t)=3.6+2\sqrt{2}\sin2000\pi t$ mA。试

求各响应。

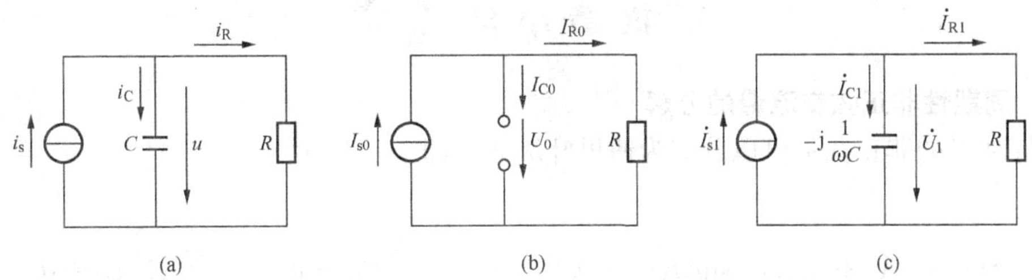

图 7 - 7 ［例 7 - 8］图

(a) 原电路；(b) 直流分量作用时的等效电路；(c) 基波作用时的等效电路

解　(1) 将 C 代之以开路，按图 7 - 7 (b) 计算直流分量，得

$$I_{C0}=0\text{A},\quad I_{R0}=I_{s0}=3.6\times10^{-3}\text{A}$$

$$U_0=RI_{R0}=1\times10^3\times3.6\times10^{-3}=3.6(\text{V})$$

(2) 计算基波分量，相量模型如图 7 - 7 (c) 所示，得

$$\dot{U}_1=\frac{\dot{I}_{s1}}{\frac{1}{R}+j\omega C}=\frac{2\times10^{-3}\angle0^\circ}{\frac{1}{10^3}+j2000\pi\times50\times10^{-6}}=6.37\times10^{-3}\angle-89.8^\circ(\text{V})$$

$$\dot{I}_{R1}=\frac{\dot{U}_1}{R}=\frac{6.37\times10^{-3}\angle-89.8^\circ}{1\times10^3}=6.37\times10^{-6}\angle-89.8^\circ(\text{A})$$

$$\dot{I}_{C1}=j\omega C\dot{U}_1=j2000\pi\times50\times10^{-6}\times6.37\times10^{-3}\angle-89.8^\circ=2\times10^{-3}\angle0.2^\circ(\text{A})$$

(3) 各响应为

$$u=U_0+u_1=3.6+6.37\sqrt{2}\times10^{-3}\sin(2000\pi t-89.8^\circ)\ \text{V}$$

$$i_R=I_{R0}+i_{R1}=3.6\times10^{-3}+6.37\sqrt{2}\times10^{-6}\sin(2000\pi t-89.8^\circ)\ \text{A}$$

$$i_C=I_{C0}+i_{C1}=2\sqrt{2}\times10^{-3}\sin(2000\pi t+0.2^\circ)\ \text{A}$$

此例中，由于 $X_C\ll R$，因此电流的交流分量基本不通过 R，而直流分量又只通过 R，致使 u 的交流分量较直流分量小得多 ($U_1\ll U_0$)，可忽略不计，即 R 两端电压的脉动很小，电压 u 基本恒定。如果将电容去除，则 R 两端电压为 $u=iR=3.6+2\sqrt{2}\sin2000\pi t$ V 显然脉动很大。

电容元件对直流起隔直作用，对低频交流起抑制作用，对高频交流起导通作用。此例中，由于并联在 R 两端的电容给电流的交流分量设置了一个通路，即起着旁路交流分量的作用，因此该电容有“旁路电容”之称。

思考与练习

7 - 4 - 1　为什么在计算非正弦交流电路时，不能将各次谐波单独作用时的电压或电流进行相量相加?

7 - 4 - 2　在 RLC 串联电路中，已知 $R=100\Omega$，$L=2.26\text{mH}$，$C=10\mu\text{F}$，基波角频率为 $\omega=100\pi\text{rad/s}$。试求对应于基波、3 次谐波、5 次谐波时的感抗和容抗。

7 - 4 - 3　［例 7 - 7］中的电感换为 $50\mu\text{F}$ 的电容，其结论如何?

本章小结

一、周期性非正弦交流量的分解

周期为 T 的非正弦量可以分解为傅里叶级数，即

$$f(t)=A_0+\sum_{k=1}^{\infty}A_{km}\sin(k\omega t+\psi_k)=A_0+\sum_{k=1}^{\infty}B_{km}\sin k\omega t+\sum_{k=1}^{\infty}C_{km}\cos k\omega t$$

式中：$\omega=2\pi/T$ 为基波角频率。

二、非正弦量的有效值、整流平均值

1. 有效值

非正弦量的有效值等于其各次谐波有效值的平方和的平方根。以电压为例，有

$$U=\sqrt{U_0^2+U_1^2+U_2^2+\cdots}$$

2. 整流平均值

非正弦量的整流平均值等于其绝对值的平均值。

三、非正弦交流电路的计算

1. 电路各处响应的计算

非正弦交流电路可用谐波分析法计算，其步骤是：先将激励分解为傅里叶级数，然后分别计算激励的直流分量和各次谐波单独作用下的响应，最后将各次谐波响应的解析式相加。

2. 平均功率的计算

非正弦交流电路的有功功率等于各次谐波有功功率之和，即

$$P=U_0I_0+\sum_{k=1}^{\infty}U_kI_k\cos\varphi_k$$

习 题 七

7-1 试画出 $f_1(t)=8\sin\omega t+2\sin3\omega t$ V 和 $f_2(t)=8\sin\omega t-2\sin3\omega t$ V 的波形图。

7-2 若 $u_0=6$V，$u_1=5\sqrt{2}\sin(314t+30°)$ V，$u_2=3\sqrt{2}\sin(942t+50°)$ V，试求 $u=u_0+u_1+u_2$ 的有效值。

7-3 某铁心线圈在正弦电压 $u=220\sqrt{2}\sin314t$ V 作用下的电流 $i=0.85\sin(314t-85°)+0.25\sin(942t-105°)$ A，试求：(1) 电流的有效值；(2) 电路的有功功率；(3) 等效正弦电流。

7-4 设二端网络在关联参考方向下，有 $u=10+141.4\sin\omega t+50\sin(3\omega t+60°)$ V，$i=\sin(\omega t-70°)+0.3\sin(3\omega t+60°)$ A，试求二端网络吸收的功率。

7-5 一非正弦电路，已知电源电压 $u=110+100\sin(\omega t+20°)+30\sin(3\omega t+15°)$ V，流过负载的电流 $i=50\sin(\omega t-45°)+10\sin(3\omega t-60°)+2\sin5\omega t$ A，试求该负载的平均功率。

7-6 图 7-8 所示电路中，已知 $u_s=10+10\sin t+10\sin3t$V，$R=1.2\Omega$，$L=1$H，$C=1$F。试求 i、u_R、u_L、u_C 及它们的有效值。

7-7 图 7-9 所示电路中，已知 $u=10+80\sin(\omega t+30°)+18\sin3\omega t$ V，$R=6\Omega$，$\omega L=$

2Ω，$1/\omega C=18\Omega$。试求电流 i 的解析式，电压表、电流表的读数及功率表的读数。

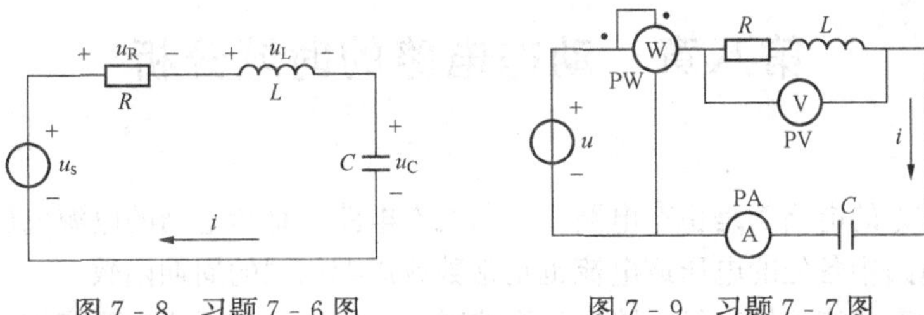

图 7-8 习题 7-6 图　　图 7-9 习题 7-7 图

7-8 一个电阻可以忽略的电感线圈，当接入有效值 $U=100$V 的正弦电压时，线圈的电流有效值 $I=10$A，当该线圈接入有效值 $U=100$V 但其中含有基波（频率与前述正弦电压相同）和 3 次谐波的非正弦电压时，电流有效值 $I'=8$A，求非正弦电压中的 U_1 和 U_3。

7-9 一电阻元件，$R=10\Omega$，接到 $u=100\sqrt{2}\sin\omega t+30\sqrt{2}\sin3\omega t$ V 的非正弦电源上，求电流 i。

7-10 一电感元件，$\omega L=10\Omega$，接到 $u=100\sqrt{2}\sin\omega t+30\sqrt{2}\sin3\omega t$ V 的非正弦电源上，求电流 i。

7-11 一电容元件，$\dfrac{1}{\omega C}=10\Omega$，接到 $u=100\sqrt{2}\sin\omega t+30\sqrt{2}\sin3\omega t$ V 的非正弦电源上，求电流 i。

7-12 RL 串联电路中，已知 $R=15\Omega$，$\omega L=20\Omega$，接到 $u=15+100\sqrt{2}\sin\omega t$ V 的非正弦电源上，求电流 i。

7-13 RC 串联电路中，已知 $R=10\Omega$，$\dfrac{1}{\omega C}=20\Omega$，接到 $u=100\sin\omega t+40\sin2\omega t$ V 的非正弦电源上，求电流 i。

7-14 RC 串联电路中，已知 $R=\dfrac{1}{\omega C}=10\Omega$，接到 $u=10+20\sqrt{2}\sin\omega t$ V 的非正弦电源上，求电流 i。

7-15 RLC 串联电路中，已知 $R=20\Omega$，$\omega L=\dfrac{1}{\omega C}=10\Omega$，接到 $u=100+100\sqrt{2}\sin\omega t+50\sqrt{2}\sin2\omega t$ V 的非正弦电源上，求电流 i 和电容电压 u_C。

7-16 一个 RLC 串联电路，其 $R=11\Omega$，$L=0.015$H，$C=70\mu$F，外加电压为 $u(t)=11+141.4\sin1000t-35.4\sin2000t$ V，求电路的电流 i 和电路消耗的功率。

7-17 RL 串联电路如图 7-10 所示的，若 $R=100\Omega$，$L=1$H，输入电压 $u(t)=20+100\sin\omega t+70\sin3\omega t$ V，设 $\omega=314$rad/s。试求：（1）输出电压 $u_R(t)$；（2）输入电路的平均功率 P。

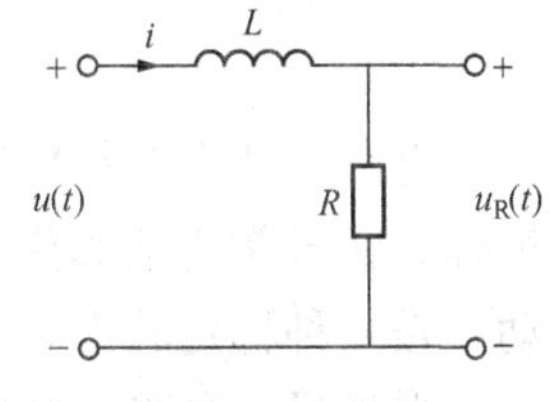

图 7-10 习题 7-17 图

7-18 电感线圈与电容串联，已知外加电压 $u(t)=300\sin\omega t+150\sin3\omega t$ V，电感线圈对基波的复阻抗 $Z=5+\text{j}12\Omega$，电容对基波的容抗 $X_C=30\Omega$，求电路电流瞬时值及有效值。

7-19 一 RL 串联电路中，$R=5\Omega$，$L=20$mH，外加电压 $u=100+50\sin500t+25\sin1500t$ V，求该电路中电阻消耗的功率。

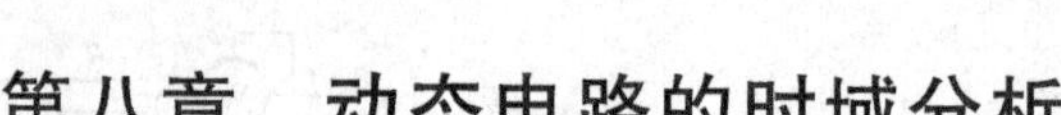

第八章 动态电路的时域分析

前面几章讨论的电路都是稳态电路。所谓稳态电路，是指电路的电源电压或电流是常数或周期函数，电路中各处的电压或电流也是常数或周期相同的周期函数。

当电路中含有储能元件，且电路发生换路时，电路的响应可能也要变为新的数值，转换成新的稳定状态。

电路从一种稳定状态到另一种稳定状态的转变，往往需要经历一个过程才能完成。这个物理过程称为过渡过程。电路的过渡过程一般很短暂，所以过渡过程也称为暂态。它是电气工程人员经常遇到的问题。

分析电路在暂态中的电流、电压的变化规律称为电路的暂态分析。暂态时间虽然短暂，但其变化规律完全不同于稳态。电路某些部分的电流或电压可能是其稳态值的几倍（即所谓的过电压或过电流现象），如果预先没有考虑到这种情况，就可能造成电气设备的损坏。另一方面，暂态的研究还可为人类造福，许多电子设备正是利用暂态过程的规律进行工作的。因此，电路的暂态分析有着重要的实际意义。

在电路的稳态分析中，所有元件的 VCR 均为代数方程，因此，在求解电路的电压或电流时，根据 KCL、KVL 以及元件的 VCR 得到的方程也是代数方程。但在暂态分析中，储能元件的 VCR 需用微分或积分的形式来表示。因此，这时根据 KCL、KVL 以及元件的 VCR 得到的方程是以电压、电流为变量的微分方程。于是，分析电路的暂态可归结为建立和求解微分方程。

按照微分方程求解方法的不同，暂态的分析有两种方法。一种是直接求解微分方程的方法，称为经典法。由于它是以时间作为自变量进行分析，因此又称为时域分析。这种方法能清晰地反映出电路的物理过程，但求解麻烦。另一种是采用某种积分变换求解微分方程的方法，通常是将自变量转换为复频率变量，又称为复频域分析，其特点是将微分方程转化为代数方程，以利于计算，故又称为运算法。运算法对物理过程本质的反映不如经典法明确，但更加适用于用高阶微分方程描述的电路。

本章主要介绍线性电路暂态的时域分析法。通过本章的学习，要求能熟练求解一阶电路的响应，明确时间常数的意义并掌握零输入响应、零状态响应、全响应、稳态分量、暂态分量等重要概念。

第一节 电路的暂态过程

电路的暂态是指电路从一种稳态到另一种新的稳定状态所经历的物理过程，也称为过渡过程。在日常生活和生产实践中经常会碰到这种现象。例如，电风扇与电源接通前静止不动，是一种稳定状态；与电源接通后转速从零逐渐上升，达到某一转速后，以恒定转速转动，则是另一种稳定状态，而电风扇从静止加速到恒定转速的过程就是过渡过程。同样，将稳定旋转的电风扇从电源切除，其转速逐渐下降到零的过程也是一过渡过程。又例如，电容器的充电过程。电路如图 8-1（a）所示，开关 S 闭合前，电路处于一种稳定状态。在这种状态下，电容元件的电压为零（设电容元件未曾充过电），开关闭合后，电路进入稳定状态时，电容元件的电压应为 6V。电容元件的电压从 0 变为 6V，经历了一个过程，这个过程可通过图 8-1（b）所示的实验电路得到验证。将图 8-1（a）中的电阻用灯泡代替后即为图 8-1（b）所示，实验发现，当开关闭合时，电容支路的灯泡在开关闭合瞬间很亮，然后逐渐变暗直至熄灭，说明开关闭合后，电路经历了过渡过程，然后才进入新的稳定状态。过渡过程中电容电压 u_C 的变化规律通过示波器观察，如图 8-1（c）所示。

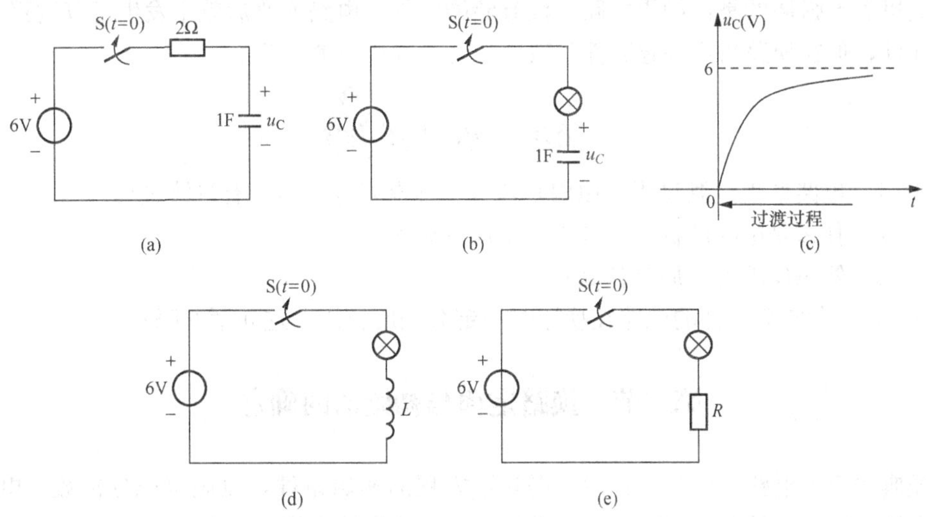

图 8-1　电路的暂态过程

（a）*RC* 串联电路；（b）灯泡与电容串联的电路；（c）u_C 曲线；（d）灯泡与电感串联的电路；（e）灯泡与电阻串联的电路

如果把图 8-1（b）中的电容元件替换为电感元件，如图 8-1（d）所示，实验发现，当开关闭合时，电感支路的灯泡在开关闭合瞬间不亮，然后逐渐变亮，最后亮度稳定不再变化。说明开关闭合后，电路经历了过渡过程然后才进入新的稳定状态。但是，如果替换为电阻元件，如图 8-1（e）所示，当把开关闭合时，电阻支路的灯泡立即发亮，且亮度始终不变，说明电阻支路在开关闭合后没有经历过渡过程，立即进入稳定状态。

比较这一实验中的 3 种情况可见，电路的过渡过程是由于将开关闭合引起的，这是产生过渡过程的外因；但并不是合上开关都要引起过渡过程，如将电容元件替换为电阻元件时，电路中并不产生过渡过程。由此可见，电路中具有储能元件电感或电容，才是产生过渡过程的内因。

一般来说，电路的接通、断开、短路、改接、电路参数或电源的突然变化等，都可能引起过渡过程，这些引起电路过渡过程的外因统称为换路，并认为换路是瞬间完成的。

电路在换路前的稳定状态中，储能元件中储存着一定的能量，由于换路，电路的工作状态发生了变化，因此，电路中各元件要转移和重新分配能量，以建立新的稳定状态。而储能元件的能量是不能跃变的，只能连续变化，或者说能量的改变是需要时间的。因为如果在 $dt=0$ 的时间内，能量变化量为不等于零的 dW，那么功率 $p=dW/dt$ 将等于无穷大，这在实际中是不可能的。以上面的实验为例，如果电容元件的电压从 0 跃变（不需时间，直接从一个值变为另一个值）为6V，则意味着电容元件所储存的电场能量将由0跃变为18J。能量的跃变需要无穷大的功率才能实现，而该电路中的电源不能提供无穷大的功率，所以电容元件所储存的能量不能跃变，因而存在过渡过程。由以上分析可知，电路过渡过程的产生，从本质上讲是由于储能元件的能量不能跃变造成的。它是换路后储能元件的能量变化所经历的过程。

综上所述，由于储能元件的能量不能跃变，因此具有储能元件的电路换路时，一般要经历过渡过程。通常将含有储能元件的电路称为动态电路。由此可见，过渡过程是动态电路所特有的一种现象。

在这里需要强调的是：如果电路中没有储能元件，电路换路后就不发生过渡过程，如果有储能元件，但在换路后不强迫其能量改变，也不发生过渡过程。

思考与练习

8-1-1 电路产生过渡过程的原因是什么？纯电阻电路是否有过渡过程？

8-1-2 什么是电路的稳态？什么是电路的暂态？

8-1-3 暂态反映的实质是什么？

8-1-4 “含储能元件的电路在换路时一定会经历暂态”这句话对吗？

第二节 换路定律与初始值的确定

用经典法求解电路的微分方程时，需知道方程的初始条件，以确定积分常数。电路中，用换路定律得到的初始条件来决定积分常数，以下从换路定律开始介绍。

一、换路定律

储能元件所储存的能量不能跃变，当然在换路瞬间也成立，即储能元件在换路前最后一瞬间的能量应与换路后最初一瞬间的能量相等。这一规律反映到电路的物理量上，便是所谓的换路定律。

电容为C、电压为u_C的电容元件，其电场能量为$W_C=\frac{1}{2}Cu_C^2$。换路瞬间，由于电容中的电场能量不能跃变，因此电容上的电压不能跃变。也就是说，电容元件在换路前最后一瞬间的电压与换路后的最初一瞬间的电压相等。

电感为L、电流为i_L的电感元件，其磁场能量为$W_L=\frac{1}{2}Li_L^2$。换路瞬间，由于电感中的磁场能量不能跃变，因此电感中的电流不能跃变。也就是说，电感元件在换路前最后一瞬间的电流与换路后的最初一瞬间的电流相等。

综上所述，换路瞬间，电感中的电流及电容两端的电压不能跃变，这一规律称为换路定律。

为了方便，一般把换路瞬间作为计时起点，即认为在$t=0$时换路，并把换路前最后一瞬间记作$t=0_-$，换路后最初一瞬间记为$t=0_+$，由于前面假设换路是瞬间完成的，因此，“0_-”和“0_+”在数值上都等于零，不过前者是t由负值趋近于零的极限，后者是t由正值趋近于零的极限。于是，换路定律可以表示为

$$u_C(0_+)=u_C(0_-) \tag{8-1}$$

$$i_L(0_+)=i_L(0_-) \tag{8-2}$$

式（8-1）和式（8-2）就是换路定律的数学表达式。其中，$u_C(0_+)$、$i_L(0_+)$ 分别称为电容电压、电感电流的初始值。根据换路定律，由换路前 u_C 和 i_L 的最终值，可求出它们在换路后的初始值，从而确定积分常数。

换路定律只说明与储能元件的储能有直接联系的 u_C 和 i_L 在换路瞬间不能跃变，其余电压、电流是可以跃变的，如电容元件的电流 i_C、电感元件的电压 u_L 都可以跃变。因为它们的跃变并不使得电容或电感中的储能跃变。此外，电阻元件的电压和电流 u_R、i_R 也都可以跃变，因为它是耗能元件，不是储能元件。

二、初始值的确定

电路中各电压、电流在换路后最初一瞬间（$t=0_+$）的值称为初始值。

电容元件的电压初始值 $u_C(0_+)$ 及电感元件的电流的初始值 $i_L(0_+)$，可根据换路定律确定。其余的电压、电流由于在换路瞬间可能跃变，因此它们的初始值需在 $t=0_+$ 时刻的电路中，根据 $u_C(0_+)$ 及 $i_L(0_+)$ 并应用 KCL、KVL 及欧姆定律来确定。由于 $u_C(0_+)$、$i_L(0_+)$ 与 $t=0_+$ 时刻电路无关，因此，$u_C(0_+)$、$i_L(0_+)$ 称为独立初始值，其余各初始值称为相关初始值。确定初始值的具体步骤如下：

（1）由换路前 $t=0_-$ 时刻的电路求 $u_C(0_-)$ 和 $i_L(0_-)$。注意：在 $t=0_-$ 时刻电路为稳定状态，当直流电路处于稳态时，电容相当于开路，而电感相当于短路。

（2）根据换路定律得出电容电压和电感电流的初始值 $u_C(0_+)$、$i_L(0_+)$。

（3）画出 $t=0_+$ 时的等效电路求相关初始值。等效电路这样得到：电容用电压为 $|u_C(0_+)|$ 的理想电压源替代，电感用电流为 $|i_L(0_+)|$ 的理想电流源替代，方向与 $t=0_-$ 时刻电容电压、电感电流方向相同。

【例 8-1】 图 8-2（a）所示电路中，直流电压源的电压 $U_s=10V$，$R_1=5\Omega$，$R_2=3\Omega$，开关 S 合上前电容电压 u_C 为零。在 $t=0$ 时合上开关 S，试求各电流、电压的初始值。

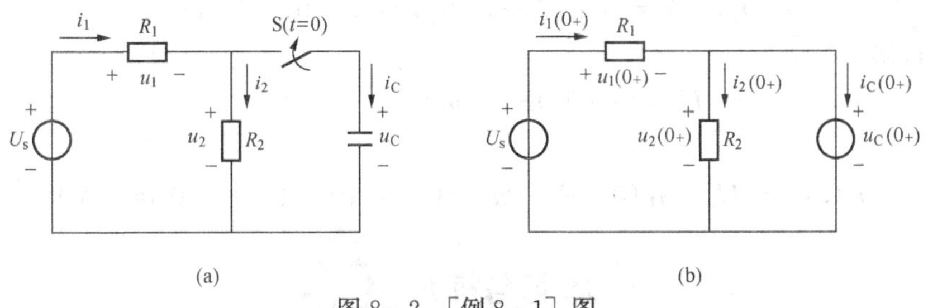

图 8-2 ［例 8-1］图

（a）电路图；（b）$t=0_+$ 时的等效电路图

解　（1）求独立初始值 $u_C(0_+)$。因为开关 S 合上前 u_C 为零，因此 $u_C(0_-)=0$，根据换路定律得

$$u_C(0_+)=u_C(0_-)=0$$

（2）画出 $t=0_+$ 时的等效电路，如图 8-2（b）所示，求相关初始值得

$$u_2(0_+)=u_C(0_+)=0$$

$$i_2(0_+)=\frac{u_2(0_+)}{R_2}=\frac{0}{3}=0$$

$$u_1(0_+)=U_s=10V$$

$$i_1(0_+) = \frac{u_1(0_+)}{R_1} = \frac{10}{5} = 2(\text{A})$$

$$i_C(0_+) = i_1(0_+) - i_2(0_+) = 2 - 0 = 2(\text{A})$$

【例 8-2】 图 8-3（a）所示电路中，已知 $U_s=10\text{V}$，$R_1=6\Omega$，$R_2=4\Omega$，$L=2\text{mH}$，电路原已处于稳态。在 $t=0$ 时将开关 S 闭合。试求各支路电流及电感电压的初始值。

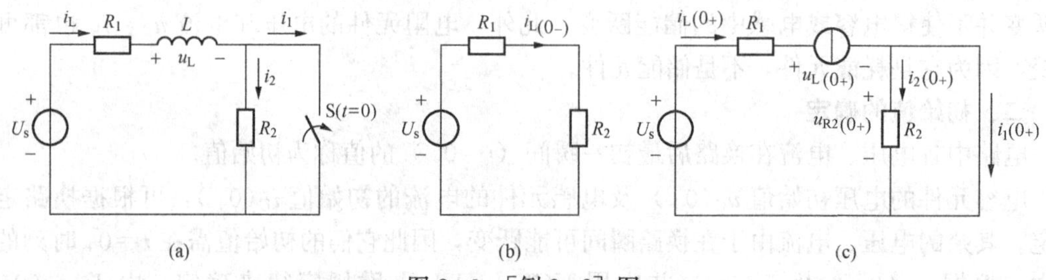

图 8-3 ［例 8-2］图

（a）电路图；（b）$t=0_-$ 时的等效电路图；（c）$t=0_+$ 时的等效电路图

解 （1）求 $i_L(0_-)$。换路前 $t=0_-$ 时的等效电路如图 8-3（b）所示。由图可得换路前的电感电流为

$$i_L(0_-) = \frac{U_s}{R_1 + R_2} = \frac{10}{6+4} = 1(\text{A})$$

（2）根据换路定律可得电感电流的初始值 $i_L(0_+) = i_L(0_-) = 1\text{A}$。

（3）画出 $t=0_+$ 时的等效电路，如图 8-3（c）所示，求相关初始值。$t=0_+$ 时电感可等效为一个理想电流源，如图 8-3（c）所示。由图可得

$$i_2(0_+) = \frac{u_{R2}(0_+)}{R_2} = 0$$

$$i_1(0_+) = i_L(0_+) - i_2(0_+) = 1 - 0 = 1(\text{A})$$

由 KVL 得

$$U_s = i_L(0_+)R_1 + u_L(0_+) + u_{R2}(0_+)$$

所以

$$u_L(0_+) = U_s - i_L(0_+)R_1 - u_{R2}(0_+) = 10 - 1 \times 6 - 0 = 4(\text{V})$$

8-2-1　什么是换路定律？

8-2-2　如何画 $t=0_+$ 时的等效电路？试画出图 8-4 在 $t=0_+$ 时的等效电路。

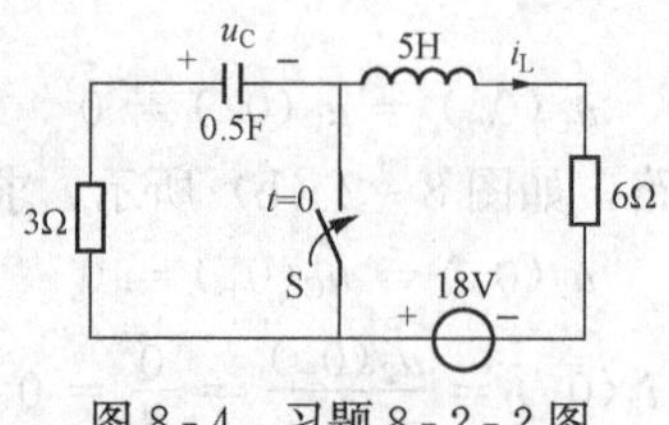

图 8-4　习题 8-2-2 图

8-2-3　如何确定独立初始值和相关初始值？

第三节　一阶电路的零输入响应

可用一阶微分方程描述的电路称为一阶电路；从电路结构来看，只包含一个独立的储能元件的电路为一阶电路。如果引入等效的概念，若电路中包含几个电容元件，但经化简后可等效为一个电容元件，即一个储能元件的电路皆为一阶电路。

零输入响应就是含储能元件的电路在没有外施激励时，仅由储能元件的初始储能引起的响应。本节讨论一阶电路的零输入响应。

一、*RC* 串联电路的零输入响应

在图 8-5 所示电路中，电容在开关 S 接通前已充电至电压 U_0，即 $u_C(0_-)=U_0$。$t=0$ 时开关 S 闭合，则已充好电的电容 C 与电阻连接，如图 8-5（b）所示，电容通过电阻放电。由于此时已没有外界能量输入，只靠电容中的储能在电路中产生响应，因此这种响应为零输入响应。下面先求出各响应随时间的变化规律。

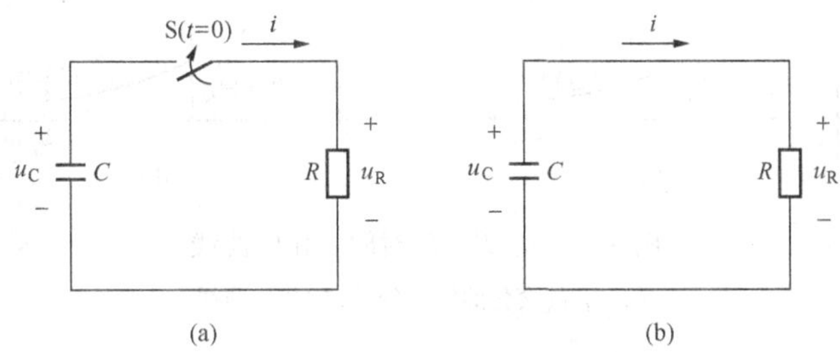

图 8-5　*RC* 串联电路的零输入响应

（a）电路图；（b）换路后的电路图

1. 放电过程中各电压、电流的变化规律

选择各物理量参考方向如图 8-5（b）所示，由 KVL 得换路后的电路方程为

$$u_R-u_C=0$$

将电阻、电容元件的电压电流关系式 $u_R=Ri$，$i=-C\dfrac{du_C}{dt}$代入上式，得

$$RC\frac{du_C}{dt}+u_C=0\quad(t\geqslant 0)\tag{8-3}$$

这就是决定 *RC* 串联电路零输入响应 $u_C(t)$ 的方程，解此方程即可得到 $u_C(t)$。下面求解$u_C(t)$。式（8-3）为一阶线性齐次微分方程，它的通解为

$$u_C(t)=Ae^{pt}$$

式中：A 为待定常数，p 为特征根。将 $u_C(t)=Ae^{pt}$代入式（8-3），得特征方程

$$RCp+1=0$$

解得特征根为

$$p=-\frac{1}{RC}$$

所以

$$u_C(t)=Ae^{-\frac{t}{RC}}\quad(t\geqslant 0)\tag{8-4}$$

积分常数 A 由电路的初始条件确定。令式（8 - 4）中的 $t=0_+$，得

$$u_C(0_+)=Ae^0=A$$

将初始条件代入 $u_C(0_+)=u_C(0_-)=U_0$，得

$$A=U_0$$

最后得到电容电压为

$$u_C(t)=U_0e^{-\frac{t}{RC}} \quad (t\geqslant 0) \tag{8-5}$$

并得电流及电阻电压为

$$i(t)=-C\frac{du_C}{dt}=\frac{U_0}{R}e^{-\frac{t}{RC}} \quad (t\geqslant 0_+) \tag{8-6}$$

$$u_R(t)=u_C(t)=U_0e^{-\frac{t}{RC}} \quad (t\geqslant 0_+) \tag{8-7}$$

u_C、i 随时间变化的曲线如图 8 - 6（a）和图 8 - 6（b）所示。

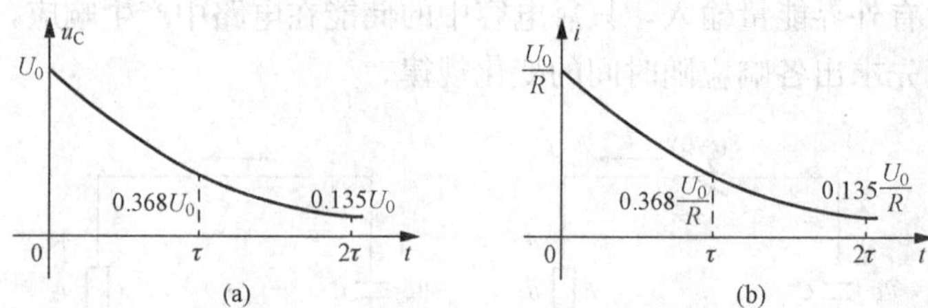

图 8 - 6　u_C 及 i 随时间变化的曲线

（a）u_C 的变化曲线；（b）i 的变化曲线

2. 物理过程分析

由 u_C 曲线可知，换路后电容电压从初始值 U_0 逐渐下降，最后趋于零，电容的储能逐渐减少，因此开关 S 闭合后电路所经历的过程为电容对电阻放电的过程。电容对电阻放电时，u_C、u_R、i 都按指数规律变化，随着时间的增长而逐渐衰减为零。开始放电时，电流最大，其大小为 U_0/R。在放电过程中，电容不断放出能量为电阻所消耗，最后，原来储存在电容中的电场能量全部为电阻吸收而转换成热能。

3. 时间常数

由式（8 - 5）～式（8 - 7）可知，电压和电流衰减的快慢取决于指数中 $1/RC$ 的大小。由于 $p=-\frac{1}{RC}$，即电路特征方程的特征根，仅取决于电路的结构和元件参数。当电阻的单位为欧姆（Ω）、电容的单位为法拉（F）时，乘积 RC 的单位为秒（s），因此，称它为 RC 电路的时间常数，用 τ 来表示，即

$$\tau=RC \tag{8-8}$$

引入时间常数后，各响应可表示为

$$u_C(t)=U_0e^{-\frac{t}{\tau}} \quad (t\geqslant 0) \tag{8-9}$$

$$i(t)=\frac{U_0}{R}e^{-\frac{t}{\tau}} \quad (t\geqslant 0_+) \tag{8-10}$$

$$u_R(t)=u_C(t)=U_0e^{-\frac{t}{\tau}} \quad (t\geqslant 0_+) \tag{8-11}$$

τ 的大小反映了一阶电路过渡过程的进展速度，是描述过渡过程特性的一个重要的量。

下面以 $u_C(t)$ 为例说明时间常数 τ 的意义。开始放电时 $u_C=U_0$，经过一个 τ 的时间，u_C 衰减为 $U_0e^{-1}=0.368U_0$。

所以，τ 的意义就是按指数规律衰减的量衰减到它的初始值的 36.8%时所需的时间。

由式（8-9）可知，当 $t\to\infty$ 时，u_C 才衰减为零，所以理论上放电要经历无限长时间才结束，但实际上，只需经历 5τ 的时间就可以认为电路已经达到稳态。

由表 8-1 可以看出，当 $t=5\tau$ 时，$u_C(5\tau)=U_0e^{-5}=0.007U_0=0.7\%U_0$，即电容上电压已下降为初始值的 0.7%，过渡过程基本结束。所以，电路的时间常数 τ 决定了放电的快慢。时间常数越大，衰减越慢，放电持续的时间越长。

表 8-1　　时间常数的物理意义

t	0	τ	2τ	3τ	4τ	5τ
$e^{-\frac{t}{\tau}}$	e^0	e^{-1}	e^{-2}	e^{-3}	e^{-4}	e^{-5}
$u_C=U_0e^{-\frac{t}{\tau}}$	U_0	$0.368U_0$	$0.135U_0$	$0.05U_0$	$0.018U_0$	$0.007U_0$

在实际电路中，由于 τ 的数值一般不大，因此过渡过程是非常短暂的。例如，$R=100\Omega$，$C=100\mu F$ 时，$\tau=RC=100\times100\times10^{-6}=0.01s$。

RC 串联电路的时间常数与电路的 R 和 C 均成正比。当电容电压初始值 U_0 一定时，电容 C 越大，电容储存的电场能量越多，放电所需时间也越长，所以 τ 与 C 成正比；而电阻 R 越大，放电电流越小，越限制电荷的流动和能量的释放，放电所需时间越长，所以 τ 又与 R 成正比。

实际电路中，适当选择 R 或 C 就可改变电路的时间常数，以控制放电的快慢。图 8-7 所示为 RC 串联电路（电容电压初始值 U_0 相同）在 3 种不同 τ 值下电压 u_C 随时间变化的曲线，其中 $\tau_3>\tau_2>\tau_1$。显然，具有时间常数 τ_3 的电路放电最慢，具有时间常数 τ_1 的电路放电最快。

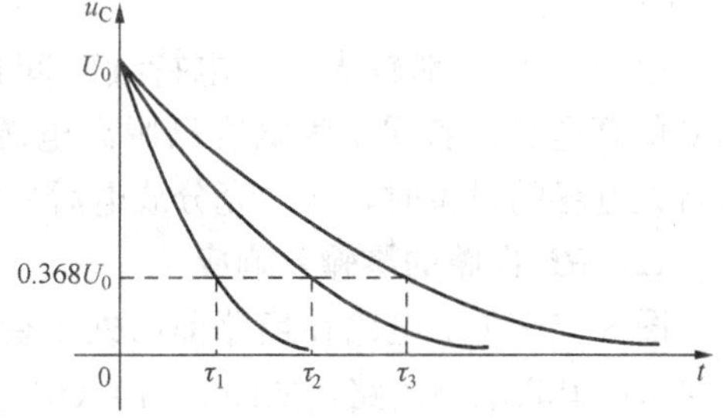

图 8-7　不同 τ 值下的 u_C 曲线

【例 8-3】 图 8-8 所示电路中，开关 S 长期接在位置 1 上，如在 $t=0$ 时把它接到位置 2，试求电容电压 u_C 及放电电流 i 的表达式。

解　换路前电容相当于开路，电容电压等于电流源在 2kΩ 电阻上产生的电压。根据换路定律得

$$u_C(0_+)=u_C(0_-)=3\times10^{-3}\times2\times10^3=6(\mathrm{V})$$

换路后电路的时间常数为

$$\tau=RC=3\times10^3\times1\times10^{-6}=0.003(\mathrm{s})$$

所以

$$u_C(t)=U_0e^{-\frac{t}{\tau}}=6e^{-\frac{t}{0.003}}=6e^{-333t}\quad(\mathrm{V})$$

$$i(t)=\frac{U_0}{R}e^{-\frac{t}{\tau}}=\frac{6}{3}e^{-\frac{t}{0.003}}=2e^{-333t}\quad(\mathrm{mA})$$

【例 8-4】 一组 $40\mu F$ 的电容器，从高压电网上切除，在切断瞬间，电容的电压为 3.5kV，即 $u_C(0_-)=3.5kV$。切除后，电容器经本身的漏电阻 R_s 放电，其等效电路如图 8-9所示，若测得 $R_s=100M\Omega$，则电压下降到 1kV 需多长时间？

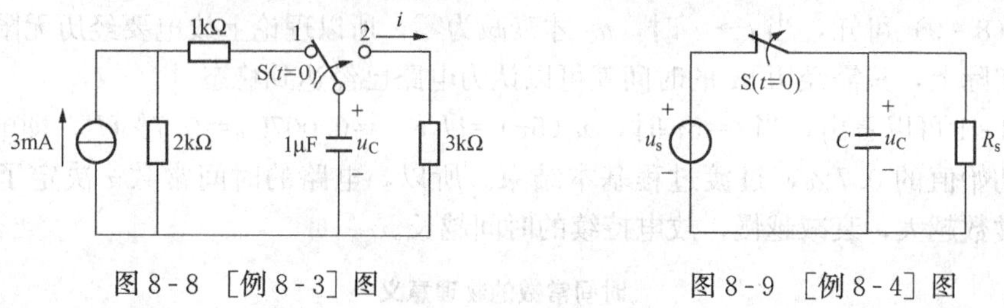

图 8-8 ［例 8-3］图　　　　图 8-9 ［例 8-4］图

解 电容经电阻放电时，电容端电压衰减的规律为 $u_C(t)=u_C(0_+)e^{-\frac{t}{\tau}}$。

根据换路定律，有

$$u_C(0_+)=u_C(0_-)=3.5kV$$

而时间常数

$$\tau=R_sC=100\times10^6\times40\times10^{-6}=4000(s)$$

所以

$$u_C(t)=u_C(0_+)e^{-\frac{t}{\tau}}=3.5e^{-\frac{t}{4000}}\ kV$$

在上式中，令 $u_C=1kV$，则有 $1=3.5e^{-\frac{t}{4000}}$，从而解得 $t=4000\ln3.5=5011s=1$ 小时 23 分 31 秒。

由于 R 和 C 都较大，放电持续时间长，因此电容器从电路断开后，经过约 1h，仍有 1kV 的高电压。若误认为电容已脱离电源而人体可与之接触是非常危险的。因此，在检修具有大电容的设备时，必须充分放电后才能工作。

二、*RL* 电路的零输入响应

图 8-10 所示电路在换路前已处于稳态，电感 L 的电流为 I_0，开关 S 在 $t=0$ 时闭合，它将 RL 串联电路短路，如图 8-10（b）所示。由于此时已没有外界能量输入，只靠电感中的储能在电路中产生响应，因此这种响应为零输入响应。下面先求各响应随时间的变化规律。

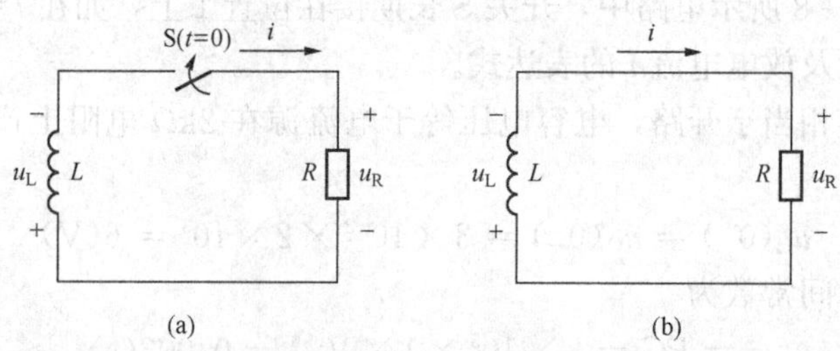

图 8-10 *RL* 串联电路的零输入响应

（a）电路图；（b）换路后的电路图

1. 换路后各电压、电流的变化规律

选择各物理量的参考方向如图 8-10（b）所示，由 KVL 得换路后的电路方程为

$$u_L+u_R=0$$

将电感、电阻的电压电流关系式 $u_L=L\frac{di_L}{dt}$，$u_R=Ri$ 代入上式，得

$$L\frac{di_L}{dt}+Ri_L=0 \quad (t\geqslant 0) \tag{8-12}$$

这就是决定 RL 串联电路零输入响应 $i_L(t)$ 的方程，解此方程即可得到 $i_L(t)$。接下来求 $i_L(t)$。

式（8-12）是一阶线性齐次微分方程，它的通解为

$$i_L(t)=Ae^{pt}$$

式中：A 为待定常数，p 为特征方程 $Lp+R=0$ 的特征根，由特征方程解得特征根为 $p=-\frac{R}{L}$，所以

$$i_L(t)=Ae^{-\frac{R}{L}t} \quad (t\geqslant 0) \tag{8-13}$$

积分常数 A 由电路初始条件

$$i_L(0_+)=i_L(0_-)=I_0$$

确定。令式（8-13）中的 $t=0_+$，并将初始条件代入，得

$$i_L(0_+)=Ae^0=A=I_0$$

从而得到电感电流

$$i_L(t)=I_0e^{-\frac{R}{L}t} \quad (t\geqslant 0) \tag{8-14}$$

并得

$$u_L=L\frac{di_L}{dt}=-RI_0e^{-\frac{R}{L}t} \quad (t\geqslant 0_+) \tag{8-15}$$

$$u_R=Ri=RI_0e^{-\frac{R}{L}t} \quad (t\geqslant 0_+) \tag{8-16}$$

电流 i_L 及电压 u_L、u_R 随时间变化的曲线如图 8-11 所示。

2. 物理过程分析

由图 8-11 可看出，电感电流从初始值 I_0 开始下降，即电感中储存的磁场能量逐渐减小，因此，RL 串联电路短接后的过渡过程就是电感中磁场能量不断释放的过程，即电感元件的灭磁过程。在这一过程中，电感不断释放能量为电阻所消耗，直至电感中所储存的磁场能量被电阻耗尽为止。

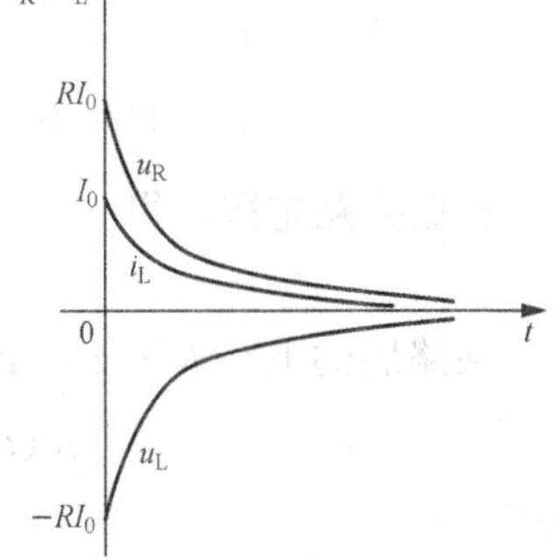

图 8-11　i_L、u_L 及 u_R 随时间变化的曲线

3. 时间常数

在式（8-14）～式（8-16）中，令 $\tau=\frac{L}{R}$，则有

$$i_L(t)=I_0e^{-\frac{t}{\tau}} \quad (t\geqslant 0) \tag{8-17}$$

$$u_L=L\frac{di_L}{dt}=-RI_0e^{-\frac{t}{\tau}} \quad (t\geqslant 0_+) \tag{8-18}$$

$$u_R=Ri=RI_0e^{-\frac{t}{\tau}} \quad (t\geqslant 0_+) \tag{8-19}$$

采用 SI 单位制时，有

$$[\tau]=\frac{[L]}{[R]}=\frac{\mathrm{H}}{\Omega}=\frac{\Omega\cdot\mathrm{s}}{\Omega}=\mathrm{s}$$

与时间单位相同，与电路的初始情况无关，所以将 $\tau=L/R$ 称为 RL 电路的时间常数。

RL 串联电路的零输入响应衰减的快慢同样可用时间常数 τ 反映。τ 与电路的 L 成正比，而与 R 成反比。在相同的初始电流 I_0 下，L 越大，则储存的磁场能量也就越多，释放储能所需时间越长，所以 τ 与 L 成正比。相同的 I_0 及 L 的情况下，R 越大，消耗能量越快，放电时间越短，所以 τ 与 R 成反比。

从以上求得的 RC 和 RL 串联电路的零输入响应，可得出以下结论：

(1) RC 及 RL 串联电路的零输入响应的一般表达式为

$$f(t)=f(0_+)\mathrm{e}^{-\frac{t}{\tau}}\quad(t\geqslant 0_+) \tag{8-20}$$

式中：$f(t)$ 代表电压或电流；$f(0_+)$ 代表电压或电流的初始值。

(2) 由式（8-20）可知：一阶电路的零输入响应取决于响应的初始值和电路的时间常数 τ。因此，在求解这一响应时首先要求出响应的初始值，至于时间常数 τ，对于 RC 串联电路，$\tau=RC$；对于 RL 串联电路，$\tau=L/R$。同一个电路，时间常数相同。

(3) 一阶电路的零输入响应都是随时间按指数规律衰减到零的，这反映了在没有电源作用的情况下，储能元件的初始储能逐渐被电阻消耗掉的物理过程。电容电压或电感电流从一定值减小至零的过程就是相应电路的过渡过程。

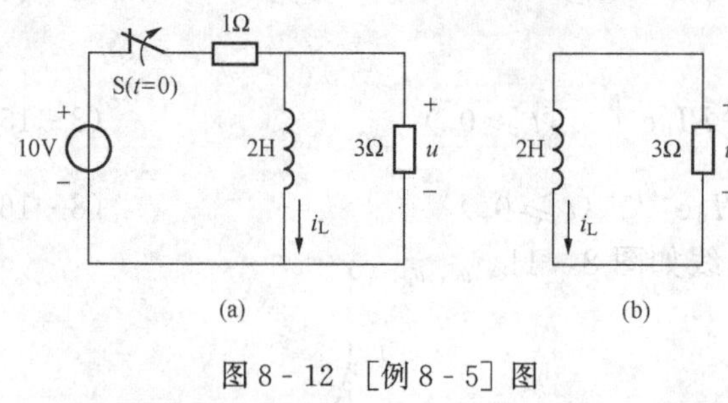

图 8-12 ［例 8-5］图

【例 8-5】 电路如图 8-12 所示，电路原已稳定，$t=0$ 时将开关 S 打开，求开关 S 打开后电感中电流 $i_L(t)$ 及电阻电压 $u(t)$。

解 换路前电路为直流激励且已达到稳态，因此电感相当于短路，从而得

$$i_L(0_-)=\frac{10}{1}=10(\mathrm{A})$$

根据换路定律，得

$$i_L(0_+)=i_L(0_-)=10\mathrm{A}$$

换路后的电路如图 8-12（b）所示。显然，要求的是 RL 串联电路的零输入响应，因此

$$i_L(t)=i_L(0_+)\mathrm{e}^{-\frac{t}{\tau}}=10\mathrm{e}^{-\frac{t}{\tau}}\quad\mathrm{A}\quad(t\geqslant 0)$$

其中

$$\tau=\frac{L}{R}=\frac{2}{3}\mathrm{s}$$

所以

$$i_L(t)=i_L(0_+)\mathrm{e}^{-\frac{t}{\tau}}=10\mathrm{e}^{-1.5t}\quad\mathrm{A}\quad(t\geqslant 0)$$

电阻上的电压为

$$u(t)=-Ri_L(t)=-30\mathrm{e}^{-1.5t}\quad\mathrm{V}\quad(t\geqslant 0_+)$$

【例 8-6】 图 8-13 所示为汽轮发电机的励磁回路，已知励磁绕组的电阻 $R=1.4\Omega$，电感 $L=8.4\mathrm{H}$，直流电源电压 $U=350\mathrm{V}$。当断开开关 S1 时，为了加速励磁绕组的灭磁，同时闭合开关 S2，接入电阻 R_m，且 $R_m=5.6\Omega$。求换路瞬间励磁绕组的电压及电压降到 25V 所

需的时间。

解　设换路时刻为 $t=0$，换路后电流 i_L 所经路径的电阻为 $R+R_m$，所以电路的时间常数

$$\tau=\frac{L}{R+R_m}=\frac{8.4}{1.4+5.6}=1.2(\mathrm{s})$$

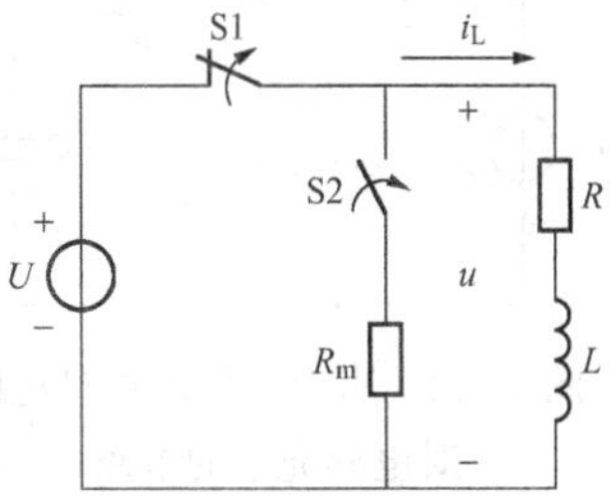

换路前电路已处于稳态，因此电感相当于短路，由此得

$$i_L(0_-)=\frac{U}{R}=\frac{350}{1.4}=250(\mathrm{A})$$

图 8-13 ［例 8-6］图

根据换路定律有

$$i_L(0_+)=i_L(0_-)=250\mathrm{A}$$

所以，换路后电感电流的变化规律为

$$i_L(t)=i_L(0_+)\mathrm{e}^{-\frac{t}{\tau}}=250\mathrm{e}^{-\frac{t}{1.2}}\ \mathrm{A}$$

励磁绕组上的电压即 R_m 两端的电压为

$$u(t)=-R_m i_L(t)=-R_m i_L(0_+)\mathrm{e}^{-\frac{t}{\tau}}=-5.6\times250\mathrm{e}^{-\frac{t}{1.2}}=-1400\mathrm{e}^{-\frac{t}{1.2}}\quad(\mathrm{V})$$

可见，换路瞬间励磁绕组两端的电压由原来的 350V 跃变为 −1400V。上式中令 $u(t)=-25\mathrm{V}$，即可算出电压降到 25V 所需的时间为

$$-25=-1400\mathrm{e}^{-\frac{t}{1.2}}$$

从而得

$$t=1.2\times\ln\frac{1400}{25}=4.83(\mathrm{s})$$

将电感从直流电源断开时必须考虑磁场能量的释放，最简单的方法是并联一电阻（称为灭磁电阻）。并联的电阻越小，则换路瞬间绕组的电压越低；但并联的电阻也不宜过小，否则过渡过程持续时间过长，不能很快灭磁。

8-3-1　时间常数的大小对电路的响应有什么影响？

8-3-2　一个 $C=100\mu\mathrm{F}$ 的电容器，储有 1C 的电量，通过 $R=50\Omega$ 的电阻放电。试求：(1) 放电电流的最大值；(2) 放电 10ms 时的电容电压和电流分别为多少？

第四节　一阶电路的零状态响应

零状态响应就是电路在零初始状态下（储能元件的初始储能为零）仅由外施激励引起的响应。本节讨论一阶电路的零状态响应。

一、*RC* 串联电路在直流激励下的零状态响应

直流电压源通过电阻对电容充电的电路如图 8-14 所示，设开关 S 闭合前电容 C 未充电，故为零状态。$t=0$ 时开关闭合，下面先求出换路后电路中的响应。

1. 换路后各响应的变化规律

列换路后的电路方程，由 KVL 得

$$u_R+u_C=U_s$$

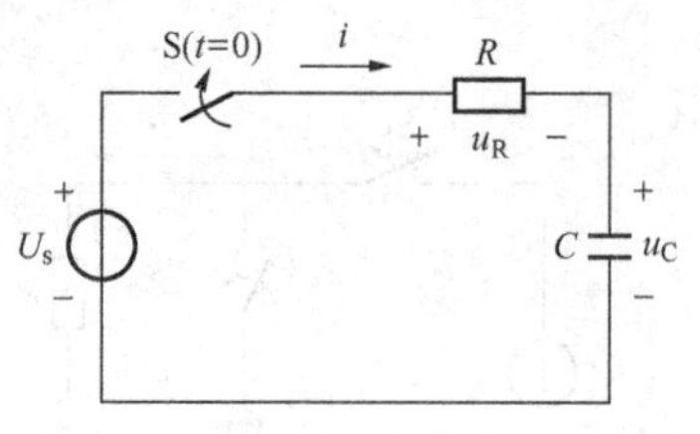

图 8-14　直流电压源通过电阻对电容充电的电路

将 $u_R=Ri$、$i=C\dfrac{du_C}{dt}$代入上式，得

$$RC\frac{du_C}{dt}+u_C=U_s\quad(t\geqslant 0)\tag{8-21}$$

此方程为一阶线性非齐次微分方程，其解由两部分组成，即

$$u_C=u'_C+u''_C$$

其中，u'_C为方程的特解，这里取

$$u'_C=U_s$$

而 u''_C为与式（8-21）对应的齐次方程

$$RC\frac{du_C}{dt}+u_C=0$$

的通解。由上节零输入响应的求解可知，其解为

$$u''_C=Ae^{-\frac{t}{\tau}}$$

其中，$\tau=RC$，A 为待定积分常数。这样，电容电压的解为

$$u_C=u'_C+u''_C=U_s+Ae^{-\frac{t}{\tau}}$$

代入初始条件 $u_C(0_+)=u_C(0_-)=0$，得

$$0=U_s+A$$

所以

$$A=-U_s$$

最后解得

$$u_C=U_s-U_se^{-\frac{t}{\tau}}=U_s(1-e^{-\frac{t}{\tau}})\quad(t\geqslant 0)\tag{8-22}$$

并得

$$u_R=U_s-u_C=U_se^{-\frac{t}{\tau}}\quad(t\geqslant 0_+)\tag{8-23}$$

$$i=\frac{u_R}{R}=\frac{U_s}{R}e^{-\frac{t}{\tau}}\quad(t\geqslant 0_+)\tag{8-24}$$

u_C 和 i 的波形如图 8-15 所示。u_R 的波形与 i 相似，故图中未画出。电压 u_C 的两个分量 u'_C和 u''_C也示于图 8-15 中。由图可见，u_C 以指数形式趋近于它的最终恒定值 U_s，到达该值后，电压和电流不再变化，电容相当于开路，电流为零。此时电路达到稳定状态，所以在这种情况下，特解$u'_C(=U_s)$称为稳态分量。同时可看出，u'_C与外施激励有关，所以又称为强制分量。齐次方程的通解 u''_C则由于其变化规律取决于特征根而与外施激励无关，所以称为自由分量。自由分量按指数规律衰减，最终趋于零，所以又称为暂态分量。对电流 i 可作类似解释，其稳态分量 $i'=0$，而暂态分量 $i''=i=\dfrac{U_s}{R}e^{-\frac{t}{\tau}}$。

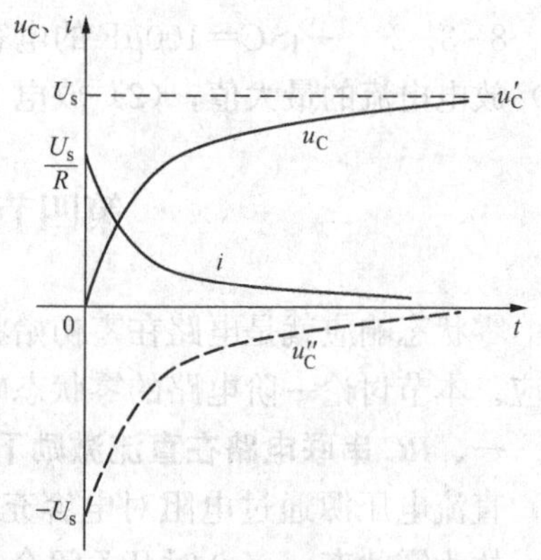

图 8-15　u_C 和 i 随时间变化的曲线

2. 物理过程分析

由 u_C 随时间的变化曲线可看出：换路后电容电压按指数规律逐渐增长，相应地，储能逐渐增加，最后电容电压趋于直流电压源的电压 U_s。因此，换路后的过渡过程为电源通过电阻对电容充电的过程。在充电过程中，电源供给的能量，一部分转换为电场能量储存在电容中，另一部分则被电阻消耗掉。

3. 时间常数 τ

由式（8 - 22）～式（8 - 24）可知，充电过程中各响应增长或衰减的快慢由时间常数 $\tau=RC$ 决定。

$t=\tau$ 时，电容电压增长为 $u_C=(1-e^{-1})U_s=0.632U_s$；$t=5\tau$ 时，$u_C=0.993U_s$，可以认为充电已经结束。时间常数越大，自由分量衰减越慢，充电持续时间越长。

【例 8 - 7】 电路如图 8 - 16 所示，已知 $U_s=100$V，$R=1\text{k}\Omega$，$C=2\mu$F，电容原来未充过电，$t=0$ 时将开关 S 闭合。试求：(1) 电路的时间常数；(2) 电容上的电压 u_C 及电流 i；(3) 最大充电电流；(4) 画出 u_C 和 i 随时间变化的曲线；(5) 开关闭合后，何时充电到 $u_C=\frac{1}{2}U_s$？

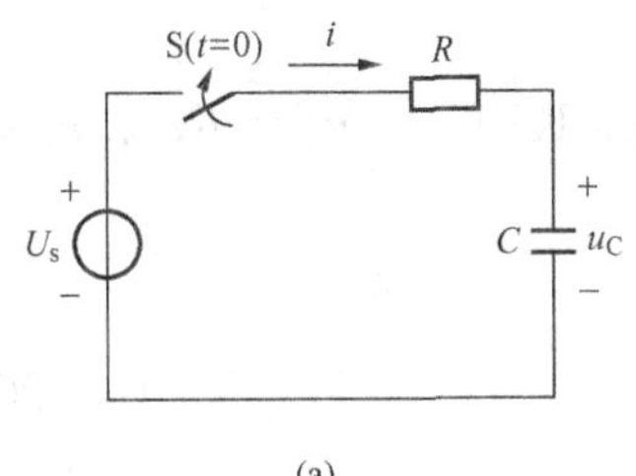

(a)

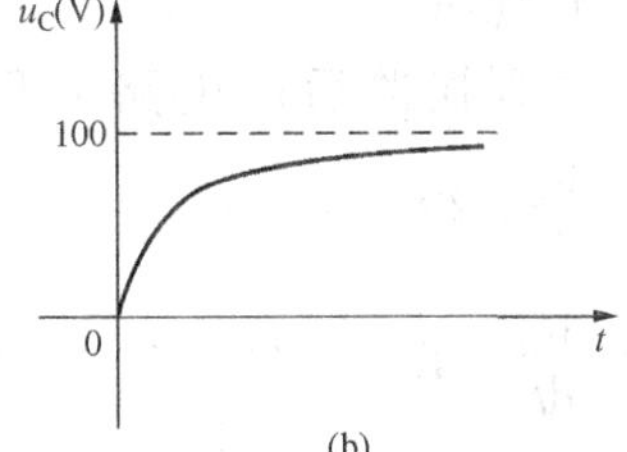

(b)

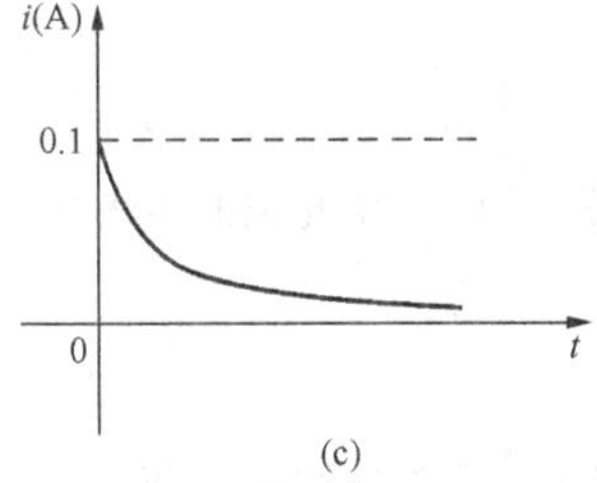

(c)

图 8 - 16　[例 8 - 7] 图

(a) 电路图；(b) u_C 的变化曲线；(c) i 的变化曲线

解　(1) 电路的时间常数为

$$\tau=RC=10^3\times2\times10^{-6}=2(\text{ms})$$

(2) 电容上的电压 u_C 及电流 i。电容电压的稳态分量为

$$u'_C=U_s=100\text{V}$$

暂态分量为

$$u''_C=Ae^{-500t}$$

所以

$$u_C=u'_C+u''_C=U_s+Ae^{-500t}=100+Ae^{-500t}$$

代入初始条件 $u_C(0_+)=u_C(0_-)=0$，得

$$0=100+A$$

所以

$$A=-100$$

最后解得

$$u_C=100(1-e^{-500t})\ \text{V}\quad(t\geqslant0)$$

电路中电流为

$$i = C\frac{du_C}{dt} = 2\times10^{-6}\times100\times500e^{-500t} = 0.1e^{-500t}\ (A)\quad (t\geqslant 0_+)$$

（3）充电开始时，电流最大，因此最大充电电流

$$i_{max} = i(0_+) = 0.1A$$

（4）u_C 和 i 随时间变化的曲线如图 8 - 16（b）和图 8 - 16（c）所示。

（5）令 $u_C=100(1-e^{-500t})=\frac{1}{2}U_s=50$，可得

$$e^{-5\times10^2 t} = \frac{1}{2}$$

所以

$$t = 1.39ms$$

即当开关闭合后，经 1.39ms 后电容电压即可达到$\frac{1}{2}U_s$。

二、*RL* 串联电路在直流激励下的零状态响应

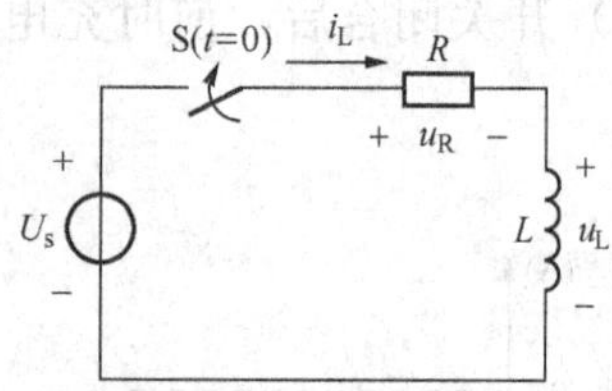

图 8 - 17　*RL* 电路的零状态响应

图 8 - 17 中，$t=0$ 时开关 S 闭合，开关闭合前电感 L 中无电流，为零状态。下面先求出换路后电路中电压及电流的变化规律。

列换路后的电路方程，由 KVL 及 $u_R=Ri_L$、$u_L=L\frac{di_L}{dt}$，得

$$L\frac{di_L}{dt}+Ri_L=U_s\quad (t\geqslant 0) \tag{8-25}$$

其解由两部分组成，即

$$i_L = i'_L + i''_L$$

其中，稳态分量

$$i'_L = \frac{U_s}{R}$$

暂态分量

$$i''_L = Ae^{-\frac{t}{\tau}}$$

式中：$\tau=L/R$，为时间常数。所以

$$i_L = i'_L + i''_L = \frac{U_s}{R} + Ae^{-\frac{t}{\tau}}$$

代入初始条件 $i_L(0_+)=i_L(0_-)=0$，得 $A=-U_s/R$，故

$$i_L = \frac{U_s}{R}(1-e^{-\frac{t}{\tau}})\quad (t\geqslant 0) \tag{8-26}$$

并得

$$u_R = Ri_L = U_s(1-e^{-\frac{t}{\tau}})\quad (t\geqslant 0_+) \tag{8-27}$$

$$u_L = U_s - u_R = U_s e^{-\frac{t}{\tau}}\quad (t\geqslant 0_+) \tag{8-28}$$

各响应的波形如图 8 - 18（a）和图 8 - 18（b）所示。电感电流由初始值随时间逐渐增长，最后趋于稳态值 U_s/R。电感电压方向与电流方向一致，开始接通时其值最大，为 U_s，

以后逐渐按指数规律衰减为零。达到新的稳态时，电感的磁场储能为$\frac{1}{2}L\left(\frac{U_s}{R}\right)^2$。

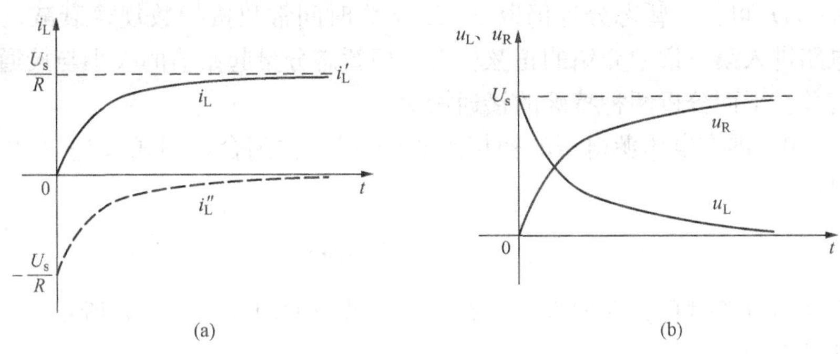

图 8 - 18 i_L、u_R、u_L 随时间变化的曲线

(a) i_L 的变化曲线；(b) u_R、u_L 的变化曲线

下面以 RL 串联电路为例，讨论在正弦激励下的零状态响应。

三、*RL* 串联电路在正弦激励下的零状态响应

图 8 - 19 所示为 RL 串联电路，外施激励为正弦电压 $u_s=U_m\sin(\omega t+\psi)$，其中 ψ 为开关 S 闭合时外施电压的初相角，它决定于电路的接通时刻，所以又称为接入初相角或合闸角。$t=0$ 时将开关 S 闭合。开关闭合后的电路方程为

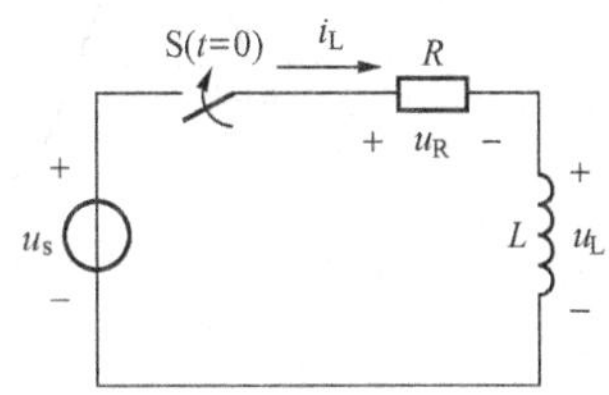

图 8 - 19 RL 串联电路图

$$L\frac{di_L}{dt}+Ri_L=U_m\sin(\omega t+\psi)\quad(t\geqslant 0)\qquad(8-29)$$

其解仍由两部分组成，即

$$i_L=i'_L+i''_L$$

其中稳态分量 i'_L 可由稳态正弦交流电路的计算方法求出。到达新的稳态时，图 8 - 19 所示电路的复阻抗为

$$Z=R+j\omega L=\sqrt{R^2+(\omega L)^2}\angle\arctan\frac{\omega L}{R}=|Z|\angle\varphi$$

于是稳态分量

$$i'_L=\frac{U_m}{|Z|}\sin(\omega t+\psi-\varphi)$$

其暂态分量仍为

$$i''_L=Ae^{-\frac{t}{\tau}}$$

其中，$\tau=\frac{L}{R}$为时间常数。

所以

$$i_L=i'_L+i''_L=\frac{U_m}{|Z|}\sin(\omega t+\psi-\varphi)+Ae^{-\frac{t}{\tau}}$$

代入初始条件 $i_L(0_+)=i_L(0_-)=0$，得

$$A=-\frac{U_m}{|Z|}\sin(\psi-\varphi)$$

最后得到

$$i_L = i'_L + i''_L = \frac{U_m}{|Z|}\sin(\omega t+\psi-\varphi) - \frac{U_m}{|Z|}\sin(\psi-\varphi)e^{-\frac{t}{\tau}} \quad (t \geqslant 0) \tag{8-30}$$

由式（8-30）可见，暂态分量仍以 $\tau=L/R$ 为时间常数按指数规律衰减。暂态分量衰减为零后，电路进入第三章中介绍的正弦稳态，但暂态分量起始值的大小与接通时电压源电压的初相角有关。下面分析两种特殊的接通情况。

（1）$\psi-\varphi=0$，即在电压源电压的初相角 $\psi=\varphi$ 时开关闭合，则式（8-30）中的暂态分量为零，此时

$$i_L = i'_L = \frac{U_m}{|Z|}\sin\omega t$$

电路换路后不经历过渡过程，立即进入稳态。i_L 的波形如图 8-20（a）所示。$\psi-\varphi=180°$时换路，也立即进入稳态。

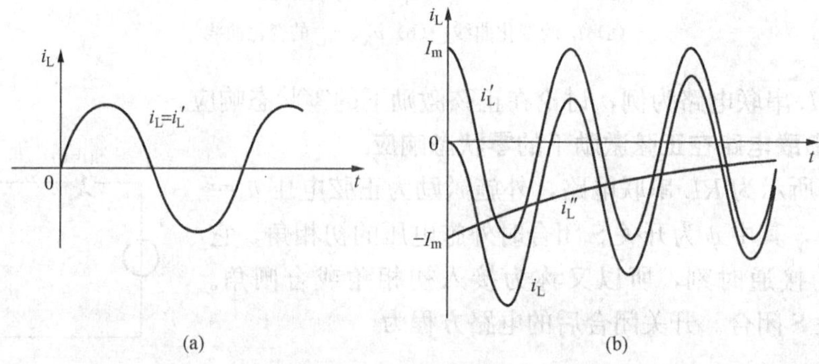

图 8-20 *RL* 串联电路在正弦激励下的零状态响应

（a）、（b）波形图

（2）$\psi-\varphi=\pm 90°$，如 $\psi-\varphi=90°$的情况下开关闭合，则

$$i_L = \frac{U_m}{|Z|}\sin(\omega t+90°) - \frac{U_m}{|Z|}e^{-\frac{t}{\tau}}$$

在所有不同的 ψ 中，这一情况下电流暂态分量的起始值最大，等于稳态最大值 $I_m=\frac{U_m}{|Z|}$。这一情况下的 i_L、i'_L、i''_L的波形如图 8-20（b）所示。从图中可见，在换路后约经过半个周期电流 i_L 的瞬时值最大。如果电路的时间常数 τ 很大，则 i''_L衰减很慢，经过半个周期的时间，电流 i_L 几乎为其稳态最大值 I_m 的 2 倍。可见，*RL* 串联电路与正弦电压源接通后，电路的过渡过程与开关动作的时刻有关。

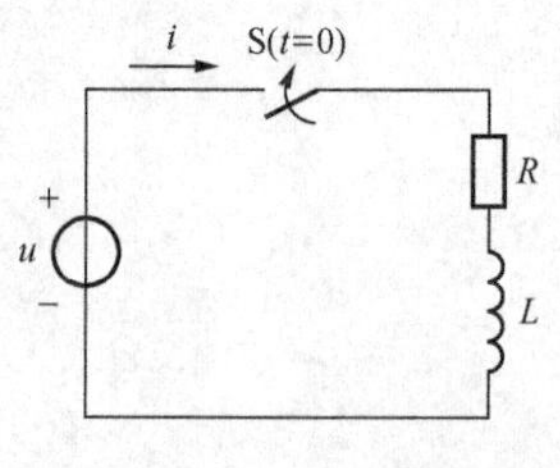

图 8-21 ［例 8-8］图

【例 8-8】 有一电磁铁，其电路模型如图 8-21 所示，已知 $R=17.4\Omega$，$L=0.3\text{H}$，正弦工频电源电压 $U=220\text{V}$，若接通电源瞬间电压 u 的初相角 $\psi=10°$，求接通电源后电路的电流 i。

解 合闸后达到稳态时电路的复阻抗为

$$Z = R + j\omega L = \sqrt{R^2+(\omega L)^2}\angle\arctan\frac{\omega L}{R} = \sqrt{17.4^2+(314\times 0.3)^2}\angle\arctan\frac{314\times 0.3}{17.4}$$

$$= 96.5\angle 79.6° \quad (\Omega)$$

电流的稳态分量为

$$i' = \frac{U_m}{|Z|}\sin(\omega t + \psi - \varphi) = \frac{220\sqrt{2}}{96.5}\sin(\omega t + 10° - 79.6°)$$
$$= 3.22\sin(\omega t - 69.6°) \quad (A)$$

合闸后电流的暂态分量为

$$i'' = Ae^{-\frac{t}{\tau}}$$

而

$$\tau = \frac{L}{R} = \frac{0.3}{17.4} = 1.72 \times 10^{-2}(s)$$

所以零状态响应为

$$i = i' + i'' = 3.22\sin(\omega t - 69.6°) + Ae^{-\frac{t}{0.0172}} \ A$$

代入初始条件 $i(0_+) = i(0_-) = 0$，得

$$A = -3.22\sin(-69.6°) = 3.02$$

从而得

$$i = i' + i'' = 3.22\sin(\omega t - 69.6°) + 3.02e^{-57.8t} \ A$$

8-4-1　RC 和 RL 串联电路的零状态响应中的自由分量与电路参数和外施激励各有什么关系？

8-4-2　两个时间常数相同的 RC 串联电路，与同值的直流电压源相接，试问：(1) 两个电路的零状态响应电压 u_C 是否相同？(2) 两个电路的零状态响应电流 i 是否相同？

8-4-3　试比较 RC 串联电路和 RL 串联电路在直流激励下的零状态响应，它们有什么共同点和不同点？

第五节　一阶电路的全响应及其分解

由储能元件的初始储能和外施激励共同作用于电路引起的响应称为全响应。本节讨论一阶电路的全响应及其分解。

以图 8-22 所示电路为例，设 $u_C(0_-) = U_0$，电压源电压为 U_s，换路后关于 u_C 的方程仍为

$$RC\frac{du_C}{dt} + u_C = U_s \quad (t \geqslant 0)$$

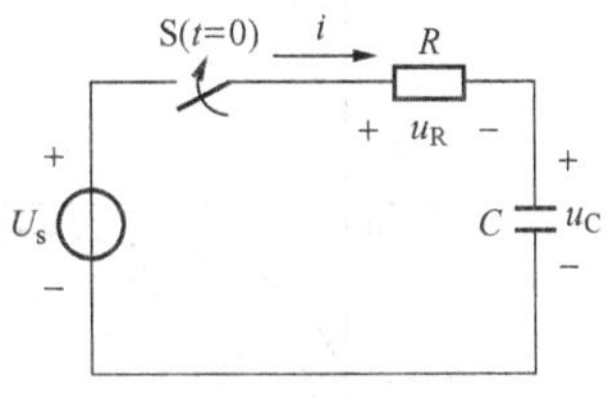

图 8-22　RC 串联电路的全响应

其解仍为

$$u_C = u'_C + u''_C = U_s + Ae^{-\frac{t}{\tau}}$$

代入初始条件 $u_C(0_+) = u_C(0_-) = U_0$，得

$$U_0 = U_s + A$$

所以

$$A = U_0 - U_s$$

故得电容电压的全响应为

$$u_C = u'_C + u''_C = U_s + (U_0 - U_s)e^{-\frac{t}{\tau}} \quad (t \geqslant 0) \qquad (8-31)$$

并得电阻电压、电流的全响应各为

$$u_R = U_s - u_C = (U_s - U_0)e^{-\frac{t}{\tau}} \quad (t \geqslant 0_+) \tag{8-32}$$

$$i = \frac{u_R}{R} = \frac{U_s - U_0}{R}e^{-\frac{t}{\tau}} \quad (t \geqslant 0_+) \tag{8-33}$$

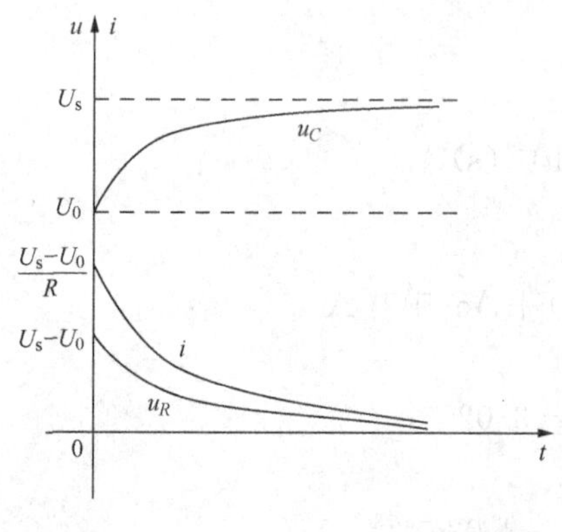

图 8-23　u_C、u_R、i 随时间变化的曲线

图 8-23 所示为 $U_0<U_s$ 下的各全响应的波形。其中，u_C以 U_0 为初始值逐渐上升，最终趋于 U_s。如果 $U_0=U_s$，则自由分量为零，换路后立即进入稳态。

下面以 u_C为例，介绍对任何线性一阶电路的全响应都适用的两种分解方法。

(1) 一阶电路的全响应为强制分量和自由分量的叠加，或稳态分量与暂态分量的叠加。

式（8-31）中 u_C由两个分量组成，即

$$u_C = u'_C + u''_C = \underbrace{U_s}_{\substack{\text{强制分量}\\\text{（稳态分量）}}} + \underbrace{(U_0 - U_s)e^{-\frac{t}{\tau}}}_{\substack{\text{自由分量}\\\text{（暂态分量）}}} \quad (t \geqslant 0) \tag{8-34}$$

其中，第一个分量为强制分量（稳态分量），第二个分量为自由分量（暂态分量），两个分量的变化规律不同。稳态分量只与外施激励有关，当激励是直流量时，稳态分量也是恒定不变的；当激励是正弦量时，稳态分量也是同频率的正弦量。暂态分量则随时间的增长按指数规律逐渐衰减为零，其起始值等于响应的初始值与稳态值（或稳态分量的初始值）之差，只有当该差值不为零时，才有暂态分量。由此可知，电路之所以产生暂态分量，是因为 u_C（或 i_L）的初始值与稳态值（或稳态分量的初始值）有差别，暂态分量起着调整这一差距的作用。这一调整过程与电路的特性有关，因而取决于电路的时间常数。工程中，暂态分量可以认为在 $t=5\tau$ 时消失，此后电路的响应全由稳态分量决定，电路进入了新的稳态。图 8-24（a）所示为 u_C及其稳态分量 u'_C、暂态分量 u''_C的曲线。

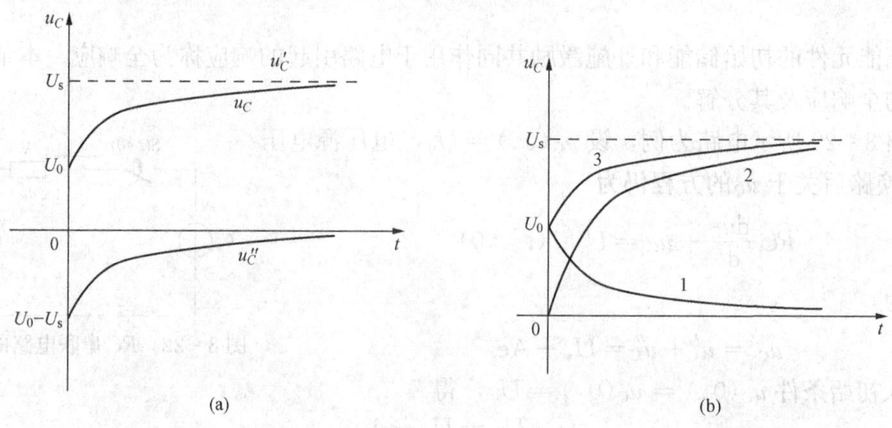

图 8-24　全响应的两种分解

（a）全响应为暂态响应与稳态响应的叠加；（b）全响应为零输入响应与零状态响应的叠加

但需强调指出：只有电路能建立新的稳态时，强制分量才可称为稳态分量，否则不能。因此，将全响应分解为强制分量和自由分量更有普遍意义。

（2）一阶电路的全响应为零输入响应与零状态响应的叠加。

式（8-31）也可写为

$$u_C = u_{C1} + u_{C2} = \underbrace{U_0 e^{-\frac{t}{\tau}}}_{\text{零输入响应}} + \underbrace{U_s(1 - e^{-\frac{t}{\tau}})}_{\text{零状态响应}} \quad (t \geqslant 0) \tag{8-35}$$

其中，第一个分量 u_{C1} 是零输入响应，第二个分量 u_{C2} 是零状态响应。可见，电路的全响应等于零状态响应与零输入响应的叠加，这体现了线性电路的叠加性。零输入响应仅由储能元件的初始储能产生，零状态响应是仅由外加激励产生，电路的全响应则是两者的叠加。图 8-24（b）所示为全响应（曲线 3）及其零输入响应（曲线 1）、零状态响应（曲线 2）两个分量。此外，从这种分解方法还可看出，零输入响应和零状态响应都是全响应的一种特殊情况。

把全响应分解为稳态分量和暂态分量，是为了说明电路的两种不同的工作状态：暂态分量存在时的暂态和暂态分量已消逝时的稳态。这对于了解电路的工作状态是有利的。把全响应分解为零输入响应和零状态响应，则反映了响应与激励之间的因果关系。但需强调的是，两种分解都是人为的分解方法，电路真实体现出的则是全响应，应用时应根据具体情况采用合适的方法。

【例 8-9】 图 8-25 所示电路中，已知 $R=100\text{k}\Omega$，$C=50\mu\text{F}$，在 $t=0$ 时将开关 S 闭合，闭合前电容已被充电至 15V，闭合后分别求 $U_s=10\text{V}$、$U_s=15\text{V}$、$U_s=20\text{V}$ 时的 u_C。

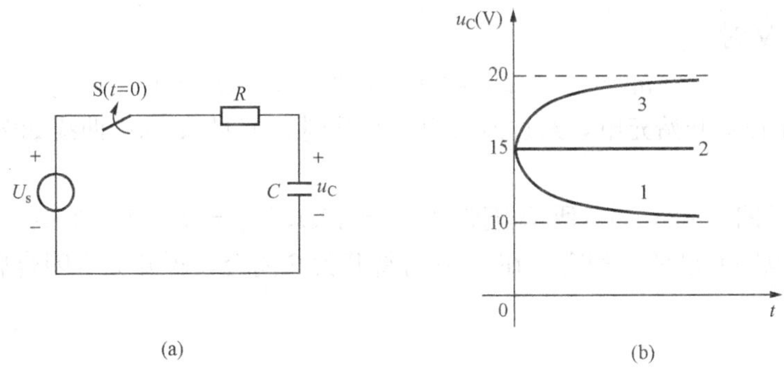

图 8-25 ［例 8-9］图
（a）电路图；（b）u_C 的变化曲线

解　换路后电路的时间常数为

$$RC = 100 \times 10^3 \times 50 \times 10^{-6} = 5(\text{s})$$

（1）$U_s=10\text{V}$ 时。根据全响应的分解可知：全响应为稳态分量与暂态分量的叠加。下面分别求 u_C 的稳态分量和暂态分量。其中，u_C 的稳态分量为

$$u'_C = U_s = 10\text{V}$$

u_C 的暂态分量为

$$u''_C = Ae^{-\frac{t}{\tau}} = Ae^{-\frac{t}{5}} \quad \text{V}$$

所以

$$u_C = u'_C + u''_C = 10 + Ae^{-\frac{t}{\tau}} = 10 + Ae^{-\frac{t}{5}} \quad \text{V}$$

上式中令 $t=0_+$ 并代入初始条件 $u_C(0_+) = u_C(0_-) = 15$，得

$$15 = 10 + A$$

所以

$$A = 15 - 10 = 5(\mathrm{V})$$

从而得

$$u_C = u'_C + u''_C = 10 + A\mathrm{e}^{-\frac{t}{\tau}} = 10 + 5\mathrm{e}^{-0.2t}\ \mathrm{V}\quad (t \geqslant 0)$$

电容电压由15V开始放电，经过渡过程，衰减到10V结束。u_C 曲线如图8-25（b）中曲线1所示。

此外，也可用全响应的另一种分解方法求解。u_C 的零输入响应为

$$u_{C1} = U_0\mathrm{e}^{-\frac{t}{\tau}} = 15\mathrm{e}^{-0.2t}\ \mathrm{V}$$

u_C 的零状态响应为

$$u_{C2} = U_s(1 - \mathrm{e}^{-\frac{t}{\tau}}) = 10(1 - \mathrm{e}^{-0.2t})\ \mathrm{V}$$

因此，u_C 的全响应为

$$u_C = u_{C1} + u_{C2} = 15\mathrm{e}^{-0.2t} + 10(1 - \mathrm{e}^{-0.2t}) = 10 + 5\mathrm{e}^{-0.2t}\ \mathrm{V}$$

可见，两种方法的结果完全相同。

（2）$U_s = 15\mathrm{V}$ 时

$$u_C = u'_C + u''_C = 15 + 0 = 15(\mathrm{V})$$

电容电压无暂态分量，不经过渡过程，直接进入15V的稳态。u_C 曲线如图8-25（b）中曲线2所示。

（3）$U_s = 20\mathrm{V}$ 时

$$u_C = u'_C + u''_C = 20 - 5\mathrm{e}^{-0.2t}\ \mathrm{V}\quad (t \geqslant 0)$$

电容电压由15V开始充电，经过渡过程，上升到20V结束。u_C 曲线如图8-25（b）中曲线3所示。

【例8-10】 图8-26（a）所示电路中，$R=12\Omega$，$R_1=8\Omega$，$L=0.6\mathrm{H}$，直流电压源电压 $U_s=220\mathrm{V}$，电路原已处于稳态。在 $t=0$ 时将开关S闭合，求开关S闭合后电路电流的变化规律。

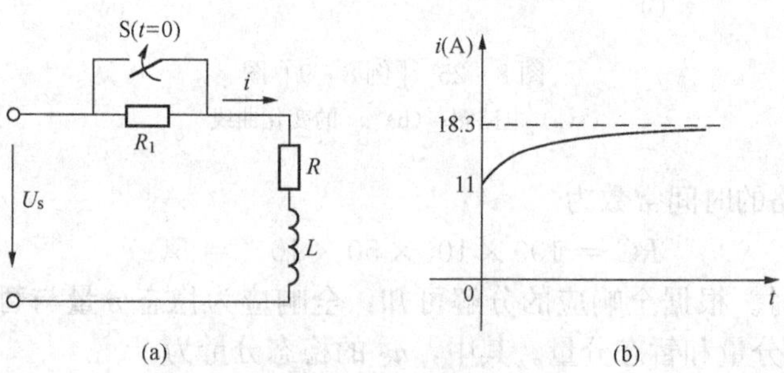

图8-26 ［例8-10］图

（a）电路图；（b）i 的变化曲线

解 用全响应可分解为零输入响应和零状态响应的方法求解。在S闭合前的稳态，电感相当于短路，故电路电流为

$$i(0_-) = \frac{U_s}{R_1 + R} = 11\mathrm{A}$$

根据换路定律有

$$i(0_+)=i(0_-)=11\text{A}$$

电路的时间常数为

$$\tau=\frac{L}{R}=\frac{0.6}{12}=0.05(\text{s})$$

故开关闭合后电路电流的零输入响应为

$$i_1=i(0_+)\text{e}^{-\frac{t}{\tau}}=11\text{e}^{-20t}\ \text{A}$$

零状态响应则为

$$i_2=\frac{U_s}{R}(1-\text{e}^{-\frac{t}{\tau}})=18.33(1-\text{e}^{-20t})\ \text{A}$$

因此得

$$i=i_1+i_2=11\text{e}^{-20t}+18.33(1-\text{e}^{-20t})=18.33-7.33\text{e}^{-20t}\ (\text{A})$$

其变化曲线如图 8 - 26（b）所示。

8 - 5 - 1　什么是强制分量？什么是自由分量？什么是稳态分量？什么是暂态分量？

8 - 5 - 2　若已知电容电压在直流激励下的全响应为零输入响应与零状态响应之和，即

$$u_C=A(1-\text{e}^{-\frac{t}{\tau}})+B\text{e}^{-\frac{t}{\tau}}$$

能否求出稳态分量和暂态分量？若已知电容电压表示为强制分量与自由分量之和，即

$$u_C=A+B\text{e}^{-\frac{t}{\tau}}$$

能否求出它的零输入响应和零状态响应？

第六节　一阶电路分析的三要素法

本节回顾一阶电路的分析过程，由此得到一种求解一阶线性电路全响应的简便方法——三要素法。

对于任意复杂的一阶线性电路，尽管可能包含有多个电阻和电源支路，由于只有一个（或可等效为一个）储能元件，因此如果把储能元件单独分开，其他部分总可看成是一个电阻性有源二端网络。把这个有源二端网络用其戴维南等效电路代替，则原电路即可简化为前面所述的 RC 或 RL 电路，因而根据基尔霍夫定律列出的电路方程为一阶线性微分方程。进而可知：只含一个储能元件或可等效为一个储能元件的线性电路，不论是简单的或复杂的，也不论是以哪一处的电流或电压为变量，电路的微分方程都是一阶线性微分方程。

根据一阶线性微分方程解的结构可知：一阶电路中任一处的电流或电压都等于其强制分量（或稳态分量）和自由分量（或暂态分量）的叠加，其表达式为

$$f(t)=f'(t)+A\text{e}^{-\frac{t}{\tau}}\quad(t\geqslant 0_+)\tag{8-36}$$

式中：$f(t)$为一阶电路中任一处的电流或电压，$A\text{e}^{-\frac{t}{\tau}}$为该电压或电流的暂态分量。其中，$\tau$为时间常数，对含有电容元件的电路，$\tau=RC$；对含有电感元件的电路，$\tau=L/R$，$R$ 为换路后从储能元件两端看进去的等效电阻（独立电源置零）。同一电路中各响应的时间常数 τ 均

相同。而 $f'(t)$ 是该电压或电流的稳态分量，由于稳态分量与激励有关，下面分两种情况讨论。

1. 外施激励为直流时

外施激励为直流时，稳态分量 $f'(t)$ 是一个常量（即该电压或电流的稳态值），通常用 $f(\infty)$ 表示，它可以从换路后的稳态电路求得（将电容代之以开路，或将电感代之以短路，按电阻电路计算）。暂态分量仍为 $Ae^{-\frac{t}{\tau}}$，所以一阶电路的全响应为

$$f(t)=f(\infty)+Ae^{-\frac{t}{\tau}}\quad(t\geqslant 0_+)\tag{8-37}$$

式（8-37）中令 $t=0_+$，则得

$$f(0_+)=f(\infty)+A$$

从而得积分常数 A 为

$$A=f(0_+)-f(\infty)$$

将其代入式（8-37），则得

$$f(t)=f(\infty)+[f(0_+)-f(\infty)]e^{-\frac{t}{\tau}}\quad(t\geqslant 0_+)\tag{8-38}$$

式（8-38）中包含 3 个重要的基本量：响应的初始值 $f(0_+)$、响应的稳态值 $f(\infty)$ 及电路的时间常数 τ。通常把这 3 个量称为三要素。只要获得这三要素，就能直接按式（8-38）写出直流激励下一阶电路响应的表达式。因此，式（8-38）为一阶电路在直流激励下的三要素公式。由此式还可看出，直流激励下的一阶电路响应，总是由初始值 $f(0_+)$ 开始，按指数规律变化趋近于其稳态值 $f(\infty)$ 的。

2. 外施激励为正弦量时

外施激励为正弦量时，稳态分量是与激励同频率的正弦量，用 $f_\infty(t)$ 表示，它可从换路后的电路用相量法求得。暂态分量仍为 $Ae^{-\frac{t}{\tau}}$，所以一阶电路的全响应为

$$f(t)=f_\infty(t)+Ae^{-\frac{t}{\tau}}\quad(t\geqslant 0_+)\tag{8-39}$$

式（8-39）中令 $t=0_+$，则得 $A=f(0_+)-f_\infty(0_+)$，其中 $f(0_+)$ 为响应 $f(t)$ 的初始值，$f_\infty(0_+)$ 为稳态分量的初始值，从而得

$$f(t)=f_\infty(t)+[f(0_+)-f_\infty(0_+)]e^{-\frac{t}{\tau}}\quad(t\geqslant 0_+)\tag{8-40}$$

这便是一阶电路在正弦激励下的三要素公式，获得了响应的初始值 $f(0_+)$、响应的稳态分量 $f_\infty(t)$ 及电路的时间常数 τ 三要素后，由式（8-40）即可直接写出响应的表达式。

当 $f(t)$ 为非正弦周期量时，式（8-40）仍然适用，只是 $f_\infty(t)$ 应按第七章的方法计算。这种利用三要素求取电路响应的方法称为三要素法。

因为零输入响应或零状态响应都可视为全响应的特例，所以应用式（8-38）和式（8-40）显然也可以直接确定零输入响应或零状态响应。

【例 8-11】 图 8-27（a）所示电路中，已知 $U_{s1}=3V$，$U_{s2}=12V$，$R_1=2k\Omega$，$R_2=1k\Omega$，$C=3\mu F$，电路原已稳定。$t=0$ 时把开关由位置 1 合到位置 2，求开关打开后 u_C、u_{R1}、i_C 的变化规律。

解 用三要素法先求 u_C。

（1）求初始值 $u_C(0_+)$。画 $t=0_-$ 时刻的等效电路，如图 8-27（b）所示，由图得

$$u_C(0_-)=\frac{R_2}{R_1+R_2}\times U_{s1}=\frac{1}{2+1}\times 3=1(V)$$

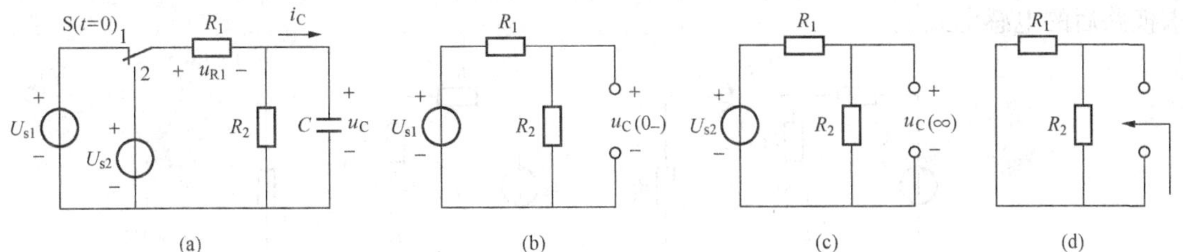

图 8 - 27 ［例 8 - 11］图

(a) 电路图；(b) $t=0_-$ 时的等效电路图；(c) $t\to\infty$时的等效电路图；(d) 求等效电阻 R 的电路

据换路定律有

$$u_C(0_+)=u_C(0_-)=1\text{V}$$

(2) 求稳态值 $u_C(\infty)$。$t=\infty$时，因为电路是直流电路且处于稳态，所以电容相当于开路，据此画出 $t=\infty$的等效电路，如图 8 - 27 (c) 所示，由图得

$$u_C(\infty)=\frac{R_2}{R_1+R_2}\times U_{s2}=\frac{1}{2+1}\times 12=4(\text{V})$$

(3) 求时间常数 τ。在换路后的电路中将电源置零，如图 8 - 27 (d) 所示，从而得到从电容 C 两端看进去的等效电阻为

$$R=\frac{R_1R_2}{R_1+R_2}=\frac{2\times 1}{2+1}=\frac{2}{3}(\text{k}\Omega)$$

所以

$$\tau=RC=\frac{2}{3}\times 10^3\times 3\times 10^{-6}=2\times 10^{-3}(\text{s})$$

最后得电容电压 u_C 的变化规律为

$$u_C(t)=u_C(\infty)+[u_C(0_+)-u_C(\infty)]\text{e}^{-\frac{t}{\tau}}=4+(1-4)\text{e}^{-\frac{t}{2\times 10^{-3}}}=4-3\text{e}^{-500t}\quad(\text{V})(t\geqslant 0)$$

并得

$$i_C(t)=C\frac{\text{d}u_C}{\text{d}t}=4.5\times 10^{-3}\text{e}^{-500t}\quad\text{A}\quad(t\geqslant 0_+)$$

$$u_{R1}(t)=12-u_C(t)=8+3\text{e}^{-500t}\quad\text{V}\quad(t\geqslant 0_+)$$

【例 8 - 12】 图 8 - 28 中，电路原已稳定，$t=0$ 时断开开关 S。求断开开关后的电流 i。

解 由换路定律求电流的初始值 $i(0_+)$，得

$$i(0_+)=i(0_-)=24/4=6(\text{A})$$

换路后电流的稳态分量

$$i(\infty)=\frac{24}{8+4}=2(\text{A})$$

换路后电路的时间常数

$$\tau=\frac{0.6}{8+4}=0.05(\text{s})$$

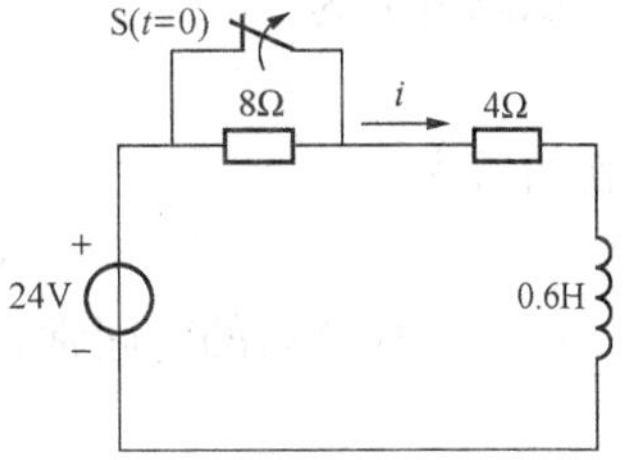

图 8 - 28 ［例 8 - 12］图

代入三要素公式，得全响应为

$$i(t)=i(\infty)+[i(0_+)-i(\infty)]\text{e}^{-\frac{t}{\tau}}=2+(6-2)\text{e}^{-\frac{t}{0.05}}=2+4\text{e}^{-20t}\quad(\text{A})(t\geqslant 0)$$

【例 8 - 13】 图 8 - 29 (a) 所示电路中，$u_s(t)=100\sin(\omega t+30^\circ)$ V，$R_1=30\Omega$，$R_2=20\Omega$，$R_3=15\Omega$，$L=0.1\text{H}$，$\omega=1000\text{rad/s}$。换路前电路已稳定，$t=0$ 时将开关 S 合上，试

求换路后的电感电流 i。

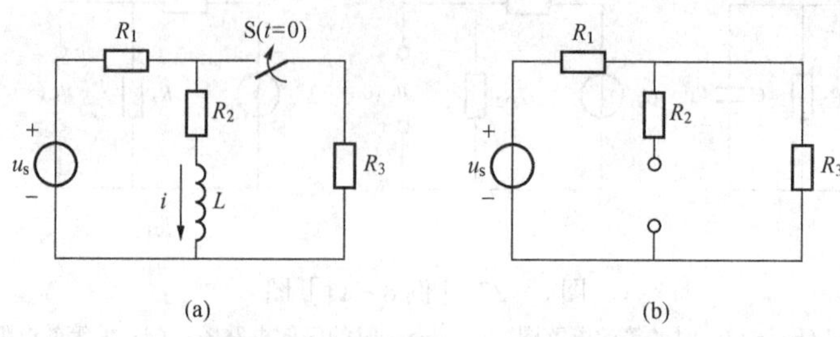

图 8 - 29 ［例 8 - 13］图

解 (1) 求换路前 $t=0_-$ 时电感电流的值 $i(0_-)$。换路前电路已处于稳态，换路前电感电流的最大值相量为

$$\dot{I}_{\mathrm{m}}=\frac{\dot{U}_{\mathrm{sm}}}{R_1+R_2+\mathrm{j}\omega L}=\frac{100\angle 30^\circ}{30+20+\mathrm{j}1000\times 0.1}=0.89\angle -33.4^\circ(\mathrm{A})$$

所以

$$i(t)=0.89\sin(\omega t-33.4^\circ)\ \mathrm{A}$$

$$i(0_-)=0.89\sin(-33.4^\circ)=-0.49(\mathrm{A})$$

(2) 换路后电感电流的初始值由换路定律可得

$$i(0_+)=i(0_-)=-0.49\mathrm{A}$$

(3) 求换路后电感电流的稳态分量及其初始值。应用戴维南定理，见图 8 - 29 (b)，换路后到达稳态时 L 所接二端网络的开路电压为

$$u_{\mathrm{oc}}(t)=\frac{R_3}{R_1+R_3}u_{\mathrm{s}}(t)=\frac{15}{30+15}\times 100\sin(\omega t+30^\circ)=33.33\sin(\omega t+30^\circ)\ (\mathrm{V})$$

除源后的等效电阻为

$$R=R_2+\frac{R_1R_3}{R_1+R_3}=20+\frac{30\times 15}{30+15}=30(\Omega)$$

换路后电感电流稳态分量的最大值相量为

$$\dot{I}_{\infty\mathrm{m}}=\frac{\dot{U}_{\mathrm{ocm}}}{R+\mathrm{j}\omega L}=\frac{33.30\angle 30^\circ}{30+\mathrm{j}1000\times 0.1}=0.32\angle -43.3^\circ(\mathrm{A})$$

所以稳态电流为

$$i_\infty(t)=0.32\sin(\omega t-43.3^\circ)\ \mathrm{A}$$

其初始值为

$$i_\infty(0_+)=0.32\sin(-43.3^\circ)=-0.22(\mathrm{A})$$

(4) 求换路后的时间常数 τ

$$\tau=\frac{L}{R}=\frac{0.1}{30}=\frac{1}{300}(\mathrm{s})$$

最后得换路后的电感电流为

$$\begin{aligned}i(t)&=i_\infty(t)+[i(0_+)-i_\infty(0_+)]\mathrm{e}^{-\frac{t}{\tau}}\\&=0.32\sin(\omega t-43.3^\circ)+[-0.49-(-0.22)]\mathrm{e}^{-\frac{t}{\frac{1}{300}}}\\&=0.32\sin(\omega t-43.3^\circ)-0.27\mathrm{e}^{-300t}\ (\mathrm{A})\quad (t\geqslant 0)\end{aligned}$$

思考与练习

8-6-1　一阶电路分析的三要素中，$f(0_+)$ 可否用 $f(0_-)$ 代替？为什么？

8-6-2　试从三要素公式写出一阶电路的零输入响应表达式及在直流电源激励下的零状态响应表达式。

第七节　二阶电路的零输入响应

能用二阶线性常微分方程描述的电路称为二阶电路。*RLC* 串联电路就是一个典型的二阶电路。本节只讨论 *RLC* 串联电路的零输入响应。

一阶电路在零输入（无外施激励）时，由于只含一个储能元件，因此储能元件的能量只能单调地衰减。但 *RLC* 串联电路在零输入时，其过渡过程将与一阶电路有所不同，由于含有电感、电容两种不同性质的储能元件，二者之间可能会出现能量的往返交换，从而可能出现振荡过程。

由于二阶微分方程的经典解法比一阶复杂，因此，分析重点放在电路的物理意义和分析步骤上。

一、*RLC* 串联电路零输入时的微分方程及特征根

图 8-30 所示电路中，选择各元件的电压、电流参考方向如图所示，根据元件的 VCR 及 KVL 可得换路后的电路方程为

$$Ri + L\frac{\mathrm{d}i}{\mathrm{d}t} - u_C = 0$$

将电容的 $i = -C\frac{\mathrm{d}u_C}{\mathrm{d}t}$ 代入上式可得

$$LC\frac{\mathrm{d}^2u_C}{\mathrm{d}t^2} + RC\frac{\mathrm{d}u_C}{\mathrm{d}t} + u_C = 0 \qquad (8-41)$$

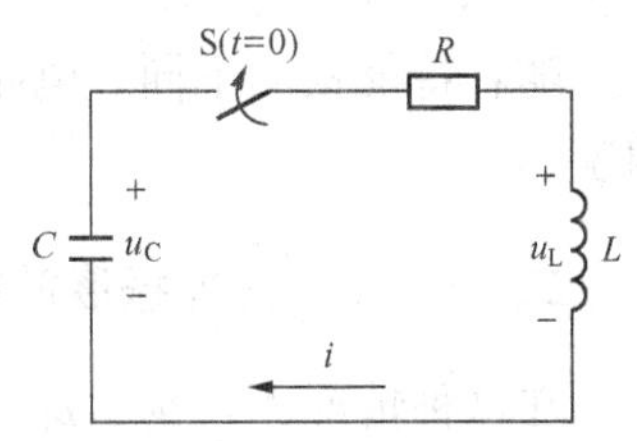

图 8-30　*RLC* 放电电路

由于电路无激励，因此式（8-41）是关于 u_C 的齐次微分方程，故强制响应 $u'_C=0$。为求自由响应，列出此方程的特征方程得

$$LCp^2 + RCp + 1 = 0$$

解出特征根为

$$p_{1,2} = -\frac{R}{2L} \pm \sqrt{\left(\frac{R}{2L}\right)^2 - \frac{1}{LC}}$$

可见，特征根的值是由元件参数决定的，与激励和电路的初始储能无关。最后得零输入响应为

$$u_C = A_1 e^{p_1 t} + A_2 e^{p_2 t} \qquad (8-42)$$

式（8-42）中，$p_1 = -\frac{R}{2L} + \sqrt{\left(\frac{R}{2L}\right)^2 - \frac{1}{LC}}$，$p_2 = -\frac{R}{2L} - \sqrt{\left(\frac{R}{2L}\right)^2 - \frac{1}{LC}}$，$A_1$、$A_2$ 为两个积分常数，需由初始条件确定。

电路的初始条件有三种情况：①$u_C(0_+)$ 和 $i(0_+)$ 都不为零；②$u_C(0_+)$ 不为零，

$i(0_+)$ 为零；③$u_C(0_+)$ 为零，$i(0_+)$ 不为零。在此只分析如下情形

$$u_C(0_+) = u_C(0_-) = U_0,\ i(0_+) = i(0_-) = 0 \tag{8-43}$$

即已充电的电容器对没有初始储能的线圈放电的情况（其他两种初始条件下，分析的过程是相同的）。为确定 A_1 和 A_2，先求电流 i 为

$$i = -C\frac{du_C}{dt} = -C(A_1 p_1 e^{p_1 t} + A_2 p_2 e^{p_2 t})$$

将初始条件 $i(0_+) = i(0_-) = 0$、$u_C(0_+) = u_C(0_-) = U_0$ 分别代入上式和式（8-42），可得

$$\begin{cases} A_1 p_1 + A_2 p_2 = 0 \\ A_1 + A_2 = U_0 \end{cases}$$

由此可求得常数 A_1、A_2 为

$$\begin{cases} A_1 = \dfrac{p_2}{p_2 - p_1}U_0 \\ A_2 = -\dfrac{p_1}{p_2 - p_1}U_0 \end{cases}$$

将解得的 A_1、A_2 代入式（8-42），就可得到 RLC 串联电路的零输入响应的表达式。

由于电路参数 R、L、C 的不同，特征根 p_1、p_2 有以下三种情况：

(1)$\sqrt{\left(\frac{R}{2L}\right)^2 - \frac{1}{LC}} > 0$，即 $R > 2\sqrt{\frac{L}{C}}$ 时，p_1、p_2 为两个不相等的负实根。

(2)$\sqrt{\left(\frac{R}{2L}\right)^2 - \frac{1}{LC}} < 0$，即 $R < 2\sqrt{\frac{L}{C}}$ 时，p_1、p_2 为一对共轭复根。

(3)$\sqrt{\left(\frac{R}{2L}\right)^2 - \frac{1}{LC}} = 0$，即 $R = 2\sqrt{\frac{L}{C}}$ 时，p_1、p_2 为两个相等的负实根。

随着特征根的不同，电路的零输入响应也会呈现不同的过渡过程。以下分别讨论这三种情况。

二、$R > 2\sqrt{\frac{L}{C}}$ 非振荡放电过程

在这种情况下，p_1、p_2 为两个不相等的负实根。电容上的电压为

$$u_C = \frac{U_0}{p_2 - p_1}(p_2 e^{p_1 t} - p_1 e^{p_2 t}) \quad (t \geqslant 0) \tag{8-44}$$

电流为

$$i = -C\frac{du_C}{dt} = -\frac{U_0}{L(p_2 - p_1)}(e^{p_1 t} - e^{p_2 t}) \quad (t \geqslant 0) \tag{8-45}$$

式（8-45）中运用了 $p_1 p_2 = \frac{1}{LC}$ 的关系。

电感电压为

$$u_L = L\frac{di}{dt} = -\frac{U_0}{p_2 - p_1}(p_1 e^{p_1 t} - p_2 e^{p_2 t}) \quad (t \geqslant 0_+) \tag{8-46}$$

由于 p_1 和 p_2 都小于零，故以上三式中的 $e^{p_1 t}$ 和 $e^{p_2 t}$ 均按指数衰减；由于 $0 > p_1 > p_2$，则 $e^{p_1 t}$ 较 $e^{p_2 t}$ 衰减慢，故电流 $i \geqslant 0$。类似地，可证明电容电压 $u_C \geqslant 0$。u_C、i、u_L 的曲线见图 8-31。由于 $u_C \geqslant 0$、$i \geqslant 0$，因此电容在整个过程中一直释放储存的电场能量，称为非振荡放电，也称过阻尼放电。又因为电感的存在，电路电流不能跃变，当 $t = 0_+$ 时，$i(0_+) = 0$；

当$t\to\infty$时，放电过程结束，$i(\infty)=0$，所以，放电过程中电流必然要经历从小到大再趋于零的变化。电流达最大值的时刻t_m可由$\frac{di}{dt}=0$决定，且有

$$t_m=\frac{1}{p_1-p_2}\ln\frac{p_2}{p_1}$$

当$t<t_m$时，电感吸收能量，建立磁场，在此阶段，电容放出的能量一部分以磁场的形式储存在电感中，另一部分消耗在电阻上。当$t>t_m$时，电感释放能量，磁场逐渐减小直至消失。在此阶段，电容与电感放出的能量均消耗在电阻上，直至全部能量消耗完毕，过渡过程结束。当$t=t_m$时，正是电感电压u_L的过零点。整个过程中能量转换的情况如图 8-32 所示。

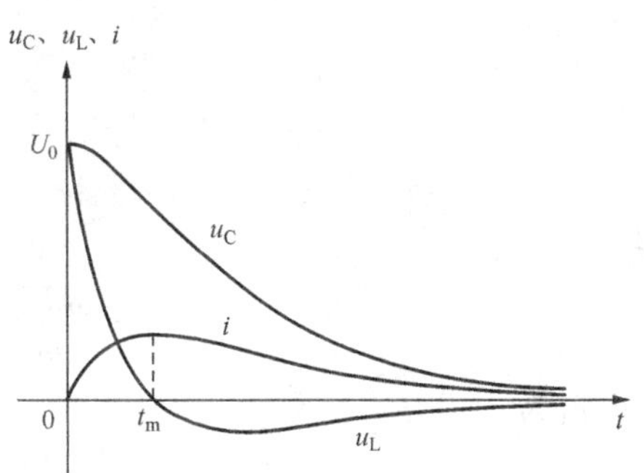

图 8-31　非振荡放电过程中u_C、u_L、i随时间变化的曲线

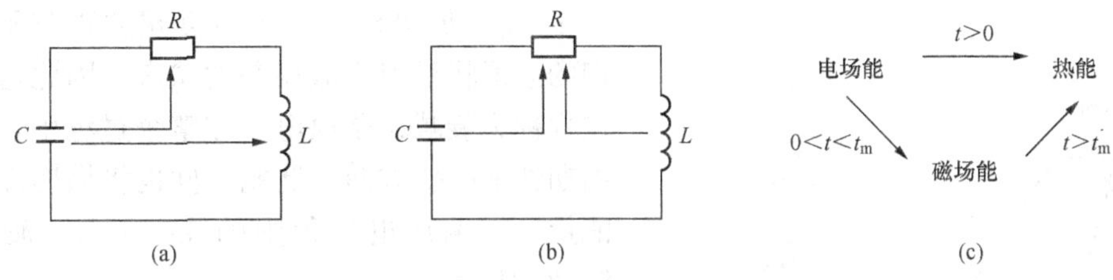

图 8-32　非振荡放电过程中的能量转换示意图

(a) $0<t<t_m$；(b) $t>t_m$；(c) 能量转换关系

三、$R<2\sqrt{\frac{L}{C}}$振荡放电过程

在这种情况下，特征根p_1、p_2为一对共轭复数。若令

$$\alpha=\frac{R}{2L},\ \omega=\sqrt{\frac{1}{LC}-\left(\frac{R}{2L}\right)^2}$$

于是有

$$p_1=-\alpha+j\omega,\ p_2=-\alpha-j\omega$$

并有

$$|p_1|=|p_2|=\sqrt{\alpha^2+\omega^2}=\frac{1}{\sqrt{LC}}=\omega_0$$

式中：ω_0为RLC串联电路在正弦激励下稳态时的谐振角频率。ω_0、α、ω三者构成一个直角三角形，如图 8-33 所示，由图可知：$\alpha=\omega_0\cos\varphi$，$\omega=\omega_0\sin\varphi$，$\varphi=\arctan\frac{\omega}{\alpha}$。此时，电容电压为

$$u_C=\frac{U_0}{p_2-p_1}(p_2e^{p_1t}-p_1e^{p_2t})$$
$$=\frac{U_0}{\omega}e^{-\alpha t}(\alpha\sin\omega t+\omega\cos\omega t)$$

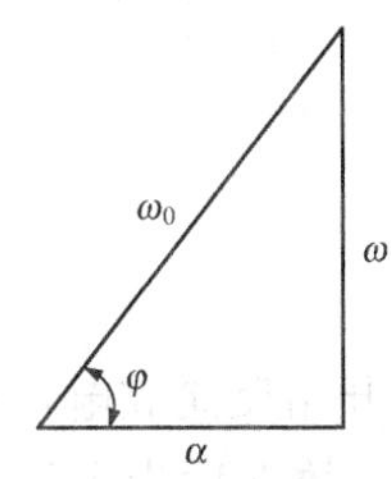

图 8-33　表示α、ω和ω_0相互关系的三角形

$$= \frac{\omega_0 U_0}{\omega} e^{-\alpha t} \left(\frac{\alpha}{\omega_0} \sin\omega t + \frac{\omega}{\omega_0} \cos\omega t \right)$$

$$= \frac{\omega_0 U_0}{\omega} e^{-\alpha t} (\cos\varphi \sin\omega t + \sin\varphi \cos\omega t)$$

即

$$u_C = \frac{\omega_0 U_0}{\omega} e^{-\alpha t} \sin(\omega t + \varphi) \quad (t \geqslant 0) \tag{8-47}$$

而电流为

$$i = -C \frac{du_C}{dt} = \frac{U_0}{\omega L} e^{-\alpha t} \sin\omega t \quad (t \geqslant 0) \tag{8-48}$$

电感电压为

$$u_L = L \frac{di}{dt} = -\frac{U_0 \omega_0}{\omega} e^{-\alpha t} \sin(\omega t - \varphi) \quad (t \geqslant 0_+) \tag{8-49}$$

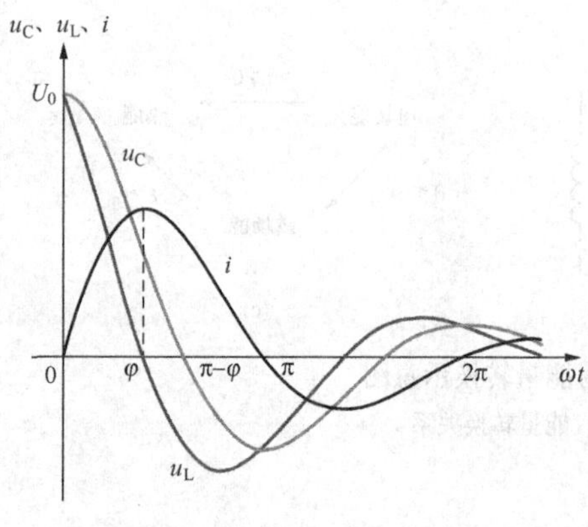

图 8-34　振荡放电过程中的 u_C、u_L、i 波形

由式（8-47）～式（8-49）可以看出，u_C、i、u_L 都是振幅按指数规律衰减的正弦函数，它们的波形将呈现衰减振荡的状态，因此这种放电过程称为衰减振荡放电。在整个过程中，响应将周期性地改变方向，储能元件也将周期性地交换能量。振荡放电过程中的 u_C、i、u_L 波形如图 8-34 所示。

根据式（8-47）～式（8-49）还可得出：

（1）$\omega t = k\pi$，$k=0$，1，2，3，…为电流 i 的过零点，即 u_C 的极值点。

（2）$\omega t = k\pi - \varphi$，$k=0$，1，2，3，…为电容电压 u_C 的过零点。

（3）$\omega t = k\pi + \varphi$，$k=0$，1，2，3，…为电感电压 u_L 的过零点，也即电流 i 的极值点。

根据以上零点，将时间域予以划分，可以看出元件之间的能量转换、吸收情况，如图 8-35 所示。

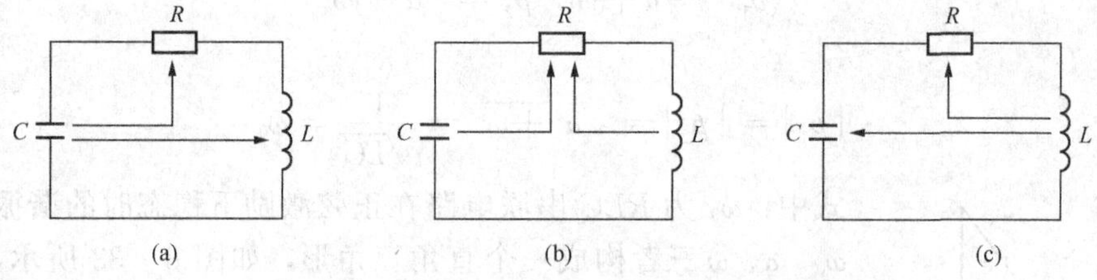

图 8-35　振荡放电过程中的能量转换示意图

（a）$0 < \omega t < \varphi$；（b）$\varphi < \omega t < \pi - \varphi$；（c）$\pi - \varphi < \omega t < \pi$

图 8-35 表示出了换路后前半个周期的情况，当 $\omega t > \pi$ 以后电容又开始反向放电，重复上述过程。不过因为部分能量在电阻中已消耗，电容储能比 $t=0$ 时少，故在后半个周期开始时，u_C 的绝对值较初始值 U_0 小。电容、电感两者如此反复充放电而形成振荡过程。因能量不断消耗，振荡的振幅逐渐减小，直至能量被全部消耗完毕。

由响应的表达式还可知，衰减的快慢取决于 $e^{-\alpha t}$ 中的 α，α 越大，衰减越快，因此称系数 α 为衰减系数。ω 为衰减振荡的角频率，它是与电路参数有关而与激励无关的量，故又称为自由振荡角频率。

特殊地，当 $R=0$ 时，$\alpha=0$，则 $\omega=\omega_0=\dfrac{1}{\sqrt{LC}}$，$\varphi=90°$，这时

$$u_C=U_0\sin(\omega_0 t+90°) \tag{8-50}$$

$$i=\frac{U_0}{\omega_0 L}\sin\omega_0 t \tag{8-51}$$

$$u_L=u_C \tag{8-52}$$

这时，u_C、i、u_L 都是正弦函数，角频率为 ω_0，但它们的振幅并不衰减，因而是一种等幅振荡的放电过程。由于电路电阻为零，因此也称为无阻尼等幅振荡。u_C、i 的曲线及电路的能量转换情况如图 8-36 所示。

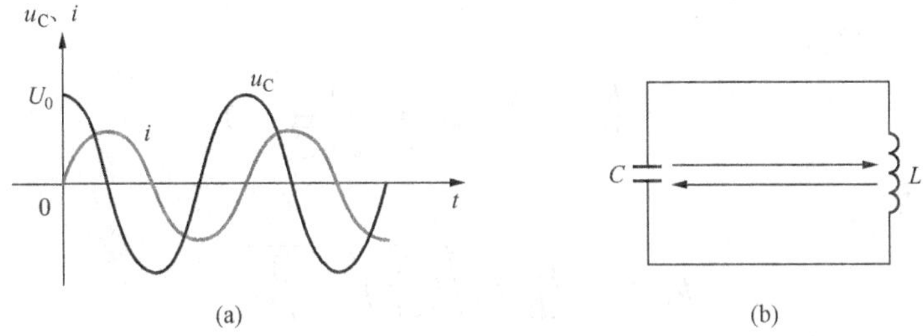

图 8-36　等幅振荡过程中的波形及能量转换

(a) 波形图；(b) 能量转换示意

四、$R=2\sqrt{\dfrac{L}{C}}$ 临界电阻，非振荡放电

在这种情况下，特征方程具有两个相等的实根

$$p_1=p_2=-\frac{R}{2L}=-\alpha$$

由微分方程的理论可知，此种情况下微分方程式（8-41）的解为

$$u_C=A_1e^{-\alpha t}+A_2te^{-\alpha t}$$

由初始条件

$$\begin{cases} u_C(0_+)=U_0 \\ \dfrac{du_C}{dt}(0_+)=0 \end{cases}$$

可得

$$\begin{cases} A_1=U_0 \\ A_2=U_0\alpha \end{cases}$$

所以

$$u_C=U_0e^{-\alpha t}(1+\alpha t) \tag{8-53}$$

$$i=-C\frac{du_C}{dt}=\frac{U_0}{L}te^{-\alpha t} \tag{8-54}$$

$$u_L = L\frac{di}{dt} = U_0 e^{-\alpha t}(1-\alpha t) \quad (8-55)$$

可以看出，$u_C \geqslant 0$，$i \geqslant 0$，所以放电是非振荡的，其波形与图 8 - 31 所示相似，不再画出。但这种过程是振荡与非振荡过程的分界线，所以 $R=2\sqrt{\frac{L}{C}}$ 时的过渡过程为临界非振荡过程。这时的电阻称为临界电阻，并且称电阻大于临界电阻的电路为过阻尼电路，小于临界电阻的电路为欠阻尼电路。

说明：临界情况下过渡过程响应的表达式，还可通过前两种非临界情况下的公式取极限导出。

【例 8 - 14】 图 8 - 30 所示电路中，已知 $u_C(0_-)=1V$，$i(0_-)=0$，$C=1F$，$L=1H$。试分别求出开关闭合后，$R=3\Omega$，$R=2\Omega$ 和 $R=1\Omega$ 3 种情况下的电流 i。

解 （1）$R=3\Omega$ 时，$2\sqrt{\frac{L}{C}}=2\sqrt{\frac{1}{1}}=2\Omega<R$，因而，电路处于过阻尼状态。放电过程属于非振荡性的。此时，

$$\alpha = \frac{R}{2L} = \frac{3}{2},\ \omega_0 = \frac{1}{\sqrt{LC}} = 1$$

所以特征根为

$$\begin{aligned} p_{1,2} &= -\frac{R}{2L} \pm \sqrt{\left(\frac{R}{2L}\right)^2 - \frac{1}{LC}} \\ &= -1.5 \pm \sqrt{1.5^2 - 1} \\ p_1 &= -0.38,\ p_2 = -2.62 \end{aligned}$$

将它们代入式（8 - 45），可得

$$\begin{aligned} i &= -\frac{U_0}{L(p_2-p_1)}(e^{p_1 t} - e^{p_2 t}) \\ &= 0.45(e^{-0.38t} - e^{-2.62t}) \quad (A) \end{aligned}$$

其中，第一项衰减较慢，后一项衰减较快，因此两项之差总为正值，电流的曲线如图 8 - 37 所示。

（2）$R=2\Omega$ 时，$2\sqrt{\frac{L}{C}}=2\sqrt{\frac{1}{1}}=2\Omega=R$，因而，电路处于临界阻尼状态。放电仍属于非振荡放电。特征根为

$$p_1 = p_2 = -\frac{R}{2L} = -\frac{2}{2\times 1} = -1$$

将它们代入式（8 - 54），可得

$$i = \frac{U_0}{L} t e^{-\alpha t} = t e^{-t} \quad (A)$$

其波形如图 8 - 37 所示。

（3）$R=1\Omega$ 时，$2\sqrt{\frac{L}{C}}=2\sqrt{\frac{1}{1}}=2\Omega>R$，因而，电路处于欠阻尼状态。放电过程属于振荡放电。特征根为

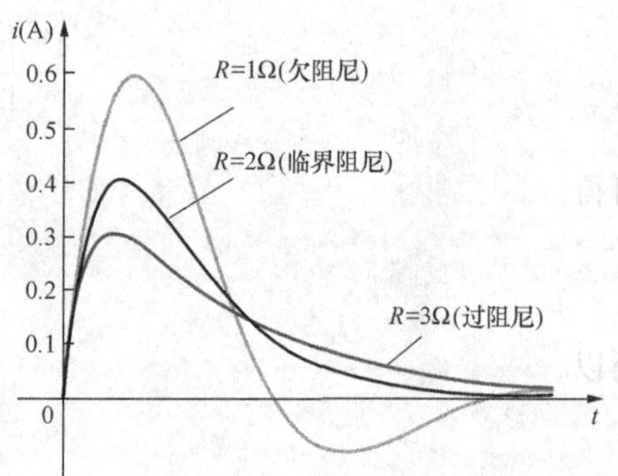

图 8 - 37 ［例 8 - 14］电流波形

$$p_1=-\alpha+\mathrm{j}\omega=-\frac{1}{2}+\mathrm{j}\sqrt{1-\frac{1}{4}}=-\frac{1}{2}+\mathrm{j}\frac{\sqrt{3}}{2}$$

$$p_2=-\alpha-\mathrm{j}\omega=-\frac{1}{2}-\mathrm{j}\sqrt{1-\frac{1}{4}}=-\frac{1}{2}-\mathrm{j}\frac{\sqrt{3}}{2}$$

将它们代入式（8 - 48），可得

$$i=\frac{U_0}{\omega L}\mathrm{e}^{-\alpha t}\sin\omega t=\frac{2}{\sqrt{3}}\mathrm{e}^{-0.5t}\sin\frac{\sqrt{3}}{2}t(\mathrm{A})$$

其波形如图 8 - 37 所示。响应为振荡性的。衰减系数为 0.5，衰减的角频率为$\frac{\sqrt{3}}{2}$。

8 - 7 - 1　一电容 C 对电阻 R、电感 L 的放电电路，原来为衰减振荡的，若增大电容 C，问能否变为非振荡电路？

8 - 7 - 2　一电容 C 对电阻 R、电感 L 的放电电路，已知 $R=3\Omega$、$L=1\mathrm{H}$、$C=1\mathrm{F}$，试问放电过程属于什么情况？

本章小结

一、电路产生过渡过程的原因及实质

电路产生过渡过程的原因是电路中必须含有储能元件并发生换路。过渡过程反映的实质是储能元件的能量不能跃变。

二、换路定律

换路（电路结构及元件参数改变）的瞬间，电容电压和电感电流不能跃变，其数学表达式为

$$\begin{cases}u_{\mathrm{C}}(0_+)=u_{\mathrm{C}}(0_-)\\ i_{\mathrm{L}}(0_+)=i_{\mathrm{L}}(0_-)\end{cases}$$

三、一阶电路的零输入响应

$$f(t)=f(0_+)\mathrm{e}^{-\frac{t}{\tau}}\quad(t\geqslant 0_+)$$

四、一阶电路的零状态响应

1. *RC* 电路在直流激励下的零状态响应

$$u_{\mathrm{C}}=U_{\mathrm{s}}(1-\mathrm{e}^{-\frac{t}{\tau}})\quad(t\geqslant 0),\tau=RC$$

2. *RL* 电路在直流激励下的零状态响应

$$i_{\mathrm{L}}=\frac{U_{\mathrm{s}}}{R}(1-\mathrm{e}^{-\frac{t}{\tau}})\quad(t\geqslant 0),\tau=\frac{L}{R}$$

五、一阶电路的全响应

1. 全响应的两种分解

全响应 = 零输入响应 + 零状态响应

全响应 = 强制分量 + 自由分量或全响应 = 稳态分量 + 暂态分量

2. 一阶电路响应的三要素法

（1）一阶电路在直流激励下的三要素公式

$$f(t)=f(\infty)+[f(0_+)-f(\infty)]e^{-\frac{t}{\tau}} \quad (t\geqslant 0_+)$$

获得了响应的初始值 $f(0_+)$、稳态值 $f(\infty)$ 及电路的时间常数 τ 三要素后，由上式即可直接写出响应的表达式。

（2）一阶电路在正弦激励下的三要素公式

$$f(t)=f_\infty(t)+[f(0_+)-f_\infty(0_+)]e^{-\frac{t}{\tau}} \quad (t\geqslant 0_+)$$

获得了响应的初始值 $f(0_+)$，稳态分量及其初始值和电路的时间常数 τ 后，由上式即可直接写出响应的表达式。

对于 RC 串联电路，时间常数为 RC；对于 RL 串联电路，时间常数为 L/R。其中，R 为换路后从储能元件两端看进去的等效电阻（独立电源置零）。

六、*RLC* 串联电路的零输入响应

RLC 串联电路的临界电阻为 $R=2\sqrt{\frac{L}{C}}$。当 $R\geqslant 2\sqrt{\frac{L}{C}}$ 时，电路的零输入响应为衰减的非振荡放电；当 $R<2\sqrt{\frac{L}{C}}$ 时，电路的零输入响应为衰减的振荡放电。

习 题 八

8-1 在图 8-38 所示电路中，理想电压源 $U_s=24\text{V}$，$R_1=4\Omega$，$R_2=12\Omega$，$R_3=6\Omega$，电路原已稳定。开关 S 在 $t=0$ 时断开。试求各支路电流、各元件电压的初始值。

8-2 图 8-39 所示电路中，电压表的内阻 $R_V=500\text{k}\Omega$，试求开关断开瞬间电压表两端的电压（换路前电路已达稳态）。

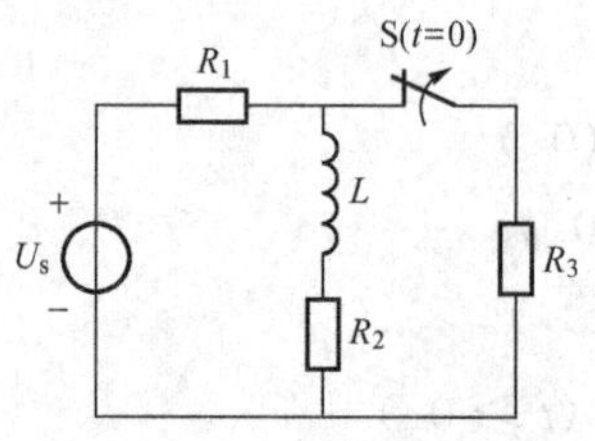

图 8-38 习题 8-1 图

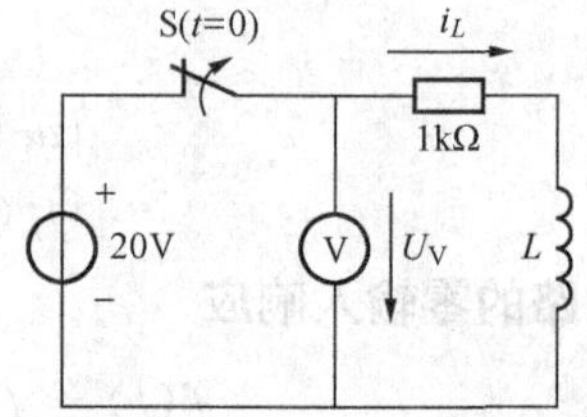

图 8-39 习题 8-2 图

8-3 图 8-40 所示电路中，$t=0$ 时开关 S 断开，试求图示各电流、电压的初始值（换路前电路已达稳态）。

8-4 图 8-41 所示电路原已稳定。试求开关断开后的 $u_C(t)$ 和 $i(t)$。

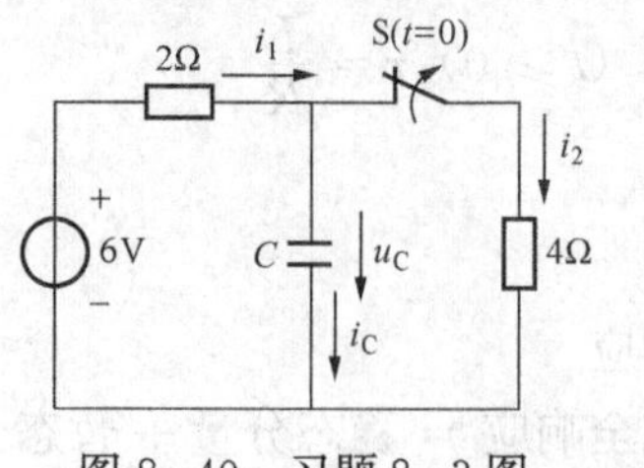

图 8-40 习题 8-3 图

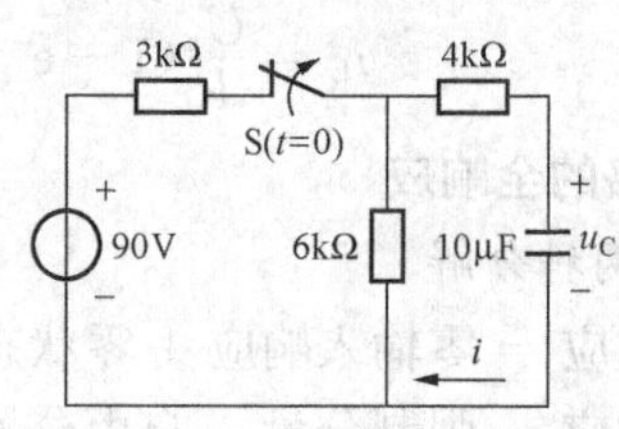

图 8-41 习题 8-4 图

8-5　$C=0.5\mu F$、$u_C(0_-)=50V$ 的电容经 $R=5k\Omega$ 的电阻放电。试求：(1) 放电电流的最大值；(2) 经过 10ms 时的电容电压和电流。

8-6　一个高压电容器原先已充电，其电压为 10kV，从电路中断开后，经过 15min 其电压降低为 3.2kV，问：(1) 再经过 15min 电压将降为多少？(2) 如果电容 $C=15\mu F$，那么它的绝缘电阻是多少？(3) 需经多少时间，可使电压降至 30V 以下？(4) 如果以一根电阻为 0.2Ω 的导线将电容接地放电，则最大放电电流是多少？若认为在 5τ 时间内放电完毕，那么放电的平均功率为多少？

8-7　图 8-42 所示电路中，开关在 $t=0$ 时打开，求开关断开后的电感电流 i_L（电路在换路前已达稳态）。

8-8　图 8-43 所示电路中，已知 $I_s=8A$，$R_1=R_2=20\Omega$，$R_3=30\Omega$，$L=0.5H$，求开关 S 打开后的 $i(t)$、$u_L(t)$。

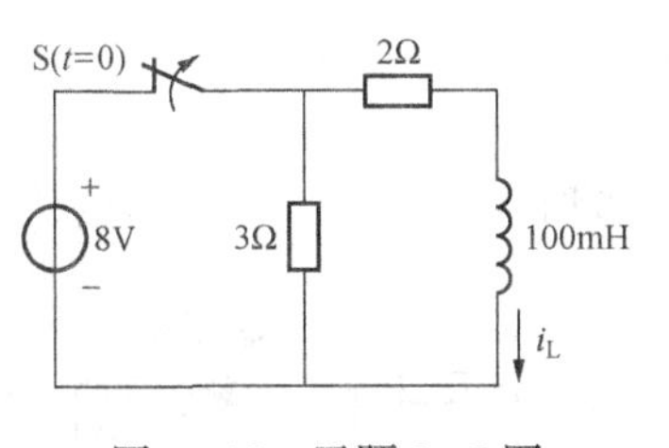

图 8-42　习题 8-7 图

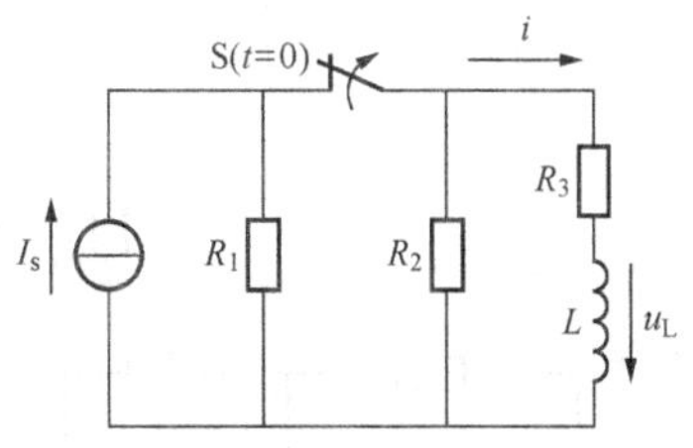

图 8-43　习题 8-8 图

8-9　一电感线圈被短路后经 0.1s 电流衰减到初始值的 35%，如此线圈经 5Ω 串联电阻短路，经 0.05s 后，电流即可衰减到初始值的 35%。试求线圈的电阻和电感。

8-10　图 8-44 所示电路中，已知 $I_s=6A$，$R_1=2\Omega$，$R_2=4\Omega$，$L=4H$，求开关 S 闭合后的 i_L。

8-11　图 8-45 所示电路中，电容原未被充电，已知 $U_s=10V$，$R=2k\Omega$，$C=100\mu F$，在 $t=0$ 时开关 S 闭合，试求：(1) $u_C(t)$ 和 $i_C(t)$；(2) 电容充电到 8V 所用的时间。

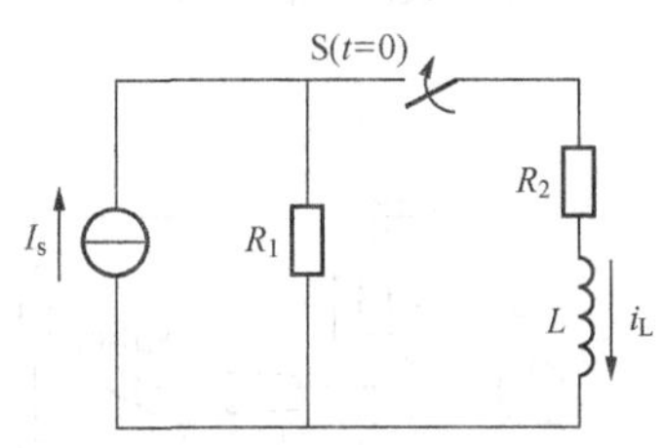

图 8-44　习题 8-10 图

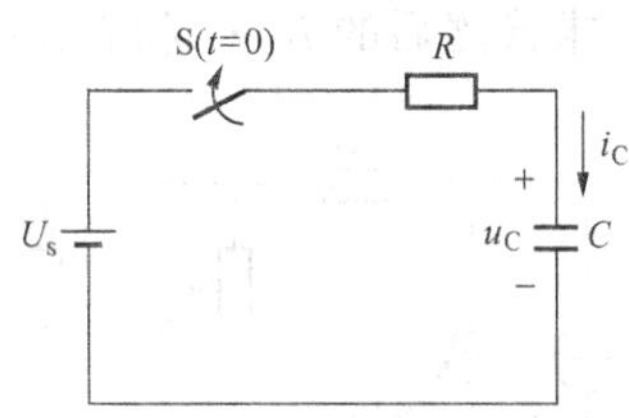

图 8-45　习题 8-11 图

8-12　$R=1k\Omega$、$C=10\mu F$、$u_C(0_-)=0V$ 的 RC 串联电路接到 $U_s=100V$ 的直流电压源上。试求：充电电流的最大值及经过 0.015s 时的电容电压和电流。

8-13　求图 8-46 所示电路的时间常数。

8-14　图 8-47 所示电路原已处于稳定状态，在 $t=0$ 时将开关 S 断开。试求 $t\geqslant 0$ 时的 $u_C(t)$；写出其暂态分量和稳态分量；写出其零输入响应和零状态响应。

8-15　图 8-48 所示电路中，已知 $U_s=100V$ 恒定，$R_1=20\Omega$，$R_2=80\Omega$，$R_3=4\Omega$，$C=20\mu F$，电容原未充电，试求换路后的 $u_C(t)$ 和 $i_2(t)$。

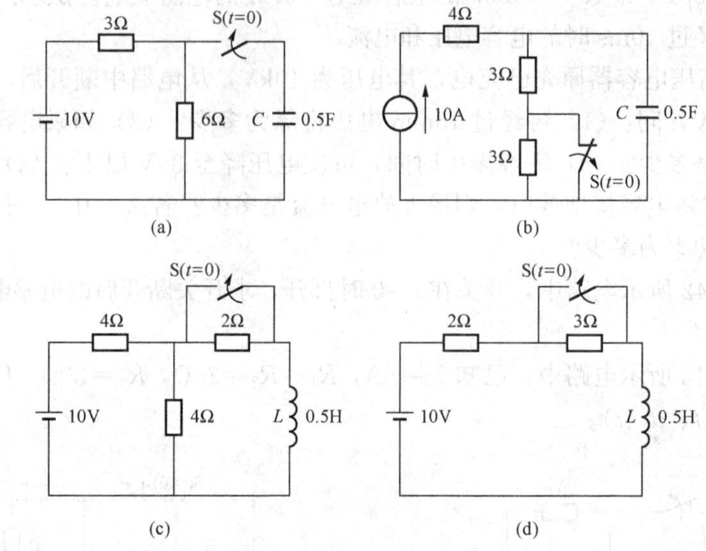

图 8-46　习题 8-13 图

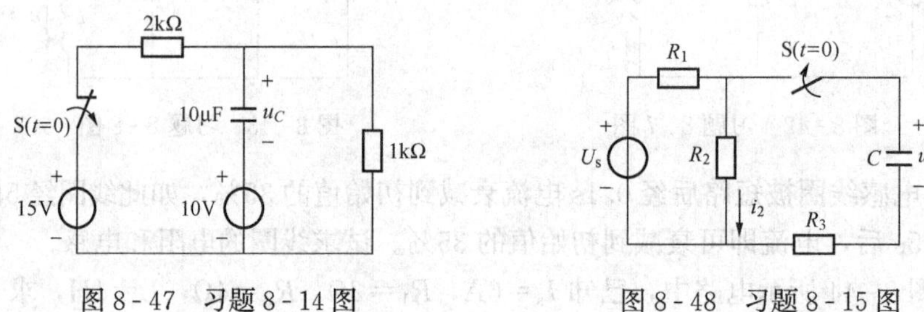

图 8-47　习题 8-14 图　　　　图 8-48　习题 8-15 图

8-16　图 8-49 所示电路中，理想电流源 $I_s=2A$，$R_1=40\Omega$，$R_2=60\Omega$，$R_3=20\Omega$，$C=25\mu F$，电路原已稳定，试用三要素法求 $u_C(t)$ 和 $i_2(t)$。

8-17　图 8-50 所示电路中，理想电压源 $U_s=80V$，$R_1=R_4=20\Omega$，$R_2=R_3=80\Omega$，$L=0.02H$，试求换路后的 $i_L(t)$ 和 $i_1(t)$。

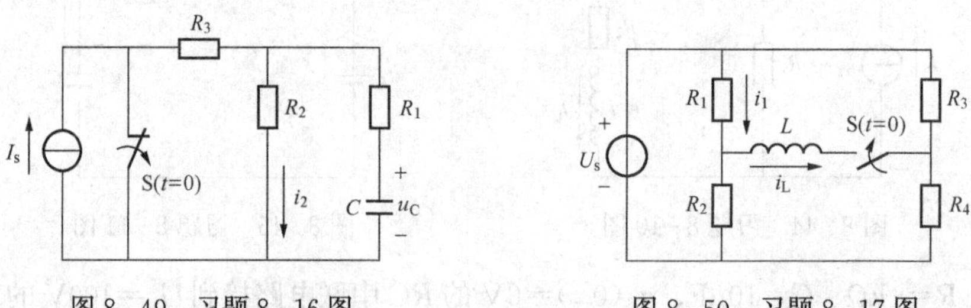

图 8-49　习题 8-16 图　　　　图 8-50　习题 8-17 图

8-18　图 8-51 所示电路，$t=0$ 时将开关由 1 投向 2（设开关是瞬时切换的），设换路前电路已处于稳态，试求换路后的电流 $i(t)$ 和 $i_L(t)$。

8-19　应用三要素法求图 8-52 所示电路在换路后的 $u_C(t)$，并画出曲线，已知 $u_C(0_-)=4V$。

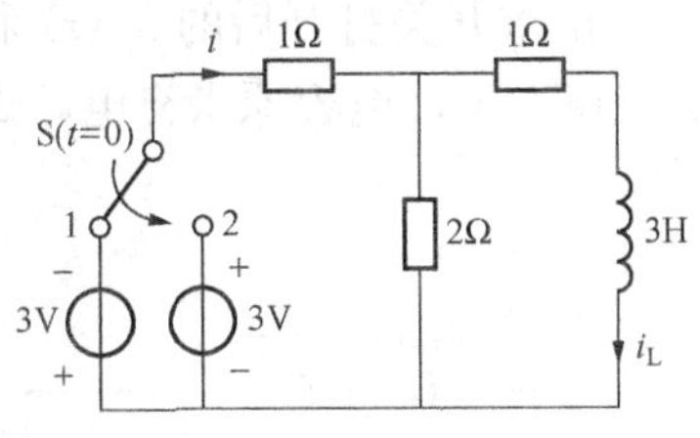

图 8-51　习题 8-18 图

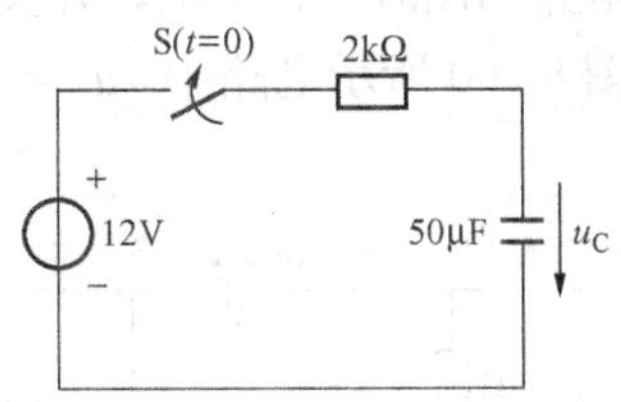

图 8-52　习题 8-19 图

8-20　电路如图 8-53 所示，开关 S 长时间闭合，在 $t=0$ 时突然断开，求换路后的电容电压 u_C 和 u、i 的变化规律。

8-21　图 8-54 所示电路原已达稳态，$t=0$ 时开关 S 合上，求开关 S 合上后的 $i(t)$。

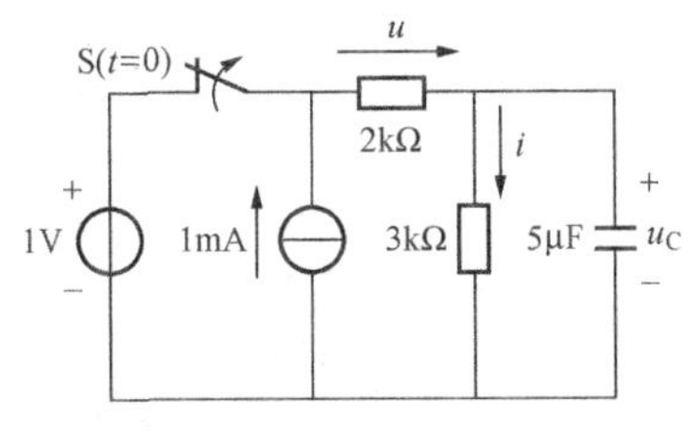

图 8-53　习题 8-20 图

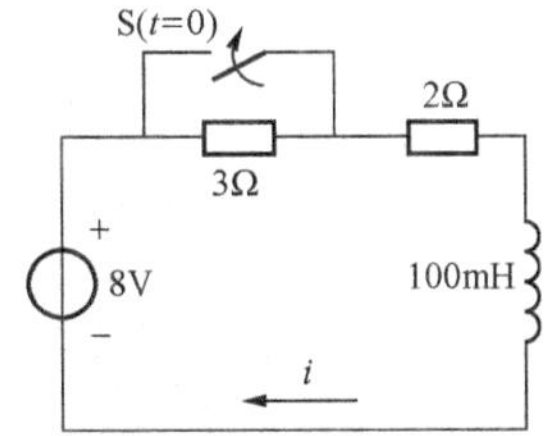

图 8-54　习题 8-21 图

8-22　图 8-55 所示电路原已达稳态，$t=0$ 时将开关 S 合上，试用三要素法求换路后的 $u_C(t)$ 和 $i(t)$。

8-23　图 8-56 所示电路中，$u_s=200\sin 314t$ V，$L=127$mH，电路原已达稳态，$t=0$ 时开关 S 由 1 切换到 2，求 $i_L(t)$ 和 $u_L(t)$。

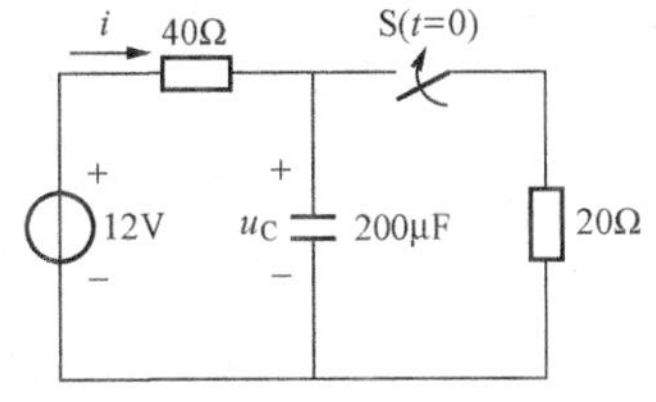

图 8-55　习题 8-22 图

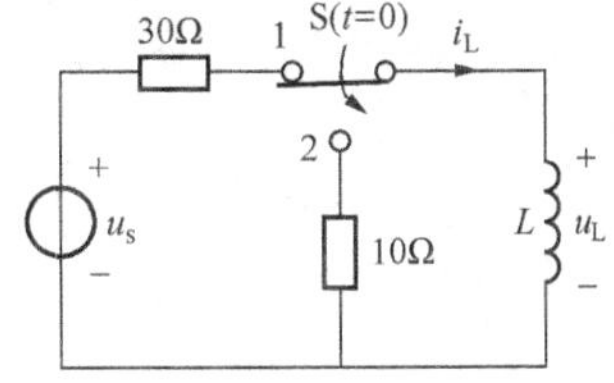

图 8-56　习题 8-23 图

8-24　图 8-57 所示电路中，已知 $U_s=150$V，$R_1=R_2=R_3=100\Omega$，$L=0.1$H，设开关在 $t=0$ 时接通，电感电流初始值为零，求换路后各支路电流的变化规律。

8-25　电路如图 8-58 所示，开关 S 闭合已久。试求开关打开后的 $u_C(t)$ 和 $i_L(t)$。

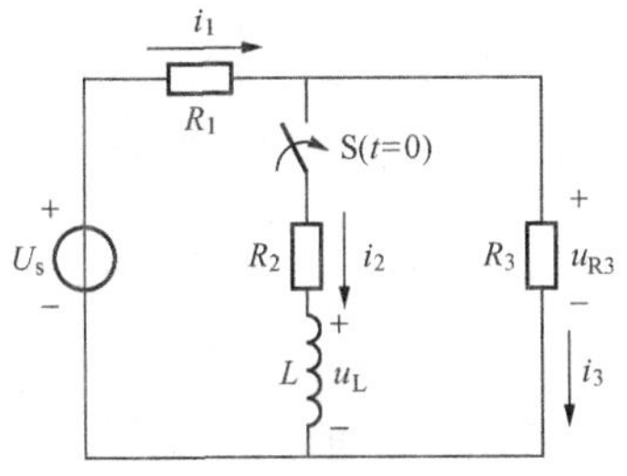

图 8-57　习题 8-24 图

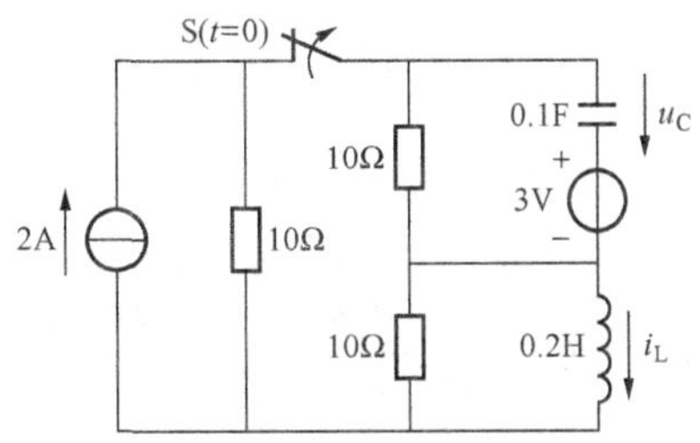

图 8-58　习题 8-25 图

8-26　电路如图8-59所示，开关S闭合已久。试求开关打开后的$u_C(t)$和$i_L(t)$。

8-27　图8-60所示电路中，$u_s=10\sin(314t+45°)$ V，电容原未充电，试用三要素法求$i(t)$。

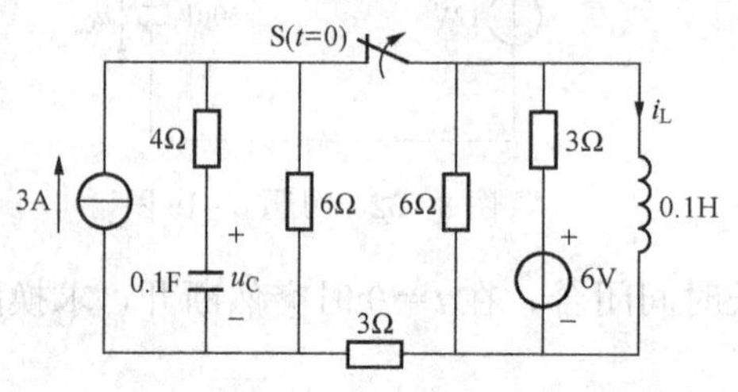

图8-59　习题8-26图

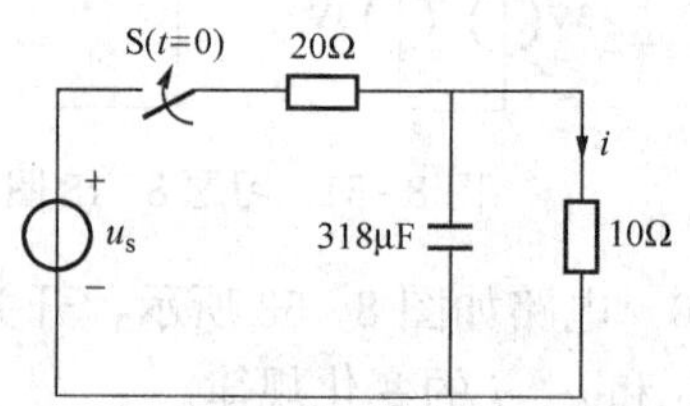

图8-60　习题8-27图

第九章　实　验　项　目

实验一　直流电路中电位、电压的测定

一、实验目的

（1）学会用电压表测量电路中电位、电压的方法。

（2）加深对电路中电位的相对性、电压的绝对性的理解。

二、实验相关知识

（1）电路中某点的电位是指该点对参考点的电压。

（2）电路中两点之间的电位差称为电压。

（3）电位是一个与参考点有关的相对物理量，电压是一个与参考点无关的绝对物理量。

（4）测量电压的方法是将电压表的红表笔接在电压参考方向的高电位端，黑表笔接在低电位端，若测量值为正，说明电压的参考方向与实际方向一致；若测量值为负，说明电压的参考方向与实际方向相反。

（5）测量电位的方法是将电压表的黑表笔接在电位的参考点上，红表笔接在被测点上，若测量值为正，说明被测点的电位比参考点的电位高；若测量值为负，说明被测点的电位比参考点的电位低。

三、实验设备（见表 9-1）

表 9-1　　实验设备表

序　　号	名　　称	型号与规格	数　　量
1	直流可调稳压电源	DG04，0～30V	二路
2	直流数字电压表	D31，0～200V	1
3	电位、电压测定实验电路板	DG05	1

四、实验电路

实验电路如图 9-1 所示。

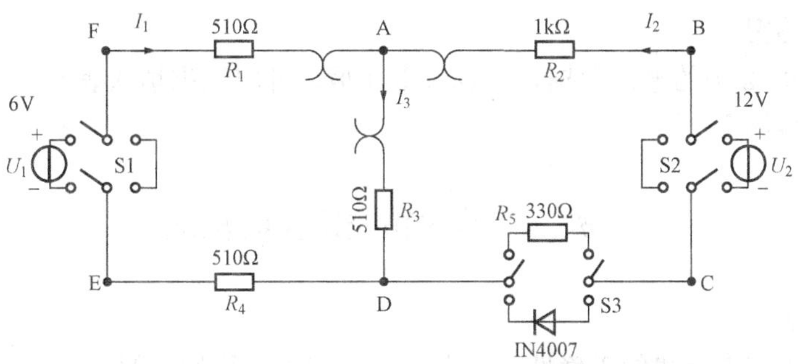

图 9-1　基尔霍夫定律/叠加原理

五、实验步骤

(1) 从 DG05 型实验箱上找到图 9-1 所示的基尔霍夫定律/叠加原理电路。

(2) 将稳压源的两路输出归零，分别接入电路中。

(3) 打开电源开关，分别调节稳压源的输出为 6V 和 12V。

(4) 以 A 点为参考点，分别测量 B、C、D、E、F 各点的电位值及相邻两点之间的电压。

(5) 以 D 点为参考点，重复以上的测量，并将测得的数据记录于表 9-2 和表 9-3 中。

表 9-2 电位数据

电位 / 参考点	V_A	V_B	V_C	V_D	V_E	V_F	U_{AB}	U_{BC}	U_{CD}	U_{DE}	U_{EF}	U_{FA}
A												
D												

表 9-3 电压数据

电压（V） / 参考点	U_{AB}	U_{BC}	U_{CD}	U_{DE}	U_{EF}	U_{FA}
A						
D						

六、实验注意事项

(1) 本实验电路板是多个实验共用的电路板，本次实验中不使用电流插孔。图 9-1 中的 S3 应拨向 330Ω 侧，三个故障按键均不得按下。

(2) 接线时，应关掉电源。

(3) 打开电源前，应确保稳压源输出为零。

(4) 用模拟式（指针式）直流电压表测量电压和电位时，若测量值为正，指针正偏；若测量值为负，指针反偏，此时应调换表笔后读数，但一定要注意，记录的数据是负值。

七、预习思考题

(1) 什么是电位？什么是电压？

(2) 以两个不同的参考点分别测量电路中各点的电位和电压时，电位值和电压值有何变化？

八、问题与心得

(1) 利用表 9-2 中的电位数据，计算各电压值，并将数据填入表 9-3 中。

(2) 总结心得体会。

实验二　基尔霍夫定律的验证

一、实验目的

(1) 验证基尔霍夫定律的正确性，加深对基尔霍夫定律的理解。

(2) 加深对电位、电压参考方向的认识。

(3) 了解电流插头、插座的知识，学会测量电流的方法。

二、实验相关知识

(1) 基尔霍夫定律是最基本的电路定律。它包括基尔霍夫电流定律（KCL 定律）和基尔霍夫电压定律（KVL 定律）。

(2) KCL 定律：对于电路中任何一个节点，在任何时刻，流过这个节点的电流的代数和为零，即 $\sum I = 0$。

(3) KVL 定律：对于电路中的任一回路，沿回路绕行一周，各元件或各支路上电压降的代数和为零，即 $\sum U = 0$。

(4) 运用上述定律列写方程时，必须先假定各支路电流或电压的参考方向，对于 KVL 定律还应选定回路的绕行方向。

三、实验设备（见表 9-4）

表 9-4　　实验设备表

序　号	名　称	型号与规格	数　量
1	直流可调稳压电源	DG04，0～30V	二路
2	直流数字毫安表	D31，0～200mA	1
3	直流数字电压表	D31，0～200V	1
4	电位、电压测定实验电路板	DG05	1
5	电流插头		1

四、实验电路

实验电路如图 9-1 所示。

五、实验步骤

(1) 从 DG05 型实验箱上找到图 9-1 所示的基尔霍夫定律/叠加原理电路。

(2) 将稳压源的两路输出归零，分别接入电路中。

(3) 打开电源开关，分别调节稳压源的输出为 6V 和 12V。

(4) U_1 单独作用时，测量 I_1、I_2、I_3 的值。

(5) U_2 单独作用时，测量 I_1、I_2、I_3 的值。

(6) U_1、U_2 共同作用时，测量 I_1、I_2、I_3 的值。

以上测量数据均记录于表 9-5 中。

(7) U_1、U_2 共同作用时，测量各支路的电压并记录于表 9-6 中。

表 9-5　　电流数据

测试条件	I_1（mA）	I_2（mA）	I_3（mA）	$\sum I$
U_1 单独作用				
U_2 单独作用				
U_1、U_2 共同作用				

表 9-6 电 压 数 据

回路名称	测量值（V）						$\sum U$
FADEF 回路	$U_{FA}=$	$U_{AD}=$	$U_{DE}=$	$U_1=$			
ABCDA 回路	$U_{AB}=$	$U_2=$	$U_{CD}=$	$U_{AD}=$			
FBCEF 回路	$U_{FA}=$	$U_{AB}=$	$U_2=$	$U_{CD}=$	$U_{DE}=$	$U_1=$	

六、实验注意事项

（1）接线时，应关掉电源。

（2）打开电源前，应确保稳压源输出为零。

（3）所有需要测量的电压值，均以电压表测量的读数为准，U_1、U_2 也需测量，不应取电源本身的显示值。

（4）用模拟式（指针式）电压表或电流表测量电压或电流时，若指针反偏，则必须调换仪表表笔，重新测量；若指针正偏，可读得电压或电流值，但应注意：此时电压或电流值应为负值。

七、预习思考题

（1）基尔霍夫定律的内容是什么？

（2）本实验中毫安表和电压表应选多大量程？

（3）在图 9-1 所示电流参考方向下，如何列写节点电流方程？在顺时针绕行方向下，如何列写回路电压方程？

八、问题与心得

（1）根据图 9-1 所示电流的参考方向和表 9-6 中电压的参考方向，分别写出节点电流方程和三个回路的电压方程。

（2）根据实验数据，分别计算出 $\sum I$、$\sum U$ 的数值，从中得出什么结论？

（3）总结心得体会。

实验三　叠加原理的验证及电路故障的判断

一、实验目的

（1）验证线性电路叠加原理的正确性，加深对线性电路的叠加性和齐次性的认识和理解。

（2）通过实验数据判断电路中的故障，加深对开路、短路方面知识的理解，提高学生分析问题的能力。

二、实验相关知识

叠加原理指出：在由多个独立源共同作用下的线性电路中，通过每一个元件的电流或其两端的电压，可以看成是由每一个独立源单独作用时在该元件上所产生的电流或电压的代数和。

线性电路的齐次性是指当激励信号（某独立源的值）增加或减小 K 倍时，电路的响应（即在电路中各电阻元件上所建立的电流和电压值）也将相应的增加或减小 K 倍。

三、实验设备（见表 9-7）

表 9-7 实验设备表

序号	名称	型号与规格	数量
1	直流稳压电源	DG04，0～30V 可调	二路
2	直流数字电压表	D31，0～200V	1
3	直流数字毫安表	D31，0～200mV	1
4	叠加原理实验电路板	DG05	1
5	电流插头		1

四、实验电路

实验电路如图 9-1 所示。

五、实验步骤

（1）从 DG05 型实验箱上找到图 9-1 所示的基尔霍夫定律/叠加原理电路。

（2）将稳压源的两路输出归零，分别接入电路中。

（3）打开电源开关，分别调节稳压源的输出为 12V 和 6V。

（4）将开关 S3 投向 330Ω 侧，按表 9-8 所列项目进行测量。

（5）将开关 S3 投向二极管 IN4007 侧，按表 9-9 所列项目进行测量。

（6）在 U_1 和 U_2 共同作用时，任意按下某一故障键，测量表 9-10 中所列数据，再根据测量结果判断出故障的性质。

表 9-8 线性电路实验数据

测量项目 / 实验内容	I_1 (mA)	I_2 (mA)	I_3 (mA)	U_{AB} (V)	U_{CD} (V)	U_{AD} (V)	U_{DE} (V)	U_{FA} (V)
U_1、U_2 共同作用								
U_1 单独作用								
U_2 单独作用								
$2U_2$ 单独作用								
计算叠加结果								

表 9-9 非线性电路实验数据

测量项目 / 实验内容	I_1 (mA)	I_2 (mA)	I_3 (mA)	U_{AB} (V)	U_{CD} (V)	U_{AD} (V)	U_{DE} (V)	U_{FA} (V)
U_1、U_2 共同作用								
U_1 单独作用								
U_2 单独作用								
$2U_2$ 单独作用								
计算叠加结果								

表 9-10　　故障情况实验数据

实验内容 \ 测量项目	I_1 (mA)	I_2 (mA)	I_3 (mA)	U_{AB} (V)	U_{CD} (V)	U_{AD} (V)	U_{DE} (V)	U_{FA} (V)	判断故障
故障 1									
故障 2									
故障 3									

六、实验注意事项

（1）接线时，应关掉电源。

（2）打开电源前，应使电源输出为零。

（3）当 U_1 电源单独作用时，BC 两端被短路，所以 U_{AC} 测量值即为 U_{AB} 的值。同理当 U_2 电源单独作用时，EF 两端被短路，所以测量 U_{EA} 测量值即为 U_{FA} 的值。

（4）用模拟式（指针式）电压表或电流表测量电压或电流时，若指针反偏，则必须调换仪表表笔，重新测量，若指针正偏，可读得电压或电流值。但应注意：此时电压或电流测量值应为负值。

七、预习思考题

（1）什么是线性电阻？二极管是线性元件吗？

（2）叠加原理的内容是什么？

八、问题与心得

（1）将表 9-8、表 9-9 中“计算叠加结果”项的数据填写完整，分析数据得出什么结论？

（2）电阻元件上所消耗的功率能否用叠加原理计算得出？试根据表 9-8 中电阻 R_1 上的电流和电压，进行计算并推导结论。

（3）根据表 9-10 中的实验数据，判断故障的性质，并直接填写在表中。

（4）总结心得体会。

实验四　戴维南定理验证

一、实验目的

（1）验证戴维南定理的正确性，加深对定理内容的理解。

（2）掌握测量有源二端网络等效参数的一般方法。

二、实验相关知识

（1）任何一个线性有源网络，如果仅研究其中一条支路的电压和电流，则可将电路的其余部分看作是一个有源二端网络（或称为含源一端口网络），如图 9-2（a）所示。

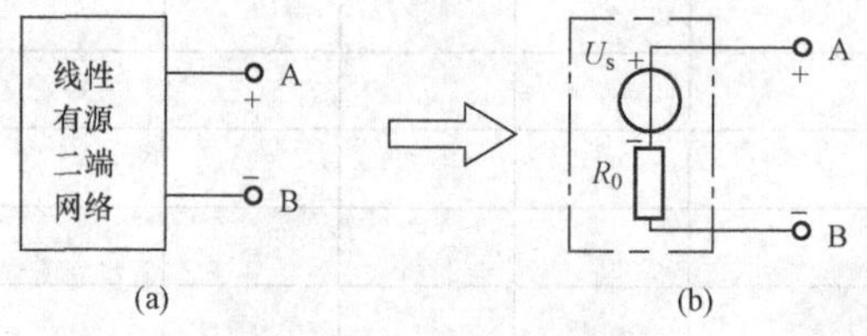

图 9-2　有源二端网络

（a）含源二端网络；（b）戴维南等效电路

（2）戴维南定理指出：任何一个线性有源二端网络，对其外电路而言，总可以用一个理想电压源与一个电阻的串联模型来等效代替，如图 9-2（b）所示。该理想电压源的电压 U_s 等于这个有源二端网络的开路电压 U_{oc}，所串

电阻 R_0 等于该网络中所有独立源均置零（理想电压源视为短接，理想电流源视为开路）时的等效电阻。

U_{oc}（U_s）和 R_0 称为有源二端网络的等效参数。

（3）有源二端网络等效内阻 R_0 的测量方法。

1）开路、短路法测 R_0。在有源二端网络输出端开路时，用电压表直接测其输出端的开路电压 U_{oc}，然后再将其输出端短路，用电流表测其短路电流 I_{sc}，则 $R_0=\dfrac{U_{oc}}{I_{sc}}$。

如果二端网络的内阻很小，若将其输出端口短路则易损坏其内部元件，因此不宜用此方法。

2）伏安法测 R_0。将二端网络内所有的电源置零，在端口上加一个外接电源，用电压表测出其外接电源的电压 U，用电流表测出端口处流过的电流 I，则 $R_0=\dfrac{U}{I}$。

三、实验设备

表 9-11 实 验 设 备 表

序 号	名 称	型号与规格	数 量
1	可调直流稳压电源	DG04，0～30V	1
2	可调直流恒流源	DG04，0～500mA	1
3	直流数字电压表	D31，0～200V	1
4	直流数字毫安表	D31，0～200mA	1
5	可调电阻箱	DG09，0～99999.9Ω	1
6	电阻元件	DG09，30、51、200Ω	1
7	戴维南定理实验电路板	DG05	1

四、实验电路

实验电路如图 9-3 和图 9-4 所示。

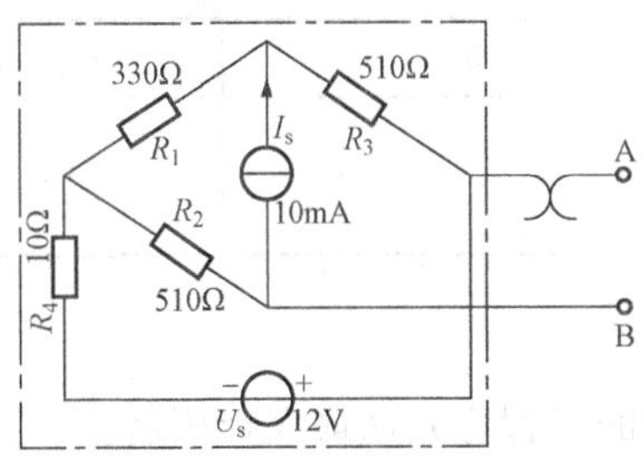

图 9-3 线性含源二端网络

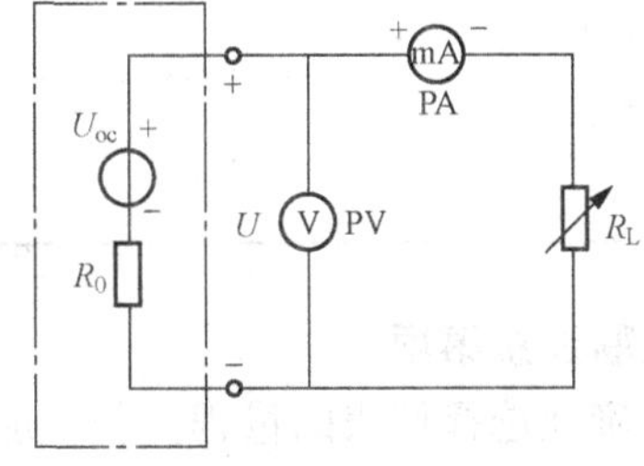

图 9-4 戴维南等效电路

五、实验步骤

1. 测量线性含源二端网络在外电路 R_L 上产生的电流和电压

（1）在 DG05 型实验箱上找到图 9-3 所示的戴维南定理/诺顿定理实验电路板，将电压源和电流源接入其中。

（2）检查电压源和电流源是否归零，打开电源开关。

（3）将电压源调至 12V，电流源调至 10mA。

（4）在DG09型元件箱上找到三个30、51、200Ω的电阻元件，将其作为R_L分别接在二端网络A、B端口，测量它们的电流I_{RL}、电压U_{RL}，记录于表9-12中。

表9-12 实验数据一

R_L（Ω）	30	51	200
I_{RL}（mA）			
U_{RL}（V）			

2. 测量等效电源的参数

（1）用开路电压、短路电流法测定戴维南等效电路的U_{oc}、R_0和诺顿等效电路的I_{sc}、R_0。图9-3中不接入R_L时测出开路电压U_{oc}；再将A、B端口短路，测出短路电流I_{sc}，记录于表9-13中并计算R_0。

（2）用伏安法测等效电路的电阻R_0。将图9-3中所有的电源置零（不接电流源和电压源，但要把接电压源的两个端子短接），在A、B端口加一个9V的外接电源，用电压表测出外接电源的电压U，用电流表测出端口处的电流I，将数据记录于表9-13中，并计算R_0。

表9-13 实验数据二

测量方法	测量值		计算R_0
开路电压、短路电流法	U_{oc}=	I_{sc}=	
伏安法	U=	I=	

3. 验证戴维南定理的正确性

按图9-4接线，根据表9-13中测量的等效电压源的参数，调整电压源的输出和电阻R_0的数值。分别测量R_L为30、51、200Ω时的电流、电压值，记录于表9-14中。

表9-14 实验数据三

R_L（Ω）	30	51	200
I_{RL}（mA）			
U_{RL}（V）			

六、实验注意事项

（1）正确地选择仪表的量程。若不能估计仪表的量程应先从最大挡试起。

（2）电压源置零时不可将稳压源短接。

（3）改接线路时，要关掉电源。

七、预习思考题

（1）戴维南定理的内容是什么？

（2）什么时候用戴维南定理研究电路更简单？

（3）开路电压、短路电流法测量内阻的原理是什么？

八、问题与心得

（1）比较表9-12、表9-14中的数据，从中得出什么结论？

(2) 用伏安法测量等效电源内阻，外接电源的正极接在 A 端、负极接在 B 端时，电流表的读数为什么是负值？计算出的电阻也是负的吗？

(3) 总结心得体会。

实验五　交流电路等效参数的测定

一、实验目的

(1) 学会用交流电压表、交流电流表和功率表——三表法，测量交流电路等效参数的方法。

(2) 熟悉单相交流电路的基本公式。

(3) 熟悉交流仪器、仪表的使用。

二、实验相关知识

(1) 正弦交流电路中元件的参数 R、L 和 C 可以用交流电压表、交流电流表及功率表分别测量出元件上的电压 U、电流 I 和功率 P，然后通过计算得到。这种方法称为三表法。

值得注意的是，被测电路可能是单一元件，也可能是几个单一元件串、并联组合的无源二端网络，因此测得的参数不一定是某一具体元件的参数，而是几个元件对外呈现出的等效参数。

(2) 若所测电路对外呈现阻性，则等效参数就是一个电阻，用 R' 表示；若所测电路对外呈现感性，则可以将其等效为一个电阻和一个电感相串联，等效参数就用 R' 和 L' 表示；若所测电路对外呈现容性，则可以将其等效为一个电阻和一个电容相串联，等效参数就用 R' 和 C' 表示，如图 9-5 所示。

(3) 参数计算的基本公式为：

阻抗的模 $|Z|=\dfrac{U}{I}=\sqrt{R^2+X^2}$

电路的功率因数 $\cos\varphi=\dfrac{P}{UI}$

等效电阻 $R=\dfrac{P}{I^2}=|Z|\cos\varphi$

等效电抗 $X=|Z|\sin\varphi$

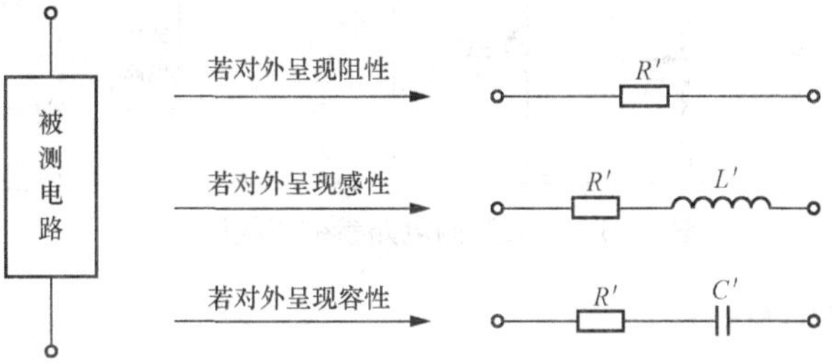

图 9-5　被测电路等效参数

当被测电路呈现感性时，被测电路的电抗就可以用等效感抗来代替，即 $X=X'_{\mathrm{L}}=2\pi fL'$，则等效电感 $L'=\dfrac{X}{2\pi f}$。

当被测电路呈现容性时，被测电路的电抗就可以用等效容抗来代替，即 $X=X'_{\mathrm{C}}=\dfrac{1}{2\pi fC'}$，则等效电容 $C'=\dfrac{1}{2\pi fX}$。

(4) 功率与电压和电流有关，所以功率表中有两组元件，一组是电压元件，一组是电流元件。在接线时，电压元件应与负载并联反映负载的电压，电流元件应与负载串联反映负载的电流。由于每一组元件都有两个接线端子，因此功率表的读数的正负还与这两个元件中电流的方向有关。为了正确接线，在两个元件的某一端子上各做一个相同的标记，如“*”或

“±”，将其称为电源端或发电机端。接线时，应将电源端接至电源的同一极性上，以使电流的方向对于电源端一致。所以总结功率表的接线原则就是：电流元件与负载“串”；电压元件与负载“并”；“*”或“±”端接至电源的同一极性。

三、实验设备（见表 9-15）

表 9-15 实验设备表

序号	名称	型号与规格	数量
1	交流电压表	D33，0～500V	1
2	交流电流表	D32，0～5A	1
3	功率表	D34-3	1
4	自耦调压器	DG01	1
5	镇流器（电感线圈）	DG09，与 40W 荧光灯配用	1
6	电容器	DG09，1μF，4.7μF/500V	1
7	白炽灯	DG08，15W/220V	3

四、实验电路

实验电路如图 9-6 所示。

五、实验步骤

（1）按图 9-6 接线，将调压器输出置零，方可启动电源。

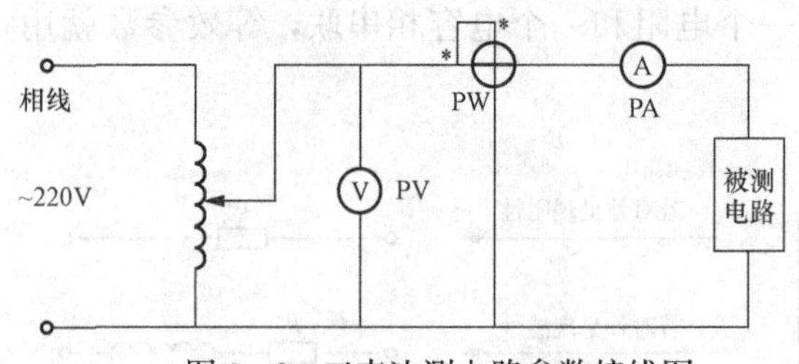

图 9-6 三表法测电路参数接线图

（2）调节调压器的输出电压为 220V。

（3）分别测量被测电路为 45W 白炽灯、30W 荧光灯镇流器、4.7μF 电容器、镇流器与 4.7μF 的电容串联和镇流器与 4.7μF 的电容并联五种情况下的电流、电压和功率，并将测量数据记录于表 9-16 中。

（4）实验完毕，将调压器重新置零，断开电源。

表 9-16 实验数据

被测电路	测量值			计算值				
	U（V）	I（A）	P（W）	$\|Z\|$（Ω）	$\cos\varphi$	R'（Ω）	L'（mH）	C'（μF）
15W 白炽灯 3 盏								
电感线圈								
电容器 C（4.7μF）								
线圈与 C 串联								
线圈与 C 并联								

六、实验注意事项

（1）无论在接线还是在改接电路时，一定要断开电源。

（2）自耦调压器在接通电源前，应归零。调节时，使其输出电压从零开始逐渐升高。实验结束和每次改接实验线路时，也应将其归零，再断电源。必须严格遵守这一安全操作规程。

七、预习思考题

（1）在 50Hz 的交流电路中，测得一只铁心线圈的 P、I 和 U，如何计算线圈的参数？

（2）在交流电路中，电压与电流的比值是什么？

八、问题与心得

（1）根据实验数据，完成各项计算，并将计算结果填于表 9-16 中。

（2）写出线圈与电容器 C 串联的等效参数的计算过程。

（3）总结心得体会。

实验六　*RLC* 串联电路的研究

一、实验目的

（1）验证正弦交流电路中，总电压和各元件间的电压、总阻抗和各元件间的阻抗、总视在功率和各元件间的总视在功率之间的关系。

（2）加深对串联电路三种性质的认识。

（3）加深对电路发生谐振条件、特点的理解。

（4）掌握电路品质因数（Q 值）的物理意义及其计算方法。

二、实验相关知识

图 9-7 所示为 *RLC* 串联电路及其相量模型图。

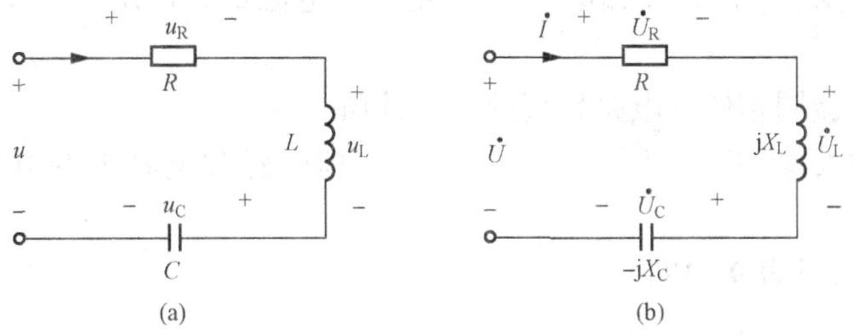

图 9-7　*RLC* 串联电路及相量模型

（a）*RLC* 串联电路；（b）相量模型

（1）*RLC* 串联电路有如下关系：

1）电压关系 $\dot{U}=\dot{U}_R+\dot{U}_L+\dot{U}_C$；$U=\sqrt{U_R^2+(U_L-U_C)^2}$。

2）阻抗关系 $|Z|=\sqrt{R^2+(X_L-X_C)^2}$ 。

3）功率关系 $S=\sqrt{P^2+(Q_L-Q_C)^2}$ 。

图 9-8 所示为电压、阻抗、功率三角形图。

（2）电路的三种性质。

1）当 $\omega L>\frac{1}{\omega C}$ 时，$X>0$，$\varphi>0$，$U_X>0$，$Q>0$，电路呈感性。

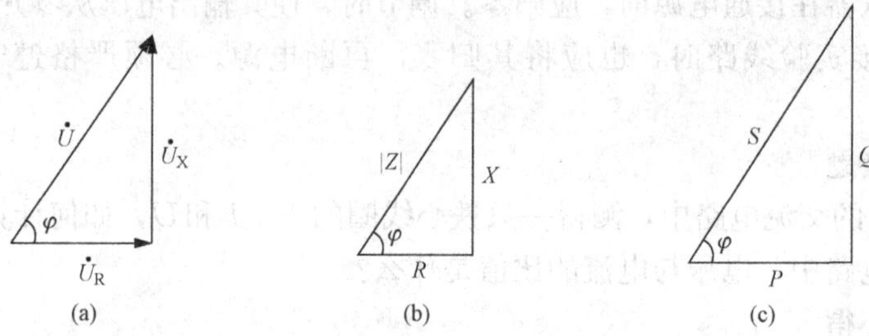

图 9-8 电压、阻抗、功率三角形图

(a) 电压三角形；(b) 阻抗三角形；(c) 功率三角形

2）当$\omega L < \dfrac{1}{\omega C}$时，$X < 0, \varphi < 0$，$U_X < 0$，$Q < 0$，电路呈容性。

3）当$\omega L = \dfrac{1}{\omega C}$时，$X = 0, \varphi = 0$，$U_X = 0$，$Q = 0$，电路呈电阻性，也叫谐振状态。此时，有：

谐振频率
$$f_0 = \frac{1}{2\pi\sqrt{LC}}$$

特性阻抗
$$\rho = \omega_0 L = \frac{1}{\omega_0 C} = \sqrt{\frac{L}{C}}$$

品质因数
$$Q = \frac{\rho}{R} = \frac{\omega_0 L}{R} = \frac{1}{R\omega_0 C} = \frac{1}{R}\sqrt{\frac{L}{C}}$$

（3）电路串联谐振时的主要特征。

1）阻抗最小，$|Z| = R$，外加电压U一定时，电流最大，$I_0 = U/R$，I_0称为串联谐振电流。

2）总电压与电流同相位，电路呈现纯电阻性质。

3）当品质因数$Q \gg 1$时，$U_L = U_C \gg U_R = U$，即电感和电容上的电压远高于电路的总电压。

三、实验设备（见表 9-17）

表 9-17　　实验设备表

序号	名称	型号与规格	数量
1	交流电压表	D33，0～500V	1
2	交流电流表	D32，0～5A	1
3	功率表	D34-3	1
4	自耦调压器	DG01	1
5	镇流器（电感线圈）	DG09，与 40W 荧光灯配用	1
6	电容器	DG09	6

四、实验电路

实验电路如图 9-9 所示。

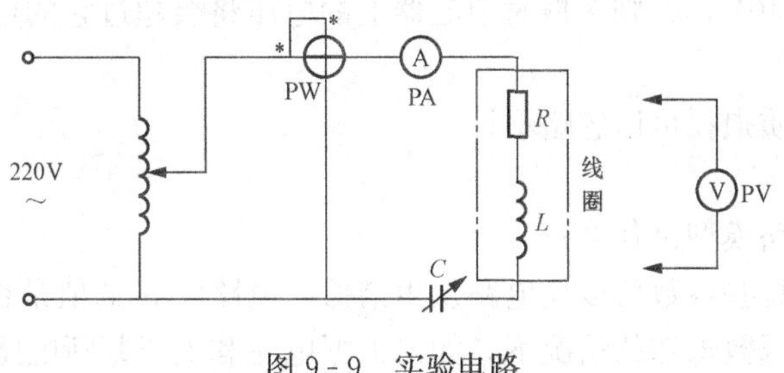

图 9-9　实验电路

五、实验步骤

(1) 按图 9-9 接线，将调压器输出置零，方可启动电源。

(2) 图 9-9 中的电容器用 DG09 型电容器 U、V 两相的电容并联而成。电源启动前先随便开启一个电容即可。

(3) 调节调压器的输出电压为 30V。

(4) 先将电路调至谐振状态，观察现象并测量数据。具体方法如下：

1) 多功能功率表置于测量功率因数状态。

2) 调节电容的大小使功率因数等于 1，此时电路处于谐振状态。在调节过中注意观察电流表的数据变化情况。

3) 记录电路中的电流 I、功率 W 和功率因数 $\cos\varphi$。

4) 测量线圈、电容两端的电压和总电压。

(5) 增大电容，使电路中的功率因数为 0.5～0.7，此时电路呈现感性状态，重复以上测量步骤。

(6) 减小电容，使电路中的功率因数为容性 0.5～0.7，此时电路呈现容性状态，重复以上测量步骤。

以上测量数据均记录于表 9-18 中。

(7) 实验完毕，将调压器重新置零，断开电源。

表 9-18　　实　验　数　据

	谐振状态			感性状态			容性状态		
	全电路	线圈	电容	全电路	线圈	电容	全电路	线圈	电容
U (V)									
I (A)									
P (W)									
$\cos\varphi$									

六、实验注意事项

(1) 自耦调压器在接通电源前，应将其手柄置零。调节时，使其输出电压从零开始逐渐升高。每次改接实验线路都必须先将其手柄置零，再断开电源。以上安全操作规程必须严格遵守。

(2) 实验中，若通过调节电容达不到谐振状态时，可以将总电压稍作微调，使电路谐振，但务必不要大于 40V，否则谐振时镇流器上的电压将会超过它的正常使用电压，导致镇流器被损坏。

（3）电容上的介质损耗可以忽略不计。

七、预习思考题

（1）镇流器的电路模型是什么?

（2）改变电路的哪些参数可以使电路发生谐振，电路中 R 的值是否影响谐振频率值?

（3）在电路功率因数未知的情况下，如何根据电流和电压判断电路是否发生谐振?

（4）什么是电路的特性阻抗和品质因数?

八、问题与心得

（1）根据实验数据，完成表 9-19 中的数据计算。

表 9-19 计算结果

	U_R	U_L	U_C	$\|Z\|$	X_L	X_C	S	Q_L	Q_C
谐振状态									
感性状态									
容性状态									

（2）本实验中，谐振时对应的 U_L 与 U_C 是否相等？如有差异，原因何在?

（3）如果没有功率因数表，如何判断 RLC 串联电路的三种工作状态?

（4）总结心得体会。

实验七　功率因数的提高

一、实验目的

（1）了解提高用户功率因数对电力系统的意义。

（2）验证并联电容可以提高功率因数的正确性。

（3）了解荧光灯的原理，掌握其接线方法。

二、实验相关知识

1. 系统功率因数低所造成的不良后果

（1）使电源的容量不能充分利用。

（2）增加线路上的电能损耗。

（3）增加线路中的电压降。

2. 并联电容提高电路功率因数的原理

R、L 串联和 C 并联的电路，各支路中的电流应满足相量形式的基尔霍夫电流定律，即 $\dot{I}=\dot{I}_L+\dot{I}_C$，电路图和相量图如图 9-10 所示。

3. 荧光灯接线电路及原理

（1）荧光灯接线电路。电路如图 9-11 所示，其基本构成部件有荧光灯管、镇流器、辉光启动器。

（2）荧光灯的工作原理。当开关接通时，电源电压通过镇流器和灯管灯丝加到辉光启动器的两极。220V 的电压立即使辉光启动器的惰性气体电离，产生辉光放电。辉光放电的热量使双金属片受热膨胀，动、静触头接触，使电流通过镇流器、辉光启动器触极和两端灯丝构成通路。灯丝很快被电流加热，发射出大量电子。这时，由于启辉器两极闭合，两极间电压为零，辉光放电消失，管内温度降低，使双金属片自动复位，两极断开。在两极断开的瞬间，电路电流突然切断，镇流器产生很大的自感电动势，与电源电压叠加后作用于灯管两端。灯丝受热时发射出来的大量电子，在灯管两端高电压作用下，以极大的速度由低电动势端向高电动势端运动。在加速运动的过程中，碰撞管内氩气分子，使之迅速电离。氩气电离生热，热量使水银产生蒸气，随之水银蒸气也被电离，并发出强烈的紫外线。在紫外线的激发下，管壁内的荧光粉发出近乎白色的可见光。

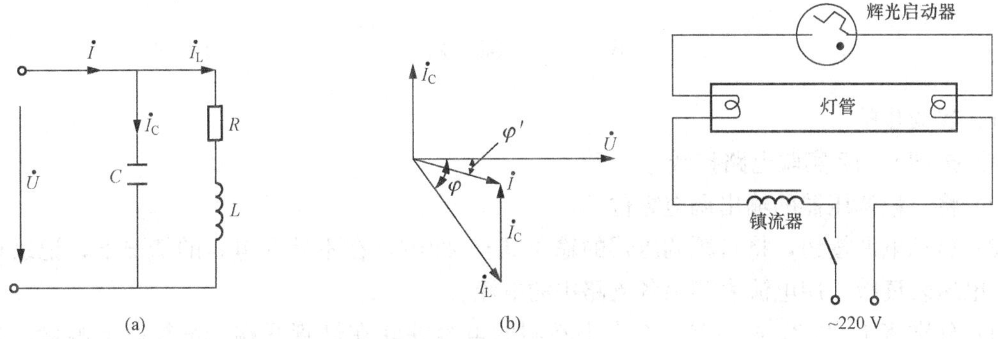

图 9-10 并联电容提高功率因数的原理图和相量图

(a) 原理图；(b) 相量图

图 9-11 荧光灯接线电路

荧光灯正常发光后，由于交流电不断通过镇流器的线圈，线圈中产生自感电动势，自感电动势阻碍线圈中的电流变化，这时镇流器起降压限流的作用，使电流稳定在灯管的额定电流范围内，灯管两端的电压也稳定在额定工作电压范围内。由于该电压低于辉光启动器的电离电压，所以并联在两端的辉光启动器不再起作用。

三、实验设备（见表 9-20）

表 9-20 **实验设备表**

序号	名称	型号与规格	数量
1	交流电压表	D33，0～500V	1
2	交流电流表	D32，0～5A	1
3	功率表	D34-3	1
4	自耦调压器	DG01	1
5	镇流器、辉光启动器	DG09，与 40W 灯管配用	各 1
6	日光灯灯管	40W（屏内）	1
7	电容器	DG09，1，2.2，4.7μF/500V	各 1
8	电流插座	DG09	3

四、实验电路

实验电路如图 9-12 所示。

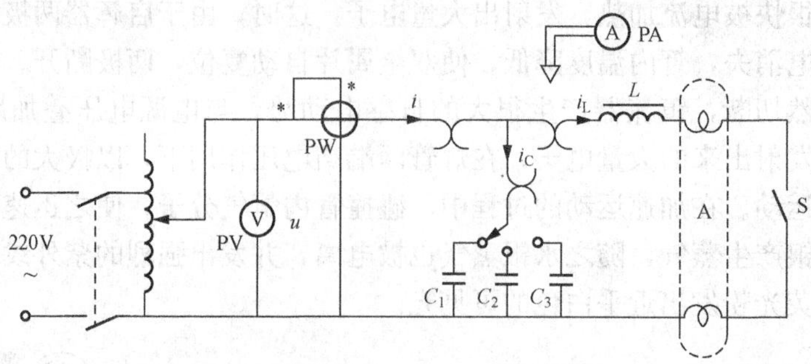

图 9-12 实验电路

五、实验步骤

（1）按图 9-12 实验电路接线。

（2）将自耦调压器的输出调至零位。

（3）启动电源按钮，将自耦调压器的输出调至 220V，在不并联电容的情况下，记录功率表、电压表读数，用电流表测出各支路中的电流。

（4）分别将 1、2.2、4.7μF 三个大小不同的电容并联在灯管两端，重复以上测量。并将实验数据记录于表 9-21 中。

表 9-21 实 验 数 据

电容值（μF）	测 量 数 值					计算值
	P（W）	U（V）	I（A）	I_L（A）	I_C（A）	$\cos\varphi$
0						
1						
2.2						
4.7						

六、实验注意事项

（1）本实验用交流市电 220V，务必注意用电和人身安全，切勿将电流表插头的接线两端插在三相电源的插孔中，以免造成重大危险。

（2）本实验中功率表在接入电路时，电流元件应与负载串联，电压元件应与负载并联，发电机端“*”应在电源的同一极性上。

（3）若线路接线正确，荧光灯不能启辉时，应检查辉光启动器接触是否良好或检查灯管两侧的熔丝是否熔断。

七、预习思考题

（1）荧光灯的工作原理是什么？

（2）在日常生活中，当荧光灯上缺少了辉光启动器时，人们常用一根导线将辉光启动器的两端短接一下，然后迅速断开，使荧光灯点亮。试问可以用短接按钮代替辉光启动器吗？

(3) 为了改善电路的功率因数，常在感性负载上并联电容器，此时增加了一条电流支路，试问电路的总电流将增大还是减小？此时感性元件上的电流和功率是否改变？

(4) 提高线路功率因数为什么只采用并联电容器法，而不用串联法？所并联的电容器是否越大越好？

八、问题与心得

(1) 根据实验数据完成表格中的计算。

(2) 实验数据中，总电流与电感支路和电容支路中的电流是什么关系？

(3) 根据实验数据画出并联电容提高功率因数的相量图。

(4) 总结心得体会。

实验八　三相负载的星形与三角形连接电路的研究

一、实验目的

(1) 掌握三相负载作星形连接、三角形连接的方法。

(2) 验证对称电路中性线电压与相电压以及线电流与相电流之间的关系。

(3) 学会分析负载不对称时产生的现象。

(4) 对三相四线制供电系统中性线的作用有更深刻的认识。

二、实验原理

三相负载可接成星形（又称 Y 连接）或三角形（又称△连接），如图 9-13 所示。

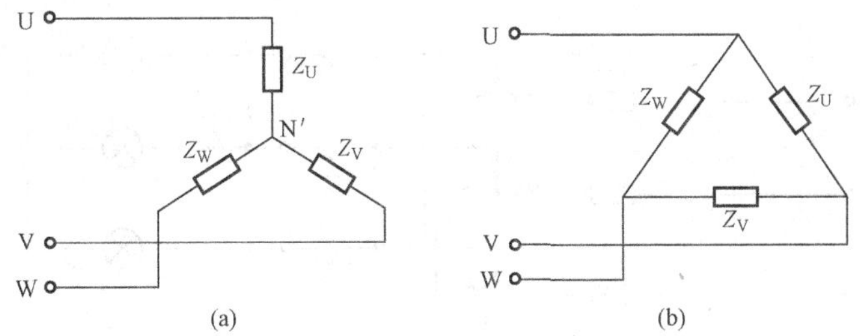

图 9-13　三相负载的星形、三角形连接电路

(a) 星形连接；(b) 三角形连接

(1) 当三相负载作 Y 连接时，$I_l = I_P$ 。若负载对称，则 $U_l = \sqrt{3}U_P$ ；若负载不对称又分为以下两种情况：

1) 无中性线时，$U_l \neq \sqrt{3}U_P$ 。原因是中性点电位发生了位移。若忽略中性线的阻抗，则中点电压为

$$\dot{U}_{N'N} = \frac{\dot{U}_U Y_U + \dot{U}_V Y_V + \dot{U}_W Y_W}{Y_U + Y_V + Y_W} \neq 0$$

2) 有中性线时，$U_l = \sqrt{3}U_P$ 。在这种情况下，流过中性线的电流 $I_N \neq 0$ 。中性线的作用就是抑制中性点电位发生位移，使得相电压保持对称。

不对称三相负载作星形连接时，必须采用三相四线制接法，即 YN 接法。而且中性线必须牢固连接，以保证三相不对称负载的每相电压维持基本对称。倘若中性线断开，会导致三

相负载电压的不对称，致使负载轻的一相的相电压过高，设备损坏；负载重的一相的相电压又过低，不能正常工作。如三相照明负载，由于其很难保持对称，所以一律采用 YN 接法。

(2) 当三相负载作三角形连接时，$U_l = U_P$。

1) 若负载对称，则 $I_l = \sqrt{3} I_P$

2) 若负载作不对称，则 $I_l \neq \sqrt{3} I_P$，但只要电源的线电压 U_l 对称，加在三相负载上的电压仍对称，对各相负载工作没有影响。

三相负载作△连接时，某一相负载改变时，不影响其他两相负载的正常工作。

三、实验设备（见表 9-22）

表 9-22　实验设备表

序号	名称	型号与规格	数量
1	交流电压表	D33，0～500V	1
2	交流电流表	D32，0～5A	1
3	三相自耦调压器	DG01	1
4	三相灯组负载	DG08，220V，15W 白炽灯	9
5	电流插孔	DG09	3

四、实验电路

实验电路如图 9-14 和图 9-15 所示。

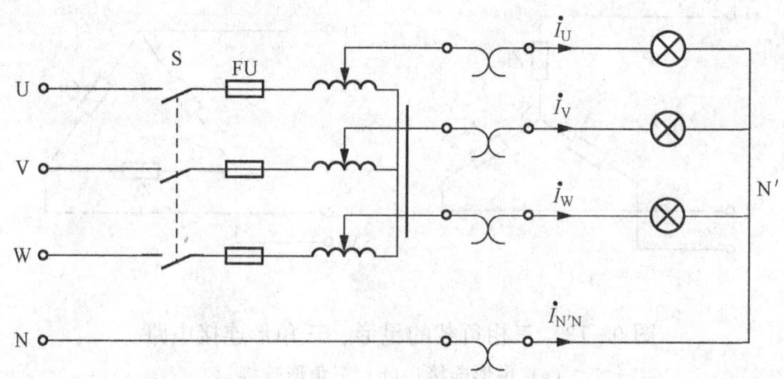

图 9-14　三相负载的星形连接电路

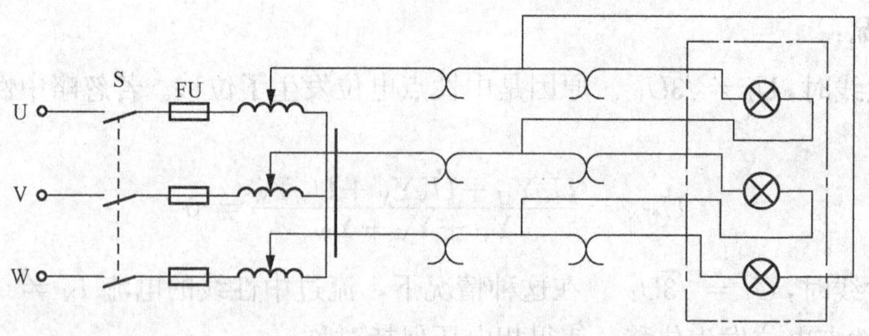

图 9-15　三相负载的三角形连接电路

五、实验步骤

1. 三相负载星形连接

（1）按图 9 - 14 接线，检查三相调压器的输出是否在零位（即逆时针旋到底）。

（2）经指导教师检查后开启电源，调节调压器的输出，使线电压为 200V。

（3）按表 9 - 23 中所列实验项目，分别测量三相负载的线电压、相电压、线电流、相电流、中性线电流、电源与负载中性点间的电压，并将所测得的数据记入表中，观察各相灯组亮、暗的变化情况，特别要注意观察中性线的作用。

（4）测量完毕将调压器归零，关掉电源。

表 9 - 23　　实　验　数　据

负载情况 \ 测量数据		开灯盏数			线电流（A）			线电压（V）			相电压（V）			中性线电流	中性点电压
		U 相	V 相	W 相	I_U	I_V	I_W	U_{UV}	U_{VW}	U_{WU}	U_U	U_V	U_W	$I_{N'N}$ (A)	$U_{N'N}$ (V)
负载对称	无中性线	3	3	3											
	有中性线	3	3	3											
负载不对称	无中性线	1	2	3											
	有中性线	1	2	3											
V 相负载断	无中性线	3	0	3											
	有中性线	3	0	3											
V 相短路无中性线		3	0	3											

2. 三相负载三角形连接

（1）按图 9 - 15 接线，检查三相调压器的输出是否在零位（即逆时针旋到底）。

（2）经指导教师检查后接通三相电源，并调节调压器，使其输出线电压为 200V。

（3）按表 9 - 24 的内容进行测试并记录。

（4）测量完毕将调压器归零，关掉电源。

表 9 - 24　　实　验　数　据

负载情况 \ 测量数据	开灯盏数			线电压＝相电压（V）			线电流（A）			相电流（A）		
	U - V 相	V - W 相	W - U 相	U_{UV}	U_{VW}	U_{WU}	I_U	I_V	I_W	I_{UV}	I_{VW}	I_{WU}
负载对称	3	3	3									
负载不对称	1	2	3									
V 相负载断开	3	0	3									
U 相电源断开	3	3	3									

六、实验注意事项

（1）本实验采用三相交流电，线电压为 200V，实验时要注意人身安全，切勿将电流表插头的接线两端插在三相电源的插孔中，以免造成重大危险。

（2）通电之前一定要检查调压器是否归零，以免接通电源时，加在灯泡两端的电压过大使之损坏。

（3）每次接线完毕，同组同学应自查一遍，然后由指导教师检查后，方可接通电源。

（4）做星形负载某相短路实验时，必须首先断开中性线，以免发生短路事故。

（5）务必在接线、改线、拆线时断开电源。

七、预习思考题

（1）三相负载根据什么条件作星形或三角形连接？

（2）复习三相交流电路有关内容，试分析三相星形连接负载在无中性线情况下，当某相负载开路或短路时会出现什么现象？如果接上中性线，情况又如何变化？

八、问题与心得

（1）通过实验数据总结在三相电路中什么情况下 $U_l=\sqrt{3}U_{\mathrm{P}}$？什么情况下 $I_l=\sqrt{3}I_{\mathrm{P}}$？

（2）根据实验数据和观察到的现象，总结中性线的作用。

（3）本次实验中直接用 380V 的线电压可以吗？为什么？

（4）总结心得体会。

习题参考答案

第一章

1-1 (1) 10A；(2) −10A；(3) −10A，10A

1-2 7V、4V、−2V

1-3 0、8V、12V、8V

1-4 (a) −18W，电源；(b) 18W，负载；(c) 18W，负载；(d) −18W，电源

1-5 (a) 10V，上正下负；(b) 10V，上负下正

1-6 1A、6A、7A

1-7 (a) 8V、12V、20V；(b) 8V、12V、20V；(c) 13V、−3V、10V

1-8 (a) 10V；(b) 2A

1-9 (1) 电容元件；(2) $C=100\mu F$

1-10 (1) 开关S打开时，$i_1=0$、$i_2=0$、$i_{ab}=0$、$u_{ab}=1V$；
(2) 开关S闭合时，$i_1=1A$、$i_2=1A$、$i_{ab}=2A$、$u_{ab}=0$

1-11 (1) 开关S打开时，$i_1=1A$、$i_2=-1A$、$i_{ab}=0$、$u_{ab}=0$；
(2) 开关S闭合时，$i_1=1A$、$i_2=-1A$、$i_{ab}=0$、$u_{ab}=0$

1-12 吸收功率，80W

1-13 0、3V、2V、2V、7V、−2V

1-14 −8V、−10V

1-15 S打开，$V_a=0$；S闭合，$V_a=1.2V$

1-16 略

1-17 略

1-18 1A

1-19 $\frac{1}{3}$A

1-20 略

1-21 1A、90V、1.5Ω

第二章

2-1 (a) 2Ω；(b) 20Ω；(c) 0Ω；(d) 2Ω；(e) 4Ω；(f) 1Ω

2-2 (a) 开关S打开时，5Ω；开关S闭合时，3.2Ω
(b) 开关S打开时，122Ω；开关S闭合时，120Ω

2-3 (1) 2.5V；(2) 1.2mA

2-4 $i_1=1A$，$i_2=2A$，$i_3=3A$，$P_{s1}=-14W$，$P_{s2}=-36W$

2-5 $i_1=-4A$，$i_2=2A$

2-6 略

2-7 0.5A，0.3A，2A，1A，1A，−0.2A

2-8 −3A，2A，1A，−10W，−25W，−40W

2-9 0.75A，0.875A，1.625A

2-10 3.75A，8.125A，2.625A

2-11 开关 S 打开时，1.2A、−0.8A、−0.4A；开关 S 闭合时，2.32A、0.32A、0.72A、−3.36A

2-12 8A

2-13 $\frac{10}{3}$A

2-14 略

2-15 1A

2-16 −1A

2-17 $-\frac{2}{9}$A

2-18 1.5Ω，3A

2-19 10Ω，1A，10W

2-20 2Ω，−2V

2-21 3A，1.5A

2-22 6A

2-23 5.1A

2-24 3A

2-25 40V，7Ω

2-26 −0.2A，7V

2-27 3A

第 三 章

3-1 $i=10\sin\left(100\pi t+\frac{\pi}{3}\right)$ A

3-2 （1）30°、10A、50Hz，60°、100V、50Hz；（2）30°；（3）70.7V，12.2A；（4）$i=10\sqrt{2}\sin(100\pi t-150°)$ A

3-3 $u=300\sqrt{2}\sin\left(120\pi t+\frac{2\pi}{3}\right)$ V

3-4 $i=5\sin\left(\omega t+\frac{\pi}{6}\right)$ A，$u=200\sin\left(\omega t-\frac{2\pi}{3}\right)$ V

3-5 （1）$i=10\sin(\omega t-45°)$ A；（2）$u=120\sqrt{2}\sin(\omega t+90°)$ V；（3）$u=100\sqrt{2}\sin(\omega t-90°)$ V；（4）$i=10\sqrt{2}\sin(\omega t+45°)$ A；（5）$u=181\sqrt{2}\sin(\omega t-173.4°)$ V；（6）$i=10\sqrt{2}\sin(\omega t+60°)$ A；（7）$i=2\sqrt{2}\sin\left(\omega t-\frac{\pi}{6}\right)$ A；（8）$u=50\sqrt{2}\sin\left(\omega t+\frac{2\pi}{3}\right)$ V

3-6 (1) $5\angle 30°$ A，$220\angle 120°$ V，i滞后u90°；(2) $10\angle -30°$ A，$220\angle 120°$ V，i滞后u150°；(3) $5\angle 120°$ A，$212\angle 90°$ V，i超前u 30°

3-7 (1) 0；(2) $220\sqrt{3}\angle 30°$ V；(3) $220\sqrt{3}\angle -90°$ V；(4) $220\sqrt{3}\angle 150°$ V

3-8 (1) $0.5\angle -\frac{\pi}{3}$A；(2) $1.6\angle -150°$ A；(3) $9.4\angle 30°$ A

3-9 (1) $i=0.257\sin\left(100\pi t+\frac{2\pi}{3}\right)$ A；(2) 3.456×10^6J；(3) 0.165A，33W

3-10 $i=5.5\sqrt{2}\sin(314t-60°)$ A

3-11 31.8Ω，$i=3.14\sqrt{2}\sin(314t+120°)$ A

3-12 $2\angle 150°$A，$i=2\sqrt{2}\sin(10^6t+150°)$ A

3-13 (1) 31.8mH；(2) 0.5A

3-14 (1) 220V；(2) 30.5V

3-15 6Ω，15.9mH

3-16 36.3Ω，0.21H

3-17 1.25V

3-18 $4.4\angle 36.9°$A，$176\angle 36.9°$V，$44\angle 126.9°$V，$176\angle -53.1°$，$\varphi=-53.1°$

3-19 $u=50\sin(1000t-35°)$ V，$i_R=0.1\sin(1000t-35°)$ A，$i_C=0.1\sin(1000t+55°)$ A

3-20 (1) $44\angle 90°$ Ω，0.14H；(2) $20\angle -30°$ Ω，17.3Ω，318μF；(3) $6\angle 90°$ Ω，6mH

3-21 (a) $3\sqrt{2}$A；(b) $3\sqrt{2}$A；(c) 3A

3-22 (a) $50\sqrt{2}$V；(b) $50\sqrt{2}$V；(c) 50V

3-23 500W，500var，707V·A

3-24 0.186A，0.977

3-25 (1) 347盏；(2) 55盏

3-26 1320W，440var，1391.4V·A，13.9A

3-27 (1) 181.8A，20kW，34.64kvar，40kV·A； (2) 0.978，92.95A，20kW，4.17kvar，20.45kV·A

3-28 $6.9\angle -35.7°$ A，$6.6\angle -53.1°$ A，$2.1\angle 36.9°$ A，1518V·A，1233W，885.8var

3-29 $2.64\angle 18°$A

3-30 $0.4\angle -53.1°$A

3-31 8.66kΩ，2μF

3-32 $50\sqrt{3}\angle -90°$V

3-33 4.2Ω，40.8mH

3-34 10Ω，0.16mH，160pF，100

3-35 50kHz，80MΩ

3-36 2H，6H，31H

3-37 略

3-38 $50\sqrt{2}\angle 45°V$

3-39 开关S打开时，$\dot{I}_1=\dot{I}_2=4.42\angle -45°$ A；开关S闭合时，$\dot{I}_1=7.78\angle -51.4°A$，$\dot{I}_2=3.47\angle -29.6°$ A

3-40 $\dot{I}_1=1\angle 0°$ A，$\dot{I}_2=0.25\sqrt{2}\angle -135°$ A

第四章

4-1 $\dot{U}_U=220\angle 30°V$，$\dot{U}_V=220\angle -90°V$，$\dot{U}_W=220\angle 150°V$

4-2 440V

4-3 略

4-4 $\dot{U}_U=254\angle -90°$ V，$\dot{U}_V=254\angle 150°$ V，$\dot{U}_W=254\angle 30°$ V

$\dot{U}_{UV}=440\angle -60°$ V，$\dot{U}_{VW}=440\angle 180°$ V，$\dot{U}_{WU}=440\angle 60°$ V

4-5 $U_{UV}=U_{VW}=U_{WU}=380V$

4-6 略

4-7 $\dot{I}_{UV}=5\angle 120°$ A，$\dot{I}_{VU}=5\angle -120°$ A

$\dot{I}_U=2.9\angle 150°A$，$\dot{I}_V=2.9\angle 30°A$，$\dot{I}_W=2.9\angle -90°$ A

4-8 （1）错；（2）错；（3）错；（4）对；（5）对

4-9 220V，22A，22A

4-10 220V，22A，38A

4-11 $\dot{I}_U=22\angle -60°A$，$\dot{I}_V=22\angle 180°A$，$\dot{I}_W=22\angle 60°A$

4-12 相电流

$\dot{I}_{UV}=53.75\angle -15°A$，$\dot{I}_{VW}=53.75\angle -135°A$，$\dot{I}_W=53.75\angle 105°A$

线电流 $\dot{I}_U=93.09\angle -45°A$，$\dot{I}_V=93.09\angle -165°A$，$\dot{I}_W=93.09\angle 75°A$

4-13 （1）2.09A；（2）209.5V；（3）362.8V

4-14 （1）2.1A；（2）1.2A；（3）360V

4-15 略

4-16 （1）不对称；（2）44A，44A，44A，44A

4-17 负载相电压$\dot{U}_U=220\angle 15°V$，$\dot{U}_V=220\angle -105°V$，$\dot{U}_U=220\angle 135°V$

负载相电流（线电流）$\dot{I}_U=5.5\angle -45°A$，$\dot{I}_V=5.5\angle -165°A$，$\dot{I}_W=5.5\angle 75°A$

负载复阻抗 $Z=40\angle 60°\Omega$

4-18 以UV间的电压为参考方向，$\dot{I}_{UV}=10\angle 0°$ A，$\dot{I}_{VW}=10\angle 150°A$，$\dot{I}_{WU}=10\angle -150°A$

4-19 $\dot{U}_{N'N}=161\angle 180°V$

4-20 （1）16728W；（2）50184W

4-21 （1）4666.2W，4666.2var，6600V·A；（2）22Ω，感性

4-22 （1）$I_P=15.79A$，$I_l=27.35A$；（2）$|Z|=24\Omega$，$R=19.2\Omega$，$X=14.4\Omega$

4-23 （1）$\dot{I}_{U1}=17.87\angle-61.8°$ A，$\dot{I}_{U2}\approx 38\angle-66.9°$ A，$\dot{I}_{U}=55.75\angle-65.3°$ A；
（2）P=30kW，Q=21.1kvar，$S\approx$36.7kV·A

4-24 $\dot{I}_{U0}=0$，$\dot{I}_{U1}=\frac{10}{3}\sqrt{3}\angle-30°$ A，$\dot{I}_{U2}=\frac{10}{3}\sqrt{3}\angle+30°$A

4-25 $\dot{U}_{U0}$=110V，$\dot{U}_{U1}=220\angle 0°$V，$\dot{U}_{U2}=0$

第五章

5-1 7.96×10^{2}A/m

5-2 3.75×10^{3}A/m，318.5

5-3 略

5-4 0.29A

5-5 1.72A

5-6 1.568×10^{-3}Wb

5-7 1.24×10^{-3}Wb，0.775T

5-8 略

5-9 略

5-10 略

5-11 200匝，300匝

5-12 63W，0.58A，1.91A

第六章

6-1 $\frac{1}{Z}$，$-\frac{1}{Z}$

6-2 14V，3.8A

6-3 $\boldsymbol{Y}=\begin{bmatrix}\frac{1}{Z} & -\frac{1}{Z}\\ -\frac{1}{Z} & Y+\frac{1}{Z}\end{bmatrix}$，$\boldsymbol{Z}=\begin{bmatrix}Z+\frac{1}{Y} & \frac{1}{Y}\\ \frac{1}{Y} & \frac{1}{Y}\end{bmatrix}$

6-4 （a）$\boldsymbol{T}=\begin{bmatrix}1 & 0\\ 0 & 1\end{bmatrix}$；（b）$\boldsymbol{T}=\begin{bmatrix}1 & \mathrm{j}\omega L\\ 0 & 1\end{bmatrix}$

6-5 （a）$\boldsymbol{H}=\begin{bmatrix}2R & -1\\ 1 & 1\end{bmatrix}$；（b）$\boldsymbol{H}=\begin{bmatrix}0 & 1\\ -1 & 0\end{bmatrix}$

6-6 $H_{11}=Z_a+\frac{Z_b+Z_c}{Z_b+Z_c}$，$H_{12}=\frac{Z_c}{Z_b+Z_c}$，$H_{21}=-\frac{Z_c}{Z_b+Z_c}$，$H_{22}=\frac{1}{Z_b}+\frac{1}{Z_c}$

6-7 $A=3$，$B=R$，$C=0$，$D=1$

6-8 略

6-9 $\boldsymbol{T}=\begin{bmatrix}a & aZ+b\\ c & cZ+d\end{bmatrix}$

6-10 $\boldsymbol{T}=\begin{bmatrix} n & \dfrac{R}{n} \\ 0 & \dfrac{1}{n} \end{bmatrix}$，$\boldsymbol{H}=\begin{bmatrix} R & n \\ -n & 0 \end{bmatrix}$

6-11 $\sqrt{10}$

第 七 章

7-1 略

7-2 8.37V

7-3 （1）0.63A；（2）11.5W；（3）$i=0.63\sqrt{2}\sin(314t-85.2°)$ A

7-4 31.7W

7-5 1095.37W

7-6 $i=25/3\sin t+3.42\sin(3t-65.77°)$ A，$u_R=10\sin t+4.1\sin(3t-65.77°)$ V，$u_L=25/3\sin(t+90°)+10.27\sin(3t+24.23°)$ V，$u_C=10+25/3\sin(t-90°)+1.14\sin(3t-155.77°)$ V，$I=6.369$A，$U_R=7.64$V，$U_L=9.35$V，$U_C=11.63$V

7-7 $i=4.68\sin(\omega t+99.44°)+3\sin 3\omega t$ A，$I=3.93$A，$U_{RL}=27.61$V，$P=92.74$W

7-8 $U_1=77.14$V，$U_3=63.64$V

7-9 $i=10\sqrt{2}\sin\omega t+3\sqrt{2}\sin 3\omega t$ A

7-10 $i=10\sqrt{2}\sin(\omega t-90°)+\sqrt{2}\sin(3\omega t-90°)$ A

7-11 $i=10\sqrt{2}\sin(\omega t+90°)+9\sqrt{2}\sin(3\omega t+90°)$ A

7-12 $i=1+4\sqrt{2}\sin(\omega t-53.1°)$ A

7-13 $i=2\sqrt{5}\sin(\omega t+63.44°)+2\sqrt{2}\sin(2\omega t+45°)$ A

7-14 $i=2\sin(\omega t+45°)$ A

7-15 $i=5\sqrt{2}\sin\omega t+2\sqrt{2}\sin(2\omega t-36.9°)$ A，$u_C=100+50\sqrt{2}\sin(\omega t-90°)+10\sqrt{2}\sin(2\omega t-126.9°)$ V

7-16 $i=12.83\sin(1000t-3.69°)+1.4\sin(2000t+115.7°)$ A，916W

7-17 （1）$u_R(t)=20+30.35\sin(314t-72.3°)+7.39\sin(942t-83.94°)$ V；（2）8.88W

7-18 $i(t)=16.06\sin(\omega t+74.5°)+5.66\sin(3\omega t-79.1°)$ A，12.04A

7-19 2051.69W

第 八 章

8-1 1A，1A，0A，4V，8V，12V，0V

8-2 10kV

8-3 1A，0A，1A，4V

8-4 $u_C=60e^{-10t}$V （$t\geqslant 0$），$i=-6e^{-10t}$mA （$t\geqslant 0$）

8-5 （1）0.01A；（2）0.92V，0.18mA

8-6 （1）1.024kV；（2）52.66MΩ；（3）2769.72s；（4）50kA，50MW

8-7 $i=4e^{-50t}$ A ($t \geqslant 0$)

8-8 $i=2e^{-100t}$ A ($t \geqslant 0$)，$u_L=-100e^{-100t}$ V ($t \geqslant 0$)

8-9 5Ω，0.476H

8-10 $i_L=2-2e^{-1.5t}$ A ($t \geqslant 0$)

8-11 (1) $u_C=10(1-e^{-5t})$ V ($t \geqslant 0$)，$i_C=5\times 10^{-3}e^{-5t}$ A ($t \geqslant 0$)；(2) $t=0.32$s

8-12 0.1A，77.69V，0.0223A

8-13 (a) 1s；(b) 3s；(c) 0.25s；(d) 0.25s

8-14 $u_C=\underbrace{-10}_{\text{稳态分量}}+\underbrace{5e^{-100t}}_{\text{暂态分量}}$ V ($t \geqslant 0$)；$u_C=\underbrace{-5e^{-100t}}_{\text{零输入响应}}-\underbrace{10(1-e^{-100t})}_{\text{零状态响应}}$ V ($t \geqslant 0$)

8-15 $u_C=80-80e^{-2500t}$ V ($t \geqslant 0$)，$i_2=1-0.8e^{-2500t}$ A ($t \geqslant 0$)

8-16 $u_C=120-120e^{-400t}$ V ($t \geqslant 0$)，$i_2=2-1.2e^{-400t}$ A ($t \geqslant 0$)

8-17 $i_L=1.5-1.5e^{-1600t}$ A ($t \geqslant 0$)，$i_1=2-1.2e^{-1600t}$ A ($t \geqslant 0$)

8-18 $i=\frac{9}{5}-\frac{8}{5}e^{-0.56t}$ A ($t \geqslant 0$)，$i_L=\frac{6}{5}-\frac{12}{5}e^{-0.56t}$ A ($t \geqslant 0$)

8-19 $u_C=12-8e^{-10t}$ V ($t \geqslant 0$)，曲线略

8-20 $u_C=3-2.4e^{-200t/3}$ V ($t \geqslant 0$)，$u=2$V ($t \geqslant 0$)，$i=1-0.8e^{-200t/3}$ mA ($t \geqslant 0$)

8-21 $i=4-\frac{12}{5}e^{-20t}$ A ($t \geqslant 0$)

8-22 $u_C=4+8e^{-375t}$ V ($t \geqslant 0$)，$i=0.2-0.2e^{-375t}$ A ($t \geqslant 0$)

8-23 $i_L=-3.2e^{-78.74t}$ A ($t \geqslant 0$)，$u_L=32e^{-78.74t}$ V ($t \geqslant 0$)

8-24 $i_1=1-0.25e^{-1500t}$ A ($t \geqslant 0$)，$i_2=0.5-0.5e^{-1500t}$ A ($t \geqslant 0$)，$i_3=0.5+0.25e^{-1500t}$ A ($t \geqslant 0$)

8-25 $i_L=e^{-50t}$ A ($t \geqslant 0$)，$u_C=-3+10e^{-t}$ V ($t \geqslant 0$)

8-26 $i_L=2+2e^{-20t}$ A ($t \geqslant 0$)，$u_C=18-12e^{-t}$ V ($t \geqslant 0$)

8-27 $i=0.27\sin(314t+11.3°)-0.054e^{-472t}$ A ($t \geqslant 0$)

参 考 文 献

[1] 程隆贵．电路基础．北京：中国电力出版社，2006.

[2] 陈正岳．电工基础．北京：水利电力出版社，1986.

[3] 付玉明．电路分析基础．北京：中国水利水电出版社，2002.

[4] 石生．电路基本分析．北京：高等教育出版社，2000.

[5] 刘志民．电路分析．西安：西安电子科技出版社，2008.

[6] 吴涛．电工基础．北京：北京科学技术出版社，1991.